WOLFRAM ZU MONDFELD

HISTORISCHE
SCHIFFS
MODELLE

WOLFRAM ZU MONDFELD

HISTORISCHE
SCHIFFS
MODELLE

Das Handbuch für Modellbauer

Orbis Verlag

Layout und sämtliche Zeichnungen: Wolfram zu Mondfeld

Sonderausgabe 2003 by Orbis Verlag, einem Unternehmen der Verlagsgruppe
Random House GmbH, München

© Mosaik Verlag GmbH, München
Druck und Bindung: Tesinska tiskarna, Cesky Tesin
Alle Rechte vorbehalten – Printed in the Czech Republic
ISBN 3-572-01464-6

Kapitelübersicht

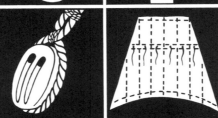
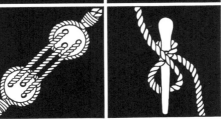

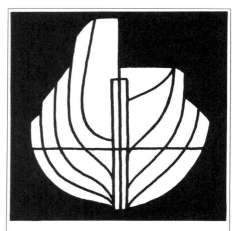

Vorkenntnisse und Unterlagen

Der Schiffsmodellbau ist uralt – so alt wie Schiffbau und Seefahrt selbst.

Wasser und Meer haben von jeher nicht nur Leben erweckt und Leben erhalten, sondern ebenso oft das Leben bedroht und vernichtet, und wen sie einmal in ihren Bann gezogen haben, den lassen sie nie wieder los.

Was Wunder also, wenn der Mensch dieses Urelement auch in seinen Glauben, seine Religion einbezog und nicht minder das Schiff, das klein, schwach und zerbrechlich diesen zwar genutzten, doch nie gebändigten Gewalten widerstand.

Reste dieser kultisch-religiösen Bedeutung des Schiffes, aber auch der Eigenpersönlichkeit, die man dem Schiff zusprach, haben sich bis in unsere Zeit erhalten. Darin etwa, daß Schiffe Namen haben, daß sie »getauft« werden, daß sie mit dem weiblichen oder männlichen Geschlecht, nie mit dem sächlichen bezeichnet werden, daß man im Mittelmeer immer noch vielerorts das Auge am Bug finden kann, oder in der Galionsfigur, die erst vor knapp 100 Jahren verschwand, und in der man eine Personifizierung des ganzen Schiffes sah, oder nicht zuletzt in dem immer noch reich blühenden Aberglauben aller Seeleute dieser Erde.

Und all das, was man zu Recht oder zu Unrecht einem Schiff nachsagt, gilt ebenso für sein verkleinertes Abbild, sein Modell.

Am 14. April 1912 kollidierte das mächtige Passagierschiff *Titanic* der White-Star-Linie auf seiner Jungfernfahrt nach Amerika mit einem Eisberg, wurde seitlich vom Bug bis mittschiffs aufgerissen und sank binnen zweieinhalb Stunden.

Rund 60 Jahre später fuhr ein Modellbauer in seinem Auto zu einer internationalen Meisterschaft mit einem Modell der *Titanic*, das nach Meinung etlicher Fachleute beste Aussichten hatte, diese Meisterschaft zu gewinnen. Durch einen falsch einbiegenden Wagen wurde der Modellbauer gezwungen scharf zu bremsen, das Modell löste sich aus seiner Halterung, schrammte an einem Aschenbecher entlang und – wurde seitlich vom Bug bis mittschiffs aufgerissen ... Zufall?

Ursprünglich diente das Schiffsmodell – stellvertretend für das große, echte Schiff – religiös-kultischen Zwecken; noch heute findet man z. B. in zahlreichen Kirchen entlang allen Küsten Votivschiffe aufgestellt oder aufgehängt. Wann die ersten Schiffsmodelle entstanden sind, verliert sich im Dunkel der Vorzeit. Die ältesten erhalten gebliebenen stammen aus dem 5. und 4. Jahrtausend vor Christi Geburt aus Ägypten und Chaldäa. Später folgten Babylonier, Cyprier, Griechen und all die anderen Völkerschaften der Antike.

Diese ersten Schiffsmodelle waren häufig aus Ton geformt, aber auch aus Silber, Gold oder Stein und, erstaunlich selten, aus Holz. Es handelte sich zumeist um noch recht einfache Modellchen, die mehr die Idee eines Schiffes zeigten als sein genaues Abbild.

Modelle in unserem Sinne, also exakte Verkleinerungen des Original-schiffes, begann man um das Jahr 2000 v. Chr. in Ägypten zu bauen, und hieraus entwickelte sich eine mehr als 1000jährige Tradition von Schiffsmodellen, die nun keineswegs nur kultischen Zwecken dienten, sondern durchaus auch dem Schmuckbedürfnis und der Liebhaberei ihres Besitzers; im Grab Pharao Tut-anch-Amuns fand man gut zwei Dutzend Schiffsmodelle, von der kultischen Götterbarke bis zum Staatsschiff des Königs.

Von der Spätantike bis ins 15. Jahrhundert geriet diese Tradition in Vergessenheit. Seit dieser Zeit aber hat der Schiffsmodellbau einen gewaltigen, glanzvollen Aufschwung genommen, er ist heute verbreiteter denn je zuvor, und die Zahl der begeisterten Schiffsmodellbauer in aller Welt übersteigt die Millionengrenze.

Einige der ältesten erhalten gebliebenen Schiffsmodelle der Welt. Als Material wurde bei dem Boot aus Ur Bitumen, bei den anderen Modellen Ton verwendet.

Boot aus Ur in Chaldäa um 3400 v. Chr.

Kretisches Boot aus Mochlos um 2600 v. Chr.

Boot aus Cypern um 800 v. Chr.

Handelsschiff aus Cypern um 800 v. Chr.

Griechisches Handelsschiff aus Tarent um 600 v. Chr.

Griechisches Kriegsschiff aus Sparta um 600 v. Chr.

Vorkenntnisse

»Das könnte ich nie!«
Welcher Modellbauer kennt nicht diesen Ausruf, wenn er sein neuestes Modell Verwandten, Freunden und Bekannten zur Besichtigung vorführt?
Und welchem Modellbauer tut solch ein Aufschrei größter Bewunderung nicht in der tiefsten Seele wohl?
Hand aufs Herz, wer brächte es über sich zu entgegnen: »So arg ist es auch wieder nicht, und wenn Sie sich entsprechend anstrengen, könnten Sie das vermutlich auch.« Ganz unter uns: So schrecklich schwer ist die Modellbauerei ja wirklich nicht, wenn man die Kniffe nur etwas kennt – oder? Die Schwierigkeiten beim historischen Schiffsmodellbau werden oft weit überschätzt, und viele Modellbauer unterstützen dieses Fehlurteil nur zu gern und lieben es, im Nimbus unerreichbaren Wissens und Könnens zu glänzen.
Welche Vorkenntnisse, welche Fähigkeiten aber braucht man wirklich, wenn man sich in den scheinbar so exklusiven Kreis der historischen Schiffsmodellbauer einreihen will? Vorkenntnisse selbst braucht man überhaupt keine, alles läßt sich nämlich mit der Zeit lernen, wobei freilich – das sei keineswegs verschwiegen – der Stoff recht umfangreich ist.
Was man braucht, sind lediglich ein paar Eigenschaften; besitzt man sie nicht, sollte man vom historischen Schiffsmodellbau lieber die Finger lassen.
Diese Eigenschaften sind: eine gewisse handwerkliche Geschicklichkeit. Wenn einem auch Maschinen und im Fachhandel erhältliche Kleinteile manche mühsame Kleinbastelei abnehmen, geht es ganz ohne diese Geschicklichkeit nicht.
Etwas Selbstkritik. Überschätzung der eigenen Fähigkeiten läßt sehr viele Schiffsmodellbauer gerade am Anfang kläglich scheitern und verdirbt ihnen gründlich die Lust an der ganzen Sache. Schade! Das müßte nämlich nicht so sein, wenn man sich nur rechtzeitig selbst eingestehen würde, daß etwa der prachtvolle Dreidecker des 17. Jahrhunderts einfach das eigene Können noch übersteigt, während die kleine Brigg, das Wikingerschiff oder die Hansekogge durchaus angemessen wären und ein echtes Meisterwerk werden könnten.
Etwas Konsequenz. Von dieser Eigenschaft wird später zu sprechen sein. Hier nur soviel: einmal getroffene Entscheidungen sollte man durchhalten, sonst steht bald die ganze Wohnung voll angefangener und nie fertig gewordener Modelle.
Wichtigste Eigenschaft schließlich: Geduld, Geduld und nochmals Geduld! Ein historisches Schiffsmodell ist keine Sache, die man an ein paar Wochenenden schnell zusammenleimt. Qualitativ hochwertige Modelle brauchen Zeit, viel (!) Zeit. Spitzenkönner sitzen oft ein, zwei, drei Jahre an einem Schiff. Aber es ist ja nicht nur das fertige Modell, das Freude macht, es ist auch das Bauen selber: ein gut ausgewogener Anker, ein gelungenes Steuerrad, eine exakt gelegte Tauzurring, eine – vielleicht erst nach dem 3. oder 4. Versuch – hervorragend geschnitzte Galionsfigur ...
Wenn Sie diese vier Eigenschaften, handwerkliche Geschicklichkeit, Selbstkritik, Konsequenz und viel, viel Geduld mitbringen, gibt es eigentlich keinen Grund, warum Sie es nicht bis zur höchsten Meisterschaft im Bau historischer Schiffsmodelle bringen sollten.
Denn alles andere ist erlernbar, und dieses Buch möchte Ihnen dabei ein wenig helfen, ihnen Kniffe zeigen, wie man dieses oder jenes am besten herstellen kann, Sie auf häufige Fehler aufmerksam machen und Ihnen ein bißchen als roter Faden dienen, an dem Sie sich entlangarbeiten können von den Vorbereitungen und Unterlagen zu Ihrem Modell bis zu seiner Fertigstellung, vom Kiel bis zum Flaggenknopf.

Figur vom Heck der französischen Kommandogaleere La Réale *von 1669*

La Renommée, *französisches Linienschiff 5. Ranges von 1790.*
Heckspiegel, seitliche Heckverzierung und Galion der prunkvollsten Epoche des Schiffbaus.
Die reich vergoldeten Schnitzereien standen auf kobaltblauem Grund.

Plan

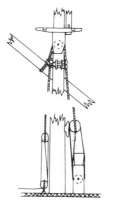

Besan-Fall und -Rack

Ansetzen der Jungfern

Kreuzholz

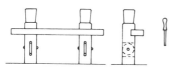

Beting des Großmastes

Detailzeichnungen in größerem Maßstab.

Die Grundvoraussetzung für den Bau eines historisch exakten Schiffsmodells ist ein entsprechend guter Plan.

Eigentlich ist das eine Selbstverständlichkeit. Wenn man sich dann freilich anschaut, was so im Handel an Bauplänen angeboten wird, könnte einem das kalte Grausen kommen.

Gute Schiffsbaupläne haben Seltenheitswert!

Leider auch, weil viele Modellbauer einfach nicht genug von der Sache verstehen, um einen guten von einem schlechten Plan zu unterscheiden; das wird oft ausgenützt ...

Im Anhang dieses Buches finden Sie eine kleine Liste mit Anschriften, woher Sie gute oder zumindest brauchbare Pläne beziehen können. Ich habe Ihnen auf dieser und der nächsten Doppelseite zusammengestellt, wie ein exakter und brauchbarer Modellbauplan für ein historisch einwandfreies Modell aussehen sollte.

Linienrisse: Zeigen die geometrischen Umrisse des Rumpfes von allen Seiten.

Seitenriß: Zeigt die Umrisse des Rumpfes von der Seite, die Lage der Wasserlinien und der Spanten.

Wasserlinienriß und Deckslinienriß: Zeigt von oben gesehen die Wasserlinien und Deckslinien sowie die Lage der Spanten.

Spantenriß: Zeigt die Umrisse der Spanten und die Lage der Wasserlinien.

Auf diese drei Risse und wie sie zu lesen sind, werde ich im Anschluß beim Bau des Rumpfes noch ausführlicher zu sprechen kommen.

Seitenansicht: Zeigt den Rumpf von der Seite mit der genauen Lage der Barkhölzer, Stückpforten usw. Außerdem sollten hier auch die Angaben für die Farbgebung des Schiffes zu finden sein.

Mittellängsschnitt: Zeigt den Rumpf im Schnitt längs der Kiellinie. Aus ihm kann man die Lage der Decks, ihre Aufteilung und die Standorte der Ausrüstung (Spills, Pumpen, Betinge, Masten, Knechte usw.) entnehmen.

Deckansicht: Zeigt die Aufsicht auf den Rumpf mit den verschiedenen Ausrüstungen an Deck wie Grätings, Luken, Kanonen, Rüsten, Kranbalken etc.

Bugansicht: Zeigt das Schiff von vorn sowie das Bugschott und ist für die Konstruktion des Galions besonders wichtig.

Heckansicht: Zeigt das Schiff von hinten und ist für die Gestaltung des Heckspiegels unerläßlich.

Querschnitte: Zeigen Teile der Deckausrüstung und besonders das Aussehen der verschiedenen Schotten (Kampanjeschott, Hüttenschott usw.)

Takelplan: Zeigt die Masten, Rahen, Segel sowie das gesamte stehende und laufende Gut. Hier sollten auch die Flaggen mit Farbangaben zu finden sein. Zur besseren Übersicht werden Takelpläne oft in mehrere Einzelpläne aufgeteilt.

Belegplan: Zeigt, wo die einzelnen Leinen des stehenden und laufenden Gutes befestigt wurden (oft in der Deckansicht mit enthalten).

Detailzeichnungen: Zeigen (oft in vergrößertem Maßstab) schwierige Einzelteile des Schiffes.

Maßstab: Gehört unbedingt zu einem brauchbaren Modellplan, damit man weiß, in welcher Verkleinerung zum Original die Pläne gezeichnet sind.

Signierte Pläne sind meist zuverlässiger, da sich hier jemand zu seiner Urheberschaft offen bekennt.

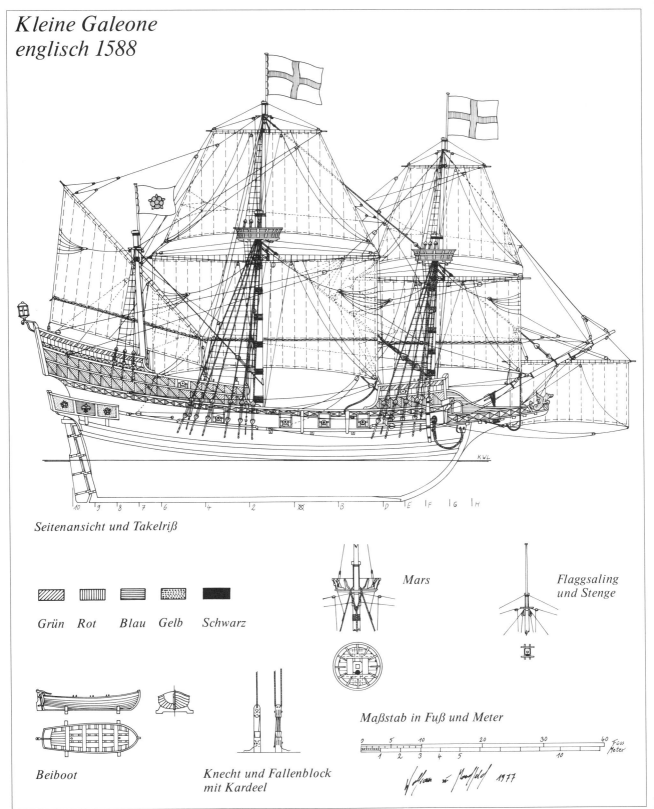

Kleine Galeone
englisch 1588

Seitenansicht und Takelriß

Grün   Rot   Blau   Gelb   Schwarz

Mars

Flaggsaling
und Stenge

Beiboot

Knecht und Fallenblock
mit Kardeel

Maßstab in Fuß und Meter

0   5   10   20   30   40 Fuss
                                 Meter
  1 2 3 4 5   10

1977

11

Plan

Kleine Galeone englisch 1588

Risse, Schnitte und Ansichten

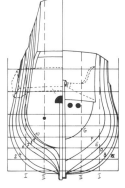

Spantenriß

Blinde

1 Vorholer
2 Achterbrassen
3 Konterbrassen
4 Schoten
5 Geitaue
6 Anker-Kattalje

Fock

7 Fallkardeel
8 Racktalje
9 Toppnanten
10 Schoten
11 Halsen
12 Brassen
13 Geitaue
14 Nockgordings
15 Bulins
16 Lasttakel
17 Pardunen-
zurring

Vormarssegel

18 Stagstrecker
19 Fallstrecktalje
20 Toppnanten
21 Schoten
22 Brassen
23 Geitaue
24 Bulins

Großsegel

25 Fallkardeel
26 Racktalje
27 Toppnanten
28 Schoten
29 Halsen
30 Brassen
31 Geitaue
32 Nockgordings
33 Bulins
34 Lasttakel
35 Pardunentalje

Großmarssegel

36 Fallstrecktalje
37 Toppnanten
38 Schoten
39 Brassen
40 Geitaue
41 Bulins

Besan

42 Fallstrecktalje
43 Racktalje
44 Dirk
45 Geitaue
46 Gordings
47 Pispotten
48 Halstalje
49 Schot

*= gleiche Belegstelle an
Steuer- und Backbord*

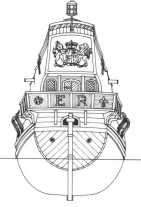

Heckansicht

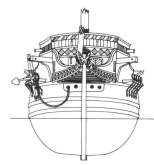

Bugansicht

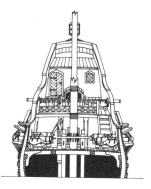

*Querschnitt beim Haupt-
spant nach achtern*

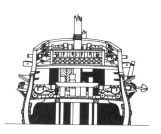

*Querschnitt beim Haupt-
spant bugwärts*

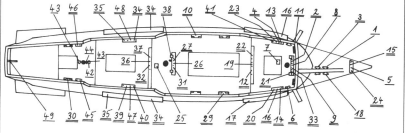

Belegplan

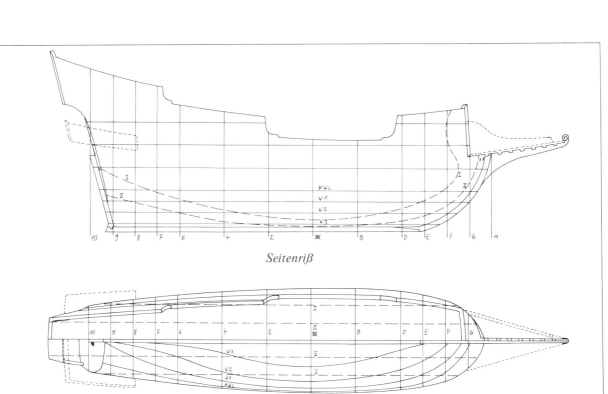

Seitenriß

Wasserlinienriß und Deckslinienriß

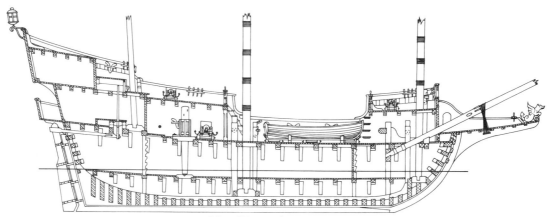

Mittellängsschnitt

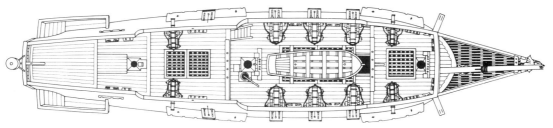

Deckansicht

13

Quellen

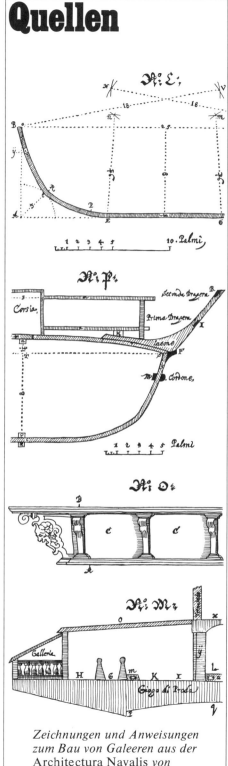

Zeichnungen und Anweisungen zum Bau von Galeeren aus der Architectura Navalis *von Joseph Furttenbach 1629*

Trauen Sie keinem Plan!

Ich meine damit nicht einmal die schlechten und minderwertigen Pläne, die so oft im Handel angeboten werden. Sie verdienen nur einen Kommentar: tun Sie sich und den vielen tausend anderen begeisterten Schiffsmodellbauern den großen Gefallen und lassen Sie sich keine minderwertigen Pläne andrehen! Wehren Sie sich! Zwingen Sie die Hersteller, bessere Qualität zu liefern – das steht in Ihrer Macht!

So lange Pfusch gekauft wird, haben es diese Hersteller nicht nötig, Geld in entsprechend gute Qualität zu investieren; boykottieren aber nur ein paar hundert Modellbauer solche Firmen konsequent, würde sich das sehr schnell ändern.

Trauen Sie auch keinem guten Plan! Selbst in die besten Modellbaupläne schleichen sich immer wieder einmal kleine Fehler und Ungenauigkeiten ein; oder manches ist nicht so klar und deutlich dargestellt, wie es für den Modellbauer wünschenswert wäre.

Wenn die Grundlagen stimmen – und bei einem qualitativ hochwertigen Plan ist dies der Fall – sind kleine Unklarheiten unerheblich. Ja, sie machen den ganzen historischen Schiffsmodellbau erst richtig spannend! Wieso? Nun, weil sich hier für Sie die Möglichkeit ergibt, selbst aktiv zu werden, Ihre Pläne zu kontrollieren, zu verbessern, Entdeckungen zu machen, Unklarheiten auszuräumen, Korrekturen vorzunehmen – kurz gesagt, nicht nur stur an einem Bauplan zu kleben, sondern ein Modell zu bauen, das besser, exakter ist als es der Plan angibt. Zum Beispiel lassen sich auf diese Weise auch Baukastenmodelle fast immer wesentlich verbessern, so daß wertvolle und historisch exakte Stücke entstehen. Sinn und Ziel des historischen Modellbaus ist ja nicht nur ein hübsches Schiff; dieses Schiff soll dem Original so weit wie möglich gleichen und nur 50-, 75- oder 100mal kleiner sein als dieses.

Quellenstudium gehört zu den Pflichtübungen jedes echten Schiffsmodellbauers.

Gewiß, dieses Quellenstudium braucht seine Zeit und ist mitunter auch mühsam, aber es macht auch ganz entschieden Spaß, wenn man erst einmal auf den Geschmack gekommen ist. Gelegentlich muß man geradezu kriminalistisches Fingerspitzengefühl entwickeln, um das eine oder andere Detail herauszubekommen, aber wer damit einmal angefangen hat, für den kann dieser Art »Modellbaukrimi« ausgesprochen zur Leidenschaft werden.

Ich weiß, hat man einen interessanten Plan vor sich liegen, dann juckt es in den Fingern, man möchte mit dem Bau beginnen. Trotzdem: tun Sie es nicht! Nehmen Sie sich Zeit und stöbern Sie alle zugänglichen Unterlagen zu diesem Schiff durch. Ich verspreche Ihnen: ist das Modell dann fertig, werden Sie es mit doppelter Freude und doppeltem Stolz betrachten können!

Glücklicherweise stehen uns zahlreiche Quellen zur Kontrolle und Verbesserung der Pläne zur Verfügung – viel mehr, als Sie jetzt vielleicht glauben. Im Anhang dieses Buches habe ich einige Museen, Archive und sonstige Quellen zusammengestellt, die Ihnen in diesem Zusammenhang vielleicht nützen können.

Sehen wir uns kurz an, welche Möglichkeiten es überhaupt gibt:

Ideal ist es natürlich, wenn das Schiff, das Sie als Modell bauen wollen, irgendwo noch existiert; in diesem Fall sind alle Probleme und Zweifel sehr schnell auszuräumen.

Nun, die Zahl historischer Schiffe, die die Zeiten überdauert haben, ist begreiflicherweise gering. Das berühmteste ist wohl die HMS *Victory*, das Flaggschiff Lord Nelsons bei Trafalgar 1805, das heute in Portsmouth im Trockendock liegt. Andere noch erhaltene Schiffe sind die Bark *Seute Deern*, sie liegt im Deutschen Schiffahrtsmuseum in Bremerhaven, der Klipper *Cutty Sark* in London-Greenwich, der Schoner *Amphion* in

Blatt aus der Handschrift Fragments of Ancient English Shipwrightry *vom Ende des 16. Jahrhunderts, zugeschrieben dem Schiffsbaumeister Matthew Baker von 1586*

Quellen

Stockholm oder die amerikanische Fregatte *Constitution* in Boston/Massachusetts, und natürlich die Wasa in Stockholm.

Wer sich auf die kleineren Küsten- und Binnenfahrzeuge verlegt hat, wird noch eine ganze Reihe dieser Vorbilder in den verschiedenen Marine- und Schiffahrtsmuseen erhalten finden können.

Einige Schiffe wurden auch ausgegraben oder vom Meeresboden gehoben, so das gewaltige römische Prunkschiff, das im Nemisee in Mittelitalien lag, die berühmten Wikingerschiffe von Gokstad und Oseberg in Norwegen und Roskilde in Dänemark, eine Kogge in Bremen, die nun im Deutschen Schiffahrtsmuseum restauriert wird, oder das Königsschiff *Wasa,* das 1628 im Hafen von Stockholm sank.

Eine weitere Möglichkeit stellen Original- und Werftmodelle dar, nach denen man sich ebenso mit absoluter Sicherheit richten kann. Die bekannteste Sammlung dieser Art sind wohl die britischen »Admiralty Models«, die etwa 1660/70 beginnend über ein Jahrhundert lang fast lückenlos die gesamte königlich britische Flotte in hervorragend gearbeiteten Modellen repräsentieren. Auch in Holland, Belgien, Frankreich, Spanien, Schweden, den USA und in Italien sind – allerdings nicht in dieser eine ganze Epoche umgreifenden Vollständigkeit – hervorragende Original- und Werftmodelle der verschiedensten Schiffe zu finden; qualitativ stehen sie den englischen keineswegs nach.

Mit einiger Vorsicht zu betrachten sind die Votivschiffe und Kirchenmodelle, die man ebenfalls allenthalben antreffen kann. Sie stammen zwar aus der Zeit, sind aber in der Regel stark vereinfacht und für den Modellbauer weniger aufschlußreich; andererseits gibt es auch hier exakte Stücke, die sich als Quelle eignen.

Alte Werftzeichnungen und originale Schiffsbauanweisungen sind zwar oft ohne Maßstab, mitunter etwas undeutlich und stellen vielfach mehr Skizzen denn technische Zeichnungen im heutigen Sinne dar.

Betrachtet man sie aber gründlich genug, erweisen sie sich doch als höchst aufschlußreich, zumal zu diesen Skizzen fast immer Tabellen mit genauen Maßen existieren, die man freilich von den alten Maßeinheiten in unsere heutigen umrechnen muß.

Drei berühmte Werke müssen hier angeführt werden:

Das älteste ist die *Architectura Navalis* von Joseph Furttenbach aus dem Jahr 1629, das erste Werk, das die streng gehüteten Geheimnisse und Traditionen der verschiedenen großen Schiffsbauerfamilien lüftete.

Pläne in unserem Sinne enthält dieses Buch noch nicht, allenfalls Zeichnungen und Skizzen mit Maßangaben, doch ist der Text sehr gründlich und vor allem für Modellbauer, die sich mit dem Mittelmeer beschäftigen wollen, höchst interessant.

Das zweite ist die *Architectura Navalis Mercatoria* des bekannten schwedischen Schiffsbaumeisters Fredrik Henrik af Chapman von 1768. Dieses Werk enthält hunderte sehr exakter, maßstäblicher Pläne schwedischer Handels-, aber auch Kaper-, Post- und Luxusschiffe.

Das dritte ist die Sammlung *Souvenirs de Marine* des französischen Vizeadmirals Edmond Pâris von etwa 1884. Dieses mehrbändige Werk enthält ebenfalls hunderte maßstäblicher Pläne nicht nur französischer Schiffe, sondern von Wasserfahrzeugen aus den verschiedensten Jahrhunderten und aus aller Herren Länder – aus Japan und China ebenso wie aus Amerika und aus dem europäischen Raum.

Eine recht gute Quelle sind auch Gemälde und Stiche einzelner Schiffe, aber auch von Seeschlachten und Flottenparaden. Im 17. Jahrhundert waren insbesondere die Holländer Willem van de Velde der Ältere und Jüngere, Abraham Stork und Pieter Cornelis Soest berühmt für ihre exakten Schiffsdarstellungen. In anderen Jahrhunderten etwa Tizian, Holbein, Scott, Serres, Chambers, Pocock, Dighton, Withcomb, van Beest, Canaletto und Roux.

Durch Joseph Furttenbach.

Mitunter nützliche Quellen sind auch Siegel, Münzen, Plaketten usw., die vor allem für das Aussehen der Schiffe im Mittelalter fast unentbehrlich sind; Vasenmalereien haben uns ganze Epochen der antiken Schiffsbaukunst erschlossen.

Hinzu kommen Mosaiken, Statuen, Brunnen, Grabsteine, Ikonen, Kleinplastiken, Buchmalereien, Kirchenfenster, Wandteppiche, Votivbilder – es gibt zahllose Schiffsdarstellungen, und viele davon entpuppen sich bei näherem Zusehen als ausgezeichnete Quellen.

Nun sind von vielen Schiffen Originalquellen nur unter großen Mühen und oft großem Kostenaufwand zu beschaffen. Häufig übersteigen solche Forschungen ganz einfach die Möglichkeiten eines normalen Modellbauers. Hier gilt es nun, einen vernünftigen und praktikablen Mittelweg zu finden zwischen einem »zu wenig« und einem »zu viel« an Quellensucherei. Der beste und sicherste Weg führt allemal zu den Museen, Archiven und Bibliotheken.

Hier sind in jahrzehntelanger Arbeit von Fachleuten Unterlagen zusammengetragen worden, und nicht selten wurden die Ergebnisse in Form von Büchern veröffentlicht. Ich verzichte in diesem Buch ganz bewußt auf einen umfangreichen Literaturnachweis – er würde den Rahmen sprengen. Eine ganze Lawine von Büchern ist zum Thema Schiffe, Schiffbau und auch Schiffsmodellbau geschrieben worden, hervorragende Titel sind darunter, aber auch viele mittelmäßige.

Ein paar Namen sollten Sie sich merken. Es handelt sich um international anerkannte Autoren, die tatsächlich etwas von ihrem Fach verstehen, hervorragende Bücher geschrieben haben und deren Angaben in jeder Weise hieb- und stichfest sind: Anderson, Boudriot, Chapelle, Hoeckel, Longridge, MacGregor, Petrejus, Underhill und Winter.

Auch in anderer Weise sind die Museen ein fast unentbehrlicher Helfer für den Modellbauer. Hier befinden sich die größten Modellsammlungen; es gibt wohl keinen Schiffstyp, kein in der Geschichte bekannteres Schiff, von dem nicht in irgend einem Museum ein Modell steht.

Natürlich handelt es sich zum größten Teil nicht um Originalmodelle, sondern um in den Museumswerkstätten neu entstandene, doch diese Werkstätten sind nicht nur bestens ausgerüstet und verfügen über Spitzenkräfte. Ihnen stehen auch all die Unterlagen, Bücher und Dokumente zur Verfügung, von denen ein normaler Modellbauer höchstens träumen kann.

Museumsmodelle sind in der Regel hervorragend gebaut und historisch absolut zuverlässig, sie sind eine bequem zu benutzende und sichere Quelle. Zusammen mit einem guten Plan und etwas Fachliteratur kann beim Bau Ihres Schiffsmodelles kaum noch etwas schief gehen.

Zudem ist es nicht schwer, an Fotos von Museumsmodellen heranzukommen: alle Marine-, Schiffbau- und Seefahrtsmuseen verfügen über eine zumeist recht gut organisierte Bildstelle, die mit einer durchschnittlichen Wartezeit von 3 bis 6 Wochen das Gewünschte ins Haus liefert. Näheres dazu im Anhang dieses Buches.

Besser freilich als das beste Archivfoto ist natürlich eine gründliche Besichtigung des Modells an Ort und Stelle. Fragen Sie, ob Sie fotografieren dürfen und machen Sie mindestens doppelt so viele Aufnahmen, als Sie zu benötigen glauben, vor allem auch von allen Details (!); man hat nie zu viel, oft aber zu wenige Fotos. Ist das Fotografieren verboten, fertigen Sie Skizzen und Zeichnungen an – schön brauchen die ja nicht zu sein, Hauptsache Sie selbst kennen sich aus … Und dann überlegen Sie einmal, ob Sie den nächsten Osterurlaub wirklich an irgend einem Strand an der Adria oder sonstwo verbringen müssen. Wäre es nicht viel interessanter, z. B. zu »Ihrem« Modell nach Rotterdam oder Paris zu fahren?

Schiffsdarstellungen auf Siegeln des 13. Jahrhunderts. Oben Siegel von Winchelsea. Unten Siegel von Sandwich.

17

Modelltypen

Hat man sein Material zusammengetragen, muß man sich als nächstes die Frage beantworten, wie das Schiff am Ende aussehen soll.

Die Frage schein leicht zu beantworten zu sein, doch ganz so einfach ist die Sache nicht. Es gibt eine ganze Reihe von Modelltypen, die alle ihre bestimmten Vorzüge und Aufgaben haben.

Spantenmodelle sind Konstruktionsmodelle, die genaues Aussehen und genauen Sitz von Kiel, Kielschwein, Steven, Spanten, Deckbalken samt wichtigen Schmuckelementen und Ausrüstungsteilen zeigen sollen. Spantenmodelle sehen nicht nur kompliziert aus, sie sind es auch! An diesen Modelltyp sollten sich nur sehr erfahrene Modellbauer heranwagen, die außerdem noch eine ganze Menge von der Theorie des historischen Schiffbaus verstehen müssen. Allen anderen Modellbauern kann nur gesagt werden: Finger weg von Spantenmodellen!

Rumpfmodelle zeigen ausschließlich den fertig geplankten Rumpf mit seiner Ausrüstung und Verzierung (teils mit, teils ohne Geschütze), verzichten aber vollständig auf Masten und Takelage.

Gut gebaute Rumpfmodelle können ganz reizvoll sein, zumal sie von allen historischen Schiffsmodellen am einfachsten herzustellen sind, weil ja Masten und Takelage entfallen. Wer Angst vor den teilweise recht komplizierten Takelagen hat, dem bietet sich mit diesem Modelltyp ein weites und reiches Betätigungsfeld.

Blockmodelle sind ebenfalls Rumpfmodelle, die aber nicht aus Einzelteilen zusammengebaut, sondern als Ganzes aus einem Holzblock herausgeschnitten werden, wobei Ausrüstungsteile unberücksichtigt bleiben. Für den Modellbauer sind Blockmodelle nicht allzu ergiebig, es sei denn als Buddelschiffe, die aber nicht in dieses Buch gehören.

Halbmodelle stellen einen weiteren Typ Rumpfmodelle dar und zeigen den halben Rumpf bis zur Mittellinie. Im 19. Jahrhundert häufiger als Werftmodelle zum Auffinden möglichst günstiger Rumpfformen verwendet, sind sie für den Modellbauer eher reizlos.

Wasserlinienmodelle zeigen das voll getakelte Schiff, allerdings nur bis zur Wasserlinie, also so, wie man das Fahrzeug sieht, wenn es tatsächlich auf den Wellen schwimmt. Eine ganz einleuchtende Idee – tatsächlich werden zahlreiche Modelle moderner Schiffe als Wasserlinienmodelle gebaut –, die sich aber für historische Schiffe nie so recht durchsetzen konnte. Nur selten bekommt man eines zu Gesicht, und darum sollten Wasserlinienmodelle für den Modellbauer historischer Schiffe nicht empfohlen werden.

Admiralty Models sind eine englische Erfindung des 17. Jahrhunderts, als der britischen Admiralität für jeden neuen Schiffstyp nicht nur die Pläne, sondern auch ein Modell vorgelegt werden mußte. Charakteristisch für die Admiralty Models war der als Spantenmodell gebaute Unterwasserrumpf. Der Teil über der Wasserlinie war voll geplankt, und die Decks hatten wiederum keine Planken, um die Konstruktion der Deckbalken zu zeigen. Admiralty Models, die zum prachtvollsten gehören, was auf dem Gebiet des Schiffsmodellbaus je geleistet wurde, können mit oder ohne Geschütze, als Rumpfmodelle oder als getakelte Vollmodelle gebaut sein.

Für den Modellbauer gilt hier ähnliches wie für die Spantenmodelle. Es bedarf großer theoretischer und praktischer Erfahrung, ehe man sich an diesen Modelltyp heranwagen kann. Im Zweifelsfall: Finger weg, wenn Sie kein Fiasko erleben wollen!

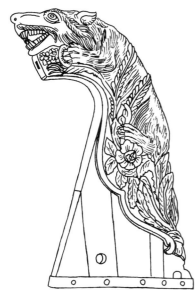

Holländischer Ruderkopf
18. Jahrhundert

Spantenmodell eines englischen Dreideckers von 1660

Rumpfmodell einer 18-Kanonen Brigg von 1800

Modelltypen

*Holländische Ruderköpfe
18. Jahrhundert*

Baukasten-Modelle

Getakelte Vollmodelle sind eigentlich das, was man sich unter einem richtigen Schiffsmodell vorstellt. Hier kann sich die ganze Schönheit der exakt aufeinander abgestimmten Proportionen eines historischen Schiffes voll entfalten, hier wird erst seine gesamte Funktionsweise sichtbar. Wer durch die Sammlungen der großen Marine- und Seefahrtsmuseen geht, der wird es selbst erleben, wie er an manchem Rumpf- oder Spantenmodell, und sei es noch so kunstvoll gefertigt, fast achtlos vorübergehen wird, fast magisch angezogen von den prächtigen, voll getakelten Modellen.

Jedem Modellbauer, der nicht eine unüberwindliche Abneigung gegen die Vielfalt der Schnüre und Schnürchen der Takelage hegt, und ohne andere Modelltypen unterzubewerten, sei dringend der Typ des getakelten Vollmodells empfohlen.

Für getakelte Modelle gibt es wiederum 4 Versionen:

Vollmodelle ohne Segel. Dies ist unter den getakelten Modellen fast die häufigste Art. Viele Modellbauer sind der Meinung, daß Segel allzu viel von den Masten und der Takelage verdecken würden. Mit ein paar Kniffen, von denen noch die Rede sein wird, läßt sich das aber vermeiden. Auf jeden Fall besitzt ein Modell ohne Segel mit der filigranen Zeichnung seiner Masten, Stengen, Rahen und dem ganzen Tauwerk ganz entschieden seinen eigenen großen Reiz.

Vollmodelle mit geborgenen Segeln. Ähnliche Gedankengänge sind der Grund, warum man die Segel eines Schiffsmodelles zusammengerollt, also an den Rahen geborgen, zeigt. Diese Methode hat modellbautechnisch allerdings ihre Tücken, wie wir im Kapitel über die Segel noch sehen werden. Sie ist verhältnismäßig selten.

Vollmodelle mit teilweise gesetzten Segeln sieht man weitaus häufiger. Gewöhnlich sind die Mars- und Bramsegel gesetzt, während die Untersegel an der Rah geborgen oder zumindest aufgegeit gezeigt werden, um einen besseren Blick auf das Deck zu ermöglichen. Bei solchen Modellen fehlen zumeist auch die Stagsegel.

Vollmodelle mit gesetzten Segeln. Natürlich kann die volle Funktion der gesamten Takelage nur dann gezeigt werden, wenn auch alle vorhandenen Segel gesetzt sind samt Stagsegeln und eventuell sogar den Leesegeln. Daß ein Schiffsmodell »in voller Fahrt« einen überaus prachtvollen Anblick bietet, kann niemand bezweifeln.

Für den Anfänger. Um sich mit den grundsätzlichen Arbeitsweisen des Schiffsmodellbaus vertraut zu machen. Um einen Jugendlichen an das Thema heranzuführen. Dafür mag industriell gefertigten und angebotenen Modellbaukästen eine Existenzberechtigung, ja sogar eine gewisse Eignung nicht abgesprochen werden.

Mehr aber auch nicht!

Ich kenne keinen (!) Baukasten, der auch nur entfernt den Qualitätskriterien eines ernstzunehmenden historischen Schiffsmodells nahekäme.

Wenn Sie kein blutiger Anfänger sind, vergessen Sie Modellbaukästen ganz schnell und ganz gründlich! Was Sie dort bekommen ist – hart gesagt –: Schund zu überhöhtem Preis!

Wasserlinienmodell einer englischen Galeone von 1580

21

Welches Modell?

Nach dreißig Jahren allgemeiner und über fünfzehn Jahren hauptberuflicher Beschäftigung mit historischem Schiffs- und Schiffsmodellbau samt einschlägigen Leseranfragen (so ein halbes Dutzend pro Woche), war es eigentlich unvermeidlich, daß mir gewisse Trends auffallen mußten.

Und was mir auffiel war, daß immer und immer wieder die gleichen Modelle gebaut, andere, nicht minder interessante und berühmte Schiffe jedoch beharrlich mit Verachtung gestraft werden.

Da gibt es z. B. die *Victory*-Bauer, eine ganz eigene Spezies. *Victory*-Pläne kenne ich ein rundes Dutzend, und die Modelle dürften inzwischen in die Zehntausend gehen. Spricht man sojemanden aber darauf an, er könne doch auch einmal die *Redoutable* (jenes Schiff unter dem tapferen Kapitän Lucas, von dem aus die tödliche Kugel auf Nelson abgefeuert wurde, und das durch Gemälde und andere Unterlagen fast ebenso gut dokumentierbar ist wie die *Victory*) bauen, so kann man Blicke ernten, als habe man soeben einen unsittlichen Antrag gemacht.

Dann gibt es da die *Großschiff*-Bauer, denen ein Modell gar nicht groß und prächtig genug sein kann: *Soleil Royal, Wasa, Sovereigne of the Seas*; mit etwas Bescheidenerem gibt man sich da nicht zufrieden. Ihre unversöhnlichen Rivalen sind die *Kleinschiff*-Bauer, die strikt alles ablehnen, was größer als ein Ewer oder – im kühnsten Fall – eine Brigg ist.

Dann gibt es die *Berühmte-Schiffe*-Bauer, denen nur wichtig ist, daß möglichst viele Leute ›ihr‹ Schiff kennen: die *Santa Maria, Golden Hinde, Mayflower* usw., ungeachtet der Tatsache, daß kaum eines dieser Schiffe historisch auch nur einigermaßen dokumentierbar ist oder daß es wenigstens glaubhafte Rekonstruktionen gibt.

Deren geschworene Feinde sind selbstverständlich die *Dokumentarschiff*-Bauer, die es ablehnen, ein Modell zu bauen, das nicht bis ins letzte, winzigste Detail exaktissime historisch belegbar ist, und sich damit in der Auswahl ihrer Modelle extrem einengen.

Nun, in ihrer Weise hat jeder dieser Gruppen ja durchaus treffliche Gründe für sich zu buchen, und dennoch bleibt die Frage: Welches Schiff soll man also bauen?

Natürlich kann – und will! – ich zu diesem Thema kein Rezept geben, freilich, so frei bin ich, ein paar Grundregeln:

Persönlich würde ich unbedingt und jederzeit einem Modell den Vorzug geben, das ich selbständig und damit einzigartig erarbeitet habe, gegenüber einem noch so berühmten Dutzend-, Hundert- oder Tausendschiff.

Ich bin kein Verfechter der Kleinschiff-Bauer, aber es ist unbestreitbar, daß man auf dem Modell eines kleinen Schiffes, wie etwa dem nebenstehenden, höchste modellbautechnische Brillanz demonstrieren kann, ohne dabei die Bauzeit ins Uferlose zu treiben.

Aber auch ein goldblitzendes Galion, ein überreich mit Schnitzwerk versehener Heckspiegel usw. sind prachtvoll, überaus prachtvoll – doch zum Erringen eines nationalen oder internationalen Meistertitels noch keineswegs ausreichend, denn dort kennt man nur ein Kriterium: historische und handwerkliche Perfektion!

Und so lautet mein ganz persönliches Erfolgsrezept:
● Optimale Dokumentierbarkeit des Schiffes (ohne daß ich deshalb etwa vor durchkonstruierten, in sich logischen Rekonstruktionen zurückschreckte).
● Perfekte Ausarbeitung und Detaillierung eines eventuell kleinen Schiffes vor Größe und dem vergoldeten Prunk minderer Qualität.
● Individualität vor Masse, d. h. lieber eine *Redoutable* als eine *Victory*!

Helgoländer Sloop. Das Modell von Dr.-Ing. Joachim Wiegand ist ein Paradebeispiel für ein kleines Schiff in perfekt detaillierter Ausführung!

23

Maßstab

1:25

1:50

1:75

1:100

1:150

1:200

*Maßstabsbeispiel:
eine Jungfer in den sechs
üblichen Maßstäben*

Der nächste Schritt ist die Festlegung des Maßstabs für das geplante Schiffsmodell, d. h. die Verkleinerung, in der man das Modell bauen will. So bedeutet ein Maßstab von z. B. 1:50, daß das Modell 50mal kleiner wird als das Original.

Im Handel werden Pläne in allen möglichen – und unmöglichen – Maßstäben angeboten; es ist darum Sache des Modellbauers, welche Verkleinerung für sein Modell die ideale ist, in welchem Maßstab er seine Vorstellungen am besten verwirklichen kann. Sich unbedingt an den Maßstab der Pläne zu halten ist nur gelegentlich ratsam, denn um die Papiergrößen nicht allzu gewaltig werden zu lassen sind die Pläne meist in kleineren Maßstäben gezeichnet, als es für den Modellbau wünschenswert erscheint. Auch empfiehlt sich der Bau in einem der allgemein üblichen Maßstäbe.

Diese gelten für Kontinentaleuropa 1:200, 1:150, 1:100, 1:75, 1:50, 1:25. Für England und Amerika (bedingt durch die bequemere Umrechnung in Fuß) 1:192, 1:144, 1:96, 1:72, 1:48, 1:24.

Jeder dieser Maßstäbe hat seine Vor- und Nachteile. Überlegen Sie sich bitte auch genau, wo in Ihrer Wohnung das fertige Modell einmal stehen soll und ob es dort überhaupt Platz hat – Sie wären nicht der erste, der Überraschungen erlebte. Ein mir befreundeter Modellbauer mußte sein sehr schönes, sehr großmaßstäbliches Modell wieder halb abtakeln, weil es nicht mehr durch die Zimmertür paßte …

Hier die wichtigsten Maßstäbe mit ihren Vor- und Nachteilen:

1:200 (1:192). Sehr starke Verkleinerung. Vorteil: moderne Schiffe, die ja oft über 200 Meter lang sind, können in diesem Maßstab auf eine vernünftige Modellgröße reduziert werden. Nachteil: Details verschwinden fast völlig oder können wegen ihrer Winzigkeit nicht mehr hergestellt werden.

1:150 (1:144). Ebenfalls noch sehr starke Verkleinerung, über die das gleiche wie oben zu sagen ist.

1:100 (1:96). Vorteil: die großen Segelschiffe (z. B. Klipper) oder Dampf-Segel angetriebene Schiffe des letzten Jahrhunderts können gut in diesem Maßstab dargestellt werden. Nachteil: viele Details müssen immer noch unberücksichtigt bleiben, da sie zu klein ausfallen.

1:75 (1:72). Vorteil: gute Möglichkeit zur Darstellung historischer Schiffe in einem vernünftigen Maßstab, ohne daß man sich allzu sehr auf Kleinstteile eingehen müßte. Anfängern, leicht ungeduldigen Leuten oder jenen, die sich vor zu vielen Details fürchten (obwohl diese Furcht weitgehend unbegründet ist), sei dieser Maßstab empfohlen. Nicht ohne Grund wird er vielfach von Modellbaufirmen für Baukästen gewählt. Nachteil: Modellbauer, die auf die exakte Nachbildung auch kleinster Details Wert legen, muß von diesem Maßstab abgeraten werden, da Kleinstteile immer noch sehr winzig ausfallen und entsprechend mühsam in der Herstellung sind. Bei sehr großen Schiffen, z. B. Dreideckern des 17. und 18. Jahrhunderts wird man gelegentlich auf diesen Maßstab zurückgreifen müssen, wobei dann zu überlegen wäre, ob ein kleineres Schiff in größerem Maßstab nicht die günstigere Lösung ist.

1:50 (1:48). Gilt als der ›Idealmaßstab‹ für historische Schiffe, in dem auch beispielsweise alle englischen Admiralty Models hergestellt sind. Vorteil: Dieser Maßstab ist groß genug zur naturgetreuen Darstellung fast aller Details und noch so klein, daß das Modell in einer normalen Wohnung aufgestellt werden kann (für ein Schiff mittlerer Größe bis etwa 1750 wird das Modell höchstens 1,5 Meter lang). Dieser Maßstab 1:50 (oder 1:48 nach englischer Rechnung) kann Modellbauern nur wärmstens empfohlen werden, er hat sich tausendfach bewährt. Nachteil: er zwingt zur Detailarbeit; unterbleibt sie, sieht das Modell schlecht aus. Wer der Kleinarbeit ausweichen will, sollte darum einen kleineren Maßstab (z. B. 1:75) wählen.

Admiralty Model der
HMS Prince *von 1670*

Maßstab

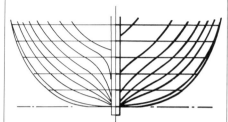

Original:
links scharfe Linien
rechts dicke Linien

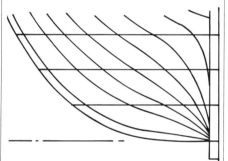

Vergrößerung linke Hälfte:
Linien bleiben scharf.
Vergrößerung brauchbar!

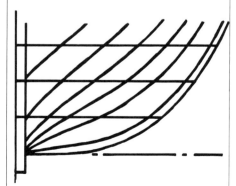

Vergrößerung rechte Hälfte:
Linien werden dick und unscharf.
Vergrößerung unbrauchbar!

1:25 (1:24). Sehr großer Maßstab. Vorteil: hier können auch die winzigsten Details berücksichtigt werden; Könner des Modellbaus haben hier Gelegenheit, alle Register zu ziehen. Nachteil: die Modelle nehmen schnell gewaltige Dimensionen an (ein Zweidecker aus der Mitte des 18. Jahrhunderts wird über 3 Meter lang und fast ebenso hoch). Im Maßstab 1:25 kann man eigentlich nur kleine Fahrzeuge bauen.

Andere Maßstäbe. Sie werden gelegentlich auf Plänen angeboten, allerdings sind sie – auch bei den internationalen Wettbewerben – nicht allzu gerne gesehen. Man ist nicht ganz zu Unrecht der Meinung, die Modelle sollen auch untereinander in einem klaren, leicht erkennbaren Größenverhältnis zueinander gebaut sein, um dem Betrachter Vergleiche zu erleichtern.

Leider stimmen die Maßstäbe der Pläne, nach denen man bauen will, nur selten mit jenem Maßstab überein, für den man sich selbst entschieden hat.

Damit ergibt sich die Schwierigkeit, daß die in den Plänen gezeichneten Risse oft nicht unmittelbar für das eigene Modell verwendbar sind. Die Risse müssen umgezeichnet werden – eine Arbeit, die nur wenige Modellbauer gerne tun, die aber leider oft notwendig ist. Auf keinen Fall soll man sich vom Maßstab der Pläne tyrannisieren lassen und ein Modell nur deshalb in einem kleineren Maßstab bauen, weil man sich die Mühe des Umzeichnens ersparen will!

Zum Vergrößern von Plänen gibt es zwei Methoden, eine mühsame, und eine nicht ganz billige.

Bei der mühsamen Methode zeichnet man zunächst sauber (!) die wichtigsten Risse auf transparentes Milimeterpapier durch und überträgt dann Punkt für Punkt mit Stechzirkel, Lineal und eventuell Rechenschieber in entsprechender Vergrößerung auf ein zweites Blatt Milimeterpapier, wobei die Punkte auf dem Original nicht weiter als 2 mm, besser nur 1 mm auseinanderliegen sollen, da sich sonst Ungenauigkeiten einschleichen. Etwas erleichtert wird diese Arbeit durch Zirkel, auf denen man die Übertragung verschiedener Größenverhältnisse fest einstellen kann.

Die nicht ganz billige Methode ist die fotomechanische. Mit ihr lassen sich Pläne ohne Mühe auf jede gewünschte Größe bringen. Da das Fotogeschäft um die Ecke die entsprechenden großen Formate nur sehr selten macht, schauen Sie ins Branchenfernsprechbuch nach »Reprografischen Anstalten«, die solche Aufträge in der Regel gerne ausführen. Natürlich kostet das Geld, DM 50,– bis DM 200,– je nach Größe, und so ist es vernünftig, nicht die gesamten Pläne vergrößern zu lassen – vieles kann man nämlich recht gut mit der Stechzirkelmethode ermitteln – sondern nur die wichtigsten und schwierigsten Teile, also Spantenriß, Wasserlinienriß und Mittellängsschnitt, in den man vorher den Linienriß eingezeichnet hat. Es ist sinnvoller, den Mittellängsschnitt an Stelle der Seitenansicht zu nehmen, da man in ihm auch gleich die Deckeinteilung hat und die Außeneinteilung, z. B. Lage der Barkhölzer, ganz gut aus der Lage der Stückpforten ermitteln kann. Wichtig bei der fotomechanischen Vergrößerung ist allerdings, daß die Risse der Vorlage sehr scharflinig sind – wenn die Striche auf der Vorlage schon breit sind, werden sie beim Vergrößern noch dicker, und es entsteht eine allzu große Toleranz!

Anschließend ist es sinnvoll, sich nach diesen Vergrößerungen mit Hilfe von transparentem Milimeterpapier einen eigenen exakten Riß zu fertigen, das dauert nicht übermäßig lang, und man tut sich später z. B. mit dem genauen Auszeichnen der Spanten wesentlich leichter.

Getakeltes Vollmodell ohne Segel einer englischen Fregatte von 1790

Kosten

Es ist erstaunlich, wie einhellig die Autoren von Schiffsmodellbau-büchern verkünden, der historische Schiffsmodellbau sei ungemein billig, da man mit einem Minimum an Werkzeugen auskomme und die paar Brettchen, Leisten, Schnüre und Nägel ohnehin fast nichts kosten. Ich kann mich dieser Meinung leider nicht uneingeschränkt anschließen, weder was die Werkzeuge, noch was das Material angeht.
Tatsache ist allerdings – und dies sei ganz deutlich gesagt – daß der historische Schiffsmodellbau keineswegs zu den teuren Hobbies gehört. Berechnet man etwa die monatlichen Investitionen, so kommt man sogar erstaunlich billig weg.
Tatsache ist außerdem, daß bei einem gut gebauten Schiffsmodell der Wert ein Vielfaches dessen darstellt, was man hineinstecken mußte.
Was das Minimum an Werkzeugen und die Billigkeit des Materials anbelangt, so gilt dieser Satz allenfalls für den Anfänger, hat aber gerade für ihn den ungeheuren Vorteil, daß er nur wenig investieren muß, bis er weiß, ob er dem neuen Hobby treu bleiben wird.
Für den Anfänger mögen Laubsäge, Bohrer, Feile, Schnitzmesser, ein paar Pinsel, Hammer, Zange und Wäscheklammern als Werkzeug ausreichen; an Material tun es Sperrholz, Kiefern- und Abachileisten. Doch gilt das eben nur für den Anfänger!
Wer ernsthaft historischen Schiffsmodellbau betreibt, der wird sich mit der Zeit ein beachtliches Werkzeugsortiment zulegen müssen (Näheres dazu im nächsten Kapitel), und auch das Material Nußbaum, Birne, Buchsbaum kostet seinen Preis. Beizen, Lacke und Farben sind keineswegs billig, und Blattgold ist sogar verbitternd teuer – einziger Trost bleibt, daß man von allem nicht übermäßig viel benötigt.
Noch ärger gehen Beschlagteile (Blöcke, Jungfern, Geschütze, Klampen usw.) ins Geld, insbesondere, wenn man sie fertig im Handel bezieht. Sehr schnell kann man dabei etliche hundert Mark loswerden. Auch die Pläne werden nicht eben verschenkt. Ein guter Plan darf seine 25,– bis 50,– Mark kosten – gerade hier sollte man auf keinen Fall sparen!
Summa summarum, für ein gut gebautes Schiffsmodell mittlerer Größe sollte man mit DM 1000,– bis 2000,– (ohne Werkzeuge) rechnen; ein Anfänger wird bei einem einfachen Modell freilich schon mit einem Fünftel dieser Summe bequem auskommen.
Andererseits braucht der Bau eines guten Modells seine Zeit. Rechnen wir mit 12 Monaten Bauzeit und DM 1200,– Kosten, dann sind das rund DM 100,– im Monat. Unter Modellbauern gilt dieser Betrag als Richtgröße für jemanden, der so ziemlich jedes Wochenende in seiner Miniaturwerft sitzt. Auf das Wochenende bezogen sind das nicht einmal DM 25,–. Wie schnell hat man mehr Geld mit einem anderen Hobby ausgegeben oder in Benzin investiert, um auf der Autobahn im Abgasgestank und im Schrittempo einem beliebten Ausflugsziel entgegenkriechen zu dürfen ...

Heckfigur des Convoyschiffes Die Admiralität von Hamburg *1691*

Große venezianische Karacke Santa Elena *um 1500 unter vollen Segeln.*
(Modell des Verfassers für aeronaut-Modellbau)

Entscheidung

*Englischer Galionslöwe
um 1700*

Die sicherste Methode, ein Modell schlecht zu bauen, mitten in der Arbeit stecken zu bleiben oder irgendwann gründlich die Lust zu verlieren besteht darin, sich mit Säge, Feile und Bohrer auf das Holz zu stürzen und darauf loszuarbeiten – der Mißerfolg kann garantiert werden!

Wenn Sie Wert auf böse Überraschungen legen, fangen Sie ruhig mit dem Bauen an und treffen Sie Ihre Entscheidungen von Fall zu Fall – Sie werden sich wundern!

Zum Bau eines guten Modells bedarf es zunächst beträchtlicher Denk- und Planungsarbeit, müssen auf eine Reihe von Fragen die Antworten gegeben werden, stehen Entscheidungen an, die vor Baubeginn getroffen werden müssen.

Um es ganz deutlich auszudrücken: bevor Sie das erste Stück Holz in die Hand nehmen, müssen Sie genau wissen, wie Ihr Schiff am Ende aussehen soll!

Lassen Sie sich Zeit. Denken Sie alles genau durch. Blättern Sie noch einmal in diesem Buch. Sehen Sie sich noch einmal die besonders kritischen und schwierigen Punkte Ihres Modells an, z. B. Heckspiegel, Galion, Bewaffnung, Hecklaterne, Beiboote, Schnitzereien usw.

Vertiefen Sie sich noch einmal in Ihren Takelplan. Lassen Sie sich die Segel noch einmal durch den Kopf gehen. Schauen Sie sich die Fotos der Museumsmodelle noch einmal gründlich an.

Entscheiden Sie sich auch, in welcher Situation Sie das Schiff zeigen wollen, z. B. im Hafen, auf Fahrt oder im Kampf. Im Hafen sind die Segel an der Rah geborgen oder ganz abgeschlagen, dafür sind offene Luken, am Kranbalken lose baumelnde Anker und unverzurrte Fässer an Deck durchaus berechtigt, Dinge, die bei gesetzten Segeln, in voller Fahrt also, selbstverständlich absoluter Unsinn sind!

Und dann – treffen Sie Ihre Entscheidungen!

Jetzt, *vor* Beginn!

Und dann bleiben Sie dabei!

Neben einer gewissen handwerklichen Geschicklichkeit und Geduld ist Konsequenz unerläßlich, wenn Sie beim Bau historischer Schiffsmodelle Erfolg haben wollen!

Gewiß, Sie werden vielleicht dann und wann, da und dort im Verlauf der Arbeit Ihre Meinung ändern und getroffene Entscheidungen zurücknehmen. Das ist menschlich, das ist verständlich. Aber bedenken Sie: je weniger Sie an Ihrem ursprünglichen Konzept ändern, desto weniger Ärger, Mühe und Schwierigkeiten werden Sie haben.

Auf der gegenüberliegenden Seite habe ich eine kleine Liste mit 41 Fragen zusammengestellt. Bevor Sie mit dem Bau eines Schiffsmodells anfangen, setzen Sie sich an einem ruhigen Abend gemütlich hin und geben Sie sich selbst Antwort auf diese Fragen – schriftlich!

Seien Sie dabei bitte ganz ehrlich und sehr kritisch Ihrem Ehrgeiz gegenüber – kein Mensch hat etwas davon, wenn Sie sich selbst beschwindeln.

Treffen Sie Ihre Entscheidungen ohne das leiseste ›vielleicht‹, ›weiß noch nicht so recht‹, ›möglich‹, ›mal sehen‹, ›wird sich zeigen‹ …

Wenn Sie auf eine Frage noch keine klare Antwort wissen, vergraben Sie sich noch einmal in Ihren Plänen, Fotos, Büchern und sonstigen Unterlagen. Spielen Sie in Gedanken noch einmal die verschiedenen Möglichkeiten durch.

Haben Sie Geduld, auch mit sich selbst! Lassen Sie sich Zeit, Zeit und nochmals Zeit! So lange, bis Sie ganz genau wissen, was Sie wollen.

Und dann erst: Fangen Sie an!

Fragebogen

Schiff:

1 Reizt mich das Modell genug, um wahrscheinlich viele Monate daran zu arbeiten?
2 Gibt es andere Modelle, die mich vielleicht noch mehr reizen?
3 Bin ich mir mit diesem Schiff wirklich sicher?
4 Wirklich??

Grundsätzliches:

5 Reicht mein handwerkliches Können für dieses Modell aus?
6 Übernehme ich mich nicht mit diesem Schiff?
7 Soll ich nicht vielleicht doch ein einfacheres wählen?
8 Ist mein Handwerkszeug den Anforderungen gewachsen?
9 Wie steht es mit dem Geld für das Schiff (Material und eventuell Werkzeuge)?

Unterlagen:

10 Sind meine Pläne gründlich genug?
11 Stimmen sie?
12 Gibt es noch anderswo Pläne für mein Schiff?
13 Habe ich alles, was ich an Museumsfotos erreichen konnte?
14 Kenne ich die Fachliteratur zu meinem Schiff?
15 Gibt es sonst noch Unterlagen, die ich haben könnte oder sollte?

Vorbereitungen:

16 Welchen Modelltyp wähle ich?
17 Welchen Maßstab wähle ich?
18 Paßt das fertige Modell auch an den Platz, an dem es einmal stehen soll?

Bau:

19 Welche Bauart wähle ich?
20 Komme ich mit dem Heckspiegel zurecht?
21 Komme ich mit dem Galion zurecht?
22 Schaffe ich wirklich die Schnitzereien?
23 Bin ich sicher oder sollte ich es erst noch einmal ausprobieren?
24 Welches Holz wähle ich?
25 Wo bekomme ich das Holz?
26 Ist es garantiert abgelagert genug?
27 Wie sollen die Kanonen stehen?
28 Komme ich mit den Ankern zurecht?
29 Komme ich mit der Hecklaterne zurecht?
30 Wo bekomme ich Ausrüstungs- und Beschlagteile, die ich nicht selbst herstelle?
31 Gibt es dort alles, was ich brauche?
32 In entsprechender Qualität?
33 Soll mein Schiff aufgetakelt werden?
34 Kenne ich mich auf meinen Takelplänen aus?
35 Stimmen sie?
36 Habe ich einen Belegplan?
37 Wo bekomme ich mein Takelgarn?
38 Will ich Segel?
39 Wer näht meine Segel?

Schlußfragen:

40 Bin ich mir immer noch sicher, daß ich dieses Schiff und kein anderes will?
41 Bin ich mir immer noch sicher, daß ich es schaffe?

Wenn ja, dann los und viel Erfolg!!

Material
und
Werkzeug

Material-Vorlieben · Material-
Maßstab · Holz · Metall
Glas · Taue · Segel · Werk-
zeuge · Maschinen · Chemi-
kalien · Arbeitsplatz
Bearbeitung Holz und Metall
Schnitzen · Punzen · Ätzen
Materialverbindungen
Kleben · Nageln · Schrauben
Löten · Dübeln · Nieten
Kunstharzguß · Zinnguß
Galvanoplastik · Farben
Beizen · Bleichen · Vergolden
Lack · Metall schwärzen
Holz altern

Für den Bau eines guten Schiffsmodells ist die Wahl des Materials von größter Wichtigkeit und auch, ob man über die geeigneten Werkzeuge zur richtigen Bearbeitung dieses Materials verfügt.

Material und Werkzeug sollten wiederum in einem vernünftigen Verhältnis zum Können des Modellbauers stehen. Gutes Material und ein umfangreicher Maschinenpark sind noch lange keine Garantie für qualitativ hochwertige Ergebnisse!

Umgekehrt sind wirkliche Könner oft in der Lage, auch mit billigsten Mitteln und fast ohne Werkzeuge die unglaublichsten Modelle zustandezubringen. Als berühmtes Beispiel dafür sollen hier die »Prisoner of War Models« stehen, die in den napoleonischen Kriegen gefangene französische Seeleute oftmals aus Knochen – Sie haben richtig gelesen: Knochen! – hergestellt haben, wobei ihnen als Werkzeug kaum mehr als ein Messer zur Verfügung stand.

Nun, das sind Ausnahmen.

Dem heutigen Schiffsmodellbauer werden fast überreich Materialien und Werkzeuge angeboten; sein Problem besteht eher darin zu entscheiden, was er wirklich braucht, und was nicht.

Ich werde im folgenden versuchen, Ihnen – sind Sie nun Anfänger oder schon Könner – ein paar Hilfen zu geben.

Was muß man an Werkzeugen besitzen, was sollte man haben und was dient nur der Bequemlichkeit? Wie wird das Werkzeug eingesetzt, welche Materialien eignen sich für welchen Zweck, wie werden technische Schwierigkeiten überwunden oder umgangen? Welche anderen Wege führen zum gleichen Ziel? Zum Drehen von Geschützrohren aus Messing zum Beispiel braucht man eine Uhrmacherdrehbank, und die ist ganz schön teuer. Man kann aber ebenso gute, weit billigere Geschützrohre aus Zinn selbst gießen, und wenn man sie richtig nachbehandelt, sieht am Schluß kein Mensch mehr den Unterschied.

Einen Grundsatz sollten Sie sich allerdings für den ganzen historischen Schiffsmodellbau zu eigen machen: nehmen Sie keine mindere Qualität!

Wenn Sie etwas kaufen, kaufen Sie das beste, was angeboten wird!

Bei Werkzeugen gilt das für Könner ebenso wie für den Anfänger, der ja nicht sofort einen riesigen Maschinenpark braucht, doch das, was er an Werkzeugen hat, sollte erstklassig sein.

Beim Material gilt das natürlich nur für den Fortgeschrittenen und Könner. Für den Anfänger sei hier eine vernünftige Bescheidenheit empfohlen; wenn er mit Buchsbaum und Blattgold zu hantieren versucht, dann ist das hinausgeworfenes Geld. Arbeitet aber ein Könner mit Kiefer und Goldbronze, entwertet er selbst seine Arbeit.

Natürlich ist beste Qualität niemals billig, sie kann es nicht sein. Aber was Sie an Material – auch dem teuersten – für ein Schiffsmodell verbrauchen, ist nicht viel; und was Sie im Lauf der Zeit an kostspieligen Werkzeugen oder Maschinen benötigen, wozu gibt es Weihnachten, Geburtstage und ähnliche Feste?

Und noch eins: wer in kurzer Zeit viel baut, wer mit schlechten Werkzeugen und allzu billigem Material baut, der baut zumeist auch schlecht.

Gut bauen heißt also: Vorausplanen, sinnvoll auswählen, sein optimales Können einbringen, gelegentliche innere Widerstände und Müdigkeiten überwinden und – Fertigbauen!

Französisches 74-Kanonen-Schiff Le Vengeur *Ende des 18. Jahrhunderts.*
Um 1806 von einem französischen kriegsgefangenen Matrosen wurde
dieses Modell aus Knochen (!) gebaut (Prisoner of War-model)

Material-Vorlieben

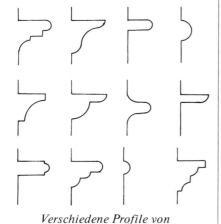

Verschiedene Profile von Relingskanten und Zierleisten

Material-Maßstab

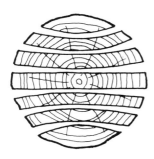

Holz ist ein lebendes Material, das stets dazu tendiert, entsprechend seiner Maserung zu ›arbeiten‹. Ein guter Modellbauer wird dies entsprechend berücksichtigen, ja sogar an gebogenen Stellen für sich einsetzen

Im historischen Schiffsmodellbau gibt es vier Grundmaterialien: Holz, Metall, Segelstoff und Tauwerk.

Segelstoff und Taue werde ich in den Kapiteln BLÖCKE UND TAUE und SEGEL ausführlich vorstellen, so daß wir uns hier hauptsächlich Holz und Metall samt dem, was der Modellbauer über diese Materialien und ihre Bearbeitung wissen sollte, widmen können.

Jeder Modellbauer hat seine Stärken und Schwächen, was diese beiden Grundmaterialien anbelangt. Man könnte es auch so ausdrücken: jeder Modellbauer hegt gewisse Vorlieben entweder für das eine oder das andere Material, es liegt ihm angenehmer in der Hand, er versteht sich besser auf seine Verarbeitung.

Wie ich früher schon sagte, muß man seinen Fähigkeiten und Möglichkeiten selbstkritisch gegenüber stehen. Herr Anton Happach – Deutscher Meister, Europameister usw. usw., von dem Modelle im Deutschen Museum, München und im Deutschen Schiffahrtsmuseum, Bremerhaven, stehen – einer der brillantesten Modellbauer, die ich kenne, gibt beispielsweise ganz offen zu, daß ihm das Schnitzen nicht sonderlich liegt. Aus diesem Grund hat er sich auf Schiffe des 19. Jahrhunderts spezialisiert.

Es ist also keine Schande, wenn man mit der einen oder anderen Technik nicht ganz zurecht kommt, man muß nur seine Vorlieben und Abneigungen, seine Stärken und Schwächen in der Bearbeitung von Holz oder Metall kennen und die Auswahl seines Modells danach richten.

Generell kann hierzu gesagt werden: wer ungern Metall bearbeitet, der sollte sich an Schiffe vor 1850 halten. Natürlich wird man auch bei diesen Modellen nicht ganz ohne Metallteile auskommen, aber ihre Zahl ist doch ziemlich gering.

Für den, der gern mit Metall hantiert, dem seien Schiffe nach 1850 empfohlen, dort kann er sich nach Herzenslust mit Metallteilen austoben.

Über Maßstäbe haben wir uns schon eingehend bei der Projektierung und Planung eines Modells unterhalten. Was hat dieses Thema nun beim Material verloren? Sehr viel sogar! Ein häufiger Fehler, den man immer wieder sehen kann, ist die Wahl falschen Materials (ganz besonders die Wahl falschen Holzes), das dem Maßstab des Modells nicht gerecht wird. Ein Beispiel möge das erklären: das wichtigste Schiffsbauholz war Eiche, ein hartes, kurzfasriges Holz mit deutlicher Struktur. Manche Modellbauer sind der Meinung, mit der Wahl von Eiche könnten sie gar nichts falsch machen, originaler ginge es doch überhaupt nicht. So besehen ist das unbestreitbar richtig. Was diese Modellbauer aber übersehen ist, den Modellmaßstab auch auf ihr Material anzuwenden.

Praktisch sieht das dann so aus: bei einem im Maßstab 1 : 50 gebauten Modell ist alles 50mal kleiner als im Original, nur das Holz, in unserem Beispiel Eiche, ist im Maßstab 1 : 1 geblieben und damit 50mal größer und gröber als das Modell! Wenn man alles 50fach verkleinert, dann muß man eben auch die Eiche 50fach verkleinern (!) Und weil das technisch natürlich nicht möglich ist, muß man ein Holz wählen, dessen Struktur 50fach verkleinert Eiche entspricht – Birne, Nußbaum oder Buchsbaum beispielsweise.

Material-Maßstab bedeutet also nichts anderes als die Wahl von Materialien, die in ihrer Struktur der maßstabsgerechten Verkleinerung des Originalmaterials entsprechen.

Achten Sie darauf! Besonders bei der Wahl Ihrer Hölzer!

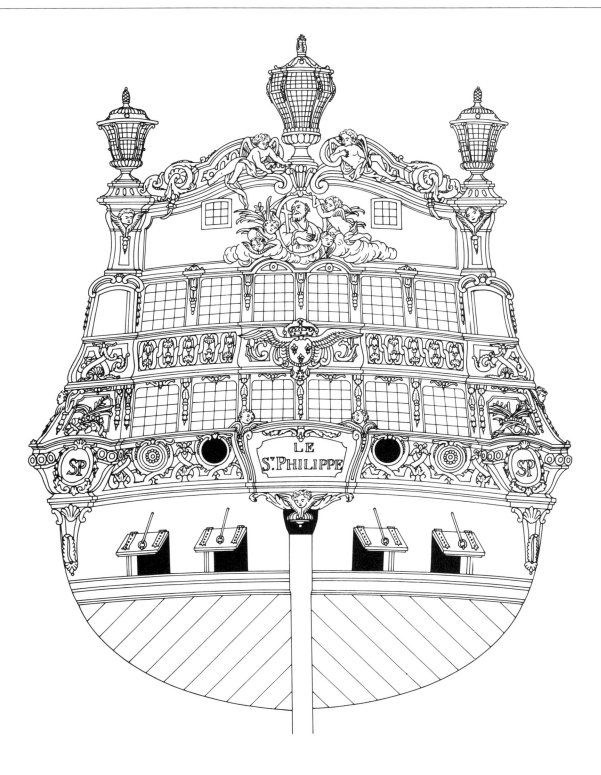

Heck des französischen Linienschiffs 2. Ranges Le St. Philippe, *1721*

Holz

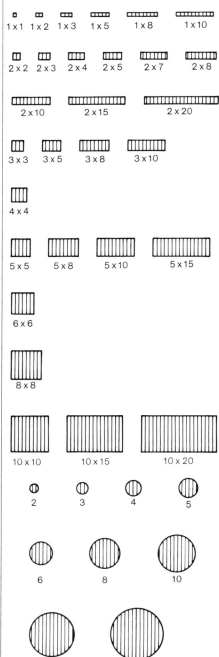

1×1 1×2 1×3 1×5 1×8 1×10

2×2 2×3 2×4 2×5 2×7 2×8

2×10 2×15 2×20

3×3 3×5 3×8 3×10

4×4

5×5 5×8 5×10 5×15

6×6

8×8

10×10 10×15 10×20

2 3 4 5

6 8 10

12 14

Die im Handel üblichen Abmessungen für Leisten und Rundstäbe in mm

Das zweifellos wichtigste Material im Schiffbau bis zur zweiten Hälfte des letzten Jahrhunderts – und also auch im historischen Schiffsmodellbau – war das Holz.

Der Schiffbau hat einst ganze Länder ihrer Waldbestände beraubt, z.B. England, Italien, Jugoslawien oder Griechenland. Um Schiffsbauholz sind erbitterte Kriege geführt worden, so zwischen Holland, England, Dänemark und Schweden, wenn es um die Gunst und den freien Zugang zum größten europäischen Holzlieferanten, nämlich Rußland, ging. Im Machtbereich Venedigs war es bei strenger Strafe verboten, einen Baum zu fällen, bevor ein staatlicher Kommissar geprüft hatte, ob sich dieser Baum als Schiffsbauholz eigne …

Diese Probleme kennt der Schiffsmodellbauer nicht, ihm werden aus aller Welt Hölzer angeboten und angepriesen. Für ihn geht es mehr um eine solide Kenntnis dessen, was sich eignet und was nicht.

Grundsätzlich sei folgendes beachtet: Holz ist ein lebendes Material, das auf Wärme und Kälte, Feuchtigkeit und Trockenheit reagiert. Je älter, je besser abgelagert Holz ist, desto weniger »arbeitet« es, desto weniger neigt es zum Reißen, zum Verziehen und zum Verfärben.

Was immer der Holzhändler Ihnen über die ausreichende Lagerung erzählen mag, glauben Sie ihm nicht, denn heute ist wirklich abgelagertes Holz kaum zu bekommen. Das soll Sie nicht abschrecken. Nur: lagern Sie Ihr Holz selbst nach dem Kauf noch mindestens ein bis zwei Jahre (je länger, desto besser) am günstigsten in einem trockenen, luftigen Speicher. Ich kenne kaum einen ernsthaften Schiffsmodellbauer, der nicht solch ein kleines Holzlager hätte. Achten Sie dabei auf schöne, gleichmäßige Maserung des Holzes, daß es möglichst keine Äste hat und auf keinen Fall verfaulte Stellen, Pilze oder Würmer!! Beim Lagern stets 2 bis 3 Leisten quer zwischen die Brettchen legen, daß diese rund um Luft haben!

Als Ausnahme können Furniere gelten, das sind dünne Blätter von Edelhölzern, die eine Stärke von 0,3 bis maximal 1 mm aufweisen und im Schiffsmodellbau auf verschiedene Weise Verwendung finden.

Hier eine alphabetische Liste der wichtigsten Holzarten, die Sie in Bastelgeschäften, Holzhandlungen oder Schreinereien erhalten können, samt ihrer Verwendbarkeit für den Modellbau.

Abachi

Weich, gelblich, großporig, zäh. Abachi ist äußerst leicht zu bearbeiten, hält aber im Gegensatz zu Balsa Nägel, ist weniger brüchig und Balsaholz unbedingt vorzuziehen. Verwirft sich nicht! Ideal daher für das Kielschwein und die Füllstücke voll geplankter Rümpfe. Als Leisten in fast allen erdenklichen Abmessungen angeboten, eignet es sich als Unterplankung doppelt geplankter Rümpfe, da es zäh und biegsam ist und nur schwer splittert. Billig.

Ahorn

Mittelhart, weiß bis gelblich, kurzfasrig, schwache Maserung. Ideal, wo helles Holz benützt wird, etwa Decks. Guter Ersatz für Buchsbaum (außer bei Kleinteilen). Gut zu beizen, bleichen, drechseln, schnitzen. Ziemlich billig.

Birne

Mittelhart, hellbraun bis mittelbraun und leicht rötlich, kurzfaserig, schwache Maserung. Birne läßt sich ausgezeichnet bearbeiten und gut schnitzen, da sie kaum splittert. Gilt als eines der Idealhölzer für den historischen Schiffsmodellbau. Verwendung für nahezu alles: für sichtbare Spanten, Beplankung, Decksplanken, alle Arten von Decksaufbauten und Ausrüstungen sowie Schnitzereien. Teuer.

Englische königliche Yacht der Stuarts um 1675

Holz

Buchen-Biegeleisten

Sehr biegsam, rotbraun bis braun, langfaserig, sehr zäh, schwache Maserung. Biegeholz hat eine spezielle Behandlung durchgemacht und ist im Handel in Leistenform erhältlich. Biegeholzleisten sind kaum zu brechen und lassen sich in alle erdenklichen Formen biegen und verdrehen. Allerdings sind sie kaum zu nageln (vorbohren!) und nur schwer zu kleben oder zu dübeln, was sie für den historischen Schiffsmodellbau weit weniger geeignet machen, als man zunächst annehmen würde. Mittlere Preisklasse.

Buchsbaum

Hart, gelblich, feinkörnig, schwache Maserung, sehr widerstandsfähig. Obwohl hart, gut zu bearbeiten und zu schnitzen, splittert allerdings beim Nageln (vorbohren!) und ist für alle Kleinteile, insbesondere für Schnitzereien sowie für Blöcke, Jungfern, Kauschen und dergleichen ideal, ebenso für sichtbare Spanten, Beplankung und dergleichen verwendbar. Gilt als eines der Idealhölzer für den historischen Schiffsmodellbau, allerdings schlecht zu beizen. Sehr teuer und schwer zu bekommen.

Eiche

Hart, helles bis mittleres Graubraun, zäh, kurzfaserig, deutliche Maserung. Im echten Schiffsbau war Eiche das wohl am häufigsten verwendete Holz, doch seine grobe Struktur macht es für den Modellbau wenig geeignet, zudem ist es schwer zu bearbeiten.
Mittlere Preisklasse.

Kiefer

Mittelhart, gelblich bis weißlich-rosa, zäh, langfaserig, mittelstarke Maserung. Obwohl bei Modellbaukästen Kiefer oft als Beplankungsmaterial angeboten wird und der Handel Leisten in fast allen denkbaren Abmessungen führt, eignet sie sich für den historischen Schiffsmodellbau nur mäßig, außer für die Unterplankung. Billig (und billig sieht auch ein Modell aus, für das hauptsächlich Kiefer verwendet wurde).

Linde

Weich, weiß, zäh, langfaserig, schwache Maserung. Linde läßt sich leicht bearbeiten und splittert nicht. Sehr geeignet für Beplankung, Decksplanken, Barkhölzer, Zierleisten usw. Für Schnitzereien etwas überschätzt, da Linde in der Querrichtung zur Maserung nicht ganz sauber zu bearbeiten ist und bei Kleinstteilen in der Faserrichtung leicht bricht. Auf keinen Fall geeignet für Teile, die irgendwelchem Zug standhalten müssen wie etwa Blöcke und Jungfern. Im Handel wird Linde als Brettchen, Klötze und Leisten in allen möglichen Dimensionen angeboten. Billig.

Mahagoni

Hart, rot bis braun, kurzfaserig, deutliche Maserung. Im echten Schiffsbau des 19. Jahrhunderts gern verwendet, ist aber wie die Eiche wegen seiner groben Struktur für den Modellbau nur mäßig geeignet, zudem splittert Mahagoni sehr leicht. Sein Farbton ist allerdings mit anderen Hölzern oder auch Beizen nur schwer zu erreichen. Mittlere Preisklasse.

Nußbaum

Hart, in großer Vielfarbigkeit von hellbraun bis dunkelbraun, kurzfaserig, zäh, schwache Maserung. Kommt im Farbton der Eiche oft sehr nahe und ist trotz seiner Härte verhältnismäßig leicht zu bearbeiten und zu biegen, ebenso gut zu schnitzen, da es kaum splittert. Gilt als eines der

Idealhölzer für den historischen Modellbau. Amerikanischer Nußbaum hat etwa die gleichen Eigenschaften wie der europäische, afrikanischer Nußbaum ist billiger, allerdings auch schlechter zu verarbeiten. Nußbaum kann für nahezu alles verwendet werden, wie sichtbare Spanten, Kiel, Beplankung, Decksplanken, Kleinteile (sogar Blöcke und Jungfern) und Schnitzereien. Teuer.

Olive
Zunächst weich, dann hart, gelblich bis weiß, kurzfaserig, schwache Maserung, sehr widerstandsfähig. Vor allem in Südeuropa verwendet, hat Olive ähnliche Eigenschaften wie Buchsbaum. Frisches Holz ist weich und läßt sich gut bearbeiten. Durch Lagern wird Olive später sehr hart und kann kaum noch bearbeitet werden, man muß also frisches Holz verwenden und die entsprechenden Teile anfertigen, diese dann aber mindestens ein Jahr liegen lassen, ehe man sie auf dem Modell montiert. Ziemlich billig.

Pechkiefer – Parna-Pine – Brasil Kiefer
Mittelhart, weißlich bis gelblich, langfaserig, zäh, schwache Maserung, mitunter harzig. Geeignet für Masten und Rahen, da sie schwer bricht und kaum splittert. Vorsicht bei Harzstellen, da diese oft Farbe, Beize oder Lacke nicht annehmen! Billig.

Sperrholz
Es besteht aus mehreren Lagen rechtwinklig gegeneinander verleimter Holzschichten und wird im Handel in zahlreichen Stärken von 0,5 bis 6,0 mm angeboten. Sperrholz läßt sich ohne Probleme sägen, bohren und nageln, zudem ist die Richtung der Maserung, worauf man bei allen anderen Holzarten achten muß, unwichtig. Sperrholz wirft sich nur wenig.
Es wird angeboten Birkensperrholz (beste Qualität), Buchensperrholz (mittlere Qualität) und Pappelsperrholz (schlechteste Qualität). Andere Sorten wie Eichen- oder Mahagonisperrholz sind für den Modellbau uninteressant.
Sperrholz sieht nicht gut aus, darum sollte man es im historischen Schiffsmodellbau nur da verwenden, wo man es nicht sieht (Spanten und Kielschwein voll geplankter Rümpfe, Decksunterlagen usw.). An solchen Stellen sollte man es allerdings wegen seiner übrigen guten Eigenschaften unbedingt verwenden. Billig.

Zirbelkiefer
Weich, gelblich bis rosa, feinkörnig, schwachfaserig, schwache Maserung, aber mit vielen dunklen Augen, harzig. Leicht zu bearbeiten und zu schnitzen. Wird im Schiffsmodellbau (besonders in Südeuropa) gern verwendet. Die zahlreichen Äste sind leicht zu bearbeiten, fallen aber als dunkle Punkte oder Flecken gelegentlich störend auf. Der Harzreichtum kann zu Problemen beim Streichen, Lackieren, Beizen und Vergolden führen. Ziemlich billig.

Andere Holzarten
Zeder, Teak, gelbe und weiße Pinie, Tanne, Ulme, Eibe, Zitrone, Kirsche, Mansonia, Rüster, Ebenholz (Barkhölzer), Apfel und andere Hölzer werden im historischen Schiffsmodellbau nur selten verwendet, was nicht heißt, daß sie nicht teilweise gut zu verwenden wären. Für den versierten Modellbauer mag es durchaus lohnend sein, sich auch einmal mit diesen ausgefallenen Holzarten zu beschäftigen. Sie im Rahmen dieses Buches alle zu beschreiben, würde aber zu weit führen.

Beispiele, wie man verschieden geformte Teile für den Holzschiffbau aus Bäumen herausschneiden konnte. Der Modellbauer benötigt zwar keine »gewachsenen Knie«, sollte sich aber trotzdem überlegen, in welcher Richtung die Maserung verlaufen soll.

Metall

Das zweite wichtige Material ist Metall, und das nicht erst für Schiffe nach der Mitte des 19. Jahrhunderts, auch wenn auf diesen die aus Metall hergestellten Teile eine weit dominierendere Rolle spielten als auf den Schiffen vor diesem Zeitpunkt.

Die beiden Metalle, mit denen Sie im historischen Schiffsmodellbau arbeiten werden, sind Messing und Kupfer. Was Sie benötigen sind Platten verschiedenster Stärken bis herunter zu 0,1 mm (z. B. zum Kupfern von Rümpfen), Rundstangen zum Drehen (z. B. für Geschützrohre), Rohre verschiedenster Durchmesser (z. B. für Schornsteine oder Kombüsenkamine usw.).

Anders als beim Holz hat es natürlich keinen Sinn, sich ein kleines Lager mit allen möglichen Stangen, Rohren und Platten einzurichten, die Sie vielleicht irgendwann einmal brauchen – das käme auch viel zu teuer. Hier ist es weit sinnvoller, aus dem Plan die benötigten Formen, Größen und Durchmesser herauszumessen und dann gezielt einzukaufen.

Bezugsquellen: größere Stärken und Durchmesser in gut sortierten Eisenwarengeschäften, die ganz dünnen Metallfolien und dergleichen in Spezialgeschäften für Nichteisenmetalle (es gibt sie in fast allen größeren Städten; schauen Sie im Branchenverzeichnis des Telefonbuchs nach oder fragen Sie in einem guten Eisenwaren- oder Modellbaugeschäft).

Kleine Flachleisten aus Messing, L-, T-, U-Profilleisten aus Messing, wie man sie ebenfalls beim Bau von Modellen nach der Mitte des 19. Jahrhunderts gelegentlich benötigt, bekommt man in guten Modellbaugeschäften und zwar in der Abteilung für Eisenbahnmodelle.

Ganz dünne Drähte aus Messing, Neusilber und dergleichen erhält man in Dentalhandlungen (also Fachgeschäften für Zahnarztbedarf).

Glas

Die Darstellung von Glas war auf Schiffsmodellen lange Zeit ein Problem, denn echtes Glas eignet sich kaum.

Traditionell wich man auf die sogenannten »Glasfarben« aus, d. h. man fertigte das Fenster, die Hecklaterne usw. aus Holz und malte sie mit einer Farbe an, die »Glas« bedeutete. Diese Farben waren Grün (Smaragdgrün bis Chromoxydgrün), ein mittleres bis dunkles Blau und Schwarz, manchmal mit weißen Punkten. Sehr naturgetreu sieht das freilich nicht aus auch wenn etliche ultrakonservative Modellbauer das zur einzig möglichen Methode deklarieren, weil man es eben schon seit Jahrhunderten so gemacht hat.

Wer natürlich aussehende Fenster oder Oberlichter haben will, der kann sie aus Celluloid oder Fotofilm, von dem man die Emulsion mit warmem Wasser entfernt hat, herstellen. Sehr geeignet ist auch rauchfarbenes Plexiglas. Man bekommt es in Kunststoffhandlungen. Bearbeitet wird es wie Holz (sägen usw.) Vorsicht nur, daß man die Oberfläche nicht verkratzt!

Für kompliziertere Glasteile, z. B. Hecklaternen, hat sich auch durchsichtiges Kunstharz bestens bewährt (s. KUNSTHARZGUSS). Mit dieser Methode kann man sogar die gitterförmigen Verbleiungen, wie sie an den Fenstern von Schiffen bis Anfang des 19. Jahrhunderts üblich waren, hervorragend imitieren!

Taue und Segel

Über das Material für Taue und Segel wird später noch in den entsprechenden Kapiteln ausführlich die Rede sein, so daß wir uns die Besprechung dieser Materialien und ihrer Verarbeitung für den Augenblick sparen können.

Zwei französische Kriegsschiffe kurz nach der Mitte des 19. Jahrhunderts.
Oben der Aviso 1. Ranges (Aufklärer) Le Bouvet, *1866.*
Unten die Panzerfregatte Le Solférino, *1861*

Werkzeuge und Maschinen

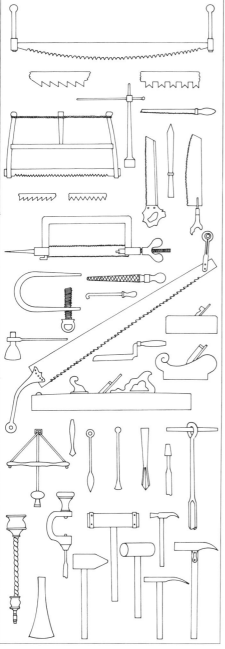

Wie früher schon gesagt: gutes Werkzeug ist eine Grundvoraussetzung für gutes Arbeiten!

Ich habe im folgenden zusammengestellt, was Sie an Werkzeugen für den historischen Schiffsmodellbau benötigen. Bitte erschrecken Sie nicht über die lange Liste! Vieles werden Sie – besonders als Anfänger – gar nicht benötigen, sondern sich erst im Lauf der Zeit zulegen. Bezugsquellen: wo nicht anders angegeben, bekommen Sie all diese Werkzeuge in guten Modellbaugeschäften und gut sortierten Metallwarenhandlungen. Noch einmal: nehmen Sie nur beste Qualität – mit dem üblichen Heimbastlerwerkzeug werden Sie nicht weit kommen. Zum besseren Verständnis der Aufstellung sei noch gesagt: zunächst sind in jeder Gruppe jene Werkzeuge angegeben, die Sie notwendig brauchen. Dann – nach dem Gedankenstrich – jene Werkzeuge, die zwar recht nützlich, aber n1nd unbedingt notwendig sind.

Messen: Lineal, Zirkel, Stechzirkel, Winkel, Winkelmesser, Stahllineal – Schieblehre (alles in Schreibwaren- und Zeichenbedarfgeschäften zu bekommen).

Zeichnen: harte Bleistifte, Transparentpapier, transparentes Millimeterpapier, Kohlepapier für Schreibmaschinen (da dies weniger schmutzt). (Schreibwaren- und Zeichenbedarfgeschäfte).

Sägen: Laubsäge mit Tisch und Zwinge, Laubsägeblätter für Holz und Metall von 0 bis 4 – kleine Handsäge mit Gehrungslere zum Winkelschneiden.

Schneiden Holz: Sortiment Schnitzmesser, Abziehstein zum Schärfen der Klingen (je weicher das Holz, um so schneller werden die Klingen stumpf!) – Skalpell mit Wechselklingen (sehr scharf! in Arzt- bzw. Medizinbedarfgeschäften erhältlich), Seitenschneider wie in der Elektronik verwendet (Gute Werkzeuggeschäfte).

Schneiden Metall: kleine Blechscheren – Schneideisen.

Bohren: Handbohrmaschine (Drillbohrer weniger geeignet) mit Bohrern für Holz und Metall von 0,3 bis 6,0 mm, Körner – Senker, Gewindebohrer (nur für Metall).

Glätten: Holzraspel, kleiner Hobel, sehr gut die sogenannten Balsahobel mit auswechselbaren Klingen, Feilen aller Größen und Formen einschließlich Nagelfeilen (bei Holz nützen sich Feilen schneller ab als bei Metall), Sandpapier und Schmirgelleinen bis zur feinsten Körnung.

Schlagen: Hammer von ungefähr 150 Gramm, Senkeisen verschiedener Länge mit kleinen Köpfen.

Löten: Lötkolben mit verschiedenen Einsatzspitzen und Zubehör, samt entsprechender Halterung.

Halten: Schraubzwingen verschiedener Größen, großer Schraubstock, kleiner Schraubstock (Uhrmacherschraubstock) für Kleinteile, Wäscheklammern, Feilkloben.

Greifen: kleine Zangen mit einem Durchmesser an der Spitze von 1,0 bis 0,5 mm und zwar Rund-, Flach- und Flachspitzzangen, Pinzetten rund, flach, spitz, lang, kurz gebogen (sehr gut sind hier Arzt- bzw. Medizinbedarfgeschäfte sortiert).

Putzen und Polieren: feinste Stahlwolle, Glaspinsel oder Glasradierer (in Zeichenbedarfgeschäften) – Stahlbürste, Messingbürste.

Malen: Pinsel verschiedenster Größen jedoch bester (!) Qualität, da sie sonst haaren, alte Zahnbürsten, Reißfeder.

Sehen: Lupe – Kopflupe, die man mit einem Gestell aufsetzen kann und so beide Hände zum Arbeiten frei hat.

Sonstiges: Schraubenzieher, Papierscheren, Stecknadeln, Nähnadeln, dünne Häkelnadel (hat sich vielfach beim Takln bewährt), Zahnarztwerkzeuge (müssen nicht neu sein, fragen Sie Ihren Zahnarzt nach ausgedientem Werkzeug), Klebeband, beidseitig klebende Folie.

Maschinen

Waren die bisher genannten Werkzeuge im allgemeinen noch um ein paar Mark zu erstehen, wird die Sache ziemlich teuer, wenn man anfängt, sich Maschinen zuzulegen. Aus diesem Grund sollte man genau überlegen, welche man wirklich braucht und sie dann nur in erstklassigen Modellbaugeschäften oder im Fachhandel beziehen. Von Geschäften mit Heimwerkerbedarf sei hier dringend abgeraten!

Kleiner elektrischer Handbohrer: es ist dies ein kleines, kaum handgroßes Gerät, auch nicht sehr teuer, das zwar nur eine schwache Leistung erbringt, aber bei Bohrungen an schwierigen Stellen, an die man mit der normalen Handbohrmaschine nicht mehr herankommt – z. B. innen am Schanzkleid – fast unersetzlich.

Kreissäge: eine genau arbeitende Kreissäge mit den entsprechenden Anschlägen, Gehrungslinealen und Sägeblättern ist für den mittleren Modellbauer fast unerläßlich. Man braucht sie zum Schneiden von Leisten, Herstellen von Grätings, Blöcken und anderem. Die Kreissägeblätter bekommt man in den verschiedensten Stärken im Fachhandel. Zum Leistenschneiden verwendet man am besten einen sogenannten *Scheibenfräser,* der auch an den Seiten Schneiden hat. Er ist zwar teuer, schneidet aber wesentlich genauer als ein normales Kreissägeblatt.

Drehbank: der fortgeschrittenere Modellbauer sollte auch über eine Drehbank mit entsprechendem Zubehör verfügen, mit der er Geschützrohre, Relingstützen und viele andere Drehteile herstellen kann. Für den normalen Modellbauer ist eine Unimat der beste und preisgünstigste Typ. Mit entsprechenden Zusatzteilen läßt sich die Drehbank meist auch zu einer Kreissäge umbauen, so daß man die Grundmaschine nur einmal anzuschaffen braucht – beim Kauf sollte man auf diese Möglichkeit achten!

Dekupiersäge: hier gehen die Meinungen von Spitzenmodellbauern etwas auseinander. Die großen Dekupiersägen sind sehr teuer, die kleineren – z. B. die Dremel-Dekupiersäge – ist im Preis erschwinglich, arbeiten aber nicht allzu präzis (z. B. Leisten exakt schneiden kann man mit ihnen nicht!). Wenn man sie als motorisierte Laubsägen verwendet, können sie allerdings recht nützlich sein.
Eine Kreissäge und allenfalls auch eine Drehbank sind für den ernsthaften Modellbauer jedoch wichtiger und von größerem Nutzen.

Spezialwerkzeuge: im Laufe dieses Buches werde ich noch auf einige Spezialwerkzeuge hinweisen, die für bestimmte Arbeiten verwendet werden.

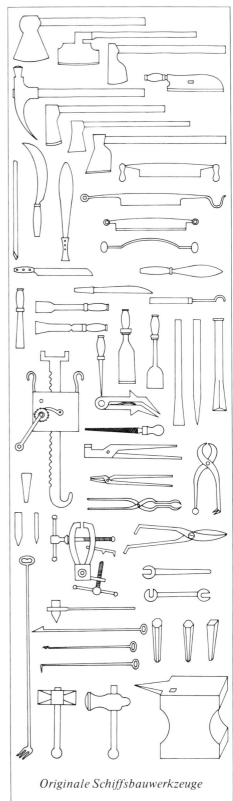

Originale Schiffsbauwerkzeuge

Chemikalien

Internationale Warnzeichen

feuergefährlich

giftig

ätzend

gefährliche Dämpfe

gesundheitsschädlich

!!! Achtung !!!
!!! Genauestens durchlesen !!!
!!! Nichtbeachtung kann lebensgefährlich sein !!!

Es ist, zumindest für den fortgeschrittenen Modellbauer, kaum vermeidbar, daß er mit etlichen Substanzen zu tun bekommt, die alles andere als harmlos sind.

Wenn Sie mit solchen Substanzen arbeiten, wird von Ihnen *größtes Verantwortungsbewußtsein* erwartet!

Nicht nur Ihre Gesundheit und Ihr Leben stehen dabei auf dem Spiel, sondern auch Gesundheit und Leben Ihrer Mitmenschen!

Wer in diesen Dingen schlampt, der erweist sich in höchstem Maß als unreif und verantwortungslos – außerdem kann er sich Gefängnis und Zuchthaus einhandeln!

Die Skala dieser gefährlichen Substanzen reicht von den noch verhältnismäßig harmlosen Beizen und Lacken bis zu den hochgiftigen Cyanidklebern und Kupfervitriol zum Galvanisieren; vom bei falscher Anwendung nur unangenehmen Wasserstoffsuperoxyd zum Bleichen bis zur stark ätzenden Schwefelsäure ebenfalls zum Galvanisieren.

Sie brauchen nun nicht gleich einen Schreck zu bekommen. Wenn Sie ein vernünftiger, verantwortungsbewußter und klar denkender Mensch sind, kann nämlich gar nichts passieren.

Prägen Sie sich folgende 10 Gebote eisern ein und machen Sie nie (!!!) eine Ausnahme:

1. Alle Chemikalien, von den harmlosesten bis zu den gefährlichsten, gehören in fest verschlossene Behälter!

2. Auf jedem Behälter muß ein ausreichend großer und gut lesbarer Zettel kleben mit der exakten Angabe des Inhalts. z.B.:

Schwefelsäure H_2SO_4
!! Vorsicht !!
!! stark ätzend !!

3. Besorgen Sie sich Aufkleber mit den internationalen Warnzeichen (links abgebildet) und kleben Sie die entsprechenden Zettel auf (lieber drei zu viel als einer zu wenig)!

4. Bewahren Sie Chemikalien in einem verschließbaren Fach auf, das *nur* für diese Dinge da ist (Besenschrank oder Speisekammerbord sind absolut ungeeignet!). Dieses Fach ist *immer* abgesperrt, der Schlüssel abgezogen!

5. Kinder, Tiere oder Personen, die von der Gefährlichkeit dieser Substanzen nichts wissen, dürfen *keine Gelegenheit* haben, an sie heranzukommen!!!

5. Wenn Sie mit diesen Substanzen arbeiten, dann nur, wenn Sie Zeit und absolute Ruhe haben! Arbeiten sie mit größter Konzentration!

6. Beachten sie die vorgeschriebenen Vorsichts- und Schutzmaßnahmen (Gummihandschuhe, Schutzbrille usw.)!

7. Wenn Sie mit diesen Substanzen arbeiten, achten Sie darauf, daß weder Kinder noch Haustiere in Ihre Nähe kommen können!

8. Wenn möglich, sollte für die Dauer dieser Arbeiten eine Vertrauensperson in Ihrer Nähe sein – falls wirklich einmal etwas passieren sollte!

9. Passiert Ihnen, trotz aller Vorsicht, tatsächlich ein Mißgeschick, *sofort* zum nächsten Arzt, ins nächste Krankenhaus oder den Notarzt rufen!! Hier ist jede Sekunde kostbar!!

10. Reste von Chemikalien gehören nicht einfach ins WC oder in die Mülltonne. Fragen Sie den Händler, bei dem Sie diese Dinge gekauft haben, wie man Abfälle und Reste sicher und unschädlich beseitigt. (Umweltschutz!)

Wenn Sie diese 10 Gebote *immer unabweichlich befolgen*, sind diese chemischen Substanzen nicht gefährlich. Wenn Sie diese 10 Gebote *nicht befolgen,* können Sie Ihr Glück und Ihr Leben vernichten!

Französisches
70-Kanonen-Schiff
Le Lion
von 1780

45

Arbeitsplatz

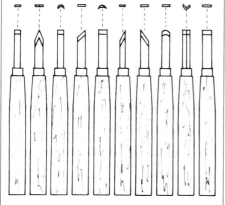

Ein Satz Schnitzmesser, fast unverzichtbares Werkzeug im historischen Schiffmodellbau

Bearbeitung Holz und Metall

Für den Bau von historischen Schiffsmodellen braucht man keine große Werkstatt oder eine kostspielige Werkbank.

Ein stabiler Tisch mit einer unempfindlichen Holz- oder Spanplatte (von Resopal sei abgeraten, da es zu rutschig ist) genügen vollkommen. Ein paar Anforderungen sollte Ihr Arbeitsplatz allerdings schon erfüllen.

1. Ausreichend Platz. Sie müssen sich rühren können. Das Modell, an dem sie bauen, muß ebenso genug Raum haben, wie Werkzeug und Material. Sie müssen Ihre Maschinen aufstellen können und immer noch genug freie Fläche haben, um bequem arbeiten zu können. Der Tisch sollte also mindestens eine Größe von 1,3 x 1,0 Meter haben.

2. Raum für Ihre Werkzeuge. Ob Sie die Werkzeuge teilweise an die Wand hängen oder in Schubladen unterbringen, das hängt weitgehend von Ihren eigenen Vorstellungen und räumlichen Möglichkeiten ab. Eine Schachtel, in der alles Werkzeug herumfliegt und in der Sie erst eine halbe Stunde kramen müssen, bis Sie die gerade benötigte Feile oder Zange gefunden haben, ist höchst ungeeignet.

3. Ordnung. Manche Leute sind der Meinung, ständiges Aufräumen koste zu viel Zeit. Tatsächlich kostet ständiges Suchen viel mehr Zeit! Allerdings müssen Sie auch einmal etwas liegen lassen können, ohne daß es jemanden anderen stört, weshalb Küchentische nur mäßig als Miniaturwerft geeignet sind.

4. Gute Beleuchtung. Ob Fenster, ob eine Neonröhre, ob einzelne Lampen, all das kommt auf die speziellen Möglichkeiten Ihres Arbeitsplatzes an. Auf jeden Fall sollten Sie ausreichend Licht haben – eher zu viel als zu wenig. Das Hauptlicht sollte sich übrigens immer links von Ihnen befinden, damit Sie sich mit der Hand nicht selbst Schatten machen.

5. Ruhe. So sehr Ihre Kinder antiautoritär erzogen sein mögen, Kater Salomon gewohnt ist, überall herumzusteigen und Wellensittich Hansi frei in der Wohnung zu fliegen: an Ihrem Arbeitsplatz haben sie alle nichts verloren! Setzen Sie sich durch – oder geben Sie den Schiffsmodellbau auf.

6. Luft. Gerade wenn Sie mit Chemikalien arbeiten, ist eine ausreichende Lüftung unerläßlich! Allerdings sollte der Raum auch heizbar sein, denn zähneklappernd arbeitet es sich nicht sonderlich gut.

Von den grundlegenden Methoden, Holz und Metall zu bearbeiten, soll in diesem Buch nicht die Rede sein.

Die Grundbegriffe von Sägen, Feilen, Schleifen, Schmirgeln und Malen muß jeder, der sich diesem Hobby widmen will, eigentlich mitbringen. Sie brauchen kein perfekter Könner zu sein – Übung macht schließlich den Meister – aber eine Ahnung sollten Sie schon davon haben.

Auch schwierige Techniken wie Fräsen, Messingdrehen, Holzdrechseln usw. möchte ich übergehen. Sie brauchen dazu ohnehin die entsprechenden Maschinen, und in dem Fachgeschäft, wo Sie diese Maschinen gekauft haben, wird man Ihnen die Techniken und Möglichkeiten gern und ausführlich erläutern. Zudem gibt es meist umfangreiche Gebrauchsanleitungen. Was Sie dann noch nicht wissen: probieren Sie es aus. Theorie ist eine ganz schöne Sache und auch manchmal recht nützlich, die Praxis freilich kann sie nie ersetzen.

Ein paar besondere Techniken speziell für den historischen Schiffsmodellbau werde ich Ihnen auf den folgenden Seiten zu erläutern versuchen.

*Admiralty Model (mit voll geplanktem Unterwasserrumpf) des
englischen 60-Kanonen-Schiffs HMS Achilles von 1757.
Eines der formschönsten und in seinem Dekor ausgewogensten
Schiffe der Mitte des 18. Jahrhunderts*

Schnitzen

Es sind gar nicht so wenige Modellbauer, die regelrecht Angst vor dem Schnitzen haben.

Natürlich braucht man etwas Geduld und Übung – Meister fallen nun einmal nicht vom Himmel – aber so schwierig, wie mancher glaubt, ist das Schnitzen auch wieder nicht.

Als Werkzeug brauchen Sie einen Satz kleiner Schnitzmesser mit geraden, gebogenen, schrägen, V- und U-förmigen Klingen, die stets scharf (!) sein müssen. Denken sie daran, daß die Klingen bei weichem Holz schneller stumpf werden als bei hartem. Ferner brauchen Sie kleine Feilen und feinstes Schmirgelpapier. Ein Satz kleinster Fräsköpfe (bekommt man in guten Modellbaugeschäften), die mit einer biegsamen Welle an eine Ihrer Maschinen angeschlossen werden, ist ebenfalls äußerst nützlich.

Aussägen: jede Schnitzerei beginnt damit, daß man die Grundform, also die Umrisse, aus dem Holz aussägt. Zweckmäßig ist es, ein Stück Holz stehen zu lassen mit dem man das Werkstück in den Schraubstock einspannen kann, und das erst am Schluß entfernt wird.

Kerben: dies ist die einfachste Schnitzmethode. Dabei wird nicht sehr viel mehr getan als die Linien der Schnitzerei mit V- oder U-förmigen Kerben zu betonen. Zudem rundet man die Form etwas mit Feile und Schmirgelpapier ab. Zierleisten sind oft in dieser Art gearbeitet, und für den Anfänger genügt diese Schnitzart zunächst durchaus.

Relief: es ist diese eine halbplastische Schnitzerei, wie man sie an Heckspiegeln, Galionsregeln oder an den Bordwänden sehen kann. Diese Schnitzereien sind zumeist ziemlich flach. Man beginnt mit der Herstellung ähnlich wie beim Kerben, nur werden nun die Höhenunterschiede und Rundungen der Schnitzerei zusätzlich herausgearbeitet. Die Galionsregeln der rechts gezeigten *La Capricieux* zeigen solche Reliefschnitzereien.

Rundplastik: die schwierigste Methode, auf Schiffsmodellen allerdings selten außer bei Galionsfiguren und allenfalls einigen Figuren am Heck. Im Prinzip ist die Herstellungsmethode nicht anders als bei Reliefschnitzereien, nur daß man nun völlig rund und dreidimensional arbeiten muß. Die größte Gefahr besteht darin, daß irgendwelche Teile (Arme beispielsweise) abbrechen. Das kann man allerdings mit Cyanidkleber wieder beheben, zum anderen kann man durch Teilen vorbeugen.

Teilen: einer der Tricks beim Schnitzen ist, daß man nicht zu große Stücke oder Flächen zu schnitzen versucht. Wenn man z.B. bei einer Galionsfigur zunächst nur Rumpf mit Kopf herstellt, die Arme einzeln schnitzt und dann anklebt, so tut man sich oft wesentlich leichter! Die Flügel des Fabelwesens am Bug der *La Capricieux* sind beispielsweise deutlich sichtbar angesetzt, und auch die Reliefschnitzereien auf den Galionsregeln sind einzeln hergestellt und aufgeklebt. Auf diese Art kann man auch aus mehreren Dutzend Einzelteilen die kompliziertesten Heckspiegel zusammenbauen – und wenn man ein Teilchen verpfuscht, so macht das überhaupt nichts.

Ausweichmethode: wer sich trotz allem mit dem Schnitzen einfach nicht anfreunden kann, der sollte es einmal mit Kunstharzguß versuchen. Dabei braucht er nur Plastilin zu formen, und wenn die Schnitzerei bemalt oder vergoldet wird, sieht man ja nicht mehr aus welchem Material sie ursprünglich bestand.

Fachhandel: auch der Fachhandel führt ein reiches Angebot an Schnitzereiteilen (zumeist aus Metall). Von kompletten Heckspiegeln, wie sie manchmal angeboten werden, sei zwar dringend abgeraten, sie sehen allzu kläglich aus, aber Einzelteile, Schmuckelemente, Zierbänder können – vor allem, wenn man sie zerlegt – eine sehr brauchbare Hilfe sein!

Schmuckelemente aus Metall, wie sie gute Modellbaugeschäfte anbieten.

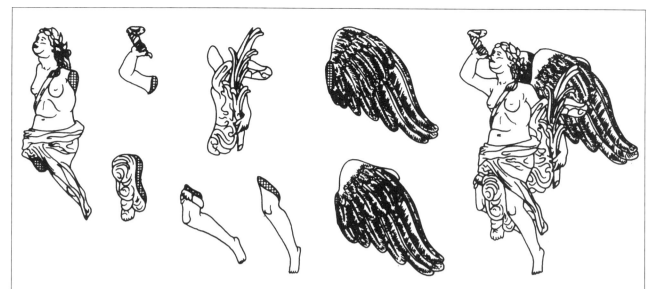

Durch Teilen wird das Schnitzen oft wesentlich erleichtert, beim Kunstharzguß ist es oft unumgänglich, da hintergossene Teile sonst nicht mehr
ausgeformt werden können.
Teilungsbeispiel: Die Galionsfigur der Dauphin Royal.

Galion des französischen Linienschiffs 1. Ranges Dauphin-Royal, *1752*

Punzen

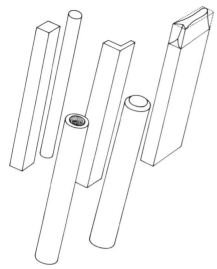

Punzen: links 4 Typen aus fertigen Profilen, 2. von rechts prägende Punze, rechts selbst gefeilte Punze (gestrichelt Stabform)

Es gibt eine ganze Menge winziger Metallbeschlagteile, die sich auch beim besten Willen selbst mit der feinsten Blechschere nicht mehr herstellen lassen, z.B. Eisenbänder an Geschützlafetten, Winkeleisen an Oberlichtern, kleinste Scharnierbänder, kompliziert geformte Stückpfortenscharniere, winzige Bullaugen oder Speigatöffnungen, Unterlegplatten für Ringbolzen und anderes mehr.

Nun, wenn man den Trick kennt, braucht man auch auf diese Miniaturteilchen nicht zu verzichten, die natürlich ein Modell ganz besonders lebensecht und wertvoll machen.

Man schlägt solche Kleinstteile mit einer Punze – einer Art Metallstempel – aus dünnstem Kupferblech heraus.

Das Schwierigste dabei ist die Herstellung der Punze selbst. Man schneidet dazu ein 5 bis 8 cm langes Stück von einem runden oder vierkantigen Messingstab ab und spannt es in den Schraubstock. Nun feilt man vorsichtig und sehr sauber das obere Ende des Messingstücks, den Punzenkopf, so ab, daß er exakt dem Profil des benötigten Beschlags gleicht, wie die Zeichnung links zeigt. Lassen Sie sich bei dieser Arbeit Zeit, denn je genauer die Punze hergestellt ist, desto sauberer und genauer fällt auch Ihr Miniaturbeschlag aus. Für einfachere Formen – runde oder eckige Plättchen, Winkel, Ringe usw. – kann man auch mit Stücken von Messingprofilleisten arbeiten (man erhält diese, wie früher schon erwähnt, in Modellbaugeschäften in der Eisenbahnabteilung).

Ist die Punze fertig, so ist der Rest kinderleicht.

Als Unterlage nimmt man eine mindestens 1 cm dicke Hartgummiplatte. Darauf wird eine Kupferfolie von maximal 0,1 mm Stärke gelegt.

Nun setzt man den Punzenkopf auf die Kupferfolie und schlägt ganz leicht und vorsichtig mit dem Hammer auf ihr hinteres Ende. Dadurch wird ein Stückchen Metall genau in der Form des Punzenkopfes aus der Folie gestanzt.

Wichtig ist, daß Ihr Punzenkopf stets scharfkantig bleibt, Sie müssen also von Zeit zu Zeit nachschärfen. Dazu genügt es, mit einer sehr feinen Feile ein paarmal über die Oberfläche des Punzenkopfes zu streichen. Das ausgestanzte Metallstückchen muß nun noch sehr vorsichtig, um es nicht zu beschädigen, mit der Pinzette aus der Hartgummiplatte gelöst werden.

Wer etwas Übung mit dieser Technik hat, der kann den Punzenkopf auch so herrichten, daß er gleichzeitig in das Kupfer Vertiefungen, Nagelimitationen und dergleichen prägt.

Ätzen

Dies ist eine Methode, die man im historischen Schiffsmodellbau frühestens für Schiffe ab 1820 benötigt. Sie ist auch nicht eben billig, weil man nicht selbst ätzen kann, sondern dazu die Hilfe einer entsprechenden Firma benötigt. Durch Ätzen kann man feinste Linien im Metall herstellen, wie man sie bei Trittblechen oder Metalleiterstufen sieht. Man kann ganze Schriften herstellen, bei denen der Hintergrund vertieft ist und die Buchstaben erhaben stehen bleiben, man kann auch durchätzen, so daß Löcher im Metall entstehen und so etwa kleinste Metallgratings herstellen.

Auf das Verfahren selbst möchte ich hier nicht im einzelnen eingehen, es würde zu weit führen, Sie sollen nur wissen, daß es diese Möglichkeit überhaupt gibt.

Wenn Sie Metallteile ätzen lassen wollen, so wenden Sie sich an eine Ätzerei, die z.B. Klischees und Druckstöcke herstellt, dort wird man Ihnen die notwendigen weiteren Auskünfte erteilen.

La Capitana di Venezia. *Venezianische Kommandogaleere des Provveditore Marco Quirini in der Seeschlacht bei Lepanto am 7. Oktober 1671. (Modell des Verfassers für aeronaut-Modellbau)*

Material- verbindungen

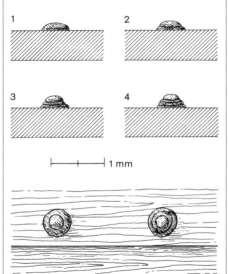

1 mm

Imitation von Eisennägeln oder Eisennieten im Modellbau: Mit Temperafarbe aus Schwarz, Weiß und etwas Rot einen dunklen Grauton mischen. Mit einem Pinsel Nr. 0 ein nicht zu dünnflüssiges Tröpfchen auftragen (1). Nach dem Trocknen zwei bis drei weitere Tröpfchen aufsetzen (2, 3), bis die gewünschte plastische Höhe des Nagel- bzw. Nietenkopfs erreicht ist. Als Abschluß ein noch kleineres Tröpfchen in etwas hellerer Farbe aufsetzen (4). Nach dem Durchtrocknen vorsichtig mit der Fingerkuppe darüber reiben, was den »Metallglanz« erzeugt.

Kleben

Die im historischen Schiffsmodellbau wichtigste Methode für Materialverbindungen ist das Kleben. Durch die Entwicklung zahlreicher Spezialklebstoffe gibt es kaum noch Verbindungsprobleme, die nicht durch Kleben gelöst werden könnten.

Anschließend eine Liste der wichtigsten Klebstofftypen und ihre Verwendung im historischen Schiffsmodellbau:

Alleskleber: für schnelle, transparente und elastische Verklebungen z.B. in der Takelage Sicherung von Tau- und Zurringsenden. Sehr breit verwendbar, kann aber Spezialkleber nicht überall ersetzen. (UHU-Alleskleber, Pritt-Alleskleber)

Weißleim: Holzleim für feste und bruchsichere Verklebungen. Optimale Korrekturmöglichkeit durch lange offene Zeit z.B. zum Kleben und Ausrichten von Spanten auf dem Kiel. (Ponal)

Hartkleber: für harte, transparente Verklebungen kleinflächiger Teile und punktförmiger Verbindungen. Im Modellbau teilweise etwas überschätzt. (UHU-hart, Stabilit-Dur)

Zwei-Komponentenkleber: für stabile und hochbelastbare, transparente Verklebungen von Holz und Metall z.B. Spanten, Beplankung, Rüsten, Nagelbänke, Betinge usw. kann auch anstelle von größeren Lötflächen eingesetzt werden. Zwei-Komponentenkleber werden mit verschiedenen Abbindezeiten angeboten: 5 bis 20 Minuten (Stabilit-Express, UHU-plus 5 Minuten) und 5 bis 12 Stunden (Stabilit-Ultra, UHU-plus endfest 300). Ausgehärtet mit 200 bis 300 kg/cm^2 belastbar.

Kontaktkleber: für belastbare Sofortverklebungen von großflächigen Teilen, die nur schwer längere Zeit fixiert werden können z.B. Aufkupfern von Rümpfen. (Pattex)

Kunstharzkleber: für schnelle und transparente Verklebungen von Kunststoffteilen. (UHU-plast)

Cyanidkleber: für sekundenschnelle, hochbelastbare und kleinflächige Verklebungen von Metall und Harthölzern. Sehr giftig!! Vorsicht auf die Augen! Schutzbrille!

Furnierkleber: für Harthölzer, besonders für helle Hölzer, die sich durch Klebstoffreste nicht verfärben sollen z.B. Außen- und Deckplanken. (Hymir-Exotenleim, im Schreinereibedarf allerdings nur in 5-Liter-Kübeln erhältlich)

Nageln

Man muß hier zwischen zwei grundsätzlichen Anwendungen unterscheiden:

Unsichtbares nageln zum Zweck besserer Materialverbindungen an Stellen, die später nicht mehr eingesehen werden können z.B. Befestigung der Spanten auf dem Kiel, ist die eine. Diese Nagelungen sind durch die vorzüglichen Spezialklebstoffe heute praktisch überflüssig geworden. Angewendet werden sie allenfalls mit sehr dünnen Stahlstiften bei Rüsten und Nagelbänken.

Sichtbares Nageln, wo originale Nagelungen imitiert werden sollen, z.B. Planken, Stückpfortenscharniere, ist die andere. Hierfür verwendet man kleinste Messing- manchmal auch Kupfernägel (erhältlich nur in sehr guten Modellbaugeschäften), deren Köpfe geschwärzt werden. Achtung auf den Maßstab! Die Köpfe dieser Nägel waren original höchstens 3 bis 5 cm im Durchmesser.

Grundsätzlich hierzu noch folgendes: unter Wasser gab es keine Eisennägel, denn das Zusammenwirken der Gerbsäure im Eichenholz mit Seewasser ließ Eisen außerordentlich schnell verrosten. Unter Wasser wurden alle Metallteile aus Bronze bzw. Messing oder Kupfer hergestellt, und auch über Wasser zog man – so man sich das einigermaßen leisten konnte – bis ins 19. Jahrhundert Messing dem Eisen vor.

Schrauben

Eine im Schiffsmodellbau ungebräuchliche Verbindungsmethode, kommt höchstens bei der Montage des Standbretts vor.

Weichlöten

Verbindungen größerer Metallflächen wird man im Modellbau heute zweckmäßig oft durch Kleben mit Zwei-Komponentenklebern durchführen. Sehr feine Verbindungen von Kleinstteilen, z.B. einlöten der Stege in Ankerketten, macht man nicht mit normalem Lötzinn, sondern mit Zinnpaste (Tinolpaste, erhältlich in Eisenwarengeschäften). Diese Zinnpaste wird ganz dünn aufgetragen, darauf setzt man die zu verlötenden Teile aneinander und braucht nun den Lötkolben nur kurz in unmittelbare Nähe der Lötstelle zu bringen (direktes Berühren ist nicht einmal nötig) und sofort entsteht die Verbindung. Die Zinnpaste verläuft dabei so dünn, daß man fast nicht mehr nachputzen muß.

Dübeln

Auf Schiffen bis in die erste Hälfte des 18. Jahrhunderts wurden Planken vielfach nicht mit Nägeln, sondern mit Holzdübeln befestigt. Im Mittelmeer und auf kleineren Schiffen war dies teilweise noch bis ins 19. Jahrhundert üblich, wie überhaupt lange Zeit viele Holzverbindungen auf Schiffen lieber mit Dübeln als mit den leicht korrodierenden Nägeln ausgeführt wurden.

Dübel für den Modellbau fertigt man aus Bambus an.

Zunächst schneidet man das Bambusrohr in Stücke und sägt die Knoten heraus. Dann spaltet man mit einem kräftigen Messer die Rohre längs in schmale Streifen von etwa 3 mm Durchmesser auf und schneidet die harte Außenhaut ab. Manche Modellbauer weichen nun den Bambus zunächst in Wasser ein. Die Streifchen zieht man sodann durch ein Zieheisen (s. Zeichnung), das in den Schraubstock eingespannt wird. Man beginnt mit dem größten Loch, durch das man das Streifchen schieben kann, also etwa 3 mm, und zieht dann langsam herunter bis zu immer dünneren Durchmessern 2,9 – 2,8 – 2,7 – 2,6 usw., bis die gewünschte Stärke erreicht ist. Original waren Plankendübel 4 bis 6 cm stark. Bis 1 mm Durchmesser geht das Ziehen ganz gut, dann freilich wird die Arbeit reichlich mühsam; ein echt gedübelter Rumpf sieht aber so gut aus, daß man diese Arbeit ruhig auf sich nehmen sollte!

Durch längeres Liegenlassen (bis zu ein paar Wochen notfalls) in einer entsprechenden Beize, kann man Dübel sehr gut färben. Für die Wirkung ist es günstig, helle Planken mit dunkleren, dunkle Planken mit helleren Dübeln zu besetzen.

Das Dübeln selbst geht so vor sich: man schneidet von einem Bambusstäbchen ein 5 bis 7 mm langes Stück ab und spitzt das Ende etwas zu. Nun bohrt man mit einem Bohrer entsprechender Stärke (der kleine elektrische Handbohrer ist da sehr nützlich) das Loch für den Dübel. Man versieht die Spitze des Dübels mit ein klein wenig Leim (Hymir-Exotenleim eignet sich vorzüglich) und steckt den Dübel in das Loch, wobei das Ende noch etwa einen halben Millimeter vorstehen sollte. Dieses Ende wird, wenn der Leim getrocknet ist, vorsichtig abgeschnitten (Seitenschneider) und nachgeschliffen.

Nieten

Echte Nieten braucht man im Schiffsmodellbau nicht. Wie man Nietenköpfe an Kupferbeplankungen, Schornsteinen, Kesseln usw. hervorragend imitieren kann, lesen Sie bitte unter KUPFERN VON RÜMPFEN und SICHTBARE SCHIFFSMASCHINEN nach.

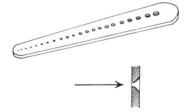

Zieheisen (unten Querschnitt). Gezogen wird in Pfeilrichtung

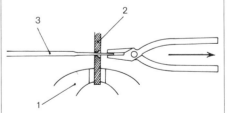

Ziehen von Dübeln:
1. Schraubstock, 2. Zieheisen, 3. Bambusstäbchen

Kunstharzguß und Zinnguß

Plan einer Hecklaterne

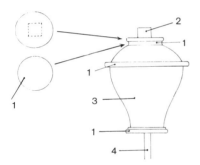

Original aus Holz: 1. Ringe, 2. Stütze für Dach, 3. Zylinder, 4. provisorischer Ständer

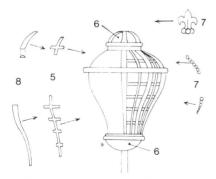

5. Fensterrahmen aus dünnster Pappe aufkleben, 6. Dach und Fuß aus Plastilin, 7. Schmuckelemente aus Plastilin, 8. Rippen aus Messingdraht oder Peddigrohr

Der Einsatz von Kunstharzen eröffnete dem Schiffsmodellbau Möglichkeiten, die gar nicht hoch genug eingeschätzt werden können, z.B. bei »gebogenen« Gläsern von Hecklaternen oder auch bei der Herstellung von Schnitzereien.

Die erforderlichen Materialien sind ungesättigtes Polyesterharz oder Epoxidharz zum Gießen, und Silikonkautschuk für die Form. Man erhält sie in Kunststoffhandlungen.

Original: für jedes Gußteil benötigen Sie zunächst ein Original, das aus Metall, Holz, Plastik, Gips, Kreide (hält optimal die Form) oder Plastilin sein kann. Gerade im Plastilin liegt der große Vorteil, z. B. für all jene, die Schwierigkeiten mit dem Schnitzen haben. Plastilin (Sie bekommen es in jedem Spielwarengeschäft) ist mühelos formbar, man kann es schneiden, kratzen, kneten, es haftet ohne Klebstoff aneinander usw. Zahnarztwerkzeuge sind bei diesen Arbeiten ideal!

Manchmal ist es auch zweckmäßig, »kombinierte« Originale herzustellen, z.B. ein Holzkern, auf dem man dann die Feinheiten aus Plastilin anbringt.

Gußform: die für den Modellbau ideale Gußform besteht aus Silikonkautschuk; er ist selbsttrennend, d.h. die Gußteile bleiben nicht an der Form kleben und flexibel, d.h. hintergossene Teile können ausgeformt werden, ohne daß die Gußform dabei zerstört werden müßte. Silikonkautschuk ist eine Zwei-Komponentenmasse, grau, beige oder weißlich und ziemlich dickflüssig. Topfzeit (die Zeit, in der das Material flüssig und gießbar ist) und Vulkanisierzeit können durch Zugabe von Härter geregelt werden.

2 % Härter = Topfzeit 25 Minuten, Vulkanisierzeit 2 Stunden;
5 % Härter = Topfzeit 8 Minuten, Vulkanisierzeit 15 Minuten.

Soll die Form teilbar gestaltet werden, so läßt sich die Haftung der Formteile aneinander verhindern, indem man die Kontaktfläche dünn mit Seifenwasser, mit dünnem Ölfilm oder DD-Lack überzieht, wenn das zuerst gegossene Teil voll ausvulkanisiert ist. Um die Form zum Guß paßgerecht zusammensetzen zu können, gießt man kurze Metallstäbchen mit ein (s. Zeichnung). Die Form soll allseitig mindestens 10 mm stark sein, um ausreichende Stabilität zu haben.

Die Form soll nach dem Ausvulkanisieren 4 bis 6 Tage bei Zimmertemperatur lagern, anschließend gießt man sie zweimal mit Wachs oder Paraffin aus, wodurch die Wiedergabetreue beträchtlich verbessert wird.

Ungesättigtes Polyesterharz: Vorsicht! Harz und Härter brennbar! Härter ätzend! Gummihandschuhe, beim Arbeiten mit dem Härter Schutzbrille! Fenster öffnen wegen der Dämpfe! Polyesterharz schrumpft etwas beim Aushärten und wird sehr spröd. Das Kilo kostet um DM 3,-. Verarbeitet wird es bei Zimmertemperatur, es hat sich aber als günstig herausgestellt, wenn man die Silikonkautschukform vor dem Guß auf 60–80 °C erwärmt. Topfzeit und Härtung sind stark temperaturabhängig. Die Topfzeit beträgt 30 bis 45 Minuten. Ausformen kann man nach 20 bis 30 Stunden. Obwohl das Material nach dem Entformen hart erscheint, schreitet der Härtungsprozeß noch fort, daher sollte man vor der Weiterverarbeitung das Teil einige Tage ruhen lassen.

Epoxidharz: Vorsicht! Härter giftig! Gummihandschuhe anziehen und Fenster öffnen! Dämpfe!
Epoxidharz schrumpft beim Aushärten fast überhaupt nicht. Das Kilo kostet um DM 20,–, ist also wesentlich teurer als Polyesterharz, was aber bei den im Modellbau benötigten geringen Mengen nicht ins Gewicht fällt. Verarbeitet wird es bei Zimmertemperatur, ein Vorwärmen der

Form ist nicht nötig. Wichtig ist, daß man das angegebene Mischverhältnis Harz zu Härter sehr genau einhält, da sich Abweichungen von ±5% bereits unangenehm bemerkbar machen.
Die Topfzeit beträgt 40 bis 50 Minuten. Epoxidharz läßt sich durch seine Zähflüssigkeit etwas schlechter gießen als Polyesterharz. Ausformen kann man nach 30 bis 40 Stunden.

Mischen: die angegebenen Mischverhältnisse von Harz und Härter genau (!) einhalten. Mischzeit einhalten, gründlich durchrühren und das Einrühren von Luftblasen vermeiden. Nur so viel Material ansetzen, wie Sie innerhalb der Topfzeit mühelos und ohne Hast verarbeiten können – eher weniger!

Gießen: nur kleine Gußteile sollte man in einem Stück gießen. Größere Teile sollte man unbedingt aus mehreren Schichten langsam aufbauen. Das hat den Vorteil, daß eventuell beim Gießen eingeschlossene Luftbläschen auf kürzestem Weg an die Oberfläche steigen können. Da sich sowohl Polyester- wie Epoxidharze fugenlos und unsichtbar miteinander verbinden, sieht man später die einzelnen Gußschichten nicht mehr. Man muß nur darauf achten, daß während der Härtezeit kein Staub oder Schmutz auf die Oberfläche gelangen kann! Bevor eine neue Schicht aufgegossen wird, muß die vorhergehende voll ausgehärtet sein! Beim Arbeiten mit Polyesterharz ist zu berücksichtigen, daß die Silikonkautschukform durch Aufnahme von Styrol etwas aufquillt. Das macht nichts, da das Styrol wieder verdunstet, man sollte nur die Form zwischen zwei Güssen mindestens 24 Stunden ruhen lassen. Gießt man mehrere Stücke rasch nacheinander, so kann durch das Aufquellen die Genauigkeit leiden.

Vorsichtsmaßnahmen: außer den für alle Chemikalien geltenden Vorsichtsmaßnahmen sollten Sie beachten:
Kein Feuer! Kein Rauchen! Kein offenes Licht!
Gute Lüftung des Arbeitsraumes! Fenster auf!
Gummihandschuhe und gegebenenfalls Schutzbrille!

Zinnguß: in Formen aus Silikonkautschuk kann man auch Metalle mit niederem Schmelzpunkt gießen und so z.B. Geschützrohre herstellen. Wichtig ist, daß man einen besonders hochtemperaturfesten Silikonkautschuk für die Gußform verwendet und für Kühlung nach dem Gießen sorgt. Da Abgüsse mit einer Gußtemperatur von 300°C bereits kritisch sind, sollte man nicht mit Blei (Schmelzpunkt +327°C) sondern mit Zinn (Schmelzpunkt +232°C) gießen oder mit Legierungen der beiden Metalle, wobei der Zinnanteil erheblich überwiegen sollte. Zinngießer setzen ihren Legierungen aus Zinn und Blei außerdem kleine Mengen von Antimon und Wismut bei.
Das Rohmaterial zum Zinngießen beschaffen Sie sich am besten in einer Zinngießerei (es gibt in allen größeren Städten eine), wo man Sie auch über Legierungsmöglichkeiten informieren wird. Sie sollten dabei nur betonen, daß Sie auf einen Schmelzpunkt möglichst unter 280°C Wert legen, da Ihre Gußform sonst beschädigt wird.
Gegossen wird ebenso wie mit Kunstharz, nur wird das Stück nicht in Schichten aufgebaut, sondern in einem Guß hergestellt. Achten Sie bei der Form auf die Möglichkeiten des Luftabzugs!
Nach dem Guß muß das Zinnstück von allen Graten und Unsauberkeiten befreit und mit Feile und Polierleinwand sauber verputzt werden.

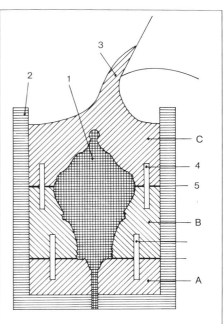

Silikonkautschukform:
1. Original, 2. Gipsbett,
3. Silikonkautschuk, 4. Zapfen, 5. Trennschichten (Trennungen an den breitesten Stellen!). A. erste Gußschicht, B. zweite Gußschicht, C. dritte Gußschicht

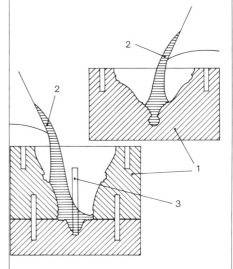

Kunstharzguß (in zwei Teilen gegossen):
1. Silikonkautschukform,
2. Kunstharz, 3. Messingröhrchen oder Stäbchen als Dochthalter eingegossen

55

Galvano-plastik

Galvanoplastik ist eine Sache für Fortgeschrittene und Könner, weniger wegen der komplizierten Arbeitsmethode als wegen der benötigten Ausrüstung:

Wanne am besten aus Steingut mit etwa folgenden Abmessungen: Länge 20–30 cm, Breite 15–20 cm, Höhe 10–15 cm. Man bekommt sie z.B. in Geschäften für Laborbedarf.

Gleichstrom, d.h. einen geeigneten Gleichrichter bzw. Transformator, der den Strom, aus der Steckdose in Gleichstrom verwandelt. *Niemals* den Strom direkt aus der Steckdose verwenden!

Regler (Potentiometer), mit dem Sie die genaue Stromstärke einstellen können, gekoppelt mit dem Transformator.

Galvanotechnisch kann man zwei Dinge machen:

1. Überziehen von Metallteilen aus Kupfer oder Messing mit einer ganz dünnen Schicht z.B. von Silber oder Gold (Galvanisieren).
2. Nachbilden komplizierter Metallteile wie Lüfterköpfe, Kompaß-häuschen, Verzierungen usw. (Galvanoplastik).

Galvanobad: destilliertes Wasser (*kein* Leitungswasser!), Kupfervitriol oder andere Metallösung, je nach dem, ob Sie verkupfern, versilbern, vergolden usw. und konzentrierte Schwefelsäure (H_2SO_4). Für Galvano-plastik ist Kupfer das übliche Material. Mischung: 81% Wasser, 16,5% Kupfervitriol, 2,5% Schwefelsäure.

Vorsicht! Die meisten Chemikalien sind gefährlich! Kupfervitriol ist giftig, Schwefelsäure *stark* ätzend!

Beim Galvanisieren immer Gummihandschuhe tragen! Gegebenenfalls (Schwefelsäure) Schutzbrille!

Negativform: bei der Galvanoplastik müssen Sie zunächst wieder ein Original etwa aus Plastilin herstellen und eine Negativform aus Silikon-kautschuk gießen, wie unter KUNSTHARZGUSS schon beschrieben.

Galvanisieren: hier schließen Sie die Kathode (Minuspol) an das Objekt an und hängen es ins Galvanobad. Eine Silikonkautschukform muß zunächst innen mit *Leitsilber* besprüht werden. Leitsilber gibt es in Sprühdosen in Dentalgeschäften (Geschäften für Zahnarztbedarf). Achten Sie darauf, daß der Draht wirklich Kontakt zum Leitsilber hat! Als Anode (Pluspol) dient stets reines elektrolytisches Kupferblech.

Spannung: 0,5–1,5 Volt, 1–2 Amp/dm^2.

Dauer: sie hängt von der Dicke der gewünschten Metallschicht ab. Bei der Galvanoplastik sollten Sie das Objekt ruhig über Nacht im Galvano-bad lassen.

Anschließend schalten Sie den Strom aus, nehmen das Objekt aus dem Bad, spülen es zunächst gründlich (!) mit klarem, fließendem Wasser ab und nehmen dann das geformte Metall aus der Silikonkautschukform heraus.

Wichtig! Beim Galvanisieren ist der erste galvanische Niederschlag der schärfste und sauberste. Je dicker der Niederschlag, desto unschärfer und verwaschener wird er. Beim Galvanisieren von Edelmetall auf Metall sollte die aufgalvanisierte Schicht also möglichst dünn sein! Ein paar hundertstel Millimeter genügen vollauf.

Bei der Galvanoplastik, bei der man ja eine gewisse Materialstärke benötigt, sollte man stets mit Negativformen arbeiten, so daß der erste, sauberste Niederschlag die Außen- bzw. Sichtseite bildet!

Galvanoplastische Teile sollten eine Material-Mindeststärke von 0,3 bis 0,5 mm aufweisen.

Die benötigten Chemikalien erhalten Sie in einer Chemikalien-Drogerie. Galvanisierte Teile müssen gründlich gebürstet werden.

Viele Juweliere versilbern, vergolden, verkupfern recht preiswert, und machen Ihnen eventuell auch galvanoplastische Teile. – Fragen Sie einmal nach, das kann Ihnen eine Menge Kosten sparen.

Galvanisieren:
1. Stromquelle: Gleichstrom 0,5–1,5 Volt, 1–2 Amp/dm^2
2. reines elektrolytisches Kupferblech, + Pol = Anode,
3. Objekt, – Pol = Kathode,
4. destilliertes Wasser mit Kupfervitriol und Schwefel-säure, Temperatur 25–40°C

Heckspiegel des russischen Zweideckers Drei Heilige *von 1760*

Heckspiegel des holländischen Zweideckers Princess Carolina *ex* Rotterdam, *1770*

Farben

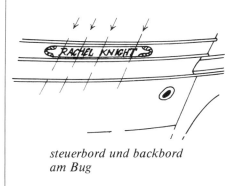

*steuerbord und backbord
am Bug*

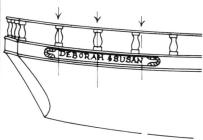

*steuerbord und backbord
am Achterschiff*

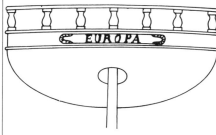

am Heck

*Namensbretter und ihre
Anbringung.
(s. auch S. 102 NAMENS-
BRETTER)*

Über die Farbgebung von Schiffsmodellen gibt es unzählige Meinungen. Schiffsmodellbauer können über dieses Thema nächtlang streiten, ohne zu einem Ergebnis zu kommen.

Welcher der verschiedenen Richtungen Sie sich anschließen werden, bleibt Ihrem persönlichen Geschmack überlassen.

Es gibt zwei Grundrichtungen: die eine lehnt jede Farbe ab, auf dem Modell ist nur das blanke Holz und Metall zu sehen (Blankholzmodelle); das hat den Vorteil, daß auf diese Weise die Arbeit des Modellbauers am klarsten zur Schau gestellt wird. Die andere Richtung will das Schiff mit allen Farben und Bemalungen genau so zeigen, wie es wirklich ausgesehen hat. Zwischen diesen beiden Extremrichtungen gibt es natürlich eine ganze Reihe von Varianten, z.B. das Überwasserschiff farbig zu gestalten, das Unterwasserschiff Blankholz zu belassen usw

Farben

Farben können deckend (undurchsichtig) oder lasierend (durchsichtig) verwendet werden.

Der Anfänger sollte deckende Farben verwenden, da er mit weniger schönem Holz arbeitet und außerdem kleine Fehler überstreichen kann. Der Fortgeschrittene und Könner sollte – besonders bei größeren Flächen – lasierende Farben benutzen, da bei ihnen die Holzstruktur noch zur Wirkung kommt und sie dem originalen Anstrich besser entsprechen. Für deckende Farben verwendet man Temperafarben, die man mit entsprechend viel Wasser verdünnt auch lasierend aufbringen kann. Für lasierende Farben eignen sich außerdem Künstleraquarellfarben und spezielle Lasurfarben. Sie alle erhält man in guten Farbgeschäften. Für die Bemalung von Kunststoffteilen verwendet man Humbrolfarben, alle anderen Farben haften nämlich auf Kunststoff nicht, sondern beginnen nach kurzer Zeit abzublättern. Beziehen kann man sie in Modellbaugeschäften.

Wenn man das Holz seines Schiffes altert oder patiniert, dürfen auch die Farben nicht zu frisch und leuchtend sein. Jeweils eine winzige Beimischung von Braun oder Schwarz führt zu dem gewünschten, gebrochenen Effekt.

Farben für größere Flächen oder Farben, die Sie für das Modell häufiger brauchen, sollten Sie direkt und ungemischt aus der Tube oder dem Schälchen nehmen, da Sie eine genau farbgleiche Mischung nur sehr schwer mehrfach anrühren können. Die reiche Farbauswahl der Firmen Schminke, Mussini oder Lukas an Aquarell- und Temperafarben macht es nicht schwer, den richtigen Farbton zu finden.

Aufgetragen werden alle Farben mit einem Haarpinsel. Öl- und Lackfarben sind grundsätzlich für historische Schiffsmodelle ungeeignet.

Beizen

Naturholzflächen werden durch Beizen auf den gewünschten Farbton gebracht.

Es gibt Wasserbeizen – zu ihnen gehören auch die Maserölbeizen, die besonders schön die Maserung des Holzes herausbringen –, Wachsbeizen – sie haben den großen Nachteil, daß man auf einer so bearbeiteten Fläche nichts mehr kleben (!) kann – und Rauchbeizen.

Lassen Sie sich in einem guten Fachgeschäft einmal ausführlich beraten und die Musterkarten vorlegen.

Alle gebeizten Flächen sollten nach dem Trocknen mit einer alten Zahnbürste gründlich gebürstet werden, das bringt die Struktur des Holzes besser zur Geltung.

Aufgetragen werden die Beizen mit dem Pinsel oder mit einem Schwämmchen. Im Zweifelsfall Gummihandschuhe anziehen, wenn Sie nicht tagelang dunkle Flecken an den Fingern haben wollen.

Bleichen

Manchmal, z.B. bei Decks, sind auch die hellen Hölzer wie Ahorn oder Buchsbaum noch nicht hell genug.

Man kann das Holz dann man Wasserstoffsuperoxyd (H_2O_2) bleichen. Aufgetragen wird dieses Mittel am besten mit einem Wattebausch. Vorsicht! Unbedingt Gummihandschuhe anziehen! Wasserstoffsuperoxyd erhält man in Chemikalienhandlungen oder beim Friseur.

Vergolden

Das Vergolden von Schnitzereien und Schmuckelementen kann mit Goldfarbe oder Blattgold geschehen.

Der Anfänger wird auf jeden Fall mit Goldfarbe arbeiten, da das Auftragen von Blattgold viel Fingerspitzengefühl bedarf (und außerdem teuer ist).

Die im Handel angebotenen Wasserfarben- und Plaka-Goldbronzen sehen schlecht aus und eignen sich nicht.

Eine recht gute Goldfarbe liefert Humbrol. Mit ihr kann man z.B. auch ganz dünne Striche ausführen, wenn man die Farbe in eine Reißfeder füllt. Solche Striche werden erheblich sauberer und exakter als mit dem Pinsel.

Blattgold sind ganz dünne Häutchen aus echtem Gold.

Man muß die Schnitzereien oder Verzierungen, die man vergolden will, zunächst mit einem sehr flüssigen Tischlerleim vorbehandeln – Streichen oder Eintauchen und anschließend etwas Nachschleifen – damit sie eine genügend feste Oberfläche haben; dies wiederholt man 2- bis 3mal. Nach dem vollständigen Durchtrocknen streicht man das Teil dünn mit einem Bindemittel (zumeist Schellack oder Mixteon), das 6 bis 12 Stunden antrocknen muß.

Fragen Sie ihren Fachhändler, bei dem Sie das Blattgold beziehen, noch einmal genau nach Trockenzeiten usw., es gibt zu verschiedene Fabrikate, als daß sich eine allgemein gültige Regel aufstellen ließe.

Ist das Bindemittel entsprechend angetrocknet, wird mit einem Pinsel (nie mit der Hand berühren!) in kleinen Stückchen das Blattgold aufgeklebt und mit einem weichen, kurzhaarigen Pinsel festgeklopft. Ist das Bindemittel völlig getrocknet, überbürstet man das Ganze nochmals mit einem weichen Pinsel, um lose Überreste zu entfernen.

Man sollte das Vergolden mit Blattgold unbedingt zunächst an einem Probestück ausprobieren!

Es gibt auch sogenanntes »falsches« Blattgold, das billiger ist und sich teilweise recht gut eignet.

Blattgold samt Zubehör erhalten Sie in guten Farbgeschäften.

Lack

Sämtliche Oberflächen auf einem Schiffsmodell sollten mit einem Lack geschützt werden, das gilt ganz besonders auch für alle Metallteile und vergoldete Flächen (bei Blattgold fragen Sie Ihren Fachhändler nach einem entsprechenden Schutzlack).

Man verwendet seidenmatten (halb glänzenden) bis tiefmatten (stumpfen) Lack. *Nie* glänzenden!

Hierbei gilt die Faustregel, je größer das Modell, desto matter und stumpfer der Lack!

Geeignet sind Kunstharzlacke – es gibt so viele Fabrikate, daß Sie sich auch hier sinnvollerweise in einem guten Fachgeschäft beraten lassen sollten. Auch Siegellacke, wie man sie für Fußböden verwendet, haben sich als recht brauchbar erwiesen.

Für Metallteile – sie müssen unbedingt einen Schutzlack erhalten (!) – eignet sich am besten Zaponlack.

Lacke stets dünn (!) auftragen, damit die Feinheiten erhalten bleiben!

Namensbretter verschiedener Handelsschiffe des 19. Jahrhunderts

Metall schwärzen

Auf historischen Schiffen war fast alles Metall zum Schutz gegen Seewasser und Witterungseinflüsse geschwärzt.

Um Metall zu schwärzen geht man so vor.

Zunächst müssen alle Reste von Klebstoff gründlichst (!) von der Oberfläche entfernt werden. Das ist unbedingt notwendig, weil sonst die durch Klebstoff geschützten Stellen blankes Kupfer oder Messing bleiben. Dann muß das Metall gründlich mit einem Glaspinsel – größere Flächen auch mit feinster Stahlwolle – gesäubert werden. Vorsicht, daß man nicht mit den Fingern wieder an das Metall kommt!

Zum eigentlichen Schwärzen stehen zwei Methoden zur Auswahl:

1. Silber und Schwefelleber. Dazu muß das Metallteil zunächst versilbert werden (ganz dünn aufgalvanisieren oder in konzentrierte Silberlösung tauchen). Das so vorbereitete Stück taucht man in Schwefelleber, in der man es fast schwarz – je nachdem wie lang man es im Bad läßt – färben kann.

2. Kupfer und Schwefelleber. Nach gründlichem Abbürsten ergibt das ebenfalls einen sehr schönen Schwarzton. Messingteile vor dem Schwärzen eventuell galvanisch verkupfern oder versilbern.

Die hierzu nötigen Chemikalien erhält man in einer Chemikalienhandlung.

Eine dritte Methode ist, das Metall schwarz zu streichen (bei Blei oder Zinn die einzige Möglichkeit).

Man sollte dabei folgendermaßen vorgehen: Mit schwarzem Lack (am besten Humbrol-Seidenmatt) grundieren, trocknen lassen, dann zweiten Anstrich und, ehe dieser ganz trocken ist, mit Graphitstaub einpudern. Graphitstaub bekommt man in Waffengeschäften, oder man reibt auf einem feinen Schmirgelpapier eine Bleistiftmine ab.

Diese Technik ist freilich nur bei größeren Teilen (Anker, Geschütze usw.) möglich. Kleinstteile sollte man aus Kupfer oder sogar Silber herstellen und wie beschrieben chemisch schwärzen.

Holz altern

Altern von Holz am Beispiel eines Masts: dunkler an den Mastbandagen und Wulingen, heller an den glatten Flächen. Übergänge beachten!

Man sieht gelegentlich Modelle, die mit einer gleichmäßigen, schmutzig grau-braunen Schicht Patina überzogen sind – das ist scheußlich!

Sehr reizvoll dagegen kann es sein, wenn das Modell »natürliche« Gebrauchsspuren aufweist. Wenn z.B. die Reling von den Händen der Matrosen etwas abgegriffen ist, während sich im Wassergang ein bißchen Schmutz angesetzt hat.

Man sollte dieses Altern oder Patinieren allerdings sehr vorsichtig und mit viel Fingerspitzengefühl verwenden! Probieren Sie es zunächst an einem Abfallstück aus, bis Sie sicher sind und gehen Sie nach dem Motto vor: lieber zu wenig als zu viel, sonst verderben Sie Ihr ganzes Modell.

Technisch ist dieses Altern sehr einfach: auf dem angefeuchteten Holz wird mit einer Zahnbürste sehr stark verdünnte (!) schwarze oder dunkelbraune Wachsbeize aufgestrichen. Nach dem Trocknen erhält man eine leicht »schmutzige« Oberfläche.

Mit dem Glaspinsel macht man sich nun daran, diese Oberfläche wieder zu putzen, d. h. man reibt die Beize wieder ab, jedoch so, daß die durch Verwitterung und Abnutzung stärker beanspruchten Stellen heller werden, die »versteckten« Stellen aber dunkel bleiben. An einem Mast sind beispielsweise, wie links gezeigt, die glatten Flächen hell, die versteckten Kanten an Mastbandagen und Wulingen dunkel. Auf Deck sind die großen Flächen ebenfalls hell, nur an den Wassergängen und den Süllkanten – dort, wo die Matrosen beim Deckschrubben nicht so gut hinkommen – bleibt es dunkler und »schmutzig«. Wichtig zu beachten, daß die Übergänge von hell nach dunkel weich verlaufen!

Le Sans-Pareil
Französisches Linienschiff 1. Ranges mit 108 Kanonen von 1757

Rumpf

Im Vergleich zu der oft höchst kniffligen Herstellung von winzigen Ausrüstungsteilen ist der Bau des Rumpfes einfach – freilich nicht ganz so einfach, wie das manche Modellbauer glauben möchten; wie beim gesamten historischen Schiffsmodellbau ist auch hier ein Höchstmaß an Genauigkeit und Sorgfalt oberstes Gebot! Ein windschiefer Rumpf, bucklige Beplankung, gewellte Decks sind auch durch die prächtigsten Schnitzereien, die saubersten Ausrüstungsteile, die exakteste Takelage nicht zu retten ...

Ich habe am Schluß des Einleitungskapitels bereits auf die Notwendigkeit frühzeitiger Entscheidungen hingewiesen. Jetzt, bei der Konzeption des Rumpfes, wird diese Notwendigkeit bereits deutlich sichtbar, und zwar sowohl vom Modelltyp, als auch von der Ausrüstung und Takelage her. Grundsätzlich haben Sie die Wahl zwischen drei Möglichkeiten:

1. Spantenmodell – an Ausrüstung werden auf solchen Modellen nur Spills, Knechte, Betinge und Pumpen gezeigt, die ganze bewegliche Ausrüstung, also Geschütze, Beiboote usw. entfällt; Spantenmodelle tragen niemals Masten und Takelage.

2. Admirality Models – können wie Spantenmodelle oder auch vollständig (außer Beibooten) ausgerüstet sein; sie können mit oder ohne Masten und Takelage gebaut werden, tragen aber niemals Segel.

3. Voll geplankte Modelle – können als Rumpfmodelle ebenso wie die Admirality Models ausgerüstet werden; baut man das Modell mit Masten und Takelage muß die Ausrüstung vollständig sein; takeln kann man sie mit und ohne Segel. Voll geplankte Modelle sind nicht nur am einfachsten zu bauen, sie bieten auch die meisten Variationsmöglichkeiten.

Sehr wichtig für die Konzeption des Rumpfes ist die spätere Aufstellungsart der Geschütze (s. BEWAFFNUNG !). Sollen die Geschütze ausgefahren, fertig zum Schuß, dargestellt werden, muß man nämlich bereits beim Bau des Rumpfes die Unterdecks entsprechend einplanen und bauen – teilweise dort die Geschütze sogar schon montieren.

Grundsätzlich sei noch einmal, wie schon unter MODELLTYPEN, auf den erheblichen Unterschied im Schwierigkeitsgrad beim Bau von Spanten- und Admirality Models einerseits und voll geplankten Rümpfen andererseits hingewiesen. Spanten- und Admirality Models sind ausschließlich etwas für Könner! Im Laufe dieses Kapitels werden Sie unter den Stichworten SPANTEN, HECK und DECKBALKEN etliches über die originale Ausführung dieser Teile zu sehen bekommen – die Sie bei einem »offenen« Rumpf ja exakt nachbauen müssen. Im Abschnitt INNENBAU GEPLANKTER RÜMPFE finden Sie dann das wesentlich vereinfachte Verfahren, das Sie zum Bau »geschlossener« Rümpfe benötigen, und das auch den blutigsten Anfänger kaum vor Probleme stellen wird.

Es werden von Herstellern von Modellbaukästen, aber auch in Modellbaubüchern und ähnlichen Publikationen eine ganze Reihe von Bauformen angepriesen: volle aus Balsa- oder Abachiholz gefräste Rümpfe, Schichtbauweise, Polyesterharzrümpfe und die verschiedensten Kombinationen dieser Methoden. Ich habe mir lange überlegt, ob ich Ihnen diese Techniken vorstellen soll und mich letztlich dagegen entschieden. Ich werde hier ausschließlich auf den Spantenbau eingehen, weil sich dieser für historische Schiffsrümpfe – auch für voll geplankte Rümpfe – immer noch am zweckmäßigsten und einfachsten erwiesen hat; zudem bedarf er keines großen technischen Aufwandes und ist am billigsten. Der Spantenbau hat sich für historische Schiffsmodelle hunderttausendfach bewährt, so daß ich in Experimenten mit anderen Techniken keinen Sinn zu erkennen vermag.

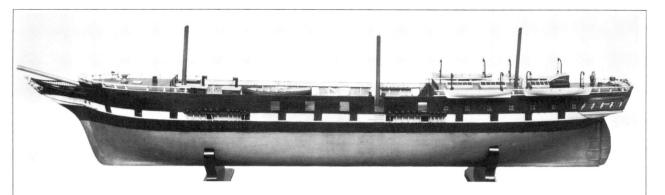

Rumpf der englischen Blackwallfregatte True Briton *von 1861*

Französisches Linienschiff 2. Ranges Le Brillant *von 1690.*
Ein besonders schön gearbeitetes Rumpfmodell eines 64-Kanonen-Schiffes

Meßpunkte

Bevor wir an die Projektierung und Herstellung der Einzelheiten des Rumpfes herangehen, müssen wir uns zunächst mit seinen Grundabmessungen befassen – denn davon hängt ja auch wieder der Maßstab ab, in dem das Modell gebaut werden soll.

Es gibt nun eine ganze Reihe von Maßangaben, aus denen man die Größe eines Schiffes ermitteln kann:

Länge über alles: kann zweierlei heißen. Einmal die Länge zwischen Vorderende der Galionsfigur und Hinterende des Hackbords (wie auf der Zeichnung rechts). Oder die Länge zwischen Vorderende des Bugspriets und Hinterende des Hackbords bzw. Hinterende des Auslegers oder Gaffelbaums, wenn dieser das Hackbord achterwärts überragt; für diese Version der Länge über alles kann man auch den Begriff *Gesamtlänge* finden.

Länge zwischen den Loten: das ist die Länge zwischen Vorderende Vordersteven (ohne Galion!) und Hinterende Achtersteven (ohne den darüber hinausragenden Spiegel zu beachten).

Länge in der Wasserlinie: ist aus der Zeichnung klar zu sehen, auf die Wasserlinie selbst werde ich gleich noch zu sprechen kommen.

Länge des Batteriedecks: dieses Maß wird gelegentlich angegeben, diese Länge ist etwas mehr als die Länge in der KWL.

Größte Breite: wird gemessen am Hauptspant über Außenkante der Barkhölzer (die zumeist noch breiteren Rüsten werden dabei nicht berücksichtigt).

Seitenhöhe: wird gemessen zwischen Unterkante Beplankung oder Oberkante Kiel bis zur Basis des darüber liegenden Deckbalkens. (Basis des Deckbalkens s. DECKBALKEN).

Gesamthöhe Kiel bis Großmasttop: wird in Originalunterlagen nie angegeben, da man die Höhe aus den Mastproportionen errechnen kann (s. PROPORTIONEN MASTEN UND STENGEN).

Konstruktionswasserlinie: abgekürzt KWL oder CWL. Es ist dies die mittlere Schwimmwasserline. Man errechnet sie so: bei seitlichem Wind wird sich das Schiff durch den Winddruck auf die Segel nach der Leeseite (die windabgewandte Seite) überlegen. Dabei taucht nun die Leehälfte des Rumpfes tiefer ins Wasser (Leewasserlinie) und die Luvseite (windzugewandte Seite) des Schiffsrumpfes steigt höher aus dem Wasser heraus (Luvwasserlinie), wie die Zeichnung rechts unten deutlich zeigt. Der Mittelwert zwischen Luv- und Leewasserlinie ist die Konstruktionswasserlinie.

Tiefgang: wird gemessen von der KWL bis Unterkante Kiel. Hierbei ist wichtig zu beachten, daß fast alle Schiffe achtern tiefer eintauchen als am Bug. Man unterscheidet also zwischen vorderem und hinterem Tiefgang, der Mittelwert davon wird als *mittlerer Tiefgang* bezeichnet.

Raumtiefe: ist die Höhe von Oberkante Kiel bis zur Oberkante des Deckbalkens darüber.

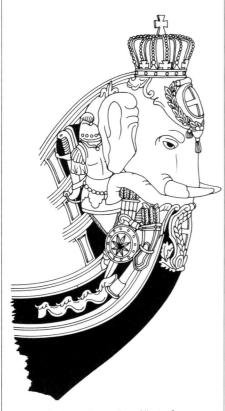

Galionsfigur des dänischen Kriegsschiffs Elephantens *von 1741*

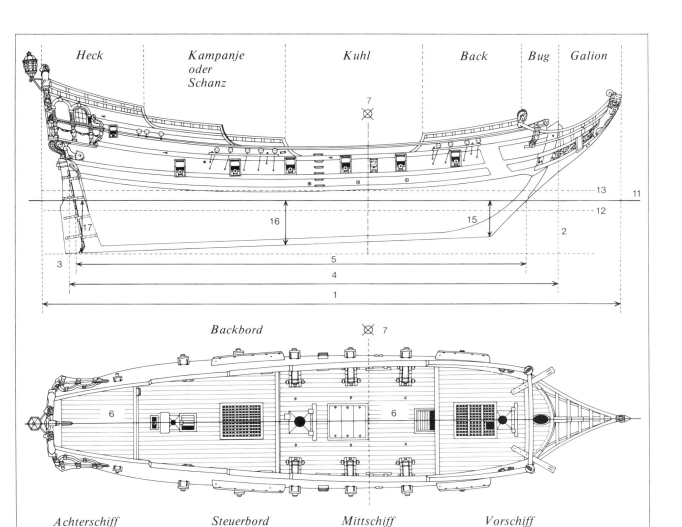

Heck   Kampanje
        oder
        Schanz   Kuhl   Back   Bug   Galion

7

13
11
12
16   15
            2
17
3   5
                     4
                     1

Backbord   ⊗ 7

6   6   6

Achterschiff   Steuerbord   Mittschiff   Vorschiff

1. Länge über alles
2. vorderes Lot
3. hinteres Lot
4. Länge zwischen den Loten
5. Länge in der Wasserlinie
6. Mittschiffsebene
7. Hauptspant
8. größte Breite
9. Deckbalkenbasis
10. Seitenhöhe
11. Konstruktionswasserlinie
    = KLW oder CWL
12. Luvwasserlinie
13. Leewasserlinie
14. Beispiel für tatsäch-
    liche Schwimmwasserlinie
15. vorderer Tiefgang
16. mittlerer Tiefgang
17. hinterer Tiefgang

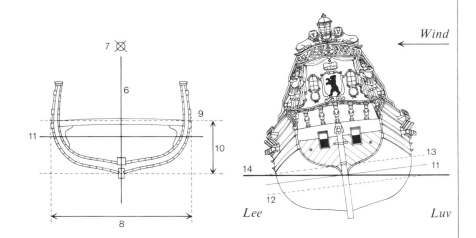

7 ⊗

6

9

11

10

8

Wind

13
11
14
12

Lee   Luv

Kurbrandenburgische Fregatte Berlin von 1674

65

Maßeinheiten und Maßumrechnung

Maßeinheiten und Maßumrechnung

Wer historische Schiffsmodelle baut, wird über kurz oder lang auf Maßeinheiten stoßen, die ihm höchst ungewohnt sind, und die er sich erst einmal umrechnen muß.

Nautische Einheiten

Für den Modellbauer sind diese noch heute gültigen nautischen Einheiten zwar kaum von Bedeutung, trotzdem sollte er sie kennen.
Meridiangrad = 60 sm = 111,111 km
Seemeile (nautische Meile) = 1,852 km = 10 Kabel
Kabel = 185,2 m = 100 Faden
Faden = 1,852 m

Alte Maße

1799 wurde in Paris das Meter als Grundeinheit des metrischen Maß- und Gewichtsystems eingeführt. Vor dieser Zeit hatte jedes Land, ja oft jede Stadt ihr eigenes Maß- und Gewichtsystem, und es dauerte das ganze 19. Jahrhundert, bis sich das Meter nach und nach in Europa durchsetzte – ganz abgeschlossen ist diese Entwicklung noch heute nicht, denn die angelsächsischen Länder rechnen nach wie vor in Meile und Fuß.

Hier nun eine Aufstellung der wichtigsten alten Maßeinheiten, denen Sie im historischen Schiffsmodellbau immer wieder begegnen:

Amsterdamer Fuß	= 11 Duimen	= 283,1 mm
Antwerpner Fuß	= 11 Duimen	= 286,8 mm
Dänischer Fuß	= 12 Zoll	= 313,9 mm
Englischer Fuß	= 12 inches	= 308,0 mm
Französischer Fuß	= 12 Zoll	= 324,8 mm
Hamburger Fuß	= 12 Zoll	= 286,0 mm
Lübecker Fuß	= 12 Zoll	= 287,6 mm
Preußischer Fuß	= 12 Zoll	= 313,8 mm
Rheinischer Fuß	= 12 Zoll	= 313,9 mm
Russischer Fuß	= 12 Zoll	= 308,0 mm
Schwedischer Fuß		= 296,0 mm
Venezianischer Fuß	= 12 Zoll	= 348,0 mm

Angelsächsische Maße

Für den Kontinentaleuropäer ist auch die Rechnerei mit den englischen Maßen ungewohnt und kompliziert. Da aber aus Großbritannien und den USA nicht nur ausgezeichnete Fachliteratur zum Thema Seefahrt und Schiffbau kommt, sondern auch zahlreiche Pläne stammen, wird sich der historische Schiffsmodellbauer fast unweigerlich eines Tages mit *foot* und *inch* herumschlagen müssen, wobei ihm die nebenstehende Tabelle ein wenig das Umrechnen erleichtern soll.

Ungewohnt sind für den Kontinentaleuropäer auch die Maßstabsangaben vieler angelsächsischer Pläne in foot und inch, wobei es auch noch zwei Versionen der Schreibung gibt.
Auch hierzu eine Übersichtstabelle:

1″	= 1′	oder	1′ – 1″	= 1 :	12
1/2″	= 1′	oder	2′ – 1″	= 1 :	24
3/4″	= 1′	oder	4′ – 3″	= 1 :	16
3/8″	= 1′	oder	8′ – 3″	= 1 :	32
1/4″	= 1′	oder	4′ – 1″	= 1 :	48
6/25″	= 1′	oder	25′ – 6″	= 1 :	50
3/16″	= 1′	oder	16′ – 3″	= 1 :	64
4/25″	= 1′	oder	25′ – 4″	= 1 :	75
1/8″	= 1′	oder	8′ – 1″	= 1 :	96
1/16″	= 1′	oder	16′ – 1″	= 1 :	192

Schmiedeeiserne Flaggstockhalter aus Holland, 18. Jahrhundert

Englische Fuß und Inch – Millimeter

ft.	in.	0″	1″	2″	3″	4″	5″	6″	7″	8″	9″	10″	11″	12″
0	0	0	25	51	76	102	127	152	178	203	229	254	279	305
1	12	305	330	356	381	406	432	457	483	508	533	559	584	610
2	24	610	635	660	686	711	737	762	787	813	838	864	889	914
3	36	914	940	965	991	1 016	1 041	1 067	1 092	1 118	1 143	1 168	1 194	1 219
4	48	1 219	1 245	1 270	1 295	1 321	1 346	1 372	1 397	1 422	1 448	1 473	1 499	1 524
5	60	1 524	1 549	1 575	1 600	1 626	1 651	1 676	1 702	1 727	1 753	1 778	1 803	1 829
6	72	1 829	1 854	1 880	1 905	1 930	1 956	1 981	2 007	2 032	2 057	2 083	2 108	2 134
7	84	2 134	2 159	2 184	2 210	2 235	2 261	2 286	2 311	2 337	2 362	2 388	2 413	2 438
8	96	2 438	2 464	2 489	2 515	2 540	2 565	2 591	2 616	2 642	2 667	2 692	2 718	2 743
9	108	2 743	2 769	2 794	2 819	2 845	2 870	2 896	2 921	2 946	2 972	2 997	3 023	3 048
10	120	3 048	3 073	3 099	3 124	3 150	3 175	3 200	3 226	3 251	3 277	3 302	3 327	3 353
11	132	3 353	3 378	3 404	3 429	3 454	3 480	3 505	3 531	3 556	3 581	3 607	3 632	3 658
12	144	3 658	3 683	3 708	3 734	3 759	3 785	3 810	3 835	3 861	3 886	3 912	3 937	3 962
13	156	3 962	3 988	4 013	4 039	4 064	4 089	4 115	4 140	4 166	4 191	4 216	4 242	4 267
14	168	4 267	4 293	4 318	4 343	4 369	4 394	4 420	4 445	4 470	4 496	4 521	4 547	4 572
15	180	4 572	4 597	4 623	4 648	4 674	4 699	4 724	4 750	4 775	4 801	4 826	4 851	4 877
16	192	4 877	4 902	4 928	4 953	4 978	5 004	5 029	5 055	5 080	5 105	5 131	5 156	5 182
17	204	5 182	5 207	5 232	5 258	5 283	5 309	5 334	5 359	5 385	5 410	5 436	5 561	5 486
18	216	5 486	5 512	5 537	5 563	5 588	5 613	5 639	5 664	5 690	5 715	5 740	5 766	5 791
19	228	5 791	5 817	5 842	5 867	5 893	5 918	5 944	5 969	5 994	6 020	6 045	6 071	6 096
20	240	6 096	6 121	6 147	6 172	6 198	6 223	6 248	6 274	6 299	6 325	6 350	6 375	6 401
21	252	6 401	6 426	6 452	6 477	6 502	6 523	6 553	6 579	6 604	6 629	6 655	6 680	6 706
22	264	6 706	6 731	6 756	6 782	6 807	6 833	6 858	6 883	6 909	6 934	6 960	6 985	7 010
23	276	7 010	7 036	7 061	7 087	7 112	7 137	7 163	7 188	7 214	7 239	7 264	7 290	7 315
24	288	7 315	7 341	7 366	7 391	7 417	7 442	7 467	7 493	7 518	7 545	7 569	7 594	7 620
25	300	7 620	7 645	7 671	7 696	7 722	7 747	7 772	7 798	7 823	7 849	7 874	7 899	7 925
26	312	7 925	7 950	7 975	8 001	8 026	8 052	8 077	8 102	8 128	8 153	8 179	8 204	8 230
27	324	8 230	8 255	8 280	8 306	8 332	8 357	8 382	8 408	8 433	8 458	8 484	8 509	8 534
28	336	8 534	8 559	8 585	8 610	8 636	8 661	8 686	8 712	8 737	8 763	8 788	8 814	8 839
29	343	8 839	8 864	8 890	8 915	8 941	8 966	8 991	9 017	9 042	9 068	9 093	9 118	9 144
30	360	9 144	9 169	9 195	9 220	9 246	9 271	9 296	9 322	9 347	9 373	9 398	9 423	9 449
31	372	9 449	9 474	9 500	9 525	9 551	9 576	9 601	9 627	9 652	9 677	9 703	9 728	9 753
32	384	9 754	9 779	9 804	9 830	9 855	9 881	9 906	9 931	9 957	9 982	10 008	10 033	10 058
33	396	10 058	10 083	10 109	10 134	10 160	10 185	10 210	10 236	10 261	10 287	10 312	10 337	10 363
34	408	10 363	10 388	10 414	10 439	10 465	10 490	10 515	10 541	10 566	10 592	10 617	10 642	10 668
35	420	10 668	10 693	10 719	10 744	10 770	10 795	10 820	10 846	10 871	10 897	10 922	10 947	10 973
36	432	10 973	10 998	11 024	11 049	11 075	11 100	11 125	11 151	11 176	11 202	11 227	11 252	11 278
37	444	11 278	11 303	11 328	11 354	11 379	11 405	11 430	11 455	11 481	11 506	11 532	11 557	11 582
38	456	11 582	11 607	11 633	11 658	11 684	11 709	11 734	11 760	11 785	11 811	11 836	11 861	11 887
39	468	11 887	11 912	11 938	11 963	11 989	12 014	12 039	12 065	12 090	12 116	12 141	12 166	12 192
40	480	12 192	12 217	12 243	12 268	12 294	12 319	12 344	12 370	12 395	12 421	12 446	12 471	12 497
41	492	12 497	12 522	12 548	12 573	12 598	12 624	12 649	12 675	12 700	12 725	12 751	12 776	12 802
42	504	12 802	12 827	12 852	12 878	12 903	12 929	12 954	12 979	13 005	13 030	13 056	13 081	13 106
43	516	13 106	13 132	13 157	13 183	13 208	13 233	13 259	13 384	13 310	13 335	13 360	13 386	13 411
44	523	13 411	13 437	13 462	13 487	13 513	13 538	13 564	13 589	13 614	13 640	13 665	13 691	13 716
45	540	13 716	13 741	13 767	13 792	13 818	13 843	13 868	13 894	13 919	13 945	13 970	13 995	14 021
46	552	14 021	14 046	14 072	14 097	14 122	14 148	14 173	14 199	14 224	14 249	14 275	14 300	14 326
47	564	14 326	14 351	14 376	14 402	14 427	14 453	14 478	14 503	14 529	14 554	14 580	14 603	14 630
48	576	14 630	14 656	14 681	14 707	14 732	14 757	14 783	14 808	14 834	14 859	14 884	14 910	14 935
49	588	14 935	14 961	14 986	15 011	15 037	15 062	15 088	15 113	15 138	15 164	15 189	15 215	15 240
50	500	15 240	15 265	15 291	15 316	15 342	15 367	15 392	15 418	15 443	15 469	15 494	15 519	15 545

Risse

Entwürfe für den Schnitzerei-schmuck des englischen Drei-deckers St. Michael *von Willem van der Velde 1667*

Schiffsrisse sind nichts anderes als die Projektion des dreidimensionalen Schiffskörpers auf das zweidimensionale Papier des Planes.

Jeder Körper kann in den drei Dimensionen – Länge, Breite, Höhe – definiert werden; Längsriß, Wasserlinienriß und Spantenriß entsprechen jeweils der Projektion einer dieser Dimensionen: Längsriß der Länge, Wasserlinienriß der Breite, Spantenriß der Höhe.

Die Zeichnung rechts innen zeigt, wie diese drei Projektionsebenen durch einen Schiffsrumpf gelegt werden: der Längsriß durch die Mittschiffsebene (durch − − − Striche gezeichnet), der Wasserlinienriß durch die KWL-Ebene (durch - - - - - Striche gezeichnet), der Spantenriß durch die Hauptspantebene (durch - · - · Striche gezeichnet). Nun reichen für die Projektion eines ganzen Schiffsrumpfes diese drei Hauptschnittebenen natürlich nicht aus, und so legt man eine Reihe weiterer Schnittebenen durch den Rumpf, die aber stets exakt parallel zu den Hauptschnittebenen liegen, wie die Zeichnungen ganz rechts zeigen. Man erhält auf diese Weise eine Reihe verschieden geformter Flächen, die, würde man sie beispielsweise aus dünnem Draht zurechtbiegen und ineinandersetzen, schließlich ein exaktes Liniengerippe des Schiffsrumpfes ergeben würden.

In den Rißzeichnungen sieht das dann so aus, daß jeweils zwei der Projektionsebenen »parallel« zum Betrachter verlaufen und als senkrechte und waagerechte Parallelstriche zu sehen sind, während die dritte Dimension »quer« zum Betrachter liegt und als Kurve erscheint. Praktisch gesagt:

Längsriß: Blickrichtung seitlich auf das Schiff. Die Spantenebene (- · -) steht senkrecht zum Betrachter, die Wasserlinienebene (- - - - -) verläuft waagrecht, während die Umrisse der Mittschiffsebene und die parallel zu ihr liegenden Längsebenen (− −) als Kurven zu sehen sind.

Wasserlinien: Blickrichtung von unten bzw. von oben auf das Schiff. Die Spantenebenen (- · -) stehen wieder senkrecht zum Betrachter, die Mittschiffsebene mit den Längsebenen (− −) waagerecht, während er nun auf die Umrisse der Wasserlinien (- - - - -) als Kurven schauen kann.

Spantenriß: Blickrichtung von vorn bzw. von hinten auf das Schiff. Senkrecht zum Betrachter stehen nun die Längsebenen (− −) und waagerecht die Ebenen der Wasserlinien (- - - - -), während sich die Spantenumrisse (- · -) vom kleinsten und vordersten bzw. hintersten bis zum dicksten (dem Hauptspant) in der Mitte als Kurven seinem Blick darbieten. In den Zeichnungen ist der Spantenriß stets längs der Mittschiffslinie zweigeteilt, wobei die linke Hälfte die Spanten vom Heck bis zum Hauptspant, die rechte Hälfte die Spanten vom Bug bis zum Hauptspant zeigt. Da ein Schiffsrumpf (zumindest fast immer) streng symmetrisch ist, braucht man einen Spant nur um die Mittschiffsachse herumzuklappen, um sein vollständiges Aussehen zu erhalten. Auf manchen Schiffsbauplänen sind auch noch Schrägprojektionen, die Senten, eingezeichnet – für den Schiffsmodellbauer sind sie weniger von Bedeutung; am besten kümmert man sich überhaupt nicht um sie, denn mit Längs- oder Linienriß, Wasserlinienriß und Spantenriß als Koordinaten läßt sich jeder Punkt auf der Außenhülle des Schiffes genau definieren.

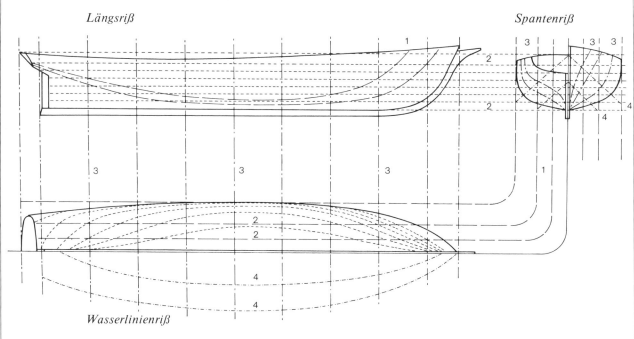

Längsriß

Spantenriß

Wasserlinienriß

1. Längsriß – die Schnitte verlaufen parallel zur Mittschiffsebene
2. Wasserlinienriß – die Schnitte verlaufen parallel zur Wasserlinienebene
3. Spantenriß – die Schnitte verlaufen parallel zur Hauptspantebene
4. Sentenriß – Schrägprojektionen, für den Modellbauer von geringer Bedeutung.

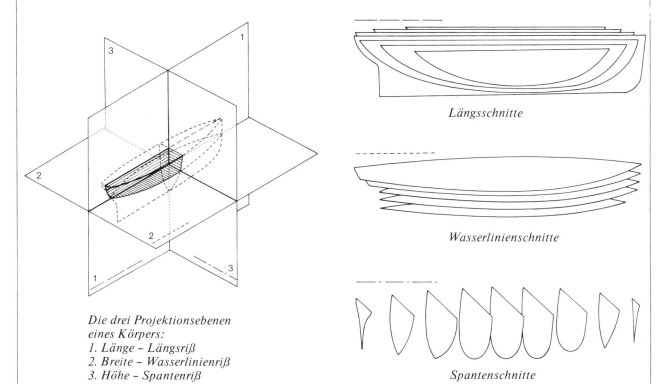

Die drei Projektionsebenen
eines Körpers:
1. Länge – Längsriß
2. Breite – Wasserlinienriß
3. Höhe – Spantenriß

Längsschnitte

Wasserlinienschnitte

Spantenschnitte

69

Heraus-konstruieren der Spanten

Beschaffen Sie sich im Spielwarenhandel ein Männchen in Ihrem Maßstab – gleichgültig ob Eisenbahner, Soldat oder Indianer – und lassen Sie es auf den Plänen und dem Modell »herumlaufen«. Es wird Ihnen sehr schnell zeigen, ob ein Deck zu niedrig, eine Treppenstufe zu hoch oder ein Ausrüstungsteil falsch proportioniert ist.

Pumpe zu groß!

Spill zu klein!

Zu den traurigsten Erfahrungen im historischen Schiffsmodellbau gehört die Tatsache, daß viel zu viele, auch handwerklich gute Modellbauer, ihre Modelle nach höchst zweifelhaften Plänen oder gar Modellbaukästen gestalten, und damit höchst unnötige Fehler bei ihren ansonsten tadellos gebauten Modellen praktisch vorprogrammieren.

Fragt man diese Leute dann, weshalb sie denn um aller Götter willen nach derart dubiosen Unterlagen arbeiten, so kann man in neunzig von hundert Fällen die Antwort erhalten, daß eben hier die Modellspanten bereits fertig vorgezeichnet wären, historisch einwandfreie Pläne hingegen in aller Regel nur die technischen Risse lieferten, und sie sich nicht im Stande sähen, aus diesen ihre Modellspanten abzuleiten.

Das ist um so beklagenswerter, da bei ein bißchen Geschick, Genauigkeit und Geduld – ohne die ein historischer Schiffsmodellbau ohnehin nicht auskommt – das Herauskonstruieren der Modellspanten gar nicht so schwierig ist.

Auf den nebenstehenden Zeichnungen habe ich lediglich das eingezeichnet, was zur Konstruktion eines Modellspants für ein voll geplanktes Modell nötig ist. Für Spanten- und Admiraltymodels ist das Prinzip zwar das gleiche, jedoch um einiges komplizierter; wer Modelle dieser Art baut, muß über die Konstruktion von Spanten so genau Bescheid wissen, daß ihm die hier gegebenen Anleitungen ohnehin eine Selbstverständlichkeit sein werden, weshalb ich in diesem Rahmen ganz bewußt dies um der Klarheit willen ausgeklammert habe.

Gehen Sie also in der Reihenfolge der nebenstehenden Zeichnungen vor:

1: Auf einem Stück transparentem Millimeterpapier zeichnen Sie sich zunächst als Grundkoordinaten die Mittellinie und KWL (eventuell auch die Basislinie = Unterkante Kiel) ein.

Nun legen Sie das Millimeterpapier auf den Spantenriß und pausen sorgfältig die Spantenlinie durch. Sie müssen dabei nur beachten, ob diese Spantenlinie die Form des Spants *ohne* oder *mit* Beplankung angibt, im letzteren Fall müssen Sie die Beplankungsstärke abziehen.

Legen Sie für jeden erforderlichen Modellspant solch ein Blatt an.

2: Legen Sie das Millimeterpapier nun mit der Mittellinie auf die jeweilige Spantlinie der Seitenansicht und übertragen Sie die Lage der Stückpforten und Barkhölzer auf Ihr Blatt.

3: In gleicher Weise wird vom Mittellängsschnitt die Lage der Decksbalken abgenommen. Hierbei ist zu beachten, daß der Mittellängsschnitt stets die höchste Höhe der Deckbalken angibt, die Deckbalken also durch die Deckswölbung nach außen zu abfallen (s. DECKBALKEN).

4: Aus den Querschnitten wird schließlich die Stärke der Spanten entnommen und eingezeichnet.

Wie Sie nun einen derart aus den Plänen herauskonstruierten Modellspant fertigstellen bzw. ergänzen müssen, um ihn schließlich, auf Holz übertragen, für Ihr Modell aussägen können, finden Sie im Abschnitt INNENBAU GEPLANKTER RÜMPFE.

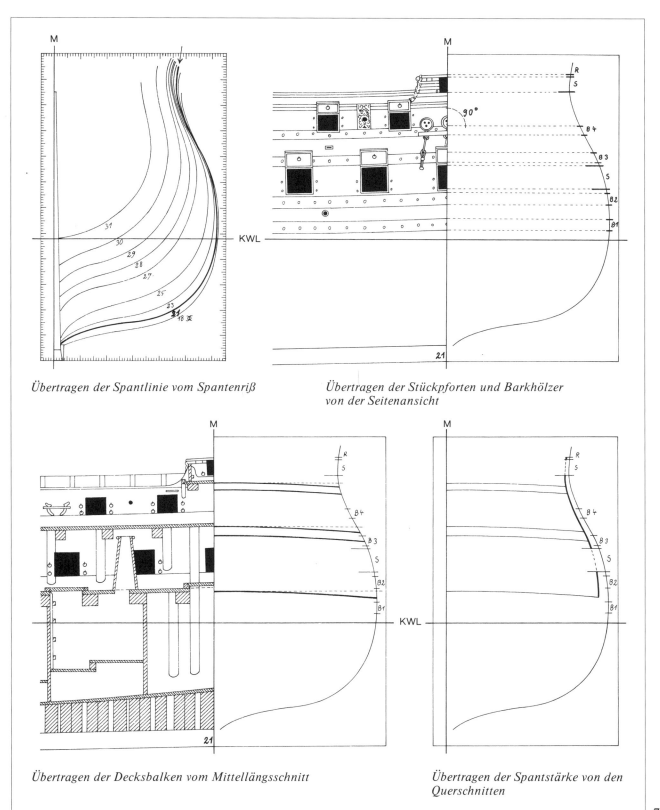

Übertragen der Spantlinie vom Spantenriß

Übertragen der Stückpforten und Barkhölzer
von der Seitenansicht

Übertragen der Decksbalken vom Mittellängsschnitt

Übertragen der Spantstärke von den
Querschnitten

71

Helling

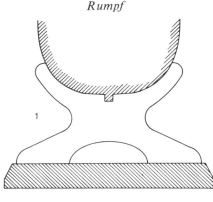

Rumpf

1

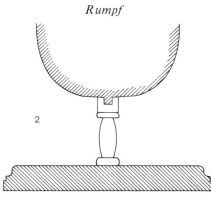

Rumpf

2

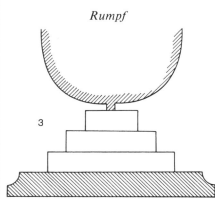

Rumpf

3

Modellständer:
1. Stapelschlittenständer
2. Säulenständer
3. Stapelklötze

Vor dem tatsächlichen Baubeginn gilt es noch eine weitere, freilich nicht allzu schwierige Vorbereitung zu treffen: den Bau der Helling. Die Aufgabe der Helling ist es, dem Modell während des Baus einen sicheren Stand zu geben und es festzuhalten, während man an ihm arbeitet. Als Grundbrett dient eine etwa 2 cm starke Spanplatte, etwas länger und breiter als der Rumpf des Schiffes. Auf diese Grundplatte sollte man Papier oder eine Folie kleben und darauf exakt (!) die Mittellinie des Schiffes und die genaue Lage der Spanten einzeichnen – später hat dies den Vorteil, daß man mit einem kleinen Lot sofort feststellen kann, ob die Spanten genau rechtwinklig zum Kiel stehen, ohne dazu lange mit Winkel und Lineal arbeiten zu müssen. Die Halterungen für Vorder- und Achtersteven müssen ihrerseits wieder absolut rechtwinklig zur Grundplatte stehen, um Kiel und Steven in der richtigen Lage zu fixieren, so daß man auch hier mühelos mit einem kleinen Lot feststellen kann, ob Spantenmitte und Deckbalkenmitte genau in der Mittschiffsebene liegen. Herstellen kann man diese Halterungen aus Holz oder besser aus Metallwinkeln.

Auf dieser Bauhelling bleibt das Modell, bis die Barkhölzer angebracht sind und sich der Rumpf nicht mehr verziehen kann. Dann erst, zum Beplanken, muß man das Modell von der Helling nehmen.

Nach dem Beplanken, dem Beizen, Streichen, eventuell auch Kupfern des Unterwasserrumpfes ist es sinnvoll, das Modell bereits auf dem endgültigen Modellständer zu befestigen. Die Grundplatte dieses Modellständers sollte nun aus einem edleren Holz bestehen, das zum Modell paßt. Die Wahl des Holzes ist natürlich Geschmacksache, auf jeden Fall sollte es sich den Farben des Schiffes unterordnen. Mit Nußbaum, Birne oder auch Eiche ist man bestimmt nicht schlecht beraten. Mahagoni kann auch sehr schön sein, ist aber oft etwas »laut« und sollte darum höchstens bei den ziemlich dunklen, in den Rumpflinien sehr klaren Schiffen des 19. Jahrhunderts verwendet werden.

Das Grundbrett lassen Sie am besten in einer Schreinerei anfertigen – das kostet nicht die Welt und wird entsprechend sauber. An Modellständern gibt es zwei Typen, einmal den *Stapelschlitten*, zum anderen den *Säulenständer*.

In beiden Fällen sollte der Modellständer gut auf der Grundplatte befestigt sein und auch das Modell selbst wieder absolut fest auf seinem Ständer – kleben ist gut, schrauben ist besser.

Der Vorteil des Stapelschlittens ist der, daß in ihm das Modell sicher und zuverlässig ruht, sein Nachteil, daß er an zwei Stellen etwas die Linienführung des Unterwasserrumpfes unterbricht. Das Auflager des Stapelschlittens muß übrigens exakt der Rumpfwölbung angepaßt werden! Der Vorzug des Säulenständers liegt darin, daß die Rumpfform ohne Unterbrechung zur Wirkung kommt – trotzdem mag ich persönlich Säulenständer nicht; irgendwie werde ich das Gefühl nicht los, das Modell könnte doch herunterkippen . . .

Rumpf- und Spantmodelle kann man auch wie in der Originalwerft auf Stapelklötze setzen.

Auch die Modellständer sollen natürlich im Stil zum ganzen Schiff passen. Im Zweifelsfall gilt die Regel, eher zu schlicht als zu aufwendig! Einen kleinen Trick sollten Sie sich merken: ein Schiffsmodell kommt stets besser zur Wirkung, wenn der Modellständer nicht zu niedrig ist. 4 bis 5 cm zwischen Grundplatte und Kiel sind fast das Minimum für ein mittelgroßes Modell.

Damit die Grundplatte beim Weiterbau nicht beschädigt und verschmutzt wird, ziehen Sie eine kräftige Kunststofffolie darüber und kleben sie an den Rändern mit Klebstreifen fest.

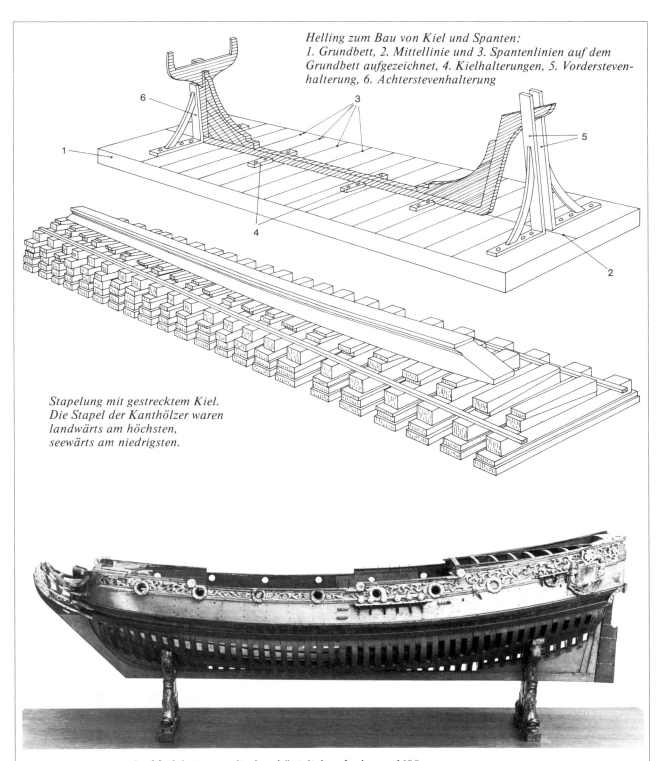

Helling zum Bau von Kiel und Spanten:
1. Grundbett, 2. Mittellinie und 3. Spantenlinien auf dem
Grundbett aufgezeichnet, 4. Kielhalterungen, 5. Vordersteven-
halterung, 6. Achterstevenhalterung

6

3

1

5

4

2

Stapelung mit gestrecktem Kiel.
Die Stapel der Kanthölzer waren
landwärts am höchsten,
seewärts am niedrigsten.

Admiralty Model einer englischen königlichen Jacht um 1690.
Das Schiff steht in einem schön geschnitzten Stapelschlitten.
Wichtig zu beachten: Die Ebene der Konstruktionswasserlinie (KWL) liegt
exakt (!) parallel zum Grundbrett!

73

Kiel und Steven

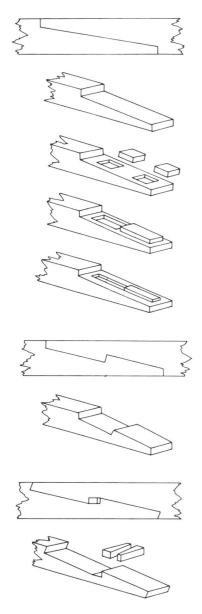

Methoden zum Zusammenbau von Kiel und Kiel-Vordersteven. Mindestlänge auf größeren Schiffen 150 cm

Kiel und Steven bildeten sozusagen das Rückgrat des ganzen Schiffes. Für ihre Herstellung ist es daher unerläßlich, besonders gut abgelagertes hartes Holz zu verwenden, das sich nicht wirft oder verzieht!

Kiel

Kann man die Länge des Kiels mühelos den Plänen entnehmen, so ist seine Stärke und Höhe oft weniger zuverlässig angegeben – darum auf der Zeichnung rechts unten in der Mitte die bis ins 19. Jahrhundert üblichen Proportionen.

Nach den Angaben von Nicolaes Witsen 1671 soll die Stärke des Kiels mittschiffs 1/25 der größten Breite des Schiffes betragen. Ein Schiff von 7,5 m Breite hätte demnach einen Kiel von 30 cm Stärke mittschiffs, der sich am Bug auf 25,7 cm und am Heck auf 21,4 cm verjüngen würde. Im Lauf des 18. Jahrhunderts wurde der Kiel schlanker und hatte seit etwa 1770 1/36 der größten Breite; die sonstigen Proportionen blieben gleich.

Da der Kiel ein viel zu langes Bauteil war, um aus einem Stück gefertigt zu werden, setzte man ihn aus mehreren Stücken zusammen, 4 bis 5 auf einem größeren Schiff. Die Einzelteile wurden mit Laschungen untereinander verbunden. Die dabei üblichen Methoden sind links abgebildet. Diese Laschungen waren mindestens 4mal so lang wie der Kiel stark, auf größeren Schiffen aber mindestens 150 cm. Unter dem Kiel wurde zum Schutz eine kräftige Planke, der *falsche Kiel* angebracht. Lief das Schiff auf Grund, sollte sich der falsche Kiel losreißen und der echte Kiel dadurch unbeschädigt bleiben. Aus diesem Grund war der falsche Kiel auch nicht gekupfert – man sieht das auf fast allen Modellen falsch!

Der falsche Kiel kam wohl im frühen 18. Jahrhundert in England auf und wurde bald darauf vom kontinentalen Schiffbau übernommen. In der ganzen Länge des Kiels war oben eine dreikantige Rille eingeschnitten, die *Sponung*, die dem untersten Plankengang Halt gab.

Steven

Der Aufbau von Vorder- und Achtersteven, die sich ebenfalls aus einer ganzen Reihe von Hölzern zusammensetzten, kann man am besten aus den Zeichnungen entnehmen; im Laufe der Jahrhunderte waren die verschiedensten Methoden in Gebrauch.

Auch an den Steven zieht sich die Sponung für die Planken fort.

Der Aufbau der Steven aus einzelnen Hölzern ist äußerst mühsam, zudem braucht es hier einen sehr exakten und zuverlässigen Plan. Wer sich die Sache bei nahezu gleicher Wirkung etwas erleichtern will, der baut Kiel und Steven aus nur einigen größeren Holzteilen zusammen und ritzt mit dem Messer die Stöße der einzelnen Hölzer ein.

Um den absolut ebenen Zusammenbau von Kiel und Steven zu garantieren, verwendet man als Unterlage beim Zusammenkleben (Zwei-Komponenten-Kleber!) eine nicht zu dünne Glasplatte. Dadurch wird die Unterseite absolut eben. Nach dem Aushärten des Klebers schleift man auch die Oberseite eben – mit der Glasplatte nachprüfen! – und schleift schließlich von beiden Seiten her die Verjüngungen an Bug und Heck, wobei der Verlauf von den dünnsten zu den dicksten Stellen möglichst gleichmäßig und fast unmerklich sein sollte, also keine Knicke, Bögen und Buckel!

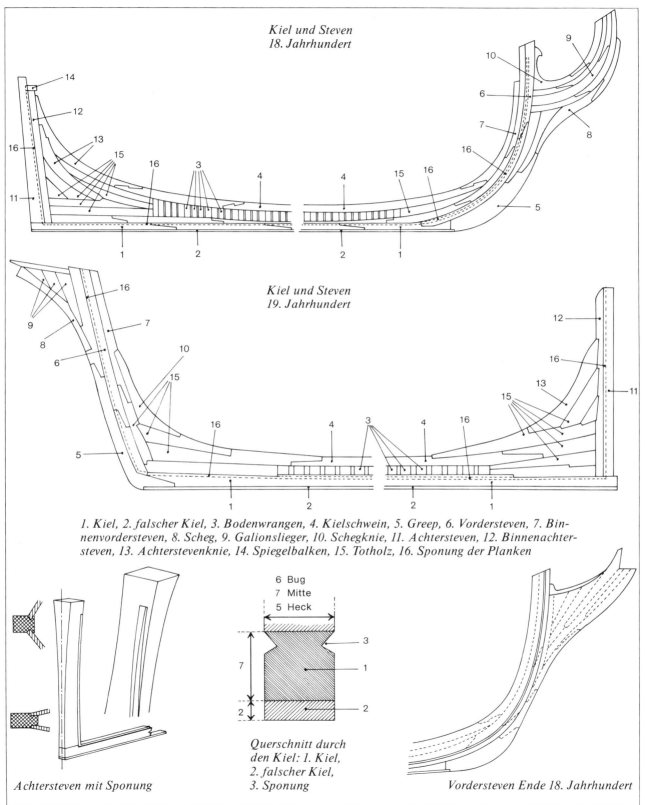

Kiel und Steven
18. Jahrhundert

Kiel und Steven
19. Jahrhundert

1. Kiel, 2. falscher Kiel, 3. Bodenwrangen, 4. Kielschwein, 5. Greep, 6. Vordersteven, 7. Binnenvordersteven, 8. Scheg, 9. Galionslieger, 10. Schegknie, 11. Achtersteven, 12. Binnenachtersteven, 13. Achterstevenknie, 14. Spiegelbalken, 15. Totholz, 16. Sponung der Planken

6 Bug
7 Mitte
5 Heck

Querschnitt durch
den Kiel: 1. Kiel,
2. falscher Kiel,
3. Sponung

Achtersteven mit Sponung

Vordersteven Ende 18. Jahrhundert

75

Spanten

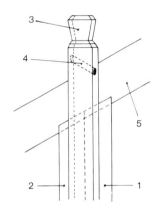

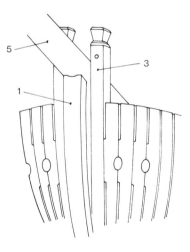

Ohrhölzer:
1. Vordersteven, 2. Binnenvordersteven, 3. Ohrhölzer,
4. Loch für Großstagkragen,
5. Bugspriet

Achtung!
Die nun folgenden Arbeitsgänge – SPANTEN, HECK, DECKBALKEN und
BARKHÖLZER – sind die wichtigsten des ganzen Schiffsmodellbaus!
Ihre exakte – oder nachlässige – Herstellung und der Zusammenbau
bestimmen das spätere Aussehen des Rumpfes und damit das gute oder
schlechte Aussehen des ganzen Modells. Fehler oder Nachlässigkeiten
hier lassen sich durch nichts wieder gut machen!
Haben Sie also Geduld, nehmen Sie sich Zeit und arbeiten Sie mit
größter Exaktheit!
Das meiste, das auf den nächsten Seiten über den Bau von Spanten,
Heck und Deckbalken gesagt wird, bezieht sich auf den originalen
Schiffbau und ist allenfalls für die Herstellung eines Spanten- oder
Admiralty Models von unmittelbarer Bedeutung. Wer seinen Rumpf
planken will, kann sich viel von der hier nun beschriebenen Arbeit
ersparen, sein Stichwort lautet INNENBAU GEPLANKTER RÜMPFE.
Trotzdem sollte er auch diese Seiten nicht überspringen, denn mancher
Fachausdruck wird später nicht mehr erklärt, manches Detail – z.B. die
Wölbung der Deckbalken und vieles andere – später nicht mehr
beschrieben. Außerdem kann ein bißchen Kenntnis der historischen
Bauweisen sich oft bei Zweifelsfällen als nützlich erweisen.
Zusammen mit Kiel und Steven bilden die Spanten das Gerippe des
Schiffes. Die Form der Spanten ermittelt man aus dem Spantenriß.
Zunächst zeichnet man sich jeden Spant einzeln aus dem Spantenriß auf
transparentes Millimeterpapier heraus. Es genügt, den halben Spant zu
zeichnen, da er ja zur Mittschiffsebene absolut symmetrisch ist. Da aber
der Spantenriß stets die Umrißlinie des Spants *mit Beplankung* angibt,
muß man als erstes die *Stärke der Beplankung abziehen.* Anschließend
ist es sehr zweckmäßig, die KWL, die Lage der Deckbalken, Barkhölzer
und Stückpforten auf dem Spant anzuzeichnen.
Wie die Abbildungen auf den nächsten beiden Seiten zeigen, waren die
Spanten aus mehreren Hölzern zusammengebaut. Für original nachge-
baute Spanten hat es sich als zweckmäßig erwiesen, die einzelnen Teile
zunächst nur in groben Umrissen auszuschneiden und entsprechend
zusammenzusetzen – Achtung auf den Verlauf der Maserung! – und erst
anschließend den Spant exakt aufzuzeichnen und auszusägen.
Die Zeichnung kann man entweder mit Kohlepapier aufpausen oder
besser die Spantzeichnung mit beidseitig klebender Folie aufkleben und
das Holz samt Papier aussägen – die Reste der Folie mit dem Papier
kann man anschließend ohne große Mühe wieder abzupfen.
Eine besondere Schwierigkeit stellen die Spanten an Bug und Heck dar.
Damit die Beplankung sauber aufliegt, müssen die Spanten nach dem
Bug bzw. dem Heck entsprechend der Wölbung des Rumpfes abgeschrägt werden. Diese *Spantenschmiege* sollte allerdings nie mehr als
höchstens ein Viertel der Spantenstärke betragen. Da dies bei parallel
stehenden Spanten an Bug und Heck aber nicht durchführbar wäre,
wichen die Spanten dort von der rechtwinkligen Lage zum Kiel nach
vorn bzw. hinten ab und wurden schräg gestellt, die letzten Enden sogar
mit fast parallel zum Kiel stehenden Worpen ausgefüllt. Spanten dieser
Art bezeichnete man als *Kantspanten.*
Der Spantenabstand betrug im 17. Jahrhundert bei Kauffahrern 0,027,
bei Kriegsschiffen 0,0172 der Schiffslänge zwischen den Loten und ver-
ringerte sich bis zum späten 18. Jahrhundert auf 0,0223 bei Kauffahrern
und auf 0,0142 bei Kriegsschiffen. Dies sind freilich nur Näherungswerte,
die exakten Maße und Abstände wie auch die Stärken der Spanten
müssen den Plänen entnommen werden. Eine alte Faustregel besagt:
Spantendicke = Spantenabstand.

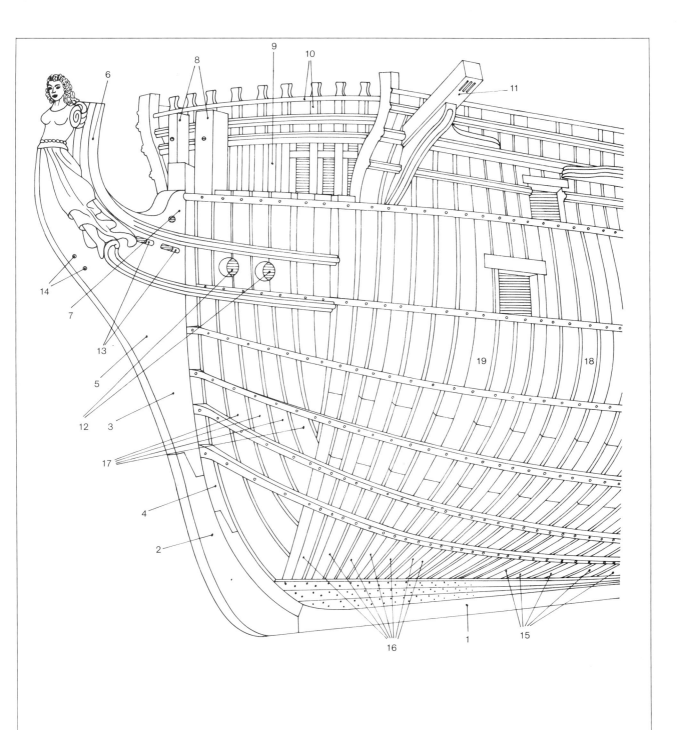

Bug eines Kriegsschiffes des späten 18. Jahrhunderts:
1. Kiel, 2. Greep, 3. Vordersteven, 4. Binnenvordersteven, 5. Scheg, 6. Galion,
7. Schegknie, 8. Ohrhölzer (auch Knechtköpfe oder Judasohren), 9. Bugschott, 10. vordere
Backreling, 11. Kranbalken, 12. Ankerklüsen, 13. Bugspriet-Zurringgat, 14. Fockhals- oder
Wasserstaglöcher, 15. Parallelspanten, 16. Kantspanten, 17. Bugfüllstücke (Worpen),
18. einfache Spanten, 19. doppelte Spanten

Spanten

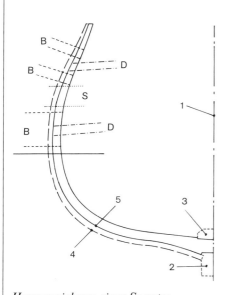

Herauszeichnen eines Spants:
1. Mittellinie, 2. Kiel, 3. Kielschwein,
4. Spantlinie nach Riß, 5. Spantlinie =
Rißlinie ohne Beplankung, B: Barkhölzer,
S: Stückpforte, D: Deckbalken

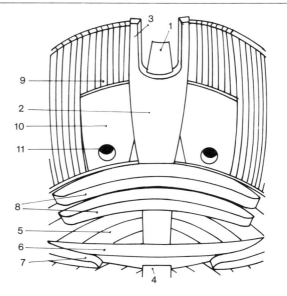

Bugkonstruktion binnenbords: 1. Vordersteven, 2. Binnen-
steven, 3. Judasohren, 4. Kielschwein, 5. Innenplankung,
6. Lieger der Katspur, 7. Auflanger der Katspur, 8. Bug-
bänder, 9. Kantspanten, 10. Klüsenholz, 11. Ankerklüse

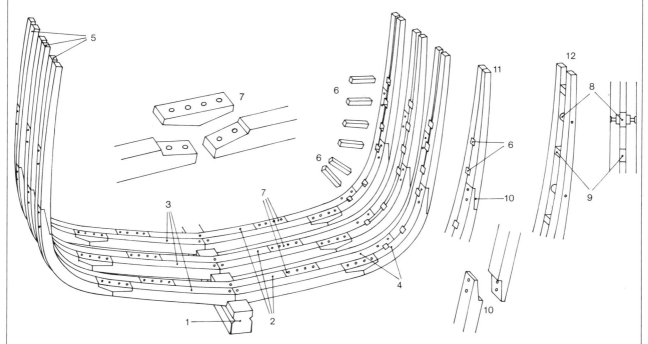

Aufbau eines Spants: 1. Kiel, 2. Bodenwrangen, 3. Sitzer, 4. erstes und zweites Auflanger,
5. Oberauflanger, 6. Vierkantdübel, 7. Stoßkalben, 8. Verbindungsbolzen, 9. Abstandhalter
(Döppchen), 10. scharfer Stoß, 11. einfacher Spant, 12. Doppelspant

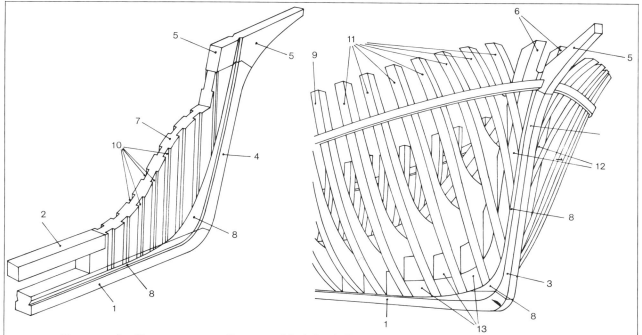

Einsetzen der Kantspanten am Bug eines Modells: 1. Kiel, 2. Kielschwein, 3. Greep, 4. Vorder-steven, 5. Scheg, 6. Ohrhölzer, 7. Totholz, 8. Sponung der Beplankung, 9. Parallelspant, 10. Schlitz zum Einsetzen der Kantspanten, 11. Kantspanten, 12. Stevendopplung, 13. Füllstücke

Spantenschmiege
1. Kiel, 2. Parallel-spanten, 3. Planke

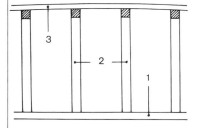

Schmiege Mittschiffs

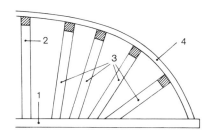

Spantenschmiege Bug und Heck
1. Kiel, 2. Parallelspanten,
3. Kantspanten, 4. Planke
Richtig!
Verwendung von Kantspanten

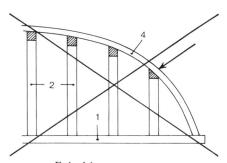

Falsch!
Parallelspant zu stark
abgeschrägt (Pfeil!)

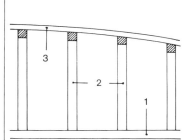

Leicht gebogene Schmiege
Vor- und Achterschiff

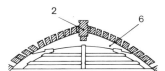

Bug mit Kantspanten:
1. Kiel, 2. Vorder-steven, 3. Parallelspanten,
4. Kantspanten, 5. Füll-worpen, 6. Bugknie

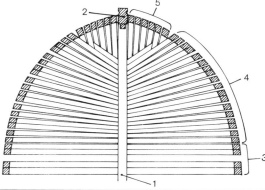

Heck

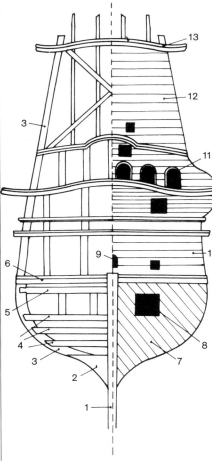

Heckkonstruktion des holländischen Ostindienfahrers Prins Willim *von 1651.*
1. Achtersteven, 2. Piekstück,
3. Randsomholz, 4. Arcassenbalken, 5. Heckbalken,
6. Spiegelbalken, 7. Spiegelplanken, 8. Stückpforte,
9. Hennegat, 10. Gillung,
11. Kajütenfenster, 12. Spiegel,
13. Hackbord.
Den fertigen Spiegel finden Sie S. 107 (nach H. Ketting).

Ein recht komplizierter Bauteil, insbesondere bei Spantenmodellen, ist das Heck.

Bis Ende des 15. Jahrhunderts war das Heck mehr oder minder rund und ähnlich dem Bug mit Kantspanten und Füllworpen gebaut.

Bereits Mitte des 13. Jahrhunderts setzte man über das Rundheck einen kleinen, trapezförmigen Aufbau, das Heckkastell, der von einem am Achtersteven befestigten Querbalken, dem Heckbalken, getragen wurde. Bis Anfang des 16. Jahrhunderts änderte sich an dieser Konstruktion nur wenig, außer daß das Heck- bzw. Achterkastell größer, der Heckbalken wuchtiger wurde.

Obwohl im Mittelmeer das Rundheck bis ins 18. Jahrhundert nie vollständig verschwand – und dann nur von der neueren Bauform des Rundhecks abgelöst wurde – kam ebenfalls aus dem Mittelmeer, aus Spanien oder Portugal, das flache Spiegelheck.

Der hintere Abschluß des Heckaufbaus über dem Heckbalken war früher schon als Heckspiegel bezeichnet worden. Nun zog man ihn vom Heckbalken am Achtersteven herzförmig abwärts und nannte diesen Teil Unterspiegel oder Arcasse.

Nach wie vor war der Heckbalken am Achtersteven befestigt und fungierte nun gleichzeitig als Schwelle der Heckstückpforten. Über dem Heckbalken wurde ein zweiter Querbalken angebracht, der Spiegelbalken, der gleichzeitig die Oberkante der Heckpforten bildete und den Gillungsbalken, die den Oberspiegel trugen, als Stütze diente. Am Ende von Heck- und Spiegelbalken wurden die beiden Randsomhölzer befestigt, deren Fußende man im Achtersteven mit den V-förmigen Piekstücken einsetzte.

Der Zwischenraum zwischen Heckbalken und Piekstücken wurde mit den Arcassenbalken ausgefüllt.

Im 16. und 17. Jahrhundert war der Unterspiegel sehr flach, blieb es auf kontinentalen Schiffen bis ins frühe 18. Jahrhundert und wurde auf verschiedenen Schiffstypen bis ins 19. Jahrhundert verwendet, allerdings sehr verkleinert und so hoch angesetzt, daß er vollständig über der Wasserlinie lag.

Schon vor der Mitte des 17. Jahrhunderts begann der geniale englische Schiffsbaumeister Phineas Pett, eine neue Heckform zu entwickeln. Der Heckspiegel oberhalb des Heckbalkens blieb unverändert – er bot allzu ideale Möglichkeiten prachtvoller Ausschmückung – unterhalb des Heckbalkens aber rundete Pett die Arcassen wieder stärker ab, so daß er erneut ein Rundheck erreichte. In dieser Form, die seit der Mitte des 17. Jahrhunderts in England üblich war, übernahmen im Lauf der ersten Hälfte des 18. Jahrhunderts alle seefahrenden Nationen erneut das Rundheck.

Im 19. Jahrhundert baute man das Heck zunehmend schärfer und schmaler, bis man auf Arcassen, Heckkantspanten und Füllworpen völlig verzichten konnte und nur mit den entsprechend veränderten Gillungsbalken, die am letzten Spant angesetzt waren, über der Wasserlinie ein flaches Rundheck erreichte.

Ab etwa 1815 wurden in England die Kriegsschiffe mit Rundheck gebaut (Seppings), auf Handelsschiffen erscheint das Rundheck etwa ab 1850.

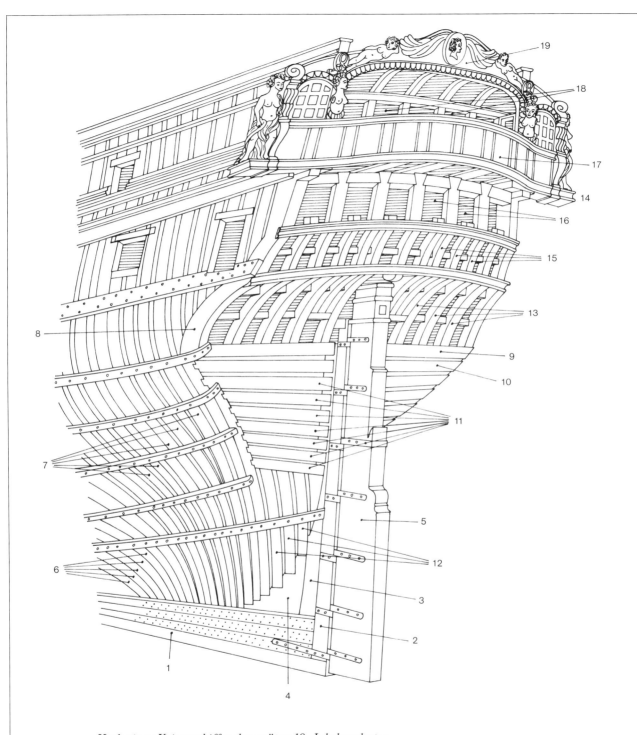

Heck eines Kriegsschiffes des späten 18. Jahrhunderts:
1. Kiel, 2. Achtersteven, 3. Binnenachtersteven, 4. Totholz, 5. Ruder, 6. Parallelspanten,
7. Kantspanten, 8. Randsomhölzer, 9. Spiegelbalken, 10. Heckbalken, 11. Arcassenbalken,
12. senkrechte Füllworpen, 13. Gillungsbalken, 14. Heckspiegel mit 15. oberen Gillungsbalken, 16. unterer Fensterreihe, 17. Galerie, 18. oberer Fensterreihe, 19. Hackbord

Heck

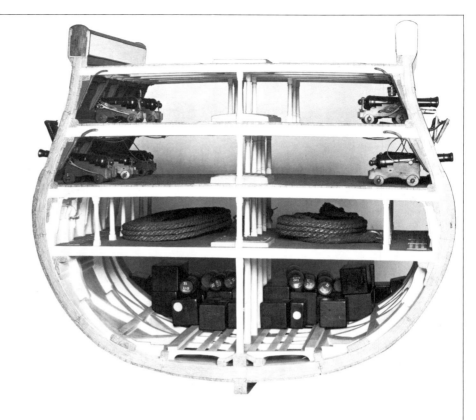

Rechts:
HMS Rodney
von 1833
Unten:
HMS Vanguard
von 1835

Zwei Modelle
von Rumpf-
querschnitten
am Hauptspant
englischer
Kriegsschiffe.
Sehr gut an
diesen Modellen
Innenbau und
Raumaufteilung
zu sehen.
Die exakte Her-
stellung solcher
Modelle ist
extrem schwierig

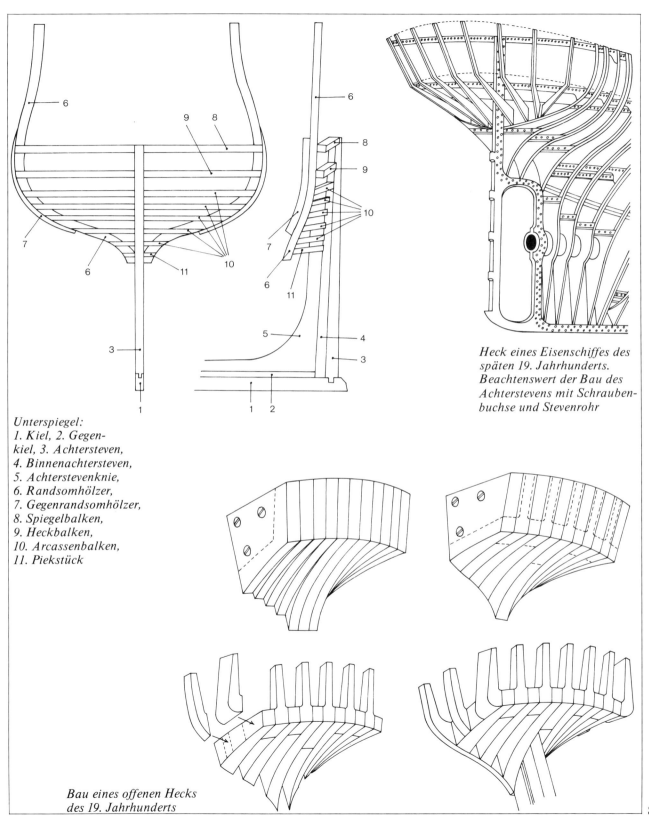

Unterspiegel:
1. Kiel, 2. Gegen-
kiel, 3. Achtersteven,
4. Binnenachtersteven,
5. Achterstevenknie,
6. Randsomhölzer,
7. Gegenrandsomhölzer,
8. Spiegelbalken,
9. Heckbalken,
10. Arcassenbalken,
11. Piekstück

Heck eines Eisenschiffes des
späten 19. Jahrhunderts.
Beachtenswert der Bau des
Achterstevens mit Schrauben-
buchse und Stevenrohr

Bau eines offenen Hecks
des 19. Jahrhunderts

Deckbalken

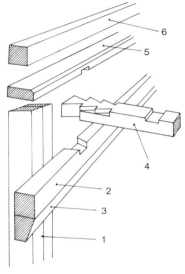

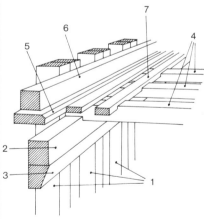

Als Längsversteifung des Schiffsrumpfes dienten die Balkweger. Auf ihnen lagen die Deckbalken auf, die ihrerseits den Spanten als Querversteifungen dienten.

Die Höhe der Deckbalken betrug 1/40 ihrer Länge bei kleinen Schiffen oder hoch gelegenen Decks (Backdeck, Puppdeck) bis zu 1/25 bis zu den Unterdecks (Batteriedeck) großer Schiffe. An den Seiten, also dort, wo sie auf den Balkwegern auflagen, waren die Deckbalken etwas schwächer, und zwar betrugen ihre Maße 5/6 der Höhe mittschiffs.

Der Abstand zwischen den Deckbalken war auf Handelsschiffen 120 bis 135 cm, auf Kriegsschiffen zumeist weniger.

Schiffsdecks sind immer gewölbt, um überkommendes Wasser leichter ablaufen zu lassen. Diese Wölbung beträgt 1 : 50, das heißt, daß die Sehnenhöhe 2 cm für je 100 cm der Länge des Deckbalkens ausmacht. Da sich diese Wölbung bei allen Decksbalken wiederholt, fertigt man am besten eine Schablone, um diesen Bogen zu zeichnen. Rechts ganz unten finden Sie solch einen halben Bogen. Pausen Sie ihn durch, übertragen Sie ihn auf einen nicht zu weichen Zeichenkarton, schneiden Sie diesen sauber aus und Sie haben eine Deckwölbungsschablone von 31 cm Breite – breiter ist kaum ein Deck eines Schiffsmodells, das Sie bauen werden...

Nach unten wurden die Deckbalken mit hängenden Knien abgestützt, nach den Seiten mit liegenden Knien. Es gab hierfür die verschiedensten Formen, die Sie aus den Zeichnungen entnehmen können.

Untereinander wurden die Deckbalken mit Längstraversen abgestützt, und wenn die Balkenabstände zu groß waren, so zog man Zwischendecksbalken ein, die ebenso breit, jedoch nur etwa 1/3 der Dicke der Deckbalken besaßen.

An den Außenkanten wurden die Deckbalken schließlich mit dem Wassergang und dem Wassergangsetzweger abgedeckt, in Längsrichtung des Schiffes mit 5 bis 6 in gleichmäßigen Abständen über die Länge des Deckbalken verteilten Setzwegern verbunden.

Noch ein paar Worte über den Zusammenbau von Spanten, Heck und Deckbalken.

Die wichtigste Verbindungsmethode ist auch hier das Kleben. Die Einzelstücke der Spanten, Heckteile und Deckbalken sollte man mit Zweikomponentenkleber oder Weißleim, eventuell auch mit Hymir-Exotenleim und kleine Klebestellen mit Cyanidkleber verbinden.

Scharfe Stöße, Stoßkalben und die Verbindungsstellen der Teile untereinander sollte man zusätzlich mit Holz- bzw. Bambusdübeln sichern. Nägel, wie in manchen Modellbüchern empfohlen, sollte man möglichst nicht verwenden, denn Dübel sind nicht nur originalgetreuer, sie halten auch besser.

Für das Aufkleben der Spanten auf dem Kiel oder das Anbringen des Hecks sollte man Ponal oder einen Zweikomponentenkleber mit nicht zu kurzer offener Zeit verwenden. Dies hat den Vorzug, daß man lange genug Zeit hat, um das Bauteil exakt auszurichten, wobei darauf zu achten ist, daß die Spanten absolut rechtwinklig zum Kiel wie zur Grundplatte der Helling stehen müssen. Man prüft dies am besten mit einem kleinen Lot und einem Winkeleisen.

Deckbalken:
1. Spanten, 2. Balkweger,
3. Unterbalkweger, 4. Deck-
balken, 5. Wassergang, 6. Was-
sergangsetzweger, 7. Setzweger

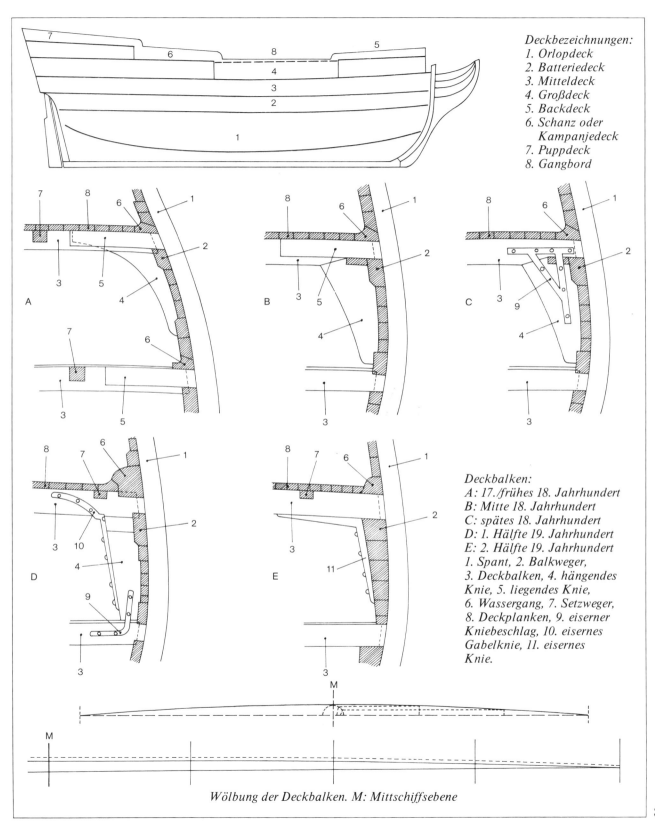

Deckbezeichnungen:
1. Orlopdeck
2. Batteriedeck
3. Mitteldeck
4. Großdeck
5. Backdeck
6. Schanz oder
   Kampanjedeck
7. Puppdeck
8. Gangbord

Deckbalken:
A: 17./frühes 18. Jahrhundert
B: Mitte 18. Jahrhundert
C: spätes 18. Jahrhundert
D: 1. Hälfte 19. Jahrhundert
E: 2. Hälfte 19. Jahrhundert
1. Spant, 2. Balkweger,
3. Deckbalken, 4. hängendes
Knie, 5. liegendes Knie,
6. Wassergang, 7. Setzweger,
8. Deckplanken, 9. eiserner
Kniebeschlag, 10. eisernes
Gabelknie, 11. eisernes
Knie.

Wölbung der Deckbalken. M: Mittschiffsebene

85

Deckbalken

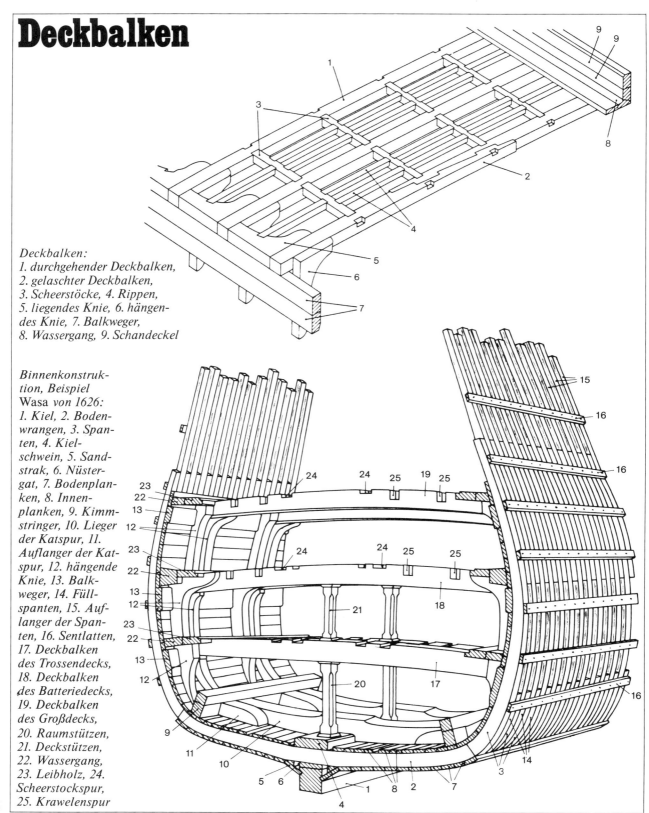

Deckbalken:
1. durchgehender Deckbalken,
2. gelaschter Deckbalken,
3. Scheerstöcke, 4. Rippen,
5. liegendes Knie, 6. hängendes Knie, 7. Balkweger,
8. Wassergang, 9. Schandeckel

Binnenkonstruktion, Beispiel
Wasa von 1626:
1. Kiel, 2. Bodenwrangen, 3. Spanten, 4. Kielschwein, 5. Sandstrak, 6. Nüstergat, 7. Bodenplanken, 8. Innenplanken, 9. Kimmstringer, 10. Lieger der Katspur, 11. Auflanger der Katspur, 12. hängende Knie, 13. Balkweger, 14. Füllspanten, 15. Auflanger der Spanten, 16. Sentlatten, 17. Deckbalken des Trossendecks, 18. Deckbalken des Batteriedecks, 19. Deckbalken des Großdecks, 20. Raumstützen, 21. Deckstützen, 22. Wassergang, 23. Leibholz, 24. Scheerstockspur, 25. Krawelenspur

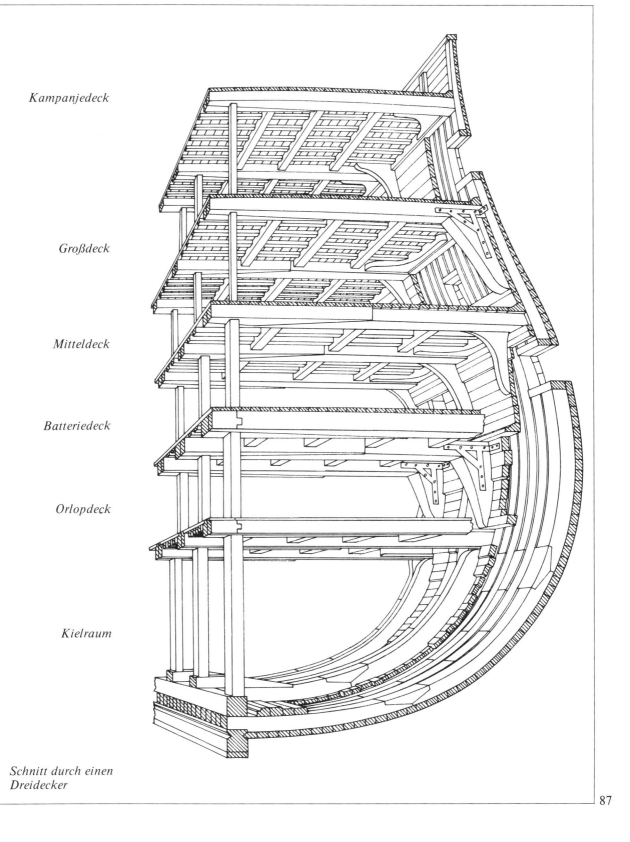

Kampanjedeck

Großdeck

Mitteldeck

Batteriedeck

Orlopdeck

Kielraum

*Schnitt durch einen
Dreidecker*

87

Innenbau geplankter Rümpfe

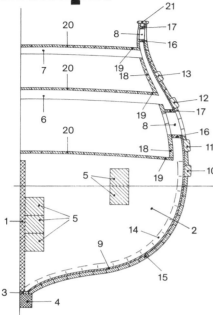

Querschnitt durch einen voll geplankten Modellrumpf: 1. Rumpfplatte (Sperrholz), 2. Spant (Sperrholz), 3. Sponungsleiste (Kiefer), 4. Kiel (Edelholz), 5. Verstrebungsleisten (Kiefer), 6. Decksbalken eines Unterdecks (Sperrholz dunkelbraun gestrichen), 7. sichtbarer Decksbalken eines Oberdecks (Edelholz), 8. Stückpforte, 9. Unterplankung (Furnierholz), 10. 1. Barkholz, 11. 2. Barkholz, 12. 3. Barkholz, 13. 4. Barkholz (Barkhölzer aus Edelholz), 14. Innenplankung des Unterwasserrumpfes (Kiefer), 15. Außenplankung (Edelholz), 16. Untertrempelrahmen (Edelholz), 17. Obertrempelrahmen (Edelholz), 18. Innenplankung (Edelholz), 19. Wassergang (Edelholz), 20. Decksplankung (Edelholz), 21. Reling (Edelholz)

Wie schon gesagt, kann sich derjenige, der seinen Schiffsrumpf planken will, den Bau von Spanten, Bug, Heck und Decksbalken ganz erheblich erleichtern und vereinfachen.

Rumpfplatte

Den tragenden Teil der Konstruktion übernimmt im Fall geplankter Rümpfe die Rumpfplatte – man könnte sie am ehesten mit einem stark vergrößerten Kielschwein vergleichen. Sie reicht von der Innenkante Kiel und Steven bis etwa 4 mm unter das unterste Deck. Die Rumpfplatte stellt man aus 5–8 mm starkem Sperrholz (je nach Größe des Schiffes) her. Man kann hierfür auch 8–10 mm starkes Abachiholz verwenden, das den Vorzug hat, sich nicht zu verziehen, zu biegen und zu werfen, freilich auch den Nachteil, daß es leichter bricht und splittert. Entsprechend große Öffnungen für die Mastfüße und ggf. am Heck für das Hennegat (s. RUDER) werden eingesägt. Ferner sägt man Schlitze für die Spanten ein. Hierzu ein Trick: Setzen Sie die Stärke der Spanten *vor* dem Hauptspant *hinter* die Konstruktionslinie des Spants, für die Spanten *hinter* dem Hauptspant *vor* diese Linie. Dies hat den Vorteil, daß Sie jeweils über eine 100 % exakte Spantlinie verfügen, die sonst beim Anarbeiten einer Schmiege sehr leicht verloren geht; Lücken zwischen Hinterkante Spant und Planke – sie kommen eigentlich nur im Bugbereich vor – kann man mit Spachtelmasse ausfüllen. Zum Abschluß zeichnet man sich noch exakt die KWL auf die Rumpfplatte auf.

Kiel und Steven

Da diese Teile sichtbar sind, muß man sie aus Edelholz, wie früher beschrieben, herstellen und an der Rumpfplatte befestigen – Zweikomponentenkleber, dübeln oder nageln. Da es vor allem am Vordersteven recht mühsam ist, die entsprechende Sponung auszuarbeiten, erleichtert es die Arbeit sehr, wenn man die Sponung aus einer Leiste herstellt. Sie sollte etwa 2 mm stark und 2–3 mm schmäler als der Kiel bzw. die Steven sein. Sie wird zunächst auf die Rumpfplatte montiert und dann Kiel und Steven darüber gesetzt, wobei natürlich ihre Stärke von der Höhe des Kiels bzw. der Steven abgezogen werden muß.

Spanten

Das Herauskonstruieren der Spanten aus den Plänen wurde bereits früher genau beschrieben. Nun müssen diese Spantzeichnungen für den Modellbau hergerichtet werden:
1. Der Unterteil bis zum untersten Deck bleibt massiv.
2. Einzeichnen des Schlitzes für die Rumpfplatte.
3. Einzeichnen der Öffnungen für die Verstrebungen – wir werden auf diese gleich noch zu sprechen kommen.
4. Vergrößern der Stückpforten um die Stärke der späteren Trempelrahmen.
5. Abziehen der Relingsstärke.
6. Einbau von Stützen, wo Stückpforten die Spanten durchschneiden. Hierfür gibt es zwei Methoden: Einmal ein Paar von 5–8 mm starken Stützen, die später, nach dem Beplanken, vorsichtig herausgeschnitten werden. Diese Methode ist unbedingt bei allen Decks zu verwenden, in die man auf dem fertigen Schiff Einblick hat, also unter der Kampanje und Back. Zum anderen eine etwa 30 mm starke Mittelstütze, die auch später stehen bleibt und dunkelbraun gestrichen wird. Man kann diese Methode in den dunklen, unteren Decks verwenden, wo diese Stützen dann praktisch nicht mehr sichtbar sind.
Keinesfalls zu empfehlen ist die Methode, die von manchen Autoren beschrieben wird, die Stückpforten erst nach dem Planken herauszu-

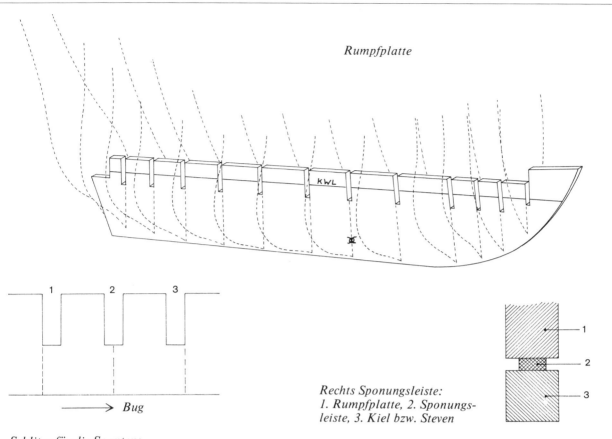

Rumpfplatte

KWL

1 2 3

⟶ Bug

Rechts Sponungsleiste:
1. Rumpfplatte, 2. Sponungsleiste, 3. Kiel bzw. Steven

1
2
3

Schlitze für die Spanten:
1. hinter dem Hauptspant,
2. am Hauptspant, 3. vor dem
Hauptspant, --- Spantlinie

Modellspant (Sperrholz):
1. Spant, 2. Schlitz für Rumpfplatte, 3. Öffnungen für Verstrebungsleisten, 4. Oberkante
Batteriedeck (ohne Plankung!),
5. Deckbalken eines Unterdecks,
6. durchschneidende Stückpforte,
7. Dicke des Trempelrahmens
wird abgezogen, 8. Hilfsstütze
(wird nach dem Planken entfernt),
9. Hilfsstütze in Unterdecks (bleibt
stehen und wird dunkelbraun
gestrichen), 10. sichtbarer Decksbalken (wird später aus Edelholz
eingesetzt), 11. Dicke der Relings-
leiste wird abgezogen, 12. Querverstrebung (wird nach dem
Planken entfernt), 13. Markierung
der Barkhölzer, 14. Spantnummer

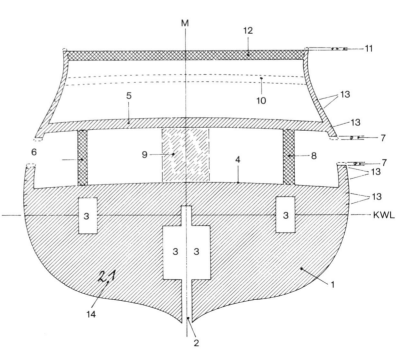

89

Innenbau geplankter Rümpfe

Heckstützen eines weit ausfallenden Hecks (Ende 16. Jahrhundert)

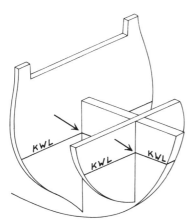

Beim Zusammenbau von Rumpfplatte und Spanten ist darauf zu achten, daß die KWL jeweils exakt (!) übereinstimmt.

sägen. Dies sieht auf einer Zeichnung zwar sehr einfach aus, ist aber in Wirklichkeit recht mühsam und wird selten sauber!

7. Decksbalken der Unterdecks können, da sie dort ebenfalls später kaum noch sichtbar sind, auch in Sperrholz belassen und dunkelbraun gestrichen werden. Dort, wo man die Decksbalken sehen kann, also wieder unter der Kampanje und Back, sollte man sie später, und zwar in den Originalabständen, aus Edelholz einsetzen.

8. Es ist dringend anzuraten, den Spant nach oben mit einer Querverstrebung abzuschließen, die ebenfalls später, nach dem Planken, wieder herausgesägt wird. Es besteht nämlich sonst die Gefahr, daß sich die verhältnismäßig langen Spantoberteile, z. B. in der Kuhl, während des Plankens durch den Druck der Leisten nach innen verbiegen.

Den so fertig gezeichneten Bauspant paust man nun nochmals auf ein neues Stück transparentes Millimeterpapier durch, dreht ihn dann um die Mittellinie und paust auch die andere Hälfte durch.

Das transparente Millimeterpapier wird nun mit Hilfe von beidseitig klebender Folie auf Sperrholz von etwa 5–8 mm Stärke (je nach Größe des Schiffes) aufgeklebt und ausgesägt. Man kann die Zeichnung natürlich auch mit Kohlepapier auf das Sperrholz durchpausen. Da der Zeichenaufwand jedoch identisch ist, Kohlepapier aber immer unsaubere Striche ergibt, rate ich dringend zur Methode des Aufklebens!

Nach dem Aussägen ritzt man sich die wichtigen Linien – KWL, Barkholzkanten, Mittellinie – mit einem Messer an, zieht dann die Folie samt Millimeterpapier ab und zeichnet diese Linien nochmals mit einer dünnen Feder nach.

Einsetzen der Spanten

Nun werden die Spanten der Reihe nach in die Rumpfplatte gesteckt und mit Weißleim geklebt. Achten Sie darauf, daß die Markierungen der KWL auf Rumpfplatte und Spant exakt übereinstimmen!

Achtung! Sowohl für das Aussägen der Spanten sowie ihr Einsetzen in die Rumpfplatte sollte man die größte Sorgfalt walten lassen! Fehler und Schlampereien, die hier gemacht werden, sind nie wieder zu beheben und können Ihr Modell in den ersten Arbeitsstunden für immer verpfuschen.

Verstrebungen

Um dem Rumpf die nötige Stabilität zu geben, werden eine Reihe von Kiefernleisten 10 x 10 mm eingesetzt: 2–4 Stück unmittelbar an der Rumpfplatte und zwei bis drei weiter außen, jeweils steuerbord und backbord. Diese Leisten sollen dafür garantieren, daß sich der innere Konstruktionsverband weder beim Beplanken noch später verziehen kann.

Hier gilt die Regel: Je massiver und stabiler, um so besser!

Kantspanten, Arcassen und Worpen

Selbstverständlich muß man sich im Fall eines geplankten Rumpfes auch nicht mit Kantspanten, Arcassenbalken und Füllworpen herumschlagen. An ihre Stelle treten massive Füllstücke, die man am besten aus Abachiholz, wie die Zeichnung rechts zeigt, zusammensetzt und in die paßgerechte Form schleift.

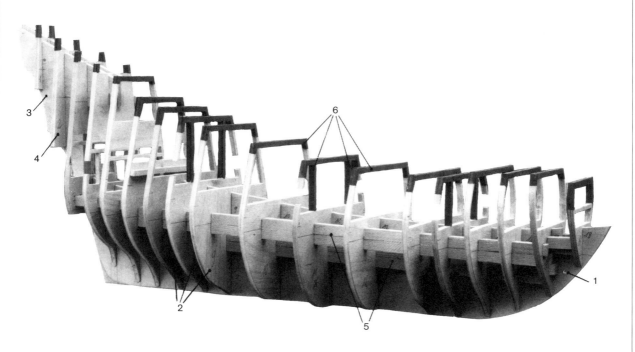

Innenbau eines Modells: 1. Rumpfplatte, 2. Spanten, 3. Heckstützen,
4. in die Heckstützen eingesetzte Spanten, 5. Verstrebungsleisten,
6. die dunklen Teile sind Hilfsstützen und Hilfsverstrebungen,
die nach dem Planken entfernt werden.

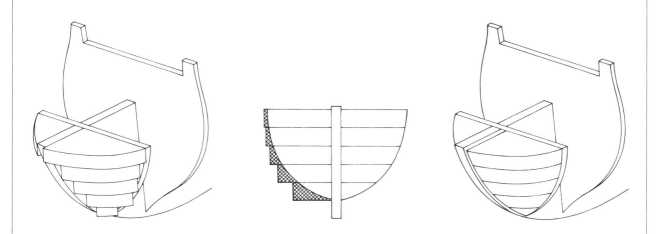

Massive Füllstücke z. B. aus Abachiholz an Stelle von
Kantspanten und Worpen.

Barkhölzer

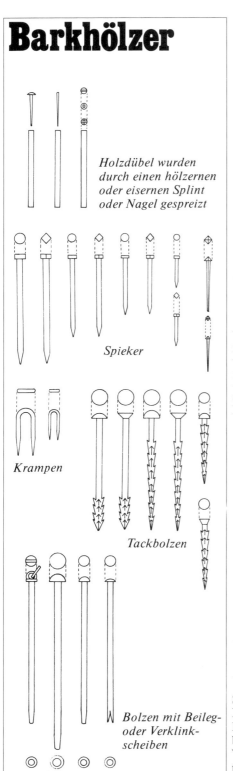

Holzdübel wurden durch einen hölzernen oder eisernen Splint oder Nagel gespreizt

Spieker

Krampen

Tackbolzen

Bolzen mit Beileg- oder Verklink-scheiben

Originale Dübel, Nägel und Bolzen

Bevor man die Barkhölzer und die Planken aufbringt, müssen alle Spanten gut gestrakt werden, d. h. die Außenkanten aller Spanten müssen der Rumpfform entsprechend mehr oder weniger abgeschrägt werden, um den Planken eine gute Auflage zu geben. Dies bewerkstelligt man mit einer dünnen Straklatte, mit der man die erforderliche Abschrägung gut feststellen kann. Zum Abschrägen nimmt man eine feine Raspel oder Feile und Sandpapier, an Bug und Heck auch ein scharfes Messer, wobei sorgfältig darauf zu achten wäre, daß man nicht über die gezeichnete Spantenlinie Material wegnimmt, da sonst die richtige Form des Rumpfes verloren geht. Um nicht die gesamte Abschrägung nach der Montage der Spanten vornehmen zu müssen, was die Gefahr mit sich bringen würde, daß der ganze Rumpfverband lose wird, sind an den Spanten schon vor ihrem Einbau die Abschrägungen anzuarbeiten; nach dem Einbau feilt und schleift man nur noch die exakte Schmiege etwas nach.

Den Schmiegewinkel findet man im Wasserlinienriß, manche Modellbauer erstellen sich sogar einen eigenen Schmiegeplan, was ich aber allenfalls bei Spantenmodellen für sinnvoll halte.

Die Barkhölzer (man kann auch den Ausdruck Berghölzer finden) waren eine Anzahl schwerer Planken, deren Stellung aus dem Bauplan ersichtlich ist. Sie hatten etwa die Breite der Planken, waren aber stärker, so daß sie im Original im 16. und 17. Jahrhundert 8 bis 10 cm, im 18. und 19. Jahrhundert 5 bis 8 cm über die Planken hinausstanden.

An ihren Ober- und Unterkanten waren sie ganz leicht abgerundet. Diese Barkhölzer werden zuerst aufgebracht.

Achtung! Beim Aufbringen der Barkhölzer wie auch aller anderen Planken *nie* mehrere Planken gleichzeitig auf einer Seite anbringen, sondern immer *abwechselnd* je eine Planke Steuerbord und eine Planke Backbord!

Bei der Befestigung der Barkhölzer nach den an den Spanten angezeichneten Marken ist sehr genau darauf zu achten, daß sie einen steten und glatten Verlauf ohne flache Stellen und Knicke haben!!

Genagelt bzw. gedübelt werden die Barkhölzer wie die Beplankung (s. BEPLANKUNG).

Im 18. Jahrhundert kam in England eine besondere Form der Barkholzplankung auf, die später auch von einigen kontinentalen Nationen übernommen wurde, die Ankerstock-Plankung, die Top-and-butt und Hook-and-butt-Plankung.

Wie diese Formen aussahen, zeigen die Zeichnungen rechts. Die Zahlen geben die Abmessungen dieser Planken in cm an, die Zahlen dahinter in Klammern die Verhältnisgrößen. Im Durchschnitt waren Top-and-butt- und Hook-and-butt-Planken 6 Meter lang, Ankerstock-Planken 3,84 Meter; diese Länge konnte aber etwas variieren, weil die Enden der Planken stets auf einem Spant gestoßen wurden. Auf keinen Fall aber änderten sich die Verhältnisgrößen.

Top-and-butt-, Hook-and-butt- und Ankerstock-Planken fertigt man am besten in einem Hilfsgestell. Die Planken werden in etwa zurechtgeschnitten, dann zwischen zwei Metallprofile (Messing mindestens 3 mm) gespannt und mit einem Schleifklotz exakt abgeschliffen.

Starke Plankenbiegungen, z. B. am Bug, sollte man vorformen. Der Handel bietet dazu allerlei nutzlose Maschinen an und am oft empfohlenen Wasserdampf verbrennt man sich allzuleicht die Finger. Die beste Methode – sie wurde auch im Originalschiffbau verwendet – ist Wasser und Feuer: Man macht seine Planke naß und biegt sie dann über einer Kerzenflamme zurecht.

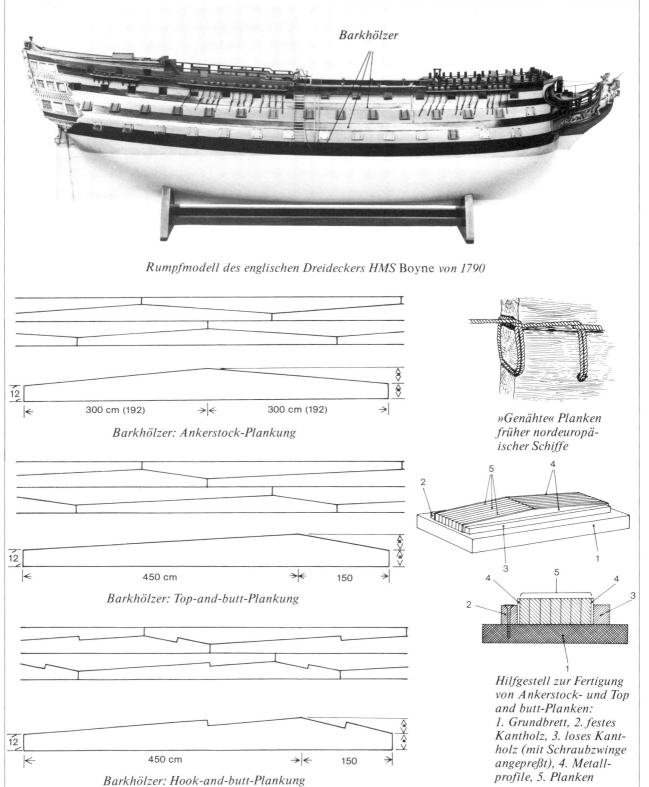

Barkhölzer

Rumpfmodell des englischen Dreideckers HMS Boyne *von 1790*

Barkhölzer: Ankerstock-Plankung

12

300 cm (192)   300 cm (192)

Barkhölzer: Top-and-butt-Plankung

12

450 cm   150

Barkhölzer: Hook-and-butt-Plankung

12

450 cm   150

*»Genähte« Planken
früher nordeuropä-
ischer Schiffe*

5   4

2

3

4   5   4

2   3

1

*Hilfgestell zur Fertigung
von Ankerstock- und Top
and butt-Planken:
1. Grundbrett, 2. festes
Kantholz, 3. loses Kant-
holz (mit Schraubzwinge
angepreßt), 4. Metall-
profile, 5. Planken*

93

Beplankung

Grundsätzlich muß man zwischen zwei Methoden unterscheiden:
1. Klinker. Hierbei überlappen sich die Planken, wobei stets die höhere über die tiefere greift. Dieses System kam aus dem Norden. Wikingerschiffe, die nordeuropäischen Schiffe des Mittelalters und bis heute gelegentlich Beiboote sind klinker geplankt.
2. Kraweel. Hierbei stoßen die einzelnen Plankengänge stumpf aneinander. Die Kraweelplankung kam aus dem Mittelmeer und setzte sich für größere Schiffe im Laufe des 14. Jahrhunderts allgemein durch.

Nageln bzw. Dübeln von Planken

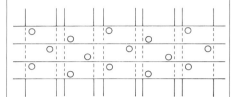

Planken schmäler 20,3 cm

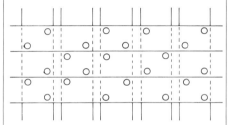

Planken 20,3 bis 27,9 cm

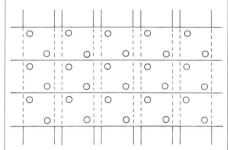

Planken breiter 27,9 cm

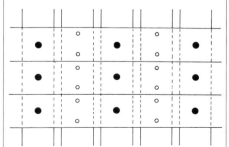

Bis 1700 vielfach übliche Methode: Wechselnd Eisenbolzen (schwarz) und Holzdübel oder Eisenbolzen geringerer Größe

Doppelte Plankung

Für den Modellbau habe ich festgestellt, daß die Beplankung am zweckmäßigsten in zwei Schichten aufgebracht wird. Das ist zwar etwas mehr Arbeit, man tut sich aber erheblich leichter, die Beplankung wirklich sauber und exakt aufzubringen.

Zunächst wird der gesamte Rumpf mit einer Unterplankung versehen. Man verwendet dazu am besten Furnierholz. Da man auf Plankenstöße nicht achten muß, kann man diese Planken auf volle Länge um den Rumpf herumbiegen und an den Spanten befestigen. Achtung! Zum Nageln der Unterplankung nur Holzdübel (!) verwenden (sehr praktisch Peddigrohr 1,0 oder 1,5 mm). Um der Beplankung zusätzliche Stabilität zu geben, sollte man von innen zwischen den Spanten die Beplankung mit Kiefer-, Balsa- oder Abachileisten auskleben.

Nun spachtelt man den gesamten Rumpf mit Holzpaste und schleift ihn sauber ab – dies wiederholt man so oft, bis alle Risse, Fugen, Dellen und Ausbuchtungen restlos verschwunden sind. Dies ist einer der großen Vorteile doppelter Plankung: man kann unbekümmert Fehler und Unregelmäßigkeiten ausgleichen.

Der zweite Vorteil ist, daß man nun den tatsächlichen Verlauf der Planken genau auf den Rumpf aufzeichnen kann. Hierzu teilt man die Höhe des Rumpfes am Hauptspant entsprechend in Plankenbreiten. Dann zählt man die Plankengänge aus und teilt an jedem weiteren Spant die Rumpfhöhe in ebenso viele Teile. Verbindet man die so gefundenen Punkte mit einer kleinen Straklatte, so erhält man den genauen Verlauf der Planken. An ihren Enden sollen die Planken niemals schmaler als 0,5 bzw. 1,5 mal breiter sein als mittschiffs, anderenfalls arbeitet man mit breiter bzw. schmaler werdenden Butten, wie sie rechts gezeichnet sind. Hat man nun die genauen Plankenformen gefunden, so schneidet man diese aus dem eigentlichen Edelholz-Plankenmaterial aus und klebt sie auf, wobei man nun auch auf die Plankengröße achten muß. Die Planken waren original etwa 6 Meter lang und wurden nach dem rechts abgebildeten Schema gestoßen.

Die Breite der Planken betrug bis Ende des 17. Jahrhunderts 49 bis 35 cm (je älter um so breiter), im 18. Jahrhundert 36 bis 28,8 cm, im 19. Jahrhundert durchschnittlich 30,4 cm. Die Stärke der Planken variierte von 0,40 der Breite am Unterwasserrumpf bis 0,25 der Breite am oberen Schanzkleid.

Nägel und Dübel

Die verschiedenen Muster, Planken zu nageln und zu dübeln finden Sie links abgebildet. Die Nagel- bzw. Dübelreihen folgen natürlich den Originalspanten, sie müssen also noch mehrfach zwischen den Modellspanten eingeschlagen werden! Holznägel bzw. Dübel hatten einen Durchmesser von 1/3 der Plankendicke, maximal jedoch 4,4 cm. Metallnägel bzw. Bolzen hatten einen Kopfdurchmesser von 1,6 bis 2,5 cm je nach Plankendicke, die Kopfhöhe betrug 5/8 des Durchmessers; wo Beilagscheiben verwendet wurden, hatten diese einen Durchmesser von 1,25 des Kopfdurchmessers.

Siehe auch Seite 52 und 98.

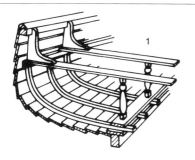

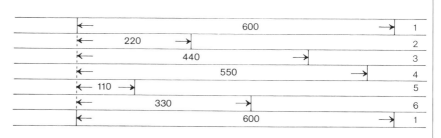

600				1
220				2
440				3
550				4
110				5
330				6
600				1

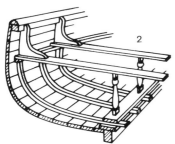

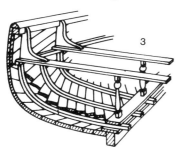

*Beplankungs-
methoden:
1. Klinker (über-
lappend, nordisches
System), 2. Kra-
weel (Stoß auf
Stoß, mediterranes
System), 3. Diago-
nal (System 19.
Jahrhundert)*

*Plankenstöße:
Seit dem Mittelalter übliche Form
der Plankenstöße – die Maße sind
Näherungswerte, Stoß immer auf Spant*

englisch   *holländisch*

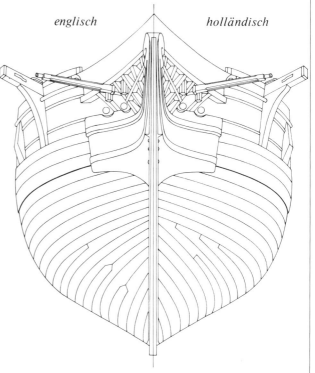

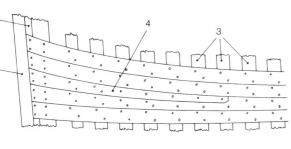

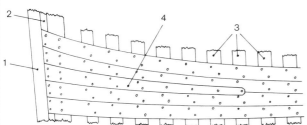

*Verbreiternde Butten oder
verlorene Gänge am Achtersteven: 1. Achtersteven, 2. Sponung, 3. Spanten, 4. Butt*

*Verschmälernde Butten oder eingekämmte
Gänge am Vordersteven, links englische,
rechts holländische Methode.*

95

Heck-beplankung

Bis ins späte 15. Jahrhundert schloß ein Schiff mit einem mehr oder minder runden Heck ab, das im Prinzip ebenso wie der Bug gebaut war. Im Mittelmeer und auf vielen kleineren Schiffen änderte sich auch später an dieser Bauweise nichts. Für große Schiffe setzte sich ab Ende des 15. Jahrhunderts freilich ein flaches Heck (der Unterspiegel) durch. Diesen Unterspiegel – er war im 17. Jahrhundert leicht gewölbt – fertigt man am besten aus Abachiholz und befestigt ihn am letzten Spant. Anschließend wird er mit Furnierholzleisten geplankt. Die Planken gingen, wie die Zeichnung zeigt, vom Achtersteven in einem Winkel von 30 bis 45° nach beiden Seiten schräg abwärts, auch war der Unterspiegel häufig mit Stückpforten oder Luken versehen.

Nach 1630 begann man in England, den Unterspiegel abzuschaffen und erneut durch ein Rundgat zu ersetzen, das allerdings nach oben zu flacher ausfiel, da es ja in den flachen oberen Heckspiegel überging. Bis etwa 1725 folgten die übrigen Seefahrernationen dem englischen Beispiel. Diese Bauform erhielt sich bis weit ins 19. Jahrhundert, auch als der obere Spiegel längst abgeschafft war.

Stückpforten

Die Einfassung der Stückpforten bildete der sogenannte Trempelrahmen. Als die Seiten des Trempelrahmens dienten die Spanten, die Ober- und Untertrempel waren zwischen die Spanten eingesetzt.

Auf einem voll geplankten Modell kann man sich diese Arbeit wesentlich erleichtern, indem man die Trempelrahmen einzeln herstellt und hinter die Beplankung klebt. Achtung, daß sie exakt der Wölbung der Beplankung angepaßt sind! Am besten baut man die Trempelrahmen schon während des Beplankens mit ein.

Die Größe der Stückpforten richtete sich nach dem Geschoß-durchmesser:

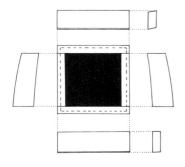

Modelltrempelrahmen lassen sich verhältnismäßig einfach aus 2 bis 3 mm starken Leistenstücken zusammensetzen (gestrichelt die Kante der Beplankung)

Geschoß Pfund	Geschoß Ø cm	Stückpforte Breite cm	Höhe cm	Pforten-abstand cm	Unterkante Rahmen über Deck cm
4	7,6	54,1	46,0	178,6	26,6
8	10,2	75,7	65,0	211,1	35,7
12	11,2	81,2	70,3	221,9	39,2
18	12,7	89,3	75,7	227,4	44,5
24	14,0	92,0	81,2	227,4	49,0
36	16,0	97,4	86,6	243,6	56,0
48	18,0	102,8	92,0	243,6	63,0

Fender

Im Mittelalter und bis in die Mitte des 16. Jahrhunderts dienten senkrechte hölzerne Leisten, die Fender, als zusätzliche Versteifung des Schiffsskeletts und sollten Beschädigungen der Außenhaut verhindern, wenn die Schiffe beim Enterkampf Bordwand an Bordwand lagen. Nach der Mitte des 16. Jahrhunderts wurden stets nur noch zwei oder drei Fender mittschiffs in Höhe des Hauptspants angebracht, die eine Beschädigung der Beiboote an den Kanten der Barkhölzer verhindern sollten, wenn die Boote aus- und eingesetzt wurden. Mit Einführung der Davits verschwanden auch diese Fender.

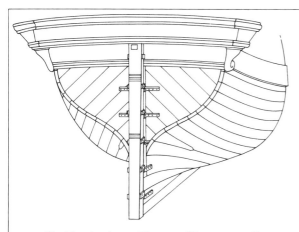

Heckbeplankung Plattgat (Unterspiegel)

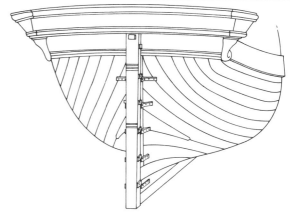

Heckbeplankung Rundgat seit 17. Jahrhundert

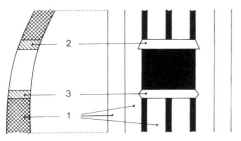

Stückpforte, Spantenbau

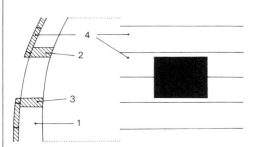

Stückpforte ohne Pfortendeckel

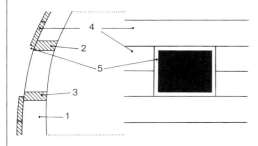

Stückpforte mit Pfortendeckel

*1. Spanten, 2. oberer Trempelramen,
3. unterer Trempelramen, 4. Beplankung, 5. Gehrung für Pfortendeckel*

*Originalmodell einer Katalanischen Nao 15. Jahrhundert.
Gut zu sehen das Rundgat und die Fender*

Deck

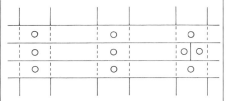

Nageln bzw. Dübeln von Deckplanken

Planken schmäler 15,2 cm

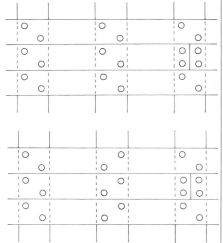

Planken 15,2 bis 27,9 cm

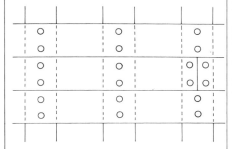

Planken breiter 27,9 cm

Der Einbau der Decks bereitet technisch keine großen Schwierigkeiten, allerdings sollte man sich unbedingt eine genaue Liste all jener Dinge machen, die eingebaut sein müssen, bevor man ein Deck schließt! Zu jenen so gern vergessenen Dingen gehören die Geschütze der Unterdeckbatterien, die Stückpfortenreeps (s. STÜCKPFORTENDECKEL), Knechte, Scheibgats, Ankertaue bzw. Ankerketten (!), das Großschot (s. SCHOTEN) usw. Sehen Sie sich gründlichst Ihre Pläne und das Kapitel AUSRÜSTUNG an, wenn Sie keine peinlichen Überraschungen erleben wollen!

Deckunterlage

Zunächst sollte man für jedes Deck eine Unterlage aus 1 mm starkem Sperrholz anfertigen und einbauen – die Deckplanken sind so nicht nur leichter zu befestigen, sie liegen auch besser. Machen Sie sich zunächst eine Schablone aus dünnem Karton und passen Sie diese exakt ein, bevor Sie die Zeichnung von der Schablone auf das Holz übertragen und dieses aussägen. Überhaupt können Sie sich eine Menge Arbeit, Zeit und Material sparen, wenn Sie schwierige Teile zunächst mit Kartonstückchen einpassen und sie erst dann aus Holz herstellen!

Deckplanken

Da die Decks meist sehr hell waren, eignen sich für die Deckplanken als Material besonders Buchsbaum und Ahorn; die Unterdecks kann man mit Kiefernleisten planken.

Die Breite der Deckplanken variierte im Lauf der Jahrhunderte ziemlich stark. Vor Beginn des 16. Jahrhunderts betrug die Breite der Deckplanken 30 bis 45 cm, im 17. Jahrhundert 20 bis 40 cm, im 18. Jahrhundert 20 bis 36 cm, in der ersten Hälfte des 19. Jahrhunderts 15 bis 20 cm und nach der Mitte des 19. Jahrhunderts 10 bis 15 cm. Die Stärke der Deckplanken variierte von den Unterdecks mit bis zu 28 cm zu den obersten Decks mit 10 cm Dicke. Die verschiedenen Systeme, die Deckplanken zu stoßen, können Sie aus den Zeichnungen rechts entnehmen.

Zwischen den Deckplanken blieb ein etwa 9 mm breiter Spalt, passend für die Hude und Kalfateisen. Diese Nähte waren mit in Teer getränktem Werg ausgestopft. Auf einem Modell immitiert man diese Nähte, indem man 8 bis 10 Deckplanken aufeinanderlegt, sie mit einer Zwinge fest zusammenpreßt und die Schmalseiten mit schwarzem Nitrolack bestreicht. Wenn man nun die Planken aneinanderlegt und abschleift, so bleibt immer ein dünner schwarzer Strich sichtbar.

Plankenfischung

Vor allem bei der starken Rundung am Bug wurde oft bei englischen und holländischen – sehr selten bei französischen – Schiffen eine sogenannte Fischung angebracht. Wie diese konstruiert war, sehen Sie am besten aus den Zeichnungen. Solch eine Fischung ist zwar eine etwas knifflige Sache, sollte aber auf einem gut gebauten Modell nicht fehlen.

Nageln und Dübeln

Die Größe von Nägeln und Dübeln richtete sich nach den entsprechenden Regeln der Außenplankung.

Achtung! Bei Eisenschiffen – also nach 1850 – dürfen keine Dübel oder Nägel mehr gezeigt werden!

Eine sehr zufriedenstellende Nagelimitation fertigt man so an, daß man zunächst Löcher in der Größe des Nagelkopfes bohrt, diese dann mit entsprechend gefärbtem, heißem Wachs ausfüllt und schließlich mit einer scharfen Klinge abzieht.

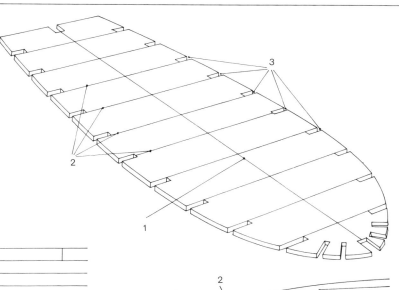

Deckunterlage aus dünnem Sperrholz:
1. Mittellinie, 2. Spanten-
linien, 3. Schlitze für
die Spanten.

Deckplankenstöße:
Oben und Mitte zwei Varian-
ten mit je 4 Planken, wie
sie vom Mittelalter an
allgemein üblich waren.
Unten eine Variation mit
6 Planken, wie sie vor allem
in Frankreich, 18. Jahr-
hundert, üblich war.

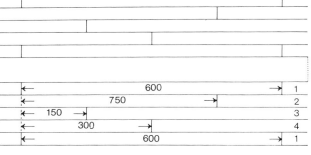

← 600 →	1
← 750 →	2
← 150 →	3
← 300 →	4
← 600 →	1

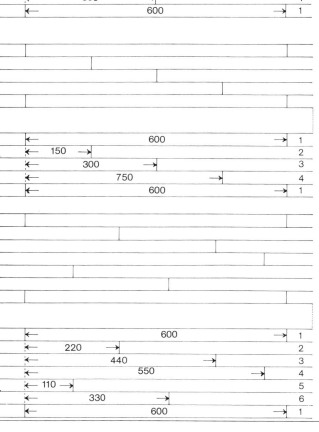

← 600 →	1
← 150 →	2
← 300 →	3
← 750 →	4
← 600 →	1

← 600 →	1
← 220 →	2
← 440 →	3
← 550 →	4
← 110 →	5
← 330 →	6
← 600 →	1

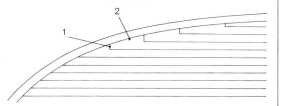

Deckplankenfischung:
1. Breite Kopf = 1/3 Plan-
kenbreite, 2. Länge der
Fischung = mindestens
Plankenbreite

Deckplankenfischung:
1. Breite Kopf = mindestens
1/2 Plankenbreite, 2. Länge
der Fischung = mindestens
2 x Plankenbreite

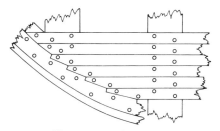

Nageln und Dübeln der
Deckplankenfischung

99

Anzeichnen KWL

Bevor man nun den Rumpf des Schiffsmodells auf dem endgültigen Modellständer montiert, muß man den Unterwasserrumpf fertigstellen. Hierzu ist als erstes die KWL anzuzeichnen.

Das Modell wird auf der Helling so ausgerichtet, daß die Wasserlinie exakt parallel zum Grundbrett liegt, am Bug also entsprechend erhöht (s. MESSPUNKTE).

Die KWL zeichnet man mit einem spitzen Bleistift an, der auf einem Holzklötzchen so montiert ist, daß die Spitze genau auf die Wasserlinie zeigt (s. Zeichnung). Durch vorsichtiges Herumführen des Klötzchens mit dem Bleistift – fest auf die Unterlage drücken und etwas schräg zur Fläche ziehen – kann man nun auf beiden Rumpfseiten die KWL anzeichnen.

Unterwasser-Anstrich

Unter der Wasserlinie wurde der Rumpf meist mit Holzkohlenteer gestrichen und erhielt dadurch einen dunkelbraunen, fast schwarzen Farbton. Häufig – seit dem späten 16. Jahrhundert fast immer – wurde dem Holzkohlenteer zum Schutz gegen Wurmfraß Schwefel zugesetzt, was eine gelblich-graue Färbung zur Folge hatte, oder man strich den Unterwasserrumpf mit Bleiweiß, das eine schmutzig-weiße Tönung erzeugte.

Als weiteres Schutzmittel wurden Dopplungen aus Ulmenholzplanken auf den Unterwasserrumpf genagelt (man verwendet im Modellbau dazu am besten Furnierleisten), die sehr eng mit Nägeln besetzt waren, deren Köpfe 3,5 bis maximal 8 cm Durchmesser hatten.

Beschlagen mit Blei

Die Portugiesen und Spanier, deren Schiffe in tropischen Gewässern dem Befall des Terredowurmes ausgesetzt waren, beschlugen seit dem frühen 16. Jahrhundert den Unterwasserrumpf mit dünnen Bleiplatten, die ebenfalls sehr eng mit großköpfigen Nägeln befestigt wurden. Diese Platten waren etwa 122 x 52 bis 217 x 163 cm groß und wurden nicht überlappend, sondern Kante auf Kante gestoßen. Der Modellbauer verwendet am besten 0,3 mm starke Messing- oder Kupferplatten, die vor dem Anbringen geschwärzt und am sichersten mit Pattex aufgeklebt werden. Man kann auch dünne Zinnplatten verwenden.

Beschlagen mit Kupfer

Kurz nach Mitte des 18. Jahrhunderts begann man den Unterwasserrumpf mit Kupferplatten zu beschlagen, um 1780 hatte sich diese Methode allgemein durchgesetzt.

Die Kupferplatten schneidet man aus 0,1 mm starker Kupferfolie; die Platten waren in England und Holland 121 x 52 cm, in Frankreich 162 x 49 cm groß.

Die Nagelung imitiert man am besten mit der Prägezange, oder noch günstiger mit einem umgebauten Schnittradler (bekommt man bei Nähmaschinenzubehör), wie sie rechts gezeichnet sind. Die Nagelköpfe waren im Durchmesser 1,8 bis maximal 3,5 cm groß.

Die Kupferplatten überlappten sich vom Bug zum Heck, von oben nach unten. Beim Anbringen geht man also in umgekehrter Richtung vor, vom Heck zum Bug, von unten nach oben. Die Kupferplatten werden am besten mit Pattex aufgeklebt. Anschließend mit feinster Stahlwolle und Glaspinsel *sehr* gründlich säubern und sofort (!) mit klarem Schutzlack (z. B. Zaponlack) streichen. Vorsicht! Auf unlackiertem Kupfer wird durch Oxydation nach ein paar Stunden jeder Fingerabdruck sichtbar!!

Kupferung *nicht* patinieren – nach 3 bis 4 Jahren bekommt sie (auch unter dem Lack) die genau richtige Patina!

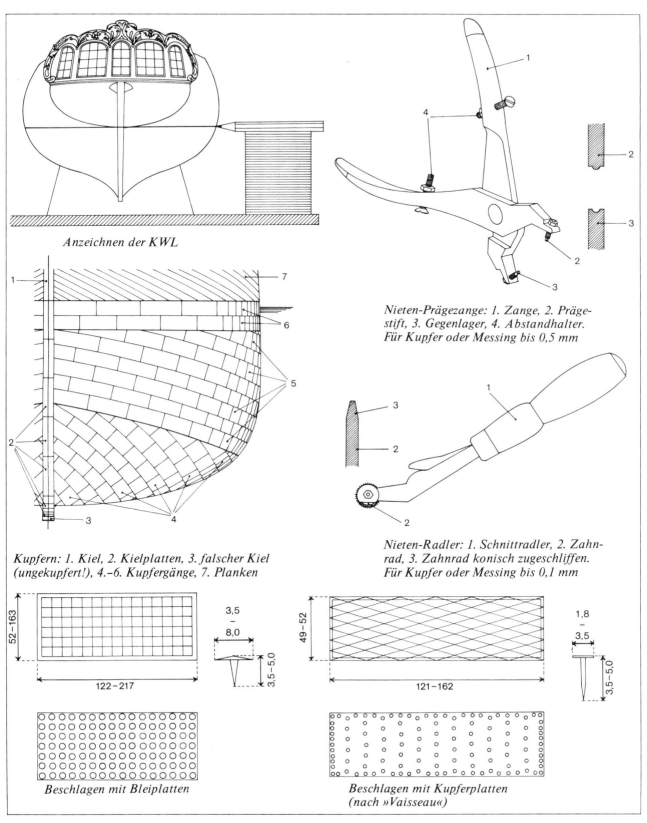

Anzeichnen der KWL

*Nieten-Prägezange: 1. Zange, 2. Präge-stift, 3. Gegenlager, 4. Abstandhalter.
Für Kupfer oder Messing bis 0,5 mm*

*Kupfern: 1. Kiel, 2. Kielplatten, 3. falscher Kiel
(ungekupfert!), 4.–6. Kupfergänge, 7. Planken*

*Nieten-Radler: 1. Schnittradler, 2. Zahn-rad, 3. Zahnrad konisch zugeschliffen.
Für Kupfer oder Messing bis 0,1 mm*

Beschlagen mit Bleiplatten

*Beschlagen mit Kupferplatten
(nach »Vaisseau«)*

101

Reling und Schanzkleid

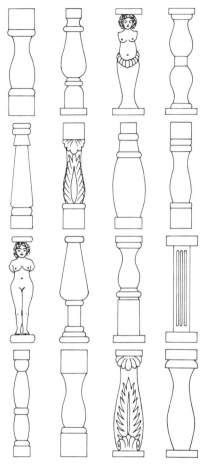

Relingstützen

Namens-bretter

Der oberste Teil der Beplankung im Bereich der offenen Decks (Großdeck in der Kuhl, Kampanjedeck, Puppdeck, Backdeck) wurde als Schanzkleid bezeichnet. Nach oben wurde das Schanzkleid durch die Reling abgeschlossen. Bis Mitte des 16. Jahrhunderts waren die Oberauflanger der Spanten bis zur Reling hochgezogen und dienten gleichzeitig als Schanzkleidstützen. Eine Innenbeplankung des Schanzkleides gab es noch nicht, so daß die Oberauflanger der Spanten in diesem Teil sichtbar blieben.

Nach der Mitte des 16. Jahrhunderts begann man zunächst in Spanien, bald danach auch in anderen Ländern, die Oberauflanger der Spanten im Bereich der Schanzkleider von innen zu beplanken.

Diese Bauform wurde von Kriegsschiffen bis ins 19. Jahrhundert beibehalten.

Im späten 16. Jahrhundert wurde es üblich, auf die Reling nochmals kleine Relingstützen und eine zweite, kleine Reling aufzusetzen. Diese kleinen Relingstützen waren zumeist Vierkanthölzer, konnten aber auch kunstvoll gedrechselt sein.

In der Mitte des 18. Jahrhunderts verschwand auf Kriegsschiffen die obere Reling zunächst im Bereich der Kuhl und wurde durch die Finknetzgabeln (s. FINKNETZE) ersetzt, zu Beginn des 19. Jahrhunderts dann auch im Bereich der anderen Decks, um ebenfalls zunächst gegen Finknetzgabeln, etwas später gegen die Finknetzkästen ausgewechselt zu werden.

Während kleinere Handelsschiffe ihre Schanzkleider binnenbords nie geplankt hatten, verlief die Entwicklung der größeren Handelsschiffe bis zur Mitte des 18. Jahrhunderts mit den Kriegsschiffen parallel. Mitte des 18. Jahrhunderts aber begann man auf Handelsschiffen mehr und mehr die Innenplankung der Schanzkleider wieder fortzulassen.

Im späten 18. Jahrhundert kam ein weiteres hinzu. Man zog die Oberauflanger der Spanten nur noch bis zur Höhe des Wassergangs und deckte sie dort mit einer Abdeckplanke ab. An jedem zweiten Spant wurde eine eigene Schanzkleidstütze angebracht, nur von außen geplankt und mit der Reling abgedeckt. Darauf saß mit kleinen Stützen nochmals eine kleine Reling, und auch dieser Teil wurde von außen geplankt.

Für den Modellbauer ist die Anbringung von gesonderten Schanzkleidstützen natürlich unsinnig, er wird nach wie vor die Oberauflanger der Spanten bis zur Höhe der Reling hinaufziehen. Auf Schiffen bis Mitte des 16. Jahrhunderts, auf kleinen Handelsschiffen und großen Handelsschiffen nach der Mitte des 18. Jahrhunderts muß er nur daran denken, daß die Schanzkleidstützen an jedem zweiten Originalspant saßen, d. h. er muß zwischen den Schanzkleidstützen, die sich aus seinen eigenen Bauspanten ergeben, weitere anbringen, wie sie dem originalen Spantenabstand entsprechen würden. Dies geschieht am besten nach dem Planken mit eingeklebten Vierkanthölzchen.

Backschott, Kampanjeschott und Puppschott waren stets nach dem tiefer gelegenen Schiffsteil mit einer Reling abgeschlossen.

Auf Handelsschiffen wurde es im 19. Jahrhundert üblich, an Bug und Heck den Namen des Schiffes, in der zweiten Jahrhunderthälfte am Heck auch den Namen des Heimathafens anzugeben.

Vielfach verwendete man dazu mehr oder minder kunstvoll geschnitzte »Namensbretter«.

Ich bitte um Nachsicht, daß die zugehörigen Zeichnungen aus Platzgründen auf Seite 58 f. untergebracht werden mußten.

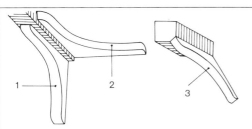

1. hängendes Knie, 2. liegendes Knie
3. schräges Knie

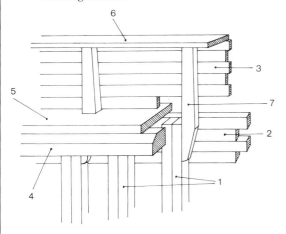

Schanzkleidstützen: 1. Spanten, 2. Beplankung,
3. Schanzkleidplanken, 4. Wassergang, 5. Schandeckel, 6. Reling, 7. Schanzkleidstützen

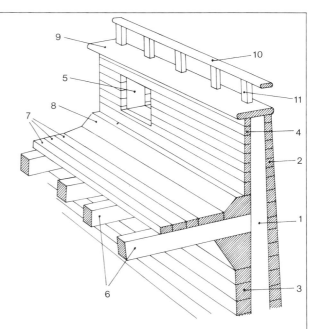

Schanzkleid auf einem Kriegsschiff:
1. Spant, 2. Außenplankung, 3. Innenplankung,
Wegerung, 4. Schanzkleidplanken,
5. Stückpforte, 6. Deckbalken,
7. Deckplanken, 8. Wassergang,
9. Reling, 10. obere kleine Reling,
11. Relingstützen (10. und 11. bis
Mitte 18. Jahrhundert, dann Finknetze und Finknetzkästen)

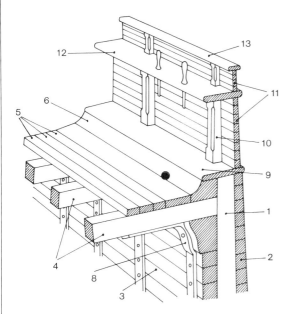

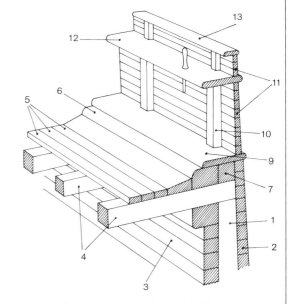

Schanzkleid auf Handelsschiffen: 1. Spant, 2. Außenplankung, 3. Innenplankung, 4. Deckbalken,
5. Deckplanken, 6. Wassergang, 7. Füllstück, 8. eisernes Knie, 9. Schandeckel, 10. Schanzkleidstützen, 11. Schanzkleidplanken, 12. große Reling, 13. kleine obere Reling (Monkeyreling)

Heckspiegel

Solch prachtvoll geschnitzte, bemalte und vergoldete Wappenadler mit Fahnen und gar Kanonen fanden sich nicht nur am Heck von US-Kriegsschiffen sondern auch auf Handelschiffen und Walfängern. Zwar lehnten die puritanischen Quäker jeden ›Luxus‹ auf Schiffen ab (und so manche Galionsfigur fiel ihnen zum Opfer), doch für das stolze Nationalsymbol war das Beste gerade gut genug

Fenster

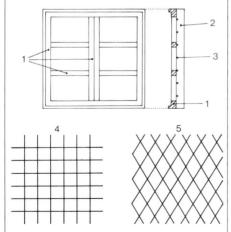

Bau von Fenstern: 1. Rahmen, 2. Scheibe, 3. Verbleiungen, 4. quadratische Verbleiungen, 5. rautenförmige Verbleiungen

Die reich geschmückten Heckspiegel, die jahrhundertelang zum Stolz jedes Schiffes gehörten, waren eine spanisch-italienische Erfindung des späten 16. Jahrhunderts, die so schnell und begeistert von allen anderen seefahrenden Nationen aufgegriffen wurde, daß man bald Bewaffnung und Schutz des Achterschiffes über geschnitzten Girlanden und Figuren, Galerien und Balkonen arg vernachlässigte und das Heck zum verwundbarsten Punkt des ganzen Schiffes wurde.

Den absoluten Höhepunkt der Prachtentfaltung am Heckspiegel brachte zweifellos das Barock. Pierre Puget etwa, dem Louis XIV. von Frankreich die Aufgabe übertrug, die Schiffe seiner Flotte künstlerisch auszugestalten, widmete sich dieser Aufgabe mit geradezu beängstigender Leidenschaft. Es ist wohl mehr als ein Gerücht, daß Puget das Heck vieler Schiffe derart mit schweren, eichengeschnitzten und reich vergoldeten Heiligen, antiken Göttern und Göttinnen, Putten, Emblemen, Wappen, Balustraden, Girlanden und Meerungeheuern überladen hat, daß die verzweifelten Kapitäne nach dem Auslaufen das meiste davon einfach herunterschlagen und »in den Bach« werfen ließen, um ihre hecklastigen Schiffe wieder seetüchtig zu machen.

Frankreich war es schließlich auch, das den Heckspiegel bis in die erste Hälfte des 19. Jahrhunderts hinein zu retten versuchte, ehe es sich um 1840 den Notwendigkeiten von Stabilität und Bewaffnung auch am Heck beugen und den reich verzierten Heckspiegel aufgeben mußte.

Für den Modellbauer hält der Heckspiegel konstruktiv kaum nennenswerte Schwierigkeiten bereit, umso größere freilich, was die Ausstattung mit Schnitzereien und dergleichen anbelangt. Je prachtvoller, je reicher geschmückt ein Heckspiegel ist, umso leichter »verliebt« man sich in ein Schiff, doch wenn es dann an die Ausführung geht . . .

Die Tugend der Selbstbescheidung ist nirgends notwendiger für den Modellbauer als beim Anblick eines prächtigen Heckspiegels!

Wie bereits im Abschnitt GLAS beschrieben, gab und gibt es die verschiedensten Methoden, dieses Material auf einem Schiffsmodell darzustellen, da sich echtes Glas nur sehr wenig eignet.

Die Fenster von Schiffen bis weit ins 19. Jahrhundert hinein wurden aus ziemlich kleinen Glasscheiben mit Hilfe von Bleirippen zusammengesetzt, da sie so viel elastischer und weniger bruchgefährdet waren als große Scheiben. Diese Verbleiungen sollten auch auf einem Schiffsmodell unbedingt zu sehen sein!

Man kann sie entweder mit schwarzer Tusche auf das Fenster aufzeichnen, oder sie aus dünnem, geschwärzten Kupfer- oder Silberdraht herstellen und vor das Fenster kleben.

Am schönsten freilich ist es, wenn die Verbleiungen *im* Glas sind. Dazu werden die Verbleiungen aus dünnem, geschwärzten Draht hergestellt, sodann in eine Silikonkautschukform gelegt und mit durchsichtigem Kunstharz ausgegossen – versuchen Sie es einmal, der Erfolg wird Sie bestimmt überzeugen!

Den Fensterrahmen fertigt man aus dünnen Holzleistchen und klebt ihn auf das Fenster.

Bei durchsichtigen Fenstern ist es ratsam, den Hintergrund im Schiffsinneren dunkel – schwarz, dunkelbraun oder am schönsten dunkelblau – zu streichen.

Heckspiegel des englischen Linienschiffes HMS Boyne *von 1790*

Heckspiegel

Dat Meerswin *hamburger Kogge 1475*

Santisima Madre
spanische Galeone 1500

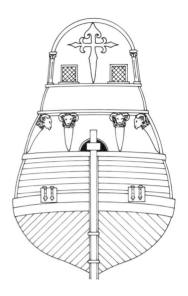

Sant Iago
spanische Galeone 1540

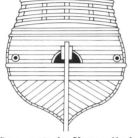

Niña *spanische Karavelle 1492*

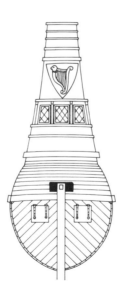

Golden Harp
irische Galeone 1580

Elisabeth Jonas
englische Galeone 1580

Corona Aurea
spanische geruderte Galeone 1585

Prins Willim
*holländischer
Ostindienfahrer 1651*

Angelo
*neapolitanisches
Navicello 1695*

Halfe Maen
*holländischer
Zweidecker 1666*

La Couronne / Le Grand Saint Louis
*französischer Zweidecker 1636
(nach E. Gaudlitz-Holzschuher)*

St. Michael
englischer Dreidecker 1667

Star *holländische
Fleute 1670*

Große Jacht *bran-
denburgische Jacht 1678*

Heckspiegel

Royal Caroline *englische Jacht 1749*

Royal George *englischer Dreidecker 1715*

L'Aigle *französischer Zweidecker 1690*

Padmos *holländischer Ostindienfahrer 1722*

Iydland *dänischer Zweidecker 1739*

Jupiter *schwedische Kaperfregatte 1760*

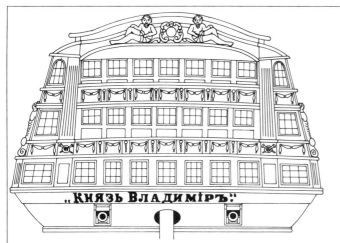

Fürst Wladimir *russischer Dreidecker 1780*

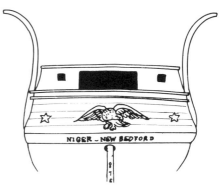

Niger *amerikanischer Walfänger um 1830*

Rattlesnak *amerikanische Korvette 1781*

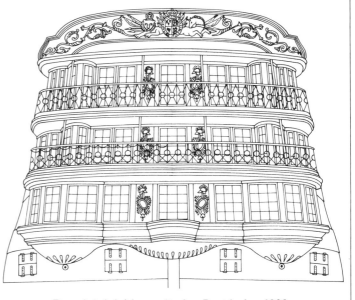

Royal Adelaide *englischer Dreidecker 1828*

L'Achille *französischer Zweidecker 1790*

Le Sphinx *französische Schaufelradkorvette 1829*

La Belle Poule *französische Fregatte 1834*

Galerien Seitentaschen

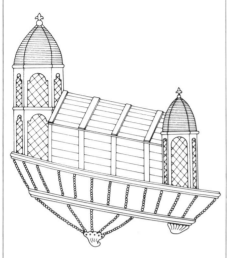

Französischer Zweidecker
La Couronne *1636*

Etwa Mitte des 16. Jahrhunderts begann man, offene Balkone bzw. Galerien um das Heck zu führen – zusammen mit dem hohen, schmalen Achterschiff und dem tiefen, flachen Galion bestimmten sie die charakteristische Silhouette der Schiffe jener Epoche.

Anfang des 17. Jahrhunderts begann man dann, diese offenen Galerien zu überbauen – ein sehr gutes Beispiel dafür zeigt die französische *La Couronne* links.

Bis Mitte des 17. Jahrhunderts entwickelten sich aus diesen überbauten Galerien die sogenannten »Seitentaschen«, die nun, reich geschmückt, mit der Ausstattung des Heckspiegels zu einer künstlerischen und bautechnischen Einheit verschmolzen wurden.

Ebenso wie der Heckspiegel waren die Seitentaschen bis Mitte des 18. Jahrhunderts von Land zu Land sehr unterschiedlich in der Grundkonstruktion und galten wie der Spiegel und das Galion als typisches Merkmal zur Erkennung der Nationalität eines Schiffes.

England baute die Seitentaschen geschlossen mit einem halbrunden Grundriß und ein oder zwei Reihen rechteckiger Fenster; holländische (und damit auch deutsche, dänische, schwedische und russische) Schiffe hatten längliche und ziemlich niedrige Seitentaschen, die sich stark nach außen wölbten und teilweise keine Fenster hatten; Frankreich und Spanien bevorzugten Seitentaschen mit ein, bei großen Schiffen auch zwei, offenen Galerien und einem runden oder ovalen Mittelfenster.

In der zweiten Hälfte des 18. Jahrhunderts wurde eine französischenglische Mischform allgemein üblich. Als Grundriß diente nun das Viertelsegment einer Ellipse, und die Seitentaschen verfügten, je nach Größe des Schiffes, über ein bis drei Reihen eckiger Fenster, wie die Abbildungen der HMS *Victory* und der *Gulnara* zeigen.

Die Seitentaschen verschwanden in der zweiten Hälfte des 19. Jahrhunderts zusammen mit dem Heckspiegel.

Der Bau von Galerien und Seitentaschen ist etwas komplizierter als der Bau des Heckspiegels. Da die Pläne zumeist keine konstruktiven Einzelheiten zeigen, muß der Modellbauer selbst zu Millimeterpapier, Lineal und Zirkel greifen. Zweckmäßig ist es, zunächst Stützkonsole, Dach (oft gekupfert) und die Teile zwischen den Fensterreihen herzustellen und mit kleinen Stützklötzchen aufeinanderzusetzen und dann erst die Fenster samt den Fensterrahmen einzubauen.

Achten Sie auf eine gute Befestigung an Bordwand und Spanten! Bei komplizierten Seitentaschen ist es auch oft ratsam, zunächst ein Versuchsmodell, mit dem Sie leichter die richtige Form finden können, aus Abachi und/oder Sperrholz zu bauen und anzupassen.

Schotten

Die Querwände eines Schiffes werden als Schotten bezeichnet. Sie waren mit Türen, oft auch mit Fenstern und Verzierungen versehen.

Form und Aussehen der Schotten zeigen Ihnen Ihre Pläne (Bugansicht und Querschnitte).

Man fertigt die Schotten aus dünnem Sperrholz und paßt sie zunächst genau ein (noch nicht befestigen!). Sodann beklebt man die Schotten mit der Beplankung – Beplankung stets waagerecht, im ganzen 17. Jahrhundert auf holländischen und in der ersten Hälfte des 17. Jahrhunderts auf französischen Schiffen stets Klinker – und setzt sodann die Türen, Fenster und Verzierungen ein. Die Schotten sollten vollständig fertig sein samt Bemalung, bevor man sie einbaut! Nach oben waren die Schotten häufig von einer Reling bekrönt.

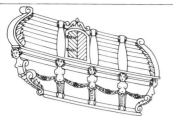

Brandenburgischer Zwei-decker Friedrich Wilhelm zu Pferde *1680*

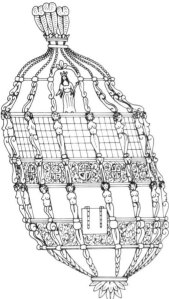

Englischer Dreidecker Royal Katherine *1664*

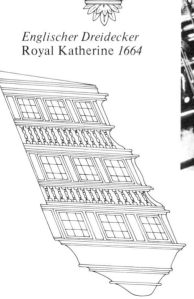

Englischer Dreidecker HMS Victory *1800*

Französischer Dreidecker Royal Louis *1690*

Holländische Yacht um 1790

Sardische Schaufelradkorvette Gulnara *1832*

Galion

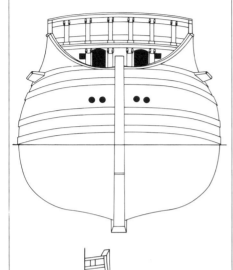

Bug ohne Galion

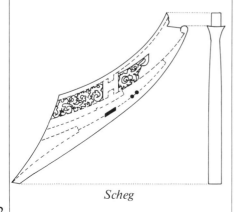

Scheg

Bis Ende des 19. Jahrhunderts war der Bug eines Schiffes ebenso wie sein Heck der Platz für elegante oder prachtvolle Ausschmückungen. Bug und Heck sind für den Schiffsmodellbauer seit jeher ein Problem, aber auch eine Herausforderung gewesen, und überdies der Platz, wo er sein Können voll zu zeigen vermag.

Bug und Heck gehören zu jenen Dingen, die sich der Modellbauer sehr gründlich auf den Plänen ansehen sollte, ehe er sich entscheidet, dieses, oder doch vielleicht ein anderes, einfacheres Modell zu bauen, denn ein schlecht gebautes, klobiges oder allzu sehr vereinfachtes Galion zum Beispiel kann den ganzen guten Eindruck eines Schiffsmodelles restlos verderben!

So schwierig, wie es zunächst aussehen mag, ist die Sache dann freilich auch wieder nicht, und mit exakter Überlegung, etwas Geschick und Geduld wird man schließlich auch etwas Annehmbares zu Stande bringen.

Die prachtvollsten, freilich auch kompliziertesten Formen des Schmuckes am Schiffsbug stammen aus dem 17. und 18. Jahrhundert. Sehen wir uns deshalb das Galion eines niederländischen Schiffes aus dem späten 17. Jahrhundert an (nebenan die Pläne: Linienriß, Spantenriß, Seitenansicht, Bugansicht, Deckaufsicht und Mittellängsschnitt).

Zumeist ist das Problem ja, daß die Teile des Galions nicht einzeln auf den Plänen herausgezeichnet sind, und man sie sich zusammensuchen und herausmessen muß – weiß man erst einmal wie und wo man zu suchen hat, ist die Herstellung dann nicht schwieriger als die von hundert anderen Teilen eines Schiffsmodelles auch.

Scheg

Das Scheg ist die Verlängerung des Vorderstevens am Bug und zugleich der tragende Teil des ganzen Galions.

Die Abbildung zeigt zunächst einmal den Bug unseres holländischen Schiffes, wie es geplankt und mit fertigem Vordersteven noch ohne das Galion in diesem Bauzustand aussehen würde.

Form und Abmessungen des Schegs erhält man aus Linienriß, Spantenriß und Wasserlinienriß, sein Aussehen aus Seitenansicht und manchmal dem Mittellängsschnitt.

Wie der Vordersteven setzt sich das Scheg aus einer Reihe ineinandergepaßter Hölzer zusammen (in der Abbildung gestrichelt eingezeichnet). Für den Modellbauer ist dieses Verfahren gewöhnlich allzu kompliziert und er wird das Scheg aus einem einzigen Stück herstellen, die Stöße der verschiedenen Hölzer allenfalls mit dem Messer einritzen und so andeuten; hierzu muß allerdings in den Plänen eine exakte Zeichnung vorliegen (und solche Zeichnungen sind selten), frei nach Gefühl zu arbeiten ist da sehr wenig ratsam!

Zu beachten ist, daß das Scheg, dort wo es am Vordersteven ansetzt, gleich breit ist wie dieser, sich nach vorne zu aber verjüngt. Ebenso wichtig ist, daß das Scheg genau (!) in der Linie des Kieles steht, da sonst das ganze Galion schief wird!

Ehe man das Scheg montiert, müssen die Öffnungen für die Bugsprietzurring durchgesägt werden, ebenso, gegebenen Falles, die Löcher für die Fockhalsen.

Überhaupt sei wieder einmal daran erinnert, daß jedes Teil, ehe es montiert wird, fix und fertig sein muß und man sich sehr genau die Reihenfolge überlegen sollte, in der man vorgeht. Beim Galion gilt das ganz besonders, denn wenn man hier versucht, nachträglich noch zu bohren, zu sägen oder ein vergessenes Teil einzubauen, gibt das fast unweigerlich Beschädigungen und Bruch!

Bei Schiffen vor allem des 17. Jahrhunderts wurde der obere Teil des

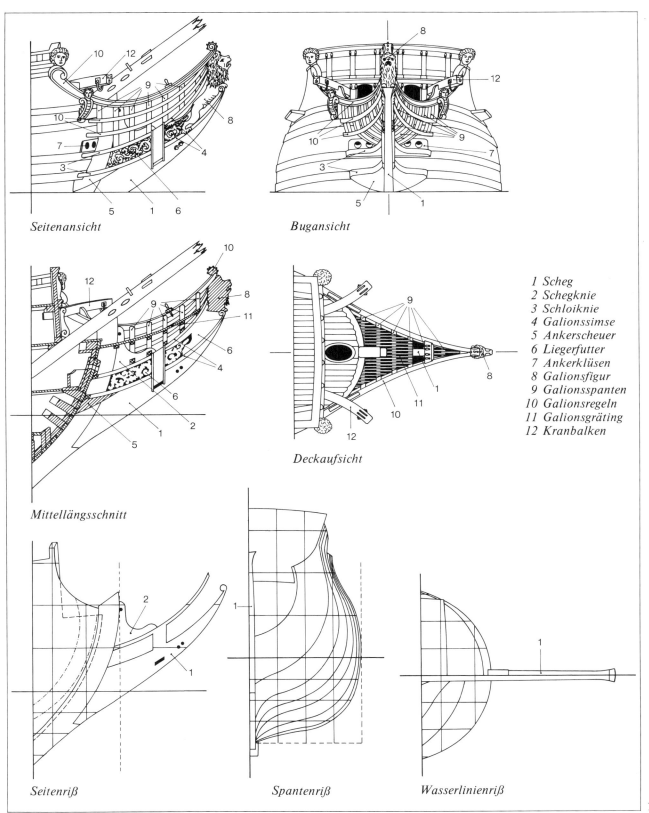

Seitenansicht

Bugansicht

Mittellängsschnitt

Deckaufsicht

1 Scheg
2 Schegknie
3 Schloiknie
4 Galionssimse
5 Ankerscheuer
6 Liegerfutter
7 Ankerklüsen
8 Galionsfigur
9 Galionsspanten
10 Galionsregeln
11 Galionsgräting
12 Kranbalken

Seitenriß

Spantenriß

Wasserlinienriß

113

Galion

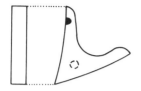

Schegknie mit Öffnung für den Stagkragen im 17. Jahrhundert allgemein, in England (gestrichelt) bis Anfang des 19. Jahrhunderts üblich.

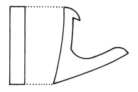

Schegknie mit Haken für den Stagkragen vor allem in Frankreich üblich.

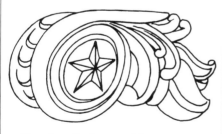

Manchen Puritanern Neuenglands galten Galionsfiguren als ›sündhafter Luxus‹, weshalb sie der schlichten Krulle *(wenn nach unten gedreht als* Fiedelbogen *bezeichnet) den Vorzug gaben. Da schlicht und entsprechend billig, setzte sich die Krulle im 19. Jahrhundert, zumal auf Handelsschiffen, auch in Europa weitgehend durch*

Schegs (Lieger) gerne durchbrochen und mit Schnitzereien versehen, später war dieser Teil gewöhnlich aus massivem Holz.
Diese Schnitzereien im Lieger werden zunächst ausgesägt und dann mit Messer und kleinen Fräsköpfen bearbeitet, wie im Abschnitt über die Schnitzereien schon beschrieben.
Sind die Zeichnungen dieser Schnitzereien in den Plänen nicht genau oder deutlich genug, hilft am besten natürlich ein Photo eines guten Museumsmodelles; ist solch ein Photo nicht aufzutreiben, hilft das Studium in kunstgeschichtlichen Büchern von Rankenornamenten des entsprechenden Stils weiter.
Sollen die Schnitzereien vergoldet werden, so sollte auch das vor der Montage geschehen – nachher geht es zwar auch, aber erheblich mühsamer.

Schegknie
Nach oben wird das Scheg durch das Schegknie gegen den Vordersteven zu abgestützt – ab dem 18. Jahrhundert ist das Schegknie auch oft in das Scheg mit eingebaut.
Form und Abmessungen des Schegknies erhält man aus Linienriß, Deckaufsicht und Mittellängsschnitt.
Das Schegknie ist fast immer etwas schmäler als der Vordersteven, an dem es ansetzt, und ehe man es montiert, sollte man darauf achten, ob die Öffnung für den Stagkragen durch das Knie geführt wird, die dann vor der Montage gebohrt werden muß.

Schloiknie und Galionssimse
Das Scheg wird seitlich durch zwei Paar liegende Knie abgestützt, die Schloiknie, die auf den unteren Barkhölzern aufsitzen. Ihre Verlängerung sind zwei Paar Zierleisten, die Galionssimse, deren unterer im allgemeinen mit einer Volute unter der Galionsfigur endet.
Die Abmessungen und genaue Plazierung von Schloiknien und Galionssimsen erhält man aus Wasserlinienriß, Bugansicht und Seitenansicht.
Da es allerdings schwierig ist, die paßgerechte Form der Schloiknie auf Anhieb zu finden, ist es ratsam, zunächst aus Pappe eine Schablone anzufertigen und diese einzupassen. Sodann fertigt man die Schloiknie aus Holz – dort, wo sie an den Barkhölzern ansitzen, immer noch mit etwas Zugabe an Material – und paßt sie dann durch vorsichtiges Schleifen exakt ein. Das ist zwar eine etwas mühsame Arbeit, die aber dem Aussehen des Modelles weit zuträglicher ist als die Methode, die man auf schlecht gebauten Modellen sehen kann, daß die Schloiknie nur ungefähr angepaßt und die Fugen dann mit Kitt ausgespachtelt sind.
Einfacher wird die Sache wieder bei den Galionssimsen, deren Abmessungen man leicht aus Linienriß und Seitenansicht ermitteln kann, und die man nur sauber auszusägen und allenfalls zu schnitzen braucht. Sind diese Simse vergoldet, oder auch farbig bemalt, was oft der Fall ist, so muß dies vor dem Anbringen geschehen.

Ankerscheuer
Unter den beiden unteren Schloiknien sitzt oftmals ein gerundetes Holz, die Ankerscheuer, die verhindern soll, daß der aufkommende Anker das Galion beschädigt.
Form und Abmessungen der Ankerscheuer erhält man aus Wasserlinienriß, Bugansicht und Seitenansicht, sowie der Form der Schloiknie.
Die exakte Form der Ankerscheuer auf dem Papier zu finden ist außerordentlich mühsam und kompliziert, hier ist Probieren tatsächlich vernünftiger als Rechnen und Zeichnen.

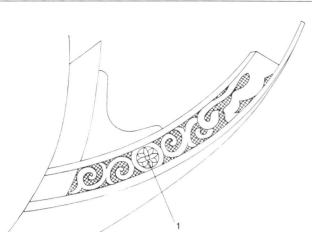

Liegerfutter:
1. 17. Jahrhundert (oft geschnitzt oder durchbrochen),
2. 18. und 19. Jahrhundert

Bug eines Schaufelradavisos (Aufklärer)
aus der Mitte des 19.Jahrhunderts
(Modell Anton Happach)

1. Vordersteven, 2. Schegknie, 3. oberes
Schloiknie, 4. Galionssims, 5. Volute

115

Galion

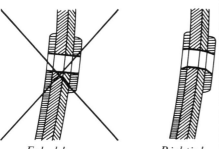

Falsch!   *Richtig!*
*Durchgang der Ankerklüsen
durch die Beplankung*

*Ankerklüsen vom 15. bis zum
19. Jahrhundert.
Unten mit Klüsenhölzern.*

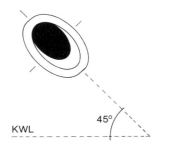

KWL   45°

*Eiserne Ankerklüse ab Mitte des
19. Jahrhunderts, vor allem bei
Ankerketten verwendet. Die Klüse
steht etwa in einem Winkel von
45° zur KWL*

Zunächst sägt man die beiden Teile mit reichlicher Materialzugabe aus einem Holzstück aus, schnitzt und schleift seine Rundungen grob an und macht sich dann zunächst einmal ans exakte Einpassen wie bei den Schloiknien.

Erst wenn die beiden Teile der Ankerscheuer wirklich genau sitzen, sollte man ihre äußeren Formen und Rundungen sauber ausarbeiten und zurechtschmirgeln und schleifen, denn klappt es einmal nicht so recht mit dem Einpassen und muß man das ganze Stück noch einmal machen – und das passiert den besten Modellbauern – so ist wenigstens nur ein Teil der Arbeit umsonst gewesen.

Wichtig ist, daß die beiden Teile der Ankerscheuer spiegelgleich sind (!), und erst wenn beide Teile zufriedenstellend fertig sind, sollte man sie montieren.

Da diese ganze Arbeit etwas mühsam ist, zumal bei Verwendung härterer Hölzer, können manche Modellbauer der Versuchung nicht widerstehen, diese Teile aus weichem, leicht zu bearbeitendem Abachi- oder gar Balsaholz herzustellen. Vor dergleichen Pfuschereien sei eindringlich gewarnt, sie verpatzen das ganze Modell!

Liegerfutter

Im 18. Jahrhundert wurde oftmals der Galionslieger zwischen den Schloiknien und Simsen mit einer Holzlage ausgefüttert.

Man kann diese Teile aus einem Stück herstellen, was mühsam ist, oder – wie im Original – aus kurzen, senkrecht stehenden Brettchen, wie die Abbildung eines Schiffsbugs von 1770 zeigt, was erheblich einfacher ist.

Worauf man achten muß ist nur, daß die Kanten dieser Brettchen immer senkrecht zu den Simsen stehen, in der Biegung des Galions die Brettchen also nicht rechteckig sondern leicht trapezförmig sind!

Ankerklüsen und Klüsenholz

Was einem an gut gebauten Schiffsmodellen oft regelrecht weh tut, das sind jene kleinen, eigentlich so leicht vermeidbaren Fehler, die den Wert einer langen, mühsamen Arbeit heruntersetzen.

Zu den häufigsten Fehlerquellen dieser Art gehören die Ankerklüsen. Da wird frisch-fröhlich wie in der linken Abbildung der Bohrer angesetzt, das Ankertau durchgezogen – und schon ist das Unglück passiert!

Die Ankerklüsen führen niemals gerade durch die Schiffsbeplankung, sondern, wie die rechte Abbildung zeigt, immer gebogen!

Der Grund hierfür ist einleuchtend: das auslaufende oder aufkommende Ankertau würde an solch einer scharfen Kante, wie links, heftig scheuern, viel schneller verschlissen werden, beim Aufholen der Anker – ohnehin eine Schwerarbeit – zusätzlich gebremst werden; bei einem in unruhiger See vor Anker liegenden Schiff könnte solch eine scharfe Kante sogar das Ankertau durchscheuern, alles Nachteile und Gefahren, die bei einer abgerundeten Ankerklüse, wie sie rechts zu sehen ist, vermieden werden.

Die Ankerklüsen selbst waren bis ins 19. Jahrhundert mit Blei ausgefüttert, damit das Wasser des aufkommenden Ankertaus nicht ins Schiffsholz eindringen konnte, ab dem 19. Jahrhundert kamen auch Klüsen aus Eisen oder Stahl in Gebrauch.

Die untere Abbildung zeigt Ankerklüsen der Zeit vor 1500 bis 1900, die beiden untersten sind zudem mit sogenannten Klüsenhölzern ausgerüstet, abgerundeten Holzstücken, die ebenfalls die Aufgabe hatten, das Scheuern des Ankertaus so weit als möglich zu verringern.

Achtung! Denken Sie daran, die Ankertaue oder Ankerketten rechtzeitig anzubringen, ehe die Decks geschlossen werden und Sie noch ins

116

Der prachtvoll geschnitzte und vergoldete Bug des englischen 100-Kanonen-Schiffes HMS Prince von 1670

Galion

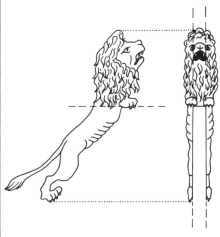

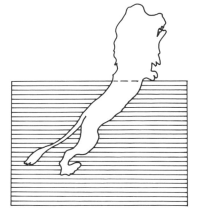

Galionsfigur. Teilungsmöglichkeiten oben, auf Schnitzbrett unten.

Innere des Rumpfes können! Hinweise auf Aussehen und Abmessungen von Ankertauen und Ankerketten finden Sie im entsprechenden Abschnitt dieses Buches.

Galionsfigur

Die Galionsfigur wurde seit jeher mit besonderer Aufmerksamkeit und liebevoller Ausstattung bedacht, galt sie doch als eine Art Personifikation des ganzen Schiffes.

Angst braucht man als Modellbauer vor der Galionsfigur nicht zu haben, wenn es auch selbstverständlich sein dürfte, daß man ihr ganz besondere Sorgfalt zuwenden wird.

Form und Abmessungen sowie das Aussehen der Galionsfigur erhält man aus Seitenansicht und Bugansicht, das Photo eines guten Museumsmodells kann hier zusätzlich wertvolle Hilfe leisten.

Zunächst einmal muß das Werkstück, aus dem die Galionsfigur entstehen soll, exakt (!) über dem Galionslieger eingepaßt werden, und hierzu ist es oft recht zweckmäßig, die Galionsfigur aus mehreren Stücken zusammenzusetzen (in unserem Beispiel sind solche Teilungsmöglichkeiten in der Abbildung gestrichelt eingezeichnet). Sinnvoll ist es auch oft, Teile der Figur wie vorstehende Arme und Waffen zunächst einzeln zu schnitzen und sie dann erst an der Figur zu befestigen.

Als nächstes sägt man die Grundform der Galionsfigur aus und befestigt das Ganze zur weiteren Bearbeitung provisorisch auf einem Holzbrettchen in der Stärke des Liegers, wie die Abbildung zeigt, und spannt das Brettchen dann im Schraubstock ein, ehe man zu schnitzen, zu schleifen und zu fräsen beginnt.

Zum Schnitzen selbst sehen Sie sich noch einmal den entsprechenden Abschnitt dieses Buches an, vielleicht ist es auch besser, die Galionsfigur aus Kunstharz zu gießen – hier muß jeder selbst von Fall zu Fall entscheiden, und mit etwas Geduld und nach ein oder zwei mißglückten Versuchen wird man ohne Zweifel auch etwas ganz Ansehnliches zu Stande bringen.

Anschließend wird die Galionsfigur sorgfältig vergoldet und bemalt, von ihrem Brettchen heruntergenommen und auf dem Galionslieger montiert.

Galionstypen

Bevor wir uns den Galionsregeln und Galionsspanten zuwenden, müssen wir uns kurz mit den Galionstypen und ihrer Entwicklung beschäftigen. Bereits im 13. Jahrhundert begann man, am Bug der Schiffe kleine Türme und Plattformen anzubringen, die im Kampf den Soldaten einen erhöhten und damit strategisch günstigeren Platz bieten sollten.

Doch erst mit Beginn des 15. Jahrhunderts integrierte man diese Plattformen in den gesamten Schiffsrumpf, es entstanden die Bugkastelle, wie auf der nächsten Seite Nr. 1 zu sehen ist. Bald schon wuchsen diese Kastelle zu mächtigen, mehrstöckigen Gebäuden aus (2), die allerdings die Schiffe zunehmend buglastig und damit schwerfällig und langsam machten.

Aus Spanien und Portugal, den führenden Seemächten der ersten Hälfte des 16. Jahrhunderts, kam die große Wende. Zweifellos von der Bugform der Galeeren (3) beeinflußt, schnitten sie die gewaltigen Bugkastelle bis auf ein erhöhtes Deck (Backdeck) herunter und schoben ein Relingsgeschütztes niedrigeres Deck über den Bug hinaus (4). Das Galion war geboren, und seinen Namen erhielt es von dem auf der iberischen Halbinsel neu entwickelten Schiffstyp, der Galeone.

Für den größten Teil Europas, nämlich Spanien, Italien, England (5), Flandern (6) und Frankreich (11) änderte sich bis 1640 nichts. England

*Galionsfiguren aus Deutschland,
Dänemark, Frankreich, England,
USA, Finnland und Rußland.*

119

Galion

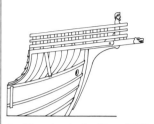

1. *Katalanische Nao 1450 sog. Mataró-Schiff*

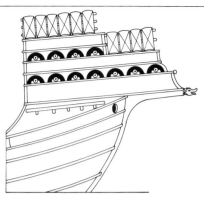

2. *Portugiesische große Karacke 1520* Santa Catarina do Monte Sinai

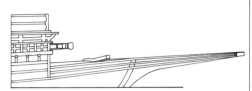

3. *Genuesische Galeere (französischer Typ) 1620*

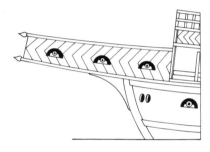

4. *Spanische Galeone 1540* Sant Iago

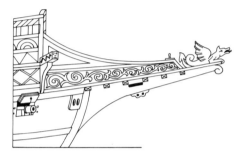

5. *Englische Galeone 1580* Revenge

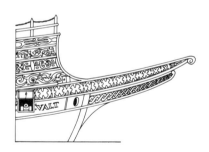

6. *Flämische Galeone 1593*

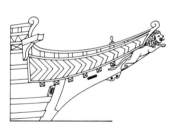

7. *Brandenburgische Fregatte 1597* Roter Löwe

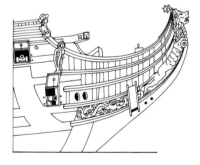

8. *Holländischer Zweidecker 1660*

9. *Brandenburgischer Zweidecker 1680* Friedrich Wilhelm zu Pferde

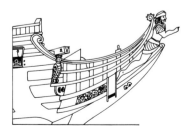

10. *Russischer Zweidecker 1715* Moskwa

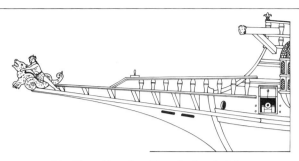

11. Französischer Zweidecker 1636
La Couronne

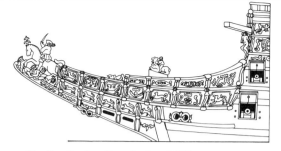

12. Englischer Dreidecker 1637
Souvereign of the Seas

13. Spanischer Dreidecker 1690
S. Felipe

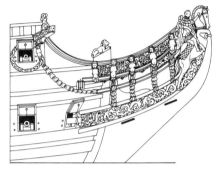

14. Englischer Dreidecker 1690
HMS Prince

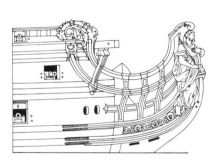

15. Französischer Zweidecker 1690
St. Philippe

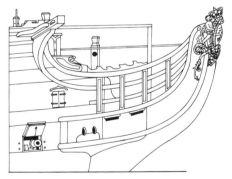

16. Englischer Dreidecker 1780
HMS Victory

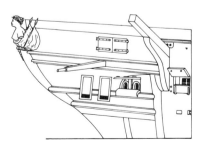

17. Französische schwere Fregatte 1834
La Belle-Poule

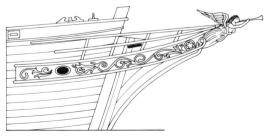

18. Amerikanischer Klipper 1853
Star of Empire

Galion

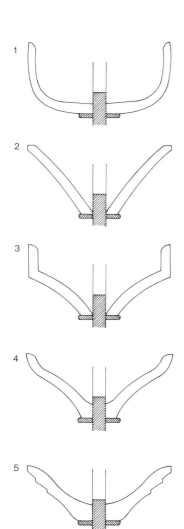

Galionsspantenformen:
1. holländisch
2. englisch
3. französisch um 1700
4. französisch um 1750
5. spanisch

Flandern (6) und Frankreich (11) änderte sich bis 1640 nichts. England bog sein Galion Anfang des 17. Jahrhunderts etwas auf (12), ebenfalls ohne etwas entscheidender zu verändern, nur daß die Formen leichter wurden. Die neue Entwicklung kam aus Holland. Das tiefliegende und kompakte Galion der bisherigen Bauart hatte die unangenehme Eigenschaft, bei rauhem Wetter stark Wasser zu übernehmen, also bog man das Galion stärker auf, und als auch das noch nicht ganz den gewünschten Erfolg brachte, ließ man die Plankenreling einfach weg und ließ nur noch das »Gerippe« des Galions stehen (7 und 8).

Etwa 1640 war in Holland diese Entwicklung abgeschlossen; sie wurde unmittelbar von Deutschland, das im Schiffbau völlig von Holland abhängig war, übernommen (9), dann mit minimalen Variationen von Dänemark, Schweden und seit Peter dem Großen auch von Rußland (10).

Um 1650 folgte England, allerdings mit einer wesentlichen Veränderung gegenüber dem holländischen Vorbild. Während in Holland die Galionsspanten U-förmig geschnitten waren, baute England seine Galionsspanten V-förmig, reduzierte auch ihre Anzahl (14).

Die letzten, die den neuen Galionstyp annahmen, waren Spanien und Frankreich um 1680, und sie brachten eine dritte Variante. Ihr Galion war auffallend tief gekurvt und stieg dann steil auf, in Spanien etwas ausladender (13), in Frankreich auffällig kurz (15).

Während die Galionsformen noch im späten 17. Jahrhundert für ihre Länder höchst charakteristisch waren, verschmolzen die verschiedenen Typen im 18. Jahrhundert mehr und mehr zu einer Symbiose aus französischem und englischem Galion (16), das nun allgemein üblich wurde.

Das 19. Jahrhundert brachte das Galion schließlich zum Verschwinden. Rudimente (17 und 18) hielten sich noch bis in die zweite Hälfte, bis es vor etwa 100 Jahren endgültig als höchst überflüssiger Schmuck abgeschafft wurde.

Galionsspanten und Galionsregeln

Der kniffligste Teil des Galions ist der Zusammenbau von Galionsspanten und Galionsregeln.

Die Stellung der Galionsspanten ermittelt man aus der Seitenansicht. Das hinterste, erste Paar saß an der Beplankung des Bugs an, die übrigen Paare an Scheg und Galionslieger. Ihre Form – man ermittelt sie aus der Bugansicht – war national sehr verschieden, von U-förmig in Holland bis V-förmig in England. Achten Sie auch auf die Schmiege der Galionsspanten!

Verbunden wurden die Galionsspanten mit den Galionsregeln. Da diese in der Seitenansicht verkürzt dargestellt werden, muß man sie sich selbst mit Hilfe von Seitenansicht und Deckaufsicht herauskonstruieren, wie die Zeichnung rechts (B, B', B" – C, C', C" – D, D', D") zeigt, wobei die Linie der Mittschiffsebene (M) und die Wasserlinie (A – A') als Koordinaten verwendet werden.

Außer, Sie haben sehr gute Pläne zur Verfügung, werden Sie in der Praxis sehr schnell bemerken, daß Sie mit Millimeterpapier, Lineal und Zirkel in neun von zehn Fällen nicht mehr als Näherungswerte erhalten. Machen Sie sich also lieber gleich darauf gefaßt, daß Sie ohne Probieren nicht weit kommen werden. Am besten, Sie fertigen die Galionsspanten zunächst aus Sperrholz und passen die Galionsregeln aus Pappe und/oder dünnem Sperrholz ein, und erst, wenn alles richtig sitzt, zerlegen Sie Ihr Versuchsgalion wieder und verwenden die Einzelteile als Baumuster für das endgültige Galion – etwas umständlich, gewiß, aber immer noch die einzig zuverlässige Methode, die auch von Spitzenkönnern des Modellbaus verwendet wird.

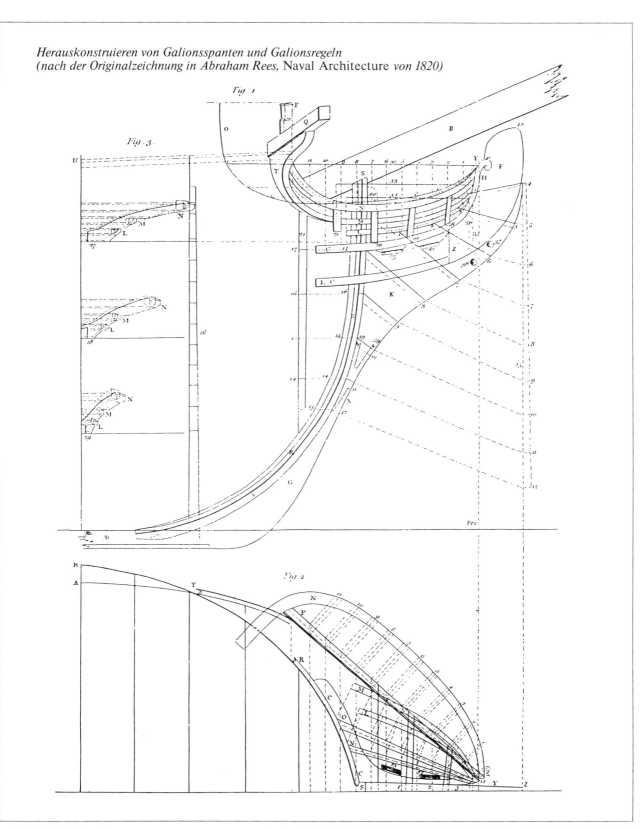

*Herauskonstruieren von Galionsspanten und Galionsregeln
(nach der Originalzeichnung in Abraham Rees,* Naval Architecture *von 1820)*

Galion

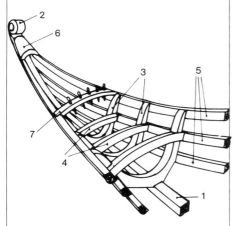

Galion: 1. Oberer Ausleger,
2. Krulle, 3. Galionsspanten,
4. Grätingsbalken, 5. Galions-
regeln, 6. Brookstück,
7. Nagelbank.
(nach H. Ketting)

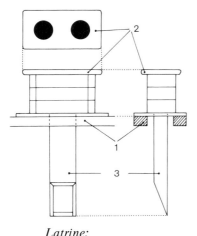

Latrine:
1. Latrinensüll, 2. Sitz,
3. Abflußrohr

Achtung! Zwingen Sie kein Bauteil in seine richtige Form! Schleifen und schnitzeln Sie so lange, bis jedes Teil ohne Zug und Druck richtig sitzt! Die Holzdimensionen von Galionsspanten und Regeln sind zu schwach, folglich verbiegen die Teile bei dauerhaftem Druck oder Zug – und dann ist Ihr ganzes Galion schief!

Achtung! Die Galionsregeln müssen selbstverständlich einen gleichmäßigen und steten Verlauf haben, ohne Knicke und Ausbuchtungen.

Achtung! Streng auf die Symmetrie zur Mittschiffsebene achten!

Auflager

Ähnlich den Deckbalken wurden die Galionsspanten mit Auflagern versehen, die das Galionsdeck (bzw. die Galionsgräting) trugen.

Nach 1730 wurden die Galionsspanten und Auflager mit liegenden Knien gegenseitig abgestützt.

Im Modellbau ist es oft zweckmäßig, die Galionsspanten gleich mit den Auflagern zusammen herzustellen (die Stöße werden mit dem Messer angeritzt), sie erhalten so einen etwas besseren Halt.

Galionsgräting

Da das Galion bei rauher See leicht von Wasser überspült werden konnte, verzichtete man hier seit dem späten 16. Jahrhundert auf ein festes Deck und verwendete statt dessen Grätings.

Diese Grätings zu verlegen gab es verschiedene Systeme, wie die Zeichnungen rechts zeigen. Die sonst üblichen Gittergrätings kamen hierbei ziemlich spät in Gebrauch, häufiger waren es Lattenroste, die von Galionsspant zu Galionsspant gelegt wurden; auch wurden oft die Zwischenräume zwischen den vordersten ein bis zwei Galionsspanten-Paaren offen gelassen.

Achten Sie darauf, daß in den Galionsgrätings die Öffnungen für die Bugsprietzurring offen bleiben.

Latrine

Seit dem späten 16. Jahrhundert waren die Mannschaftslatrinen auf dem Galion untergebracht – für die Offiziere befanden sie sich zumeist in den Seitentaschen oder auf der Heckgalerie.

Es ist überraschend, wie selten man auch auf guten Modellen diese Latrinen findet – zahlreiche Modellbauer scheinen die Auffassung zu vertreten, eine so unvornehme und unromantische Einrichtung habe auf einem so vornehmen historischen Schiffsmodell nichts verloren . . .

Gebaut waren die Latrinen aus Holz mit gewöhnlich zwei Sitzen nebeneinander. Das Abflußrohr, ebenfalls aus Holz, reichte neben dem Scheg mit seiner Unterkante bis zum oberen Galionssims, weshalb die Latrinen stets außerhalb der Mittschiffsebene standen. Kleinere Schiffe hatten eine (meist Backbord), größere Schiffe zwei (Steuerbord und Backbord) Latrinen neben dem Scheg.

Nagelbank

Bis Anfang des 18. Jahrhunderts war es vielfach üblich, im vordersten Teil des Galions eine Nagelbank zu fahren, an der Teile des laufenden Gutes des Vorgeschirrs belegt wurden. Diese Nagelbank war auf den obersten Galionsregeln befestigt.

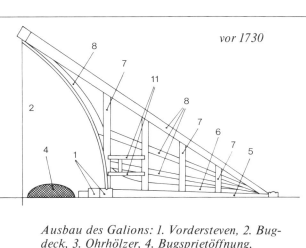

vor 1730

nach 1730

Ausbau des Galions: 1. Vordersteven, 2. Bug-
deck, 3. Ohrhölzer, 4. Bugsprietöffnung,
5. Scheg, 6. Schloiknie, 7. Galionsspanten,
8. Galionsregeln, 9. Spantenauflieger,
10. liegendes Knie, 11. Latrinensüll

Galionsgrätings nach 1635

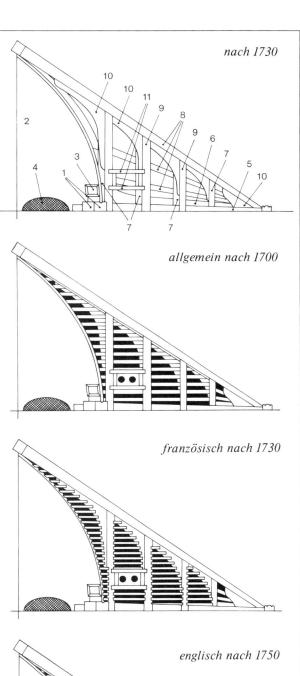

allgemein nach 1700

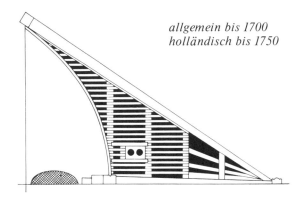

allgemein bis 1700
holländisch bis 1750

französisch nach 1730

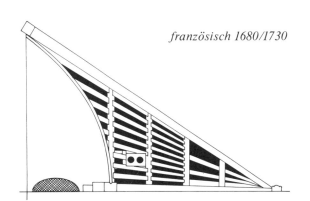

französisch 1680/1730

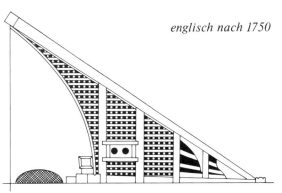

englisch nach 1750

125

Kranbalken

*Katzenkopf, als Kran-
balkenschmuck so häu-
fig, daß in England
der Kranbalken »Cat-
head« genannt wurde*

Als im späten Mittelalter die Anker immer größer und schwerer wurden, konnte man sie nicht mehr per Hand über die Reling an Deck hieven. Man bediente sich nun eines schweren Hakens, der an einem Tau angestroppt war, das durch ein Scheibgat binnenbords fuhr. Dieses Scheibgat nannte man Kranklampe.

Sehr schnell stellte sich aber heraus, daß mit dieser Vorrichtung der Anker gefährlich nahe an der Bordwand hochkam und diese beschädigen konnte. Also schob man die Seilrolle an einem schweren Balken weiter außenbords – und hatte den Kranbalken erfunden.

Im Grundprinzip blieb sich der Kranbalken bis gegen Ende des 19. Jahrhunderts gleich: ein schwerer Holzbalken, der mit zwei oder drei Scheiben an seinem Vorderende, durch die Ankerkattalje mit dem Haken geschoren wurde und eine Klampe am hinteren Ende hatte, an dem die Kattalje belegt werden konnte.

Die Anordnung des Kranbalkens und die Anbringung des Drückers, einer kräftigen Konsole, die ihn nach unten abstützte, änderte sich von Land zu Land, von Jahrhundert zu Jahrhundert so erheblich, daß eine exakte Aufzählung und Beschreibung in diesem Buch zu weit führen würde, zumal die jeweilige Ausführung den Plänen problemlos zu entnehmen ist.

Erwähnt sei nur, daß im 19. Jahrhundert der Kranbalken gern mit einem Ausleger versehen wurde, über den man die Außenklüvergeie (s. KLÜVERGESCHIRR) führte.

Grätings

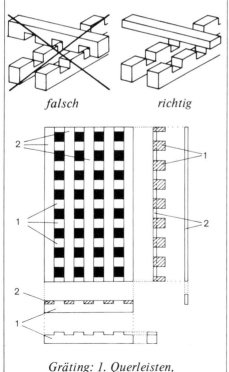

falsch   richtig

*Gräting: 1. Querleisten,
2. Längsleisten*

Häufig bestand ein großer Teil des Großdecks in der Kuhl, aber auch Teile des Back- und Kampanjedecks aus Grätings, also hölzernen Gitterrosten, die mit oder ohne Süll herausnehmbar in die Decks eingelassen waren. Sie dienten der Lüftung der unteren Decks und ermöglichten den Abzug des Pulverrauchs im Gefecht.

Wann und wo die Grätings erfunden wurden ist unbekannt, wir wissen nur, daß sie etwa ab 1500 allgemein verwendet wurden.

Bis ins 19. Jahrhundert waren sie stets aus Holz, danach kamen auch mehr und mehr Grätings aus Metall in Gebrauch. Die Herstellung von Holzgrätings ist eine etwas mühsame Arbeit, und es gibt eine ganze Reihe von Methoden, die dafür empfohlen werden.

Mir erscheint die originale Herstellungsmethode, wie sie auf den Zeichnungen links gezeigt ist, immer noch die sinnvollste und praktikabelste. Unentbehrliches Werkzeug für die Herstellung von Grätings ist allerdings eine Kreissäge!

Wer über keine Kreissäge verfügt, der wird auf das Angebot des Fachhandels zurückgreifen müssen, wo es komplette Grätings und Grätingsleisten gibt. Sehr zufriedenstellend sind diese Angebote freilich nicht, denn auch noch für ein Modell im Maßstab 1:50 sind diese Grätings hoffnungslos überdimensioniert, d. h. sie haben zu große Löcher! Die Löcher der Grätings – und darauf sollte man bei einem guten Modell achten – waren maximal 7 x 7 cm, gewöhnlich nur 5 x 5 cm groß, und zwar einfach aus dem Grund, daß man mit dem Schuhabsatz in den Löchern nicht stecken blieb. Nach dem Zusammenbau der Grätings sollte man sie mit feinstem Schmirgelpapier vorsichtig überschleifen, um etwaige Höhenunterschiede auszugleichen.

Metallgrätings, wie sie im späten 19. Jahrhundert gern verwendet wurden, kann man entweder durch Auspunzen der Löcher herstellen – was mühsam ist und selten sauber genug wird –, oder man läßt sie ätzen, was zwar teurer ist, aber auch unvergleichlich besser aussieht.

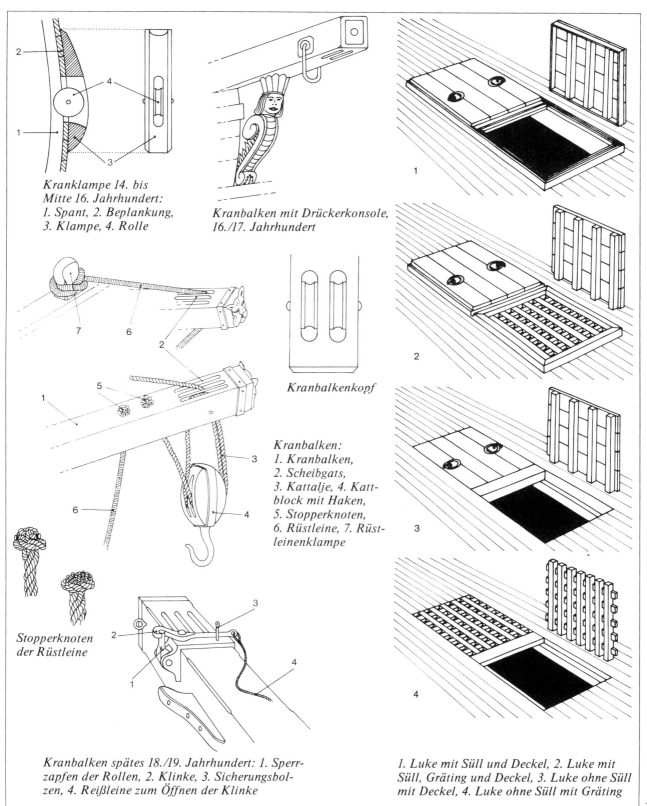

Kranklampe 14. bis
Mitte 16. Jahrhundert:
1. Spant, 2. Beplankung,
3. Klampe, 4. Rolle

Kranbalken mit Drückerkonsole,
16./17. Jahrhundert

Kranbalkenkopf

Kranbalken:
1. Kranbalken,
2. Scheibgats,
3. Kattalje, 4. Katt-
block mit Haken,
5. Stopperknoten,
6. Rüstleine, 7. Rüst-
leinenklampe

Stopperknoten
der Rüstleine

Kranbalken spätes 18./19. Jahrhundert: 1. Sperr-
zapfen der Rollen, 2. Klinke, 3. Sicherungsbol-
zen, 4. Reißleine zum Öffnen der Klinke

1. Luke mit Süll und Deckel, 2. Luke mit
Süll, Gräting und Deckel, 3. Luke ohne Süll
mit Deckel, 4. Luke ohne Süll mit Gräting

127

Spantmodelle und Admiralty Models

Heck des Admiralty Models des englischen Linienschiffes: l. Ranges Britannia *von ca. 1700.*
Beachten Sie die Stilisierung der Heck- und Arcassenbalken.

Wenn Sie einen Blick auf die beiden Schiffsmodelle der rechten Seite werfen, so werden Sie, wenn Sie nicht ein ausgesprochener Experte sind, kaum einen Unterschied feststellen.

Für den Fachmann freilich liegen zwischen den beiden Modellen Welten.

Das französische Linienschiff unten ist ein *Spantmodell,* das englische Linienschiff oben ein *Admiralty Model.*

Worin der Unterschied liegt?

Das französische *Spantmodell* zeigt Kiel, Steven, Spanten (Doppelspanten), Kantspanten, Worpen, Arcassen- und Heckbalken etc. minutiös genau so, wie diese Teile seinerzeit gefertigt und am Originalschiff montiert waren.

Das englische *Admiralty Model* zeigt zwar auch Kiel, Steven, Spanten usw., doch entspricht die Anordnung der Spanten keineswegs (!) dem Originalschiff, sondern einer modellbauerisch-stilistischen, speziell englischen Tradition.

Ein *Spantmodell* ist also ein exaktes Abbild eines bautechnischen Zustandes.

Ein *Admiralty Model* eine stilistische Darstellungsform. Und zwar eine typisch englische Modellbauform, die man nach Meinung aller Fachleute auch nur für englische Schiffe anwenden sollte!

Nun ist es gar keine Frage, daß für einen Könner des historischen Schiffsmodellbaus die Versuchung groß ist, den in der Tat ebenso interessanten wie vor allem handwerklich und modellbautechnisch aufwendigen und brillanten Admiralty-Model-Stil auch auf nichtenglische Schiffe zu übertragen. Die nebenstehende Form eines Admiralty Models ist ja eher selten, üblicherweise ist der Rumpf vom 2. Barkholz an aufwärts voll geplankt, um dem Betrachter zu demonstrieren, wie das auf dem Wasser schwimmende Schiff aussehen wird, zudem waren viele der Admiralty Models aufgetakelt, wie das Prachtbeispiel der *St. Michael* von 1669 auf Seite 131 beispielhaft demonstriert.

Trotzdem kein nichtenglisches Schiff im Admiralty-Model-Stil?

Nein! Keines!

Denn es gibt ja eine durchaus stilistische lupenreine Möglichkeit zum gleichen optisch-modellbauerischen Ergebnis für nichtenglische Schiffe zu kommen:

Das teilgeplankte Spantmodell!

Diese Modelle unterscheiden sich von Admiralty Models nur in einem, freilich höchst wesentlichen Punkt: Dem Spantsystem, das in diesem Fall dem originalen Spantsystem entspricht.

Nochmals:

1. *Spantmodell:* ein Modell, das nach exakten historischen (Werft-) Unterlagen die Binnenkonstruktion (Kiel, Spanten usw.) eines Schiffes zeigt.

2. *Admiralty Model:* eine im 17. Jahrhundert in England erfundene Modellbauform mit einer Kombination aus Spant- und Vollmodell mit stilisierter (nicht originaler!) Spantenanordnung.

3. *teilgeplanktes Spantmodell:* eine dem Admiralty Model sehr ähnliche Modellbauform mit originaler (nicht stilisierter!) Spantanordnung.

Achtung!
Spantmodelle, die für den Modellbauer höchst attraktiven Admiralty Models wie auch die teilgeplankten Spantmodelle sind ausschließlich etwas für Könner!

128

Spantmodell eines englischen Linienschiffes 3. Ranges mit 74 Kanonen von
ca. 1670.
Die Spantsetzung entspricht der in England seit dem 17. Jahrhundert üblichen
Stilisierung des Admiralty Models.

Spantmodell eines französischen Linienschiffes 1. Ranges mit 104 Kanonen
von 1692.
Die Spantsetzung entspricht genau dem originalen Vorbild des Schiffes
in der Werft.

Bau eines Spant- oder Admiralty Models

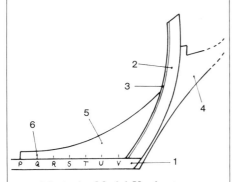

Admiralty Model-Vordersteven: 1. Kiel, 2. Vordersteven, 3. Sponung, 4. Greep und Scheg, 5. Totholz, 6. Spant- anzeichnung

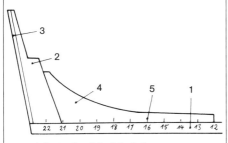

Admiralty Model-Achtersteven: 1. Kiel, 2. Achtersteven, 3. Sponung, 4. Totholz, 5. Spantanzeichnung

Ob Admiralty Model oder teilgeplanktes Spantmodell oder das weit weniger dekorative, bautechnisch aber ebenso komplizierte Spantmodell: Sie stellen die höchste Meisterschaft im historischen Schiffsmodellbau dar.

Und wahrhafte Meister sollten es dann auch sein, die sich an solche Modelle heranwagen. Nur wer Material und Werkzeug perfekt beherrscht und über das Höchstmaß aller modellbauerischen Tugenden verfügt, hat die reelle Chance, solch ein Modell zum guten Abschluß zu bringen. Jeder andere hingegen wird unweigerlich scheitern.

Der Plan

Mehr als bei irgendeinem anderen Modell ist hier ein erstklassiger Plan unabdingbare Notwendigkeit. Und dieser Plan sollte nicht nur die obligaten Schnitte und Risse enthalten, sondern vor allem auch einen *Holz-* und *Balkenplan*!

Der *Holzplan* zeigt genau Kiel, Steven, die exakte Anordnung der Spanten, Stückpforten, Barkhölzer sowie andere Teile der hölzernen Binnenkonstruktion.

Der *Balkenplan* (meist sind es mehrere) zeigt die Lage der Decksbalken, hängenden und liegenden Knie, Setzweger usw. der verschiedenen Decks.

Das Material

Für Modelle dieser Art ist das Beste gerade gut genug – nicht nur, weil es grotesk wäre, bei einem derartigen Arbeitsaufwand etwa mit billigem Holz zu hantieren, sondern um der erforderlichen Holzeigenschaften selbst willen. Auf Spant- und Admiralty-Modellen müssen hunderte von Holzteilen exakt aufeinander abgestimmt sein – und auch bleiben! – ohne sich zu verwerfen, zu verdrehen, zu verziehen.

Und da gibt es meiner Erfahrung nach eben nur zwei Hölzer: zuallererst Buchsbaum, dann auch europäische Birne.

Natürlich sind das die teuersten Hölzer, und Sie werden sehr, sehr viel Holz brauchen, da bei dieser Modellform der Anteil an Verschnitt extrem hoch ist. Wenn Sie mit DM 1.000 bis DM 2.000 bei einem Modell mittlerer Größe allein für das Holz rechnen, so liegen Sie vermutlich kaum zu hoch.

Kiel und Steven

Bei Spantmodellen entsprechen Kiel und Steven exakt dem historischen Vorbild (s. S. 74 f.).

Bei Admiralty Models fertigte man sehr häufig Greep-Vordersteven-Scheg aus einem Stück, hielt den Binnenachtersteven ziemlich breit und setzte davor ein aus einem Stück gefertigtes Totholz. Die Mühe, die originalen Holzteilungen durch Erhitzen der Trennungslinien zu markieren, sparte man sich in der Regel.

Zum Kiel: Machen Sie ihn ruhig etliche Zentimeter länger als er laut Plan sein sollte. Kürzen ist kein Problem, aber Verlängern geht schließlich nicht!

Und jetzt verrate ich Ihnen ein ganz, ganz streng gehütetes Geheimnis aller Spant- und Admiralty-Modellbauer: Keiner, kein einziger von ihnen hat je ein Modell gebaut, das tatsächlich in der Länge exakt mit dem Plan übereinstimmte!

Das nebenstehende Admiralty Model der *St. Michael* hat beispielsweise 60 Floor timber / Top timber und 61 Futtock timber = 121 aneinandergereihte Spantelemente mit entsprechenden Klebestellen. Geben wir jedem Segment nur die minimale Toleranz von 0,1 mm (!), so haben wir am Schluß satte 12 mm Abweichung zum Plan! Bei einem im Maßstab 1 : 50 (1 : 48) gebauten Modell wären das im Original 60 cm, bei

Admiralty Model des englischen Dreideckers 2. Ranges HMS St. Michael
von 1669.
Ein Paradebeispiel für diesen Modelltyp: der Unterwasserrumpf als Spant-
modell, über dem zweiten Barkholz dann geplankt, mit exquisiten
Schnitzereien verziert und voll aufgetakelt, jedoch ohne Segel zu zeigen.

Bau eines Spant- oder Admiralty Models

Einzelspanten

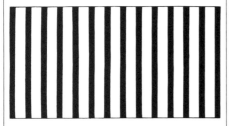

Einzelspanten eng gesetzt

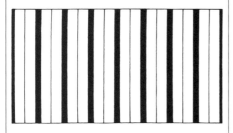

Doppelspanten

Admiralty Model-Spanten

einem 60-Meter-Schiff also rund 1%. Von der »historischen Treue« her ist solch eine Differenz durchaus zu verkraften – nur bei der Herstellung Ihres Kieles sollten Sie daran denken.

Spantsysteme

Es gibt vier Spantsysteme:
1. *Einfachspanten:* Dieses System findet man generell auf Handelsschiffen und auch auf Kriegsschiffen bis Anfang des 15. Jahrhunderts.
2. *Doppelspanten:* Dieses System findet man generell auf Kriegsschiffen seit dem späten 17. Jahrhundert.
3. *Einfach- und Doppelspanten:* Vom frühen 16. bis frühen 18. Jahrhundert gab es auf Kriegsschiffen (sehr viel seltener auf Handelsschiffen) die verschiedensten Methoden der Spantsetzung vom Einzelspant über den extrem eng gesetzten Einzelspant bis zum Doppelspant.
4. *Admiralty-Model-Spant:* Eine in der Regel nur auf Schiffsmodellen, im 16./17. Jahrhundert, jedoch auch mitunter real verwendete »lückenlose« Spantsetzungsmethode.

Spantabstände

Entsprechend dem Spantensystem ergibt sich eine bestimmte Anzahl von Spanten und Spantabständen zwischen der Vorderkante des ersten Heck-Kantspants und der Achterkante des letzten Bug-Kantspants. Diese Strecke, dividiert durch die entsprechende Anzahl an Spanten/Spantabständen ergibt die reale *Spantstärke.* (Verfallen Sie nie der Versuchung, die Spantstärke von *einem* Spant des Planes abzunehmen!). Auf diese Bruchmillimeter-genaue Stärke lassen Sie nun von einem guten Schreiner Ihr Bauholz schneiden und hobeln. Versuchen Sie es nicht selbst, denn ein gut ausgerüsteter, sorgfältiger Schreiner wird eine weitaus höhere Maßgenauigkeit dank seiner schweren Maschinen erzielen können, als Ihnen das je möglich wäre.

Der Block

Stapelt man nun die entsprechende Anzahl an Spant- und Spantabstandsbrettchen aufeinander, so sollte, so exakt als möglich, die aus dem Plan gemessene Länge zwischen Vorderkante des ersten Heck-Kantspants bis Achterkante des letzten Bug-Kantspants herauskommen, wobei jeweils auch der Spant*abstand* durch ein entsprechendes Brettchen gefüllt ist.
Einzelspant = Spantbrett – Abstandbrett – Spantbrett – usw.
Doppelspant = Spantbrett – Spantbrett – Abstandbrett – Spantbrett – Spantbrett – usw.
Admiralty-Model-Spant: Spantbrett – Spantbrett – Spantbrett – usw.

Kantspanten

Noch um einiges kniffliger ist die Herstellung der entsprechenden Kantspanten-Brettchen im exakten Öffnungswinkel, der sich entweder als Winkel oder als schmales, rechtwinkliges Trapez mit der halben Hellingsbreite als Basis und der Mittellinienhöhe einerseits, der Blockaußenkantenhöhe andererseits mathematisch-zeichnerisch darstellen und zurechthobeln läßt. Auch hier sind natürlich entsprechend dünne Abstandsbrettchen zu berücksichtigen.

Worpen, Arcassen usw.

Hier hat sich als sinnvoll herausgestellt, diese Teile zunächst als kompakte Holzklötzchen einzusetzen und eine Teilung, so erforderlich, erst später vorzunehmen.

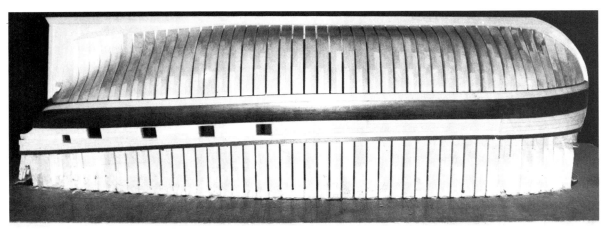

Spantmodell kopfüber *auf der Helling (Modell Franz Schmidberger)*

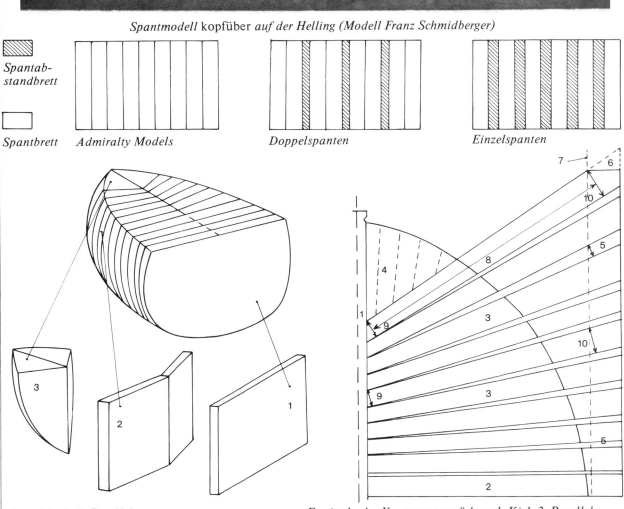

Spantab-
standbrett

Spantbrett   *Admiralty Models*   *Doppelspanten*   *Einzelspanten*

Spantblock: 1. Parallelspant,
2. Kantspant, 3. Worpenblock

Ermitteln der Kantspantenstärken: 1. Kiel, 2. Parallel-
spant, 3. Kantspanten, 4. Worpenblock, 5. Spant-
abstandsbretter, 6. Blockaußenkante, 7. Bezugslinie,
8. Abstand Kiel-Bezugslinie, 9. Innenstärke, 10. Außen-
stärke

133

Bau eines Spant- oder Admiralty Models

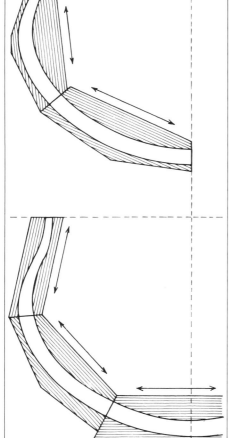

Maserung des Holzes am Beispiel eines Doppelspants. Das Ergebnis s. S. 135. Admiralty Models folgten analog diesem Beispiel. Zu den Originalverbindungen der einzelnen Spantenteile (im Modellbau in der Regel nicht ausgeführt) mit Stoßkalben und Laschen s. S. 74, 78.

»Über-Kopf«-Bauweise

Sie gilt als die absolut sicherste, maßgenaueste Bauart im gesamten Schiffsmodellbau. Da sie aber auch recht Materialaufwändig ist, verzichtet man im historischen Modellbau in der Regel auf diese Methode. Für Spant- und Admiralty-Modelle freilich, wo es auf jeden Teilmillimeter ankommt, ist sie unumgänglich.

Bei der »Über-Kopf«-Bauweise dient nicht der Kiel oder eine unter dem Kiel liegende Linie als Basis, sondern eine Linie, die über dem höchsten (in der Regel Heck-)Spant rechtwinklig zur Spantebene in der Mittellängsebene *über* dem Schiff verläuft.

Spantzeichnungen

Entsprechend der Tatsache, daß die Basislinie nun über statt unter dem Schiff verläuft, müssen sämtliche Spanten bis zu dieser »Basis« nach oben verlängert werden.

Nun werden die Zeichnungsspanten auf die Holzbrettchen übertragen, wobei man sowohl innen wie außen reichlich Material stehen lassen sollte, so daß es auch gleichgültig ist, daß die *Konstruktionsspanten* des Plans nur jeden 3., 5. oder 7. Originalspant zeigen.

Oberhalb der Spanten sollte man am Holz beidseitig einen kräftigen Hilfsgrat stehen lassen, dessen Außenkante (= Blockkante) stets im exakt gleichen Abstand zur Mittellinie steht. Dies erleichtert nicht nur die Aufstellung und Ausrichtung der Spantbrettchen, es ist auch die optimale Möglichkeit, das ganze Gefüge mit großen Schraubzwingen entsprechend zusammenzuhalten.

Maserung

Da die Maserungsrichtung des Holzes natürlich ebenfalls dem Original entsprechen muß (nicht nur aus optischen, sondern auch aus Stabilitätsgründen), wird es unvermeidlich sein, die Spantbrettchen aus mehreren Einzelteilen zunächst zusammenzufügen. Und da dies, vor allem bei der exakten Bestimmung der Stoßstellen, zunächst kaum noch praktisch überschaubar oder gar handhabbar ist, empfehle ich dringend, zunächst ein »Modell des Modells« anzufertigen.

Das »Modell des Modells«

Spant- und Admiralty-Modelle sind so kompliziert, daß meiner Erfahrung nach der scheinbar kompliziertere Weg der tatsächlich einfachere ist, da er einen Großteil der möglichen Fehlerquellen ausschließt: ich meine den Weg über ein Modell des Modells.

In Klartext: Erarbeiten des Schiffsrumpfs zunächst nicht aus Birnen- oder Buchsbaumholz, sondern aus Abachiholz. Abachi ist leicht zu bearbeiten, billig und nicht so brüchig und empfindlich wie Balsaholz. Fehler können mit Holzpaste ausgeglichen, Barkhölzer usw. und vor allem die Stöße der verschiedenen Spantteile können optimal angezeichnet werden.

Nimmt man dann das Abachi-Modell auseinander, so dienen seine Teile als exakte Schablonen für die entsprechenden Teile der Edelholzspanten.

Achtung! Wenn Sie Ihr Holz beim Schreiner zurichten lassen, so schicken Sie stets unmittelbar ein Edelholz- und ein Abachibrett nacheinander durch die Maschine (und kennzeichnen Sie die Bretter entsprechend), so daß Sie tatsächlich jeweils über möglichst identische Stärken verfügen.

Und noch etwas: Lassen Sie – trotz allem – den Edelholzspanten etwas Spiel und versuchen Sie nicht, diese bis zum Letzten den Abachi-Modell-Spanten nachzuformen, denn der letzte »Feinschliff« kann immer nur am zusammengefügten Modell erfolgen.

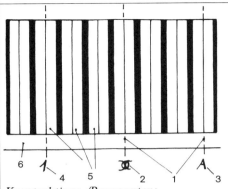

Konstruktions-/Bauspanten:
1. Konstruktions-Spanten, 2. Hauptspant, 3. Spant Bugwärts, 4. Spant
Heckwärts, 5. Bauspanten, 6. Kiel

Überkopf-Bauweise-Prinzip:
1. Kiellinie, 2. »Basis«-Linie entsprechend dem höchsten Punkt des
Schiffes – bei der Überkopfbau-
weise werden alle Spanten bis zu
dieser Linie verlängert, 3. Spanten,
4. Spantabstände, 5. Verlängerungen
zur »Basis«-Linie

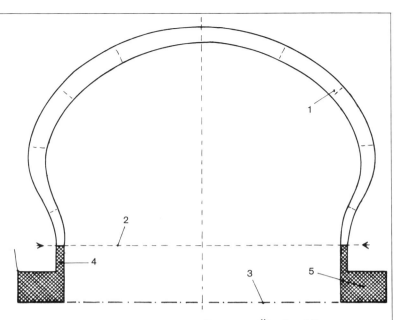

Spant in »Überkopf-Bau-
weise«: 1. Spant, 2. reale Höhe,
3. »Basis«-Linie, 4. Spant-
Verlängerung, 5. Hilfsgrat
(zum Zusammenschrauben
des Blocks), 6. Block-Kante

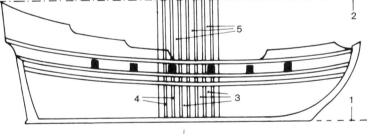

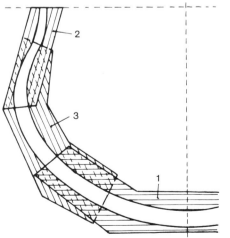

Maserung eines zusammengefügten Doppelspants:
Vorderteil: 1. Bodenwrange, 2. 1. Auflanger,
3. 2. Auflanger, Hinterteil: 4. Bodenwrange, 5. 1. Auflanger, 6. 2. Auflanger (Teile s. S. 134).

Maserung eines Admiralty Model-
Spants: Vorderteil: 1. Floor, 2. Top
Timber, Hinterteil: 3. Futtock

Bau eines Spant- oder Admiralty Models

Das Blockmodell

Die roh ausgesägten Spant- und Spantabstandbretter werden nun kiel-oben auf einer optimal waagerechten Fläche aufgereiht, nach Mittellinie (und Blockkante) ausgerichtet und schließlich beiderseits mit schweren Schraubzwingen an den Hilfsgraten zusammengeschraubt.

Nun wird, wie in der früher im Modellbau öfter praktizierten Block- oder Schichtbauweise, der Rumpf aus diesem Holzblock geformt – gehobelt, geraspelt, geschliffen –, erst außen, dann innen. Die Form muß dabei natürlich beständig durch entsprechende Spant-, Wasserlinien- und Innenschablonen kontrolliert werden. Die Schablonen fertigt man aus hartem Zeichenkarton oder besser noch aus kupferkaschierten Epoxy- oder Polyesterplatten (im Fachjargon kurz »Leiterplatten« genannt), die man als »fehlerhaftes Material« in Betrieben, die elektronische Schaltungen herstellen, billig, mitunter sogar geschenkt bekommen kann.

Das Edelholzmodell

Ob Abachi oder Edelholz (Buchsbaum/Birnbaum), bis auf das Problem der Maserung ist die Behandlung bzw. Formung des Holzes identisch, die verwendeten Schablonen die gleichen.

Der Vorzug eines »Modells des Modells« aus Abachiholz besteht vor allem einerseits in der Möglichkeit, Spanten, entsprechend ihrer Maserung, historisch exakt zu teilen, andererseits, die Rohform der Spanten/Spantabstände relativ exakt bestimmen zu können, so daß der Hobel-, Raspel-, Schleifvorgang den *Block* nur noch minimal erschüttern kann.

Anzeichnungen

An dem fertig verschliffenen Edelholzrumpf werden nun exakt die Barkhölzer, Stückpforten und bei Admiralty Models die Oberkante des Floor timber und Unterkante des Futtock timber angezeichnet in der Art, wie nebenstehend gezeichnet.

Führen Sie diese Anzeichnungen so scharf und exakt als irgend möglich aus, denn sie – und nur sie! – sind die Anhaltspunkte beim endgültigen Zusammenbau des Modells.

Vergessen Sie auch nicht, die Spanten durchzunumerieren!

Spantteilung und Zusammenbau

Wenn Sie nun die Schraubzwingen lösen, so haben Sie nun die Spanten fertig vor sich liegen, es müssen lediglich noch die Schlitze für Kiel und Steven eingeschnitten werden, ferner die Öffnungen für die Stückpforten, es ist jedoch zu empfehlen, die Verlängerungen nach oben zur Bau-»Basis« samt den seitlichen Hilfsgraten noch am Spant zu belassen, da diese beim Zusammenbau nochmals gute Dienste leisten.

Mit dem Zusammenbau beginnen Sie am Hauptspant und arbeiten sich von da aus vorwärts und rückwärts.

Ein Tip: Bringen Sie Ihren »Spantenblock« irgendwo sicher unter und holen Sie sich nur den 1. Spant heran, machen ihn einbaufertig und stellen Ihn auf, dann holen Sie den 2. Spant, fertigmachen, einbauen, 3. Spant holen usw., denn so haben Sie die beste Sicherheit, daß es kein Durcheinander und keine Verwechslungen der gerade mittschiffs sich oft nur minimal voneinander unterscheidenden Teile gibt.

Spantmodell: Beim Zusammenbau von Spantmodellen hat es sich als sehr nützlich erwiesen, nochmals die Abstandsbrettchen mit einzusetzen und sie erst nach der Befestigung von Kiel, Steven und Barkhölzern zu entfernen.

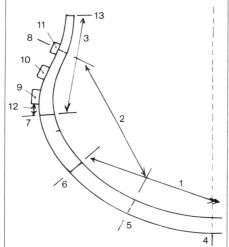

Proportionen der Spantteile bei Admiralty Models:
1. Floor, 2. Futtock, 3. Top timber, 4. Mittellinie, 5. Unterkante Futtock, 6. Oberkante Floor, 7. Unterkante Top timber, 8. Oberkante Futtock, 9. 1. Barkholz, 10. 2. Barkholz, 11. 3. Barkholz, 12. Abstand Unterkante Top timber / Unterkante 1. Barkholz = Spantdicke, 13. Höhe Top timber entsprechend Plan ohne Proportionalgröße.
Proportionen: 8–7 (variabel), 7–6 (100 %) = 6–5 (100 %) < 5–4 (120 %)

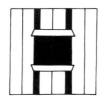

Stückpforten-Trempelrahmen bei Spantmodellen; s. auch S. 96

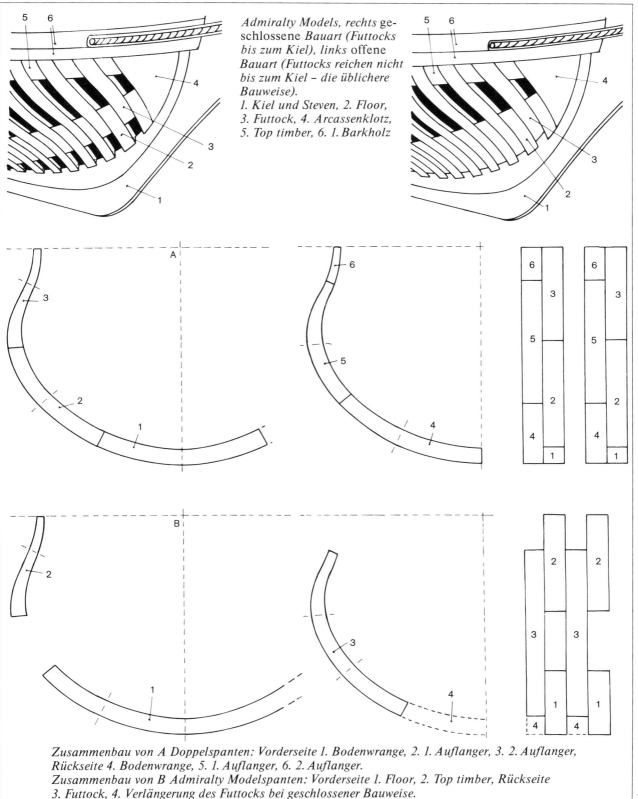

Admiralty Models, rechts geschlossene *Bauart (Futtocks bis zum Kiel), links* offene *Bauart (Futtocks reichen nicht bis zum Kiel – die üblichere Bauweise).*
1. Kiel und Steven, 2. Floor,
3. Futtock, 4. Arcassenklotz,
5. Top timber, 6. 1. Barkholz

Zusammenbau von A Doppelspanten: Vorderseite 1. Bodenwrange, 2. 1. Auflanger, 3. 2. Auflanger,
Rückseite 4. Bodenwrange, 5. 1. Auflanger, 6. 2. Auflanger.
Zusammenbau von B Admiralty Modelspanten: Vorderseite 1. Floor, 2. Top timber, Rückseite
3. Futtock, 4. Verlängerung des Futtocks bei geschlossener Bauweise.

Bau eines Spant- oder Admiralty Models

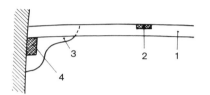

1. Decksbalken, 2. Scheerstock, 3. hängendes Knie, 4. Balkweger

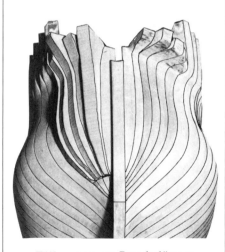

Füllworpen am Bug (adäquat wird am Heck verfahren): links roh eingesetzt, rechts verschliffen. (Modell Franz Schmidberger)

Admiralty Model: Bei diesem System werden nur noch Teile der Spanten verwendet und zwar (s. auch Zeichnung) jeweils wechselnd: Floor timber / Top timber und Futtocks, dafür entfällt jede Art von Spantabstandbrettchen.

Klebstoff

Hier steht wieder Meinung gegen Meinung. Manche Modellbauer schwören auf den langsam bindenden, lange korrigierbaren Weißleim, andere auf den schnell bindenden Cyanidkleber, persönlich würde ich unbedingt dem Furnierkleber den Vorzug geben, während ich Hart- und Kontaktkleber für unbrauchbar halte.

Arcassen, Worpen usw.

Wenn der gesamte Rumpfverband steht, werden auch diese Teile noch entsprechend dem Plan eingebaut, der gesamte Rumpf nochmals mit feinstem Schmirgelpapier abgeschliffen und anschließend mit der ersten Schicht eines Schutzlacks überzogen.

Kiel, Steven und Barkhölzer

Dem nun wieder stehenden Block werden Steven und Kiel eingesetzt und die Barkhölzer (s. S. 92 f.) aufgebracht, die dem Ganzen die notwendige Stabilität geben. Nun können auch die Spantverlängerungen abgeschnitten werden.

Ausbau

Der weitere Ausbau des Rumpfes entspricht den in diesem Buch gezeigten Normen und Formen.

Decks

Bei reinen Spantmodellen sind selbstverständlich auch die Decks nur durch die entsprechend original gebauten Decksbalken gekennzeichnet (s. S. 48–87), die auf den Balkwegern aufliegen und von hängenden und liegenden Knieen abgestützt werden.

Bei Admiralty Models und teilgeplankten Spantmodellen hat sich die Tradition entwickelt, die Decksbalken mittschiffs im Bereich der original ausgearbeiteten Luken und Grätings mit Decksplanken abzudecken, ferner Wassergang und Leibholz (s. S. 86) und, falls Geschütze gezeigt werden, weiter so viele Decksplanken, daß die stets ausgerannten (!) Kanonen eine entsprechende Standfläche haben.

Takelage

Reine Spantmodelle haben nie Takelage. Admiralty Models und teilgeplankte Spantmodelle müssen nicht, können aber über Takelage verfügen, wobei es allerdings usus ist, daß niemals Segel gezeigt werden.

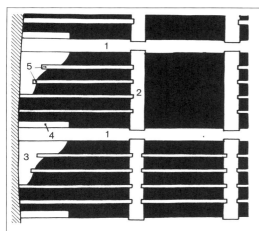

Spantmodell

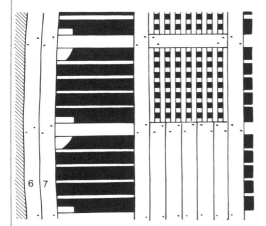

Admiralty oder teilgeplanktes Spantmodell

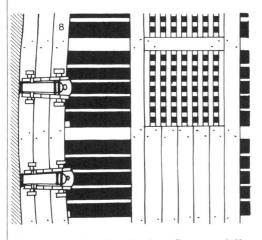

Admiralty oder teilgeplanktes Spantmodell

Decks: 1. Decksbalken, 2. Scheerstock, 3. liegendes Knie, 4. hängendes Knie, 5. Rippen, 6. Wassergang, 7. Leibholz, 8. weitere Decksplanken bei Geschützen

Admiralty Model des Linienschiffes 3. Ranges York *(62 Geschütze) aus dem letzten Drittel des 17. Jahrhunderts. Die Aufsicht auf das Modell zeigt sehr deutlich, wie bei Admiralty Models und analog teilgeplankten Spantmodellen die Decks aussehen sollten. Zu bemerken wäre noch, daß Rippen zwischen den Decksbalken nur beim Großdeck und tiefer, nie jedoch bei höher gelegenen Decks verwendet wurden.*

139

Ruder

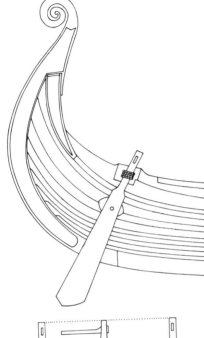

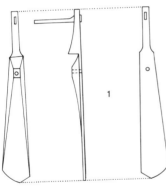

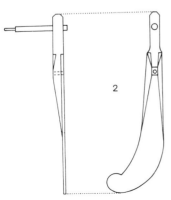

Wikinger Ruder (nur steuer-bord!) 1. bis 980, 2. nach 980

Das Ruder diente zum Steuern des Schiffes und ist nicht mit dem Riemen zu verwechseln, der fälschlich ebenfalls oft als »Ruder« bezeichnet wird (s. RIEMEN).

Das Ruder setzt sich aus drei Teilen zusammen: Ruderblatt, Ruderschaft und Ruderpinne (s. auch RUDERSTAND), die durch ein »Hennegat« genanntes Loch in der Gillung binnenbords fuhr.

Ruderriemen

Die charakteristischsten Vertreter des Ruderriemens sind die Ruder, wie sie im alten Ägypten verwendet wurden. Das Ruderblatt sitzt an einem ziemlich langen Schaft, der achtern seitlich oder am Heck drehbar befestigt ist.

Seitenruder

Das Seitenruder wurde etwa 1200 v. Chr. von den Griechen und Phöniziern entwickelt. Es saß seitlich am Achterschiff und konnte zumeist mit einem Tauzug aufgezogen bzw. zu Wasser gelassen werden. Im Mittelmeer wurden stets zwei Seitenruder gefahren, während man auf nordischen Schiffen nur ein Seitenruder verwendete, das immer Steuerbord (daher die Bezeichnung »Steuer«-bord) angeordnet war. Im Früh- und Hochmittelalter übernahm man auch im Norden auf größeren Schiffen das doppelte Seitenruder.

Heckruder

Das Heckruder, das mit Fingerlingen genannten Scharnieren am Achtersteven aufgehängt ist, scheint eine schwedische Erfindung zu sein, zumindest stammt die älteste Darstellung (frühes 13. Jahrhundert) aus der Kirche in Fide auf Gotland. Es brauchte allerdings zwei Jahrhunderte, bis sich das Heckruder allgemein gegen das Seitenruder durchgesetzt hatte.

Während sich aber Ruderriemen und Seitenruder im Lauf der Jahrhunderte nur geringfügig veränderten, gab es für das Heckruder sehr bald eine reiche Zahl an Varianten. Grundsätzlich richtete sich die Form des Ruders nach der Geschwindigkeit des Schiffes, wobei als Regel gilt: je langsamer ein Schiff, umso größer das Ruder, je schneller, umso schmaler. Aus diesem Grund haben Fluß- und Binnenschiffe in der Regel weit größere Ruder als Hochseeschiffe.

Seit dem 16. Jahrhundert im Mittelmeer und seit dem 18. Jahrhundert allgemein versah man das Ruder mit »Turbulenzrillen«, die das Schlagen und Flattern des Ruders bei schneller Fahrt vermindern sollten.

Seit der zweiten Hälfte des 18. Jahrhunderts wurde der untere Teil des Ruders ebenso wie der Schiffsrumpf gekupfert. Am ersten Scharnier hatte das Ruder an der Vorderkante die Stärke des Ruderschafts, von da an reduziert sich die Stärke abwärts bis zur Kielstärke. Die Hinterkante ist halb so stark wie die Vorderkante.

Fingerlinge

Das Heckruder wurde mit Fingerlingen am Achtersteven befestigt. Außer bei kleinen Booten und im Mittelmeer waren es stets mindestens 4 Fingerlinge. Sie bestanden unter Wasser aus Bronze oder Messing, über Wasser gelegentlich aus Eisen. Die Entfernung der Fingerlinge untereinander war maximal 150 cm. Die Gehrung zwischen Ruder und Achtersteven betrug mindestens 45°.

Sorgleinen

Um das Ruder, wenn es bei rauher See aus den Scharnieren gehoben wurde, nicht zu verlieren, versah man es mit starken Tauen oder Ketten, die an Ruder und Achtersteven befestigt waren, den Sorgleinen.

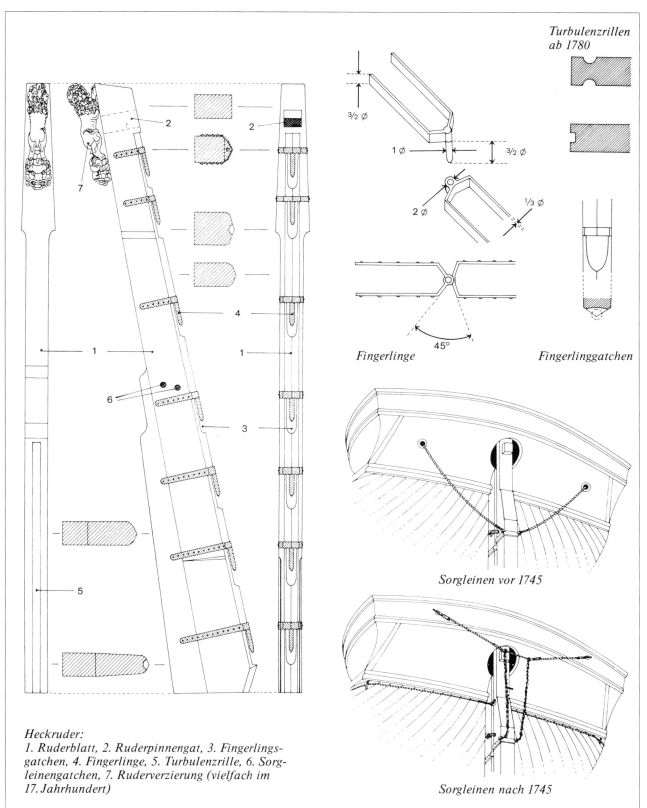

Turbulenzrillen
ab 1780

3/2 ∅
1 ∅
3/2 ∅
2 ∅
1/3 ∅

Fingerlinge

45°

Fingerlinggatchen

Sorgleinen vor 1745

Sorgleinen nach 1745

Heckruder:
1. Ruderblatt, 2. Ruderpinnengat, 3. Fingerlings-
gatchen, 4. Fingerlinge, 5. Turbulenzrille, 6. Sorg-
leinengatchen, 7. Ruderverzierung (vielfach im
17. Jahrhundert)

141

Historische Farbgebung

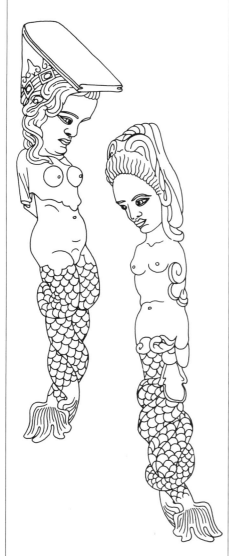

Auch auf den nächsten Seiten einige der über 1000 Schnitzereien des 1628 im Hafen von Stockholm gesunkenen Regalschiffes Wasa.

Vor wenigen Wochen erschien ein Beitrag in einer Fachzeitschrift »Farben an Schiffen – Überlegungen zur farblichen Ausgestaltung historischer Schiffe« von Werner Zimmermann, dem bekannten Marinehistoriker, der in den einschlägigen Kreisen höchstes Aufsehen erregte. Herr Zimmermann hat mir gestattet, seinen Artikel wortwörtlich in dieses Buch zu übernehmen:

Ein Problem besonderer Art, das den meisten Modellbauern und marinehistorisch Interessierten jedoch kaum als solches bewußt wird, ist die Farbgebung der historischen Schiffe. Man verläßt sich da meist vertrauensvoll auf entsprechende Angaben in den Bauplänen, deren Autoren im allgemeinen glauben, mit pauschalen Benennungen wie »Rot«, »Grün« oder »Gelb« ihrer Pflicht genügegetan zu haben.

Nun gibt es aber von jeder dieser Farben eine beträchtliche Zahl von Varianten. Der Begriff »Rot« etwa umfaßt das gesamte Spektrum vom bläulichen Purpur bis hin zum feurigen Rotorange – ganz abgesehen von tertiären Mischtönen wie Gebrannte Siena oder Englischrot. Was also ist zu tun, wenn ein Modell mit wirklich vorbildgetreuen Farben ausgestattet werden soll?

Einen Ausweg scheinen hier zeitgenössische Abbildungen in Form von Buchminiaturen, Tafelbildern oder kolorierten Stichen zu bieten, denn eigentlich sollte man annehmen können, daß die damaligen Künstler ihre Schiffe auch in farblicher Hinsicht so darstellten, wie diese eben aussahen. Leider ist diese Annahme zu optimistisch, denn ein Maler, der etwa im Mittelalter ein Schiff darstellte, tat dies nicht im Interesse der Naturtreue. Für ihn war »Schiff« ein allgemeiner Begriff, der durch die damals übliche Bauweise konkrete Form erhielt und nur selten individualisiert wurde. Viel öfter diente er lediglich als »Transportmittel« für bestimmte Bildinhalte, das heißt, er hatte sich stets der angestrebten Aussage unterzuordnen. Wenn also etwa die Seereise eines Königs dargestellt werden sollte, dann mußte sein Schiff mit leuchtenden Farben geschmückt sein, auch wenn es in Wirklichkeit ein schlichtes Fahrzeug mit geteerten Planken und einem graubraunen Segel gewesen war.

Damit sind wir an einem wichtigen Punkt unserer Überlegungen angelangt, nämlich beim Prestigewert der Farben. Aus der Sicht der heutigen Zeit, in der die ständige Verfügbarkeit jeder beliebigen Farbe eine Selbstverständlichkeit ist, kann kaum mehr erahnt werden, was »Farbe« den Menschen früherer Tage bedeutet hat. Denn weit bis ins 18. Jahrhundert hinein war die Gewinnung der benötigten Pigmente und Farbstoffe oft sehr aufwendig und teuer, wobei die größten Schwierigkeiten die Darstellung leuchtender, als »rein« empfundener Farben machte. Bunte Anstriche und bunte Bekleidung waren also ein ausgesprochener Luxus, der einer Vergoldung nicht viel nachstand. Dies führte dazu, daß ein Mann, der vor fünfhundert Jahren mit einem roten und einem grünen Hosenbein herumlief, sich keineswegs lächerlich machte, sondern dadurch im Gegenteil seinen Zeitgenossen signalisierte, daß er zur wohlhabenden Oberschicht gehörte.

Nach diesem Prinzip arbeiteten auch die Maler. Leuchtende, reine Farbtöne wurden als schön empfunden, sie machten ein Bild erst »wertvoll« – ein Prinzip, das erst die republikanisch gesinnten Holländer im 17. Jahrhundert über Bord warfen. Auch die Schiffe wurden also meist so dargestellt, daß sie die ästhetischen Bedürfnisse des Betrachters befriedigten, ohne daß man dabei viel Rücksicht auf die Realität nahm – sie hatten folgerichtig in erster Linie hübsch bunt zu sein.

Natürlich gab es Schiffe mit lebhaft gefärbten Aufbauten, Bordwänden und Segeln auch in Wirklichkeit. Von den Häuptlingsbooten der Wikinger bis hin zu den Linienschiffen des 18. Jahrhunderts ist jedoch feststellbar, daß es stets stolze Renommierobjekte waren, die besonders reich mit Vergoldungen und prestigeprächtigen Farben verziert waren.

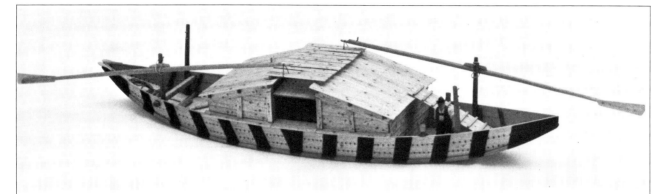

Marktboot, das hauptsächlich mit Gemüse und Obst beladen, zwischen Ulm und Budapest ständig kaufend und verkaufend von Ort zu Ort fuhr; praktisch also ein schwimmender Kaufladen.

Fliestein, *ein kleinerer Transportboottyp, wie er vor allem im Raum von Passau, also etwa zwischen Deggendorf und Linz, heimisch war. Das Pferd diente zum Flußaufwärtsschleppen des Bootes, der sogenannten »Bergfahrt«. Bei der »Talfahrt« und beim Überqueren von Nebenflußmündungen wurde es an Bord genommen.*

Zwei exquitite Modelle von Donauschiffen (besser wohl Donaubooten) des letzten Jahrhunderts.
(Modelle von Werner Zimmermann)

Historische Farbgebung

Die große Mehrzahl der übrigen Schiffe war – wenn überhaupt – sicher nur sehr sparsam farblich gestaltet, denn bei ihnen spielten die Kosten eines derartigen Anstrichs eine gewichtige Rolle. Die Farbgebung eines Schiffes war somit im Endeffekt abhängig von dem Betrag, den sein Besitzer für den Anstrich auszugeben bereit war.

Bevor man also mit dem Pinsel auf sein Modell losgeht, sollten die folgenden Punkte abgeklärt werden:
- Ist die eventuell vorhandene zeitgenössische Vorlage für den Anstrich auch wirklich glaubhaft?
- Gab es damals die vorgesehene Farbe schon als Anstrichfarbe?
- Falls ja, war sie in den benötigten Mengen für den Schiffseigner erschwinglich?

Um nun dem Modellbauer die Wahl »richtiger« Farben zu ermöglichen, soll untersucht werden, welche Farbpigmente in früheren Zeiten für Schiffsanstriche überhaupt zur Verwendung kommen konnten.

Es handelt sich hierbei in erster Linie um anorganische Pigmente, da die Ausfällung organischer Farbkörper durch Aluminiumhydroxid ($Al\,O_3H_3$), wie es zur Erreichung echter Anstriche notwendig wäre, mit Sicherheit erst im vorigen Jahrhundert in dem benötigten Umfang möglich wurde. Außerdem sind die organischen Pigmente berüchtigt wegen ihrer Lichtempfindlichkeit und sich unter chemischen Einflüssen, z. B. von Meerwasser, sehr unvorteilhaft zu verändern.

Der untersuchte Zeitraum endet mit dem 18. Jahrhundert, da im 19. Jahrhundert nahezu alle gewünschten Farbtöne künstlich herstellbar wurden.

Weiß

Bleiweiß ($PbCO_3Pb(OH)_2$) und Kreide ($CaCO_3$) werden seit der Antike in großem Maßstab verwendet. Wegen seiner hohen Deckkraft und Ergiebigkeit ist vor allem Bleiweiß als gebräuchliche Anstrichfarbe für Schiffe (Unterwasserschiff!) anzunehmen. Sicher wurde es auch als Grundierung für lasierende Farbaufstriche verwendet, die dadurch heller und leuchtender wirken konnten.

Die Herstellung von Bleiweiß war relativ einfach und billig: Spiralig gerollte Bleiplatten wurden mit etwas Essig in Tongefäße gestellt, diese mit Bleiplatten abgedeckt und in Pferdemist eingegraben. Die Verwesung des Mistes erzeugte Wärme, die den Essig zum Verdunsten brachte. Damit bildete sich an der Oberfläche der Platten Bleizucker bzw. Bleiessig und daraus durch die Einwirkung des Kohlensäuregases Bleiweiß. Nach einiger Zeit wurde die Bleiweißkruste abgelöst und konnte gemahlen und mit einem Bindemittel versetzt werden.

Gelb

Eines der ältesten Farbpigmente, das die Menschheit verwendet, ist der Ocker. Es handelt sich bei ihm um Erden, die ihre typische Färbung durch Eisenoxidhydrate erhalten. Je nach Art und Menge der mineralischen Beimischung umfaßt die Skala dieses Pigments eine große Anzahl unterschiedlicher Farbtönungen, die vom Lichten Gelbocker bis zum Braunocker reicht. Das Pigment kam in ausreichender Menge in natürlichen Lagerstätten vor und war deshalb auch für den Anstrich größerer Flächen erschwinglich. Dazu kamen als weitere positive Eigenschaften die gute Deckkraft und die Beständigkeit der Farbe.

Ocker war die einzige Farbe, die für »gelbe« Anstriche bei Schiffen in Frage kam. Die anderen Gelbpigmente wie etwa Massikot (PbO), Auripigmente (As_2S_3) oder Blei-Zinngelb (Pb_2SnO_4) waren entweder in ihrer Herstellung zu aufwendig und damit zu teuer, für Holzanstriche ungeeignet oder aber den Bedingungen auf See nicht gewachsen. Die Stückpfortenreihen auf Nelsons Flotte waren also mit Sicherheit nicht Gelb, sondern Ocker gestrichen.

Diese Farbe diente auch zur preiswerten Imitation von Vergoldungen von Galionen und Heckspiegeln, wobei die Tiefen durch Verwendung dunklerer Töne herausgehoben werden konnten.

Rot

Bei der Suche nach roten Farbtönen hatten die Schiffbauer größere Auswahlmöglichkeiten. Da gab es zunächst die natürlichen Varianten des Ocker wie Venezianisch Rot, Rote Kreide, Terra rossa usw. (in den Pyrenäen und auf Mallorca gibt es Böden in der Farbe von leuchtendem Ziegelrot bis düsterem Blutrot, Anm. d. Verf.), die allerdings auf Grund ihres selteneren Vorkommens auch nicht ganz wohlfeil waren. Besser sah es da bei den gebrannten Ockern aus, zu deren Herstellung Gelbocker auf rotglühenden Eisenplatten geröstet wurde. Die hierbei erzielten Farbtöne reichten von einem nicht ganz reinen Orangerot bis zum dunklen Braunrot.

Eine Anzahl interessanter Farbtöne ließ sich aus mineralischem Eisenoxid (Fe_2O_3), dem Hämatit oder Blutstein, gewinnen. Die Farbskala reichte dabei von hellem Blutrot bis zum dunklen Braunviolett. Allerdings dürften diese Farben für Schiffsanstriche wegen der Seltenheit des Minerals zu teuer gewesen sein.

Ein weiteres Rotpigment, das seit der Antike verwendet wurde, ist die hellrote Bleimennige (Pb_2O_3). Es kann sehr einfach durch Erhitzen von Bleiweiß gewonnen werden und kam sicher oft als Anstrichfarbe zur Verwendung, z. B. für die Innenanstriche der Geschützdecks.

Ein sehr deckkräftiges und farbstarkes Pigment war Zinnober (HgS). Abgesehen von einigen natürlichen Vorkommen konnte es durch Mischung und anschließende Sublimation von Quecksilber und Schwefel hergestellt werden. Dieses Verfahren dürfte nicht ganz billig gewesen sein, außerdem neigt Zinnober unter ständiger Lichteinwirkung sehr bald zum Schwärzen. Diese Eigenschaften werden seine Verwendung als Schiffsfarbe wohl sehr eingeschränkt haben.

Weitere Farbstoffe organischer Natur wie Krapplack oder Karmin kamen für wetterfeste Holzanstriche nicht in Frage, Chromrot und Kadmiumrot wurden erst später synthetisiert.

Für den Modellbauer ist somit deutlich, daß rote Farben abgetönt werden sollten, wobei Außenanstriche wohl überwiegend in die Ocker-Richtung tendierten.

Blau

Damit sind wir bei dem heikelsten Punkt des ganzen Bereiches. Eine Überprüfung der in Frage kommenden Pigmente ergibt nämlich, daß bis ins 18. Jahrhundert Schiffe nicht wirklich blau gestrichen werden konnten. Die bekannten Darstellungen französischer Kriegsschiffe des 17. Jahrhunderts mit blauen Bordwänden sind reine Prestigemalerei, und die Farbgebung des Modells der *Endeavour* im National Maritime Museum zu Greenwich muß unrichtig sein!

So überraschend diese Behauptungen auch klingen mögen, so einfach sind sie durch einen Blick auf die Pigmente zu belegen.

Das seit der Antike am häufigsten verwendete Blaupigment war der Azurit ($2CuCO_3Cu(OH)_2$), ein Mineral, das fein zermahlen als »Bergblau« gehandelt wurde. Wegen der Seltenheit seines Vorkommens war der Grundstoff natürlich sehr teuer und wurde deshalb nur in kleinen Quantitäten in der Buchmalerei, zur Ausschmückung von Skulpturen und in der Frescomalerei verwendet. Doch wenn auch jemand sein ganzes Vermögen drangegeben hätte, um damit sein Schiff zu streichen, wäre seine Freude an der Farbe nur von kurzer Dauer gewesen. Mit öligen Bindemitteln versetzt, die damals ausschließlich in Frage kamen, verwandelt sich das schöne, tiefe Bergblau nämlich in kurzer Zeit zu

Historische Farbgebung

einem unansehnlichen Grün. Auch sonst ist es sehr empfindlich gegen chemische Einflüsse, z. B. durch Meerwasser – es kann also von der Liste gestrichen werden.

Das nächste Pigment, das Ultramarin ($3Na_2O\ Al_2O_3.2SiO_2.2Na_2S$), war zwar beständig, mußte aber aus zermahlenen und geschlämmten Lapislazuli-Edelsteinen hergestellt werden. Sich den Preis einer solchen Farbe vorzustellen, bedarf keiner sonderlichen Phantasie. Wenn jemand auch nur einen oder zwei Plankengänge eines Schiffes damit hätte streichen wollen, dann konnte er gleich das ganze Fahrzeug vom Kiel bis zum Masttop vergolden.

Der einzige Farbstoff, der nun noch bleibt, ist das Indigo, ein tropischer Pflanzenextrakt, der in fester Form in den Handel kam. Doch so schön diese Farbe auf Stoffen wirkt, so unvorteilhaft verändert sie sich durch Bindemittel. Statt eines leuchtenden Indigoblaus liegt dann ein völlig stumpfes, totes Blauschwarz auf der gestrichenen Fläche, das sich durch keinen maltechnischen Trick in eine auch nur einigermaßen attraktive Farbe verwandeln läßt. Möglicherweise wurde dieses Pigment aber dennoch für Schiffe verwendet, da es eben doch irgendwie »blau« wirkte und durch seinen hohen Preis ein entsprechendes Prestige des Schiffseigners signalisierte. Die Staatsgaleere Ludwigs XIV. dürfte also nur in einem trüben tintigen und fast schwarzen Farbton geprangt haben – eine bittere Pille für den Modellbauer.

Erst ab 1704 kann mit wirklich blauen Anstrichen gerechnet werden, denn in diesem Jahr entdeckte Diesbach in Berlin das Berliner bzw. Pariser Blau ($Fe_7(CN)_{18}+18H_2O$), das durch Einwirkung von Blutlaugensalz auf eine Eisenchloridlösung als tiefblauer Niederschlag ausfällt. Die Farbe ist sehr stabil, allerdings stark lasierend und mußte daher für Schiffsbemalungen mit Bleiweiß unterlegt werden. Ein hellblauer, deckender Auftrag konnte durch Strecken mit Kreide (»Mineralblau«) erreicht werden. – Die Herstellung der Farbe blieb zwar während des ganzen 18. Jahrhunderts recht kostspielig, trotzdem war sie aber nun für entsprechend prunksüchtige Herrscher und Admiralitäten als Schiffsanstrich verfügbar.

Abschließend sei noch die Smalte erwähnt, ein zermahlenes Kobaltglas, das hauptsächlich im Mittelalter als blaues Malerpigment verwendet wurde. Da die Farbe durch Feuchtigkeit stark leidet, ist ihre Verwendung an Schiffen auszuschließen.

Damit ist die Liste der möglichen Blaupigmente erschöpft, sie ließ sich auch durch intensive Nachforschungen nicht mehr verlängern. So unwahrscheinlich es für manchen klingen mag – der Indizienbeweis ist somit erbracht:

Schiffe konnten erst im 18. Jahrhundert blau bemalt werden!

Grün

Bevor durch Mischung von echten Gelbpigmenten mit Pariser Blau Grüntöne erreicht werden konnten, war Grünspan ($Cu(CH_3COO)_2H_2O$) das wichtigste Grünpigment. Seine Herstellung war einfach: Kupferabfälle wurden mit Weintrestern, die schon Essiggeruch entwickelten, zu losen Haufen geschichtet. Nach einiger Zeit konnte man die Kupferstücke herausnehmen und den Grünspan abkratzen und mahlen. Dieses Verfahren ergab ein blaugrünes Pigment, das in Verbindung mit öligen Bindemitteln im Lauf der Zeit immer grüner wurde. Schiffsbemalungen mit Grünspan-Pigmenten waren also seit jeher möglich und wahrscheinlich.

Im Prinzip ähnliches gilt auch für die Grünen Erden, die als natürliche Silikate mit kieselsaurem Eisen als färbendem Bestandteil an mehreren Orten abgebaut wurden. Ihre Farben waren nie »reines« Grün, sondern stets in Richtung Graugrün oder Olivgrün gebrochen.

Violett

Reine Pigmente dieser Farben konnten erst im 19. Jahrhundert hergestellt werden.

Schwarz

Dies war sicher eine der billigsten Anstrichfarben, denn die Gewinnung des benötigten Pigments war denkbar einfach und jederzeit möglich: Harz, brennbares Öl oder Fett wurden angezündet bzw. mittels Docht verbrannt und der dabei entstandene Ruß abgefangen. Wenn die Rußschicht dick genug war, wurde sie abgeschabt, mit einem Bindemittel verrührt – fertig war die Farbe.
Obwohl Ruß also eigentlich ein organisches Pigment ist, verhält es sich trotzdem unter allen Bedingungen völlig farbstabil und beständig.
Schwarz war damit eine der »Idealfarben« für den Schiffbau.

Bindemittel

Bei allen erwähnten Farben muß berücksichtigt werden, daß sie zusätzlich mehr oder weniger durch das verwendete Bindemittel beeinflußt wurden. Hierfür kam vor allem Leinöl in Betracht, das relativ schnell trocknete. Die für Schiffsanstriche benötigten großen Mengen führten dazu, daß wohl meist das billigere, warm gepreßte Öl verwendet wurde, das dann allerdings intensiv bräunlichgelb getönt war. Dadurch erfuhren sämtliche Farben – mit Ausnahme von Ocker – eine Veränderung zum Gelb hin, die sich am stärksten beim Weiß auswirkte.
Dies mag der Grund gewesen sein, Ockertöne bei der Farbgebung der Schiffe dem Weiß vorzuziehen.
Diese Tonwertverschiebungen verstärkten sich noch, wenn die Anstriche anschließend mit einem schützenden Lack aus natürlichen Harzen behandelt wurden. Dem Modellbauer ist also zu empfehlen, ebenfalls für einen leichten Gelbstich seiner Farben zu sorgen, wenn er wirklich naturgetreu arbeiten will.

Zum Schluß vorsichtshalber noch ein Hinweis: Alles, was hier über Farben gesagt wurde, bezieht sich natürlich nur auf »Körperfarben«, also solche, die für Holzanstriche in Frage kamen. Das Färben von Flaggen oder Segeln ist eine völlig andere Angelegenheit, die mit dem vorstehend Beschriebenen nichts zu tun hat!

Gold und Silber

Gold und Silber gelten und galten seit jeher als *die* Prestigemetalle, auch wenn die Wikinger offensichtlich dem Silber, die Ägypter des Alten und Mittleren Reiches sogar dem Eisen den Vorzug gaben.
In der Schiffsausschmückung spielt nur eines dieser Metalle eine Rolle: Gold.
Natürlich Gold, denn Silber oxidiert unter den Einwirkungen von Seewasser sehr schnell zu unansehnlichem Schwarz, was heißt: *Silber* kann man bei Schiffen/Schiffsmodellen in welcher Form auch immer vergessen, während das chemisch unerschütterliche Gold – auch in der hauchdünnen Form als *Blattgold* – seinen Glanz behielt.
Doch Gold, auch dünnstes Blattgold, war und ist teuer! Und so war eben »nicht alles Gold, was glänzt«. So sehr es viele Modellbauer schmerzen wird: »Gold« war ausschließlich »Renommierschiffen« vorbehalten: Linienschiffen 1., 2. und gelegentlich 3. Ranges, Kommandogaleeren und Fregatten 1. Ranges. Auf allen anderen Schiffen, zumal Handelsschiffen, war das Gold durch Gelb-Ocker bzw. Goldocker ersetzt, wobei die Schattenstellen durch entsprechend dunklere Töne plastisch hervorgehoben wurden, eine Technik, die auch bei tatsächlich vergoldeten Schnitzereien Anwendung gefunden zu haben scheint.

147

Ausrüstung

Rüsten · Püttingseisen
Scheibgats · Speigats · Luken
Lukendeckel · Bullaugen
Oberlichter · Lüfter · Leitern
Treppen · Niedergänge · Deck-
häuser · Kompaß · Kompaß-
häuschen · Mannschafts-
Figuren · Ruderstand
Hecklaterne · Kombüse
Kamin · Schiffsglocke
Ankerbeting · Mastbetinge
Nagelbänke · Knechte · Hals-
klampen · Kreuzhölzer
Bewaffnung · Stückpforten-
deckel · Spill · Winden
Poller · Anker · Ankerlager
Pumpe · Beiboote · Boots-
bau · Bootsausrüstung
Bootsklampen · Davits
Riemen · Enterschutznetze
Finknetze

Das, was den Rumpf eines Schiffsmodells erst richtig zum Leben erweckt, sind die zahllosen Teile seiner Ausrüstung: die Luken und Hecklaternen, die Treppen, Oberlichter, Nagelbänke, Geschütze, Deckhäuser, Anker, Spills und Beiboote.

Ein gut gebauter Rumpf ist die Grundvoraussetzung für ein qualitativ hochwertiges Schiffsmodell, doch seinen wirklichen Wert erhält es erst durch die Details, in erster Linie also durch die Ausrüstung. Ein schlecht proportionierter Anker, ein plump gebautes Spill, ein schlampig zusammengeleimtes Beiboot können den Gesamteindruck höchst ärgerlich beeinträchtigen.

Sie sollten also gerade auf all jene Kleinigkeiten und Details der Ausrüstung größten Wert legen und sie mit ebenso liebevoller Sorgfalt herstellen, wie Sie bei den großen und wichtigen Teilen Ihres Modelles zu Werke gehen. Selbst wenn man manche dieser Kleinteile am fertigen Modell kaum noch bemerkt, sollten Sie in Ihrer Aufmerksamkeit nicht nachlassen – ist es nämlich schlecht geraten, so wird es einem ganz bestimmt immer auffallen!

Nun bietet der Fachhandel gerade an diesen Klein- und Beschlagteilen eine große Fülle an, von Geschützrohren und Hecklaternen über Anker, Spills, Bullaugen und Treppen bis zu ganzen Beibooten. Sie sollten solchen Angeboten ein gerütteltes Maß an Mißtrauen entgegenbringen! Das heißt nun nicht, daß alles, was da angeboten wird schlecht, minderwertig und unbrauchbar wäre. Ganz gewiß nicht! Das heißt nur: seien Sie kritisch! Sehen Sie sich das Stück genau an und überlegen Sie, ob es qualitativ Ihrem Modell entspricht.

Für den Anfänger sind diese Angebote an Beschlagteilen natürlich höchst verlockend, und er sollte sie ruhig zunächst einmal ausnützen, bis er die notwendige Geschicklichkeit erworben hat, die entsprechenden Teile selbst herzustellen (allerdings sollte er auch daran denken, daß jedes gekaufte Stück das Modell verteuert).

Es gibt auch für den Fortgeschrittenen, ja selbst für den Könner manches, was er tatsächlich sinnvoller über den Fachhandel beziehen sollte, weil die Eigenherstellung einfach zu mühsam oder zu schwierig ist. Ich werde im Verlauf noch mehrfach auf dieses Thema zurückkommen.

Und noch dies: ist der Rumpf erst fertig, so reizt es manchen Modellbauer, schon jetzt – wenigstens ein bißchen – mit Masten, Rahen und Takelage zu beginnen, und die vielen Details der Ausrüstung dann so zwischendurch herzustellen und anzubringen. Verbannen Sie solche Gedanken schnellstens! Um die Ausrüstungsteile richtig einbauen zu können, brauchen sie auf Ihrem Modell möglichst viel Platz. Zur Befestigung beispielsweise der winzigen Ringösen für die Brooktaue und Kanonentakel Ihrer Geschütze in der Bordwand können die Decks gar nicht leer genug sein. Jede Art von Masten und Takelage und seien es nur die ersten Anfänge, nehmen Ihnen Platz und Bewegungsfreiheit. Seien Sie also vernünftig und halten Sie sich an die logische Reihenfolge, die Ihnen in diesem Baustadium die Ausrüstung des Rumpfes befiehlt, selbst wenn ein guter Freund meint, »In letzter Zeit geht es aber gar nicht weiter mit Deinem Modell«, weil er die Kunst eines exakt gebauten Spills oder Ruderstands nicht zu erkennen vermag.

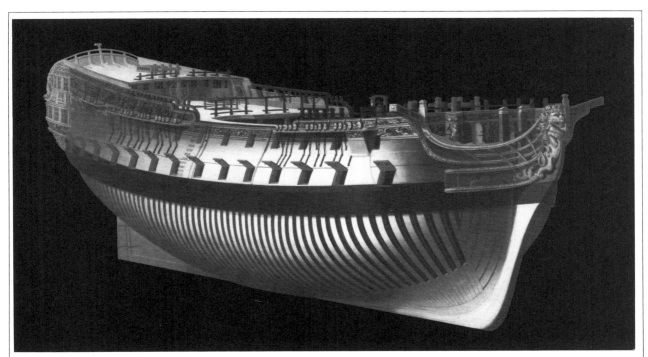

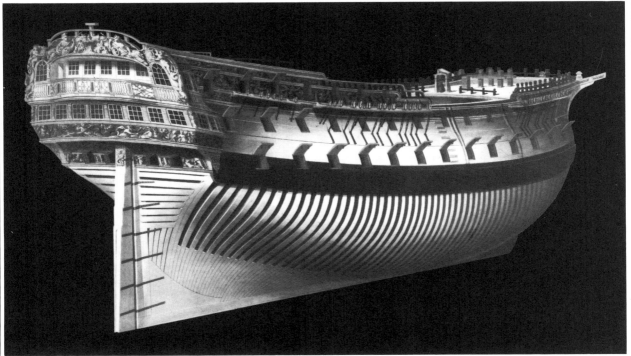

Admirality Model des englischen 74-Kanonen-Schiffes HMS Royal Oak *von 1769*

Rüsten und Püttingseisen

Rüsten gab es seit dem Ende des 15. Jahrhunderts, sie verschwanden in der zweiten Hälfte des 19. Jahrhunderts vielfach wieder.

Die Rüsten waren kräftige Bretter, die seitlich am Rumpf angebracht wurden und von denen aus man die Wanten spannte. Die Rüsten wurden nach ihren zugehörigen Masten unterschieden, also Groß-, Fock- und Besanrüste, zudem gab es gelegentlich kleinere Pardunenrüsten.

Für den Modellbauer ist zunächst wichtig, die Abmessungen der Rüsten nachzuprüfen: sie müssen so breit sein, daß die Wanten die Reling nicht mehr berühren. Man stellt dazu den Mast provisorisch auf und spannt von der Mars eine Schnur bis zur Außenkante der Rüste – scheuert die Schnur an der Reling, muß die Rüste entsprechend verbreitert werden.

Die Stellung der Rüsten war verschiedenen Änderungen unterworfen und galt als Merkmal für bestimmte Perioden im Schiffsbau. Bei Dreideckern saßen die Groß- und Fockrüsten im 17. Jahrhundert unter den Stückpforten der Mitteldeckbatterie, ab Anfang des 18. Jahrhunderts wurden sie über diesen Pforten angebracht, in der zweiten Hälfte des 18. Jahrhunderts rückten sie über die Pforten des Großdecks. Bei Zweideckern saßen bis etwa 1740 die Rüsten unter, danach über den Pforten des Großdecks. Fregatten und kleinere Fahrzeuge fuhren ihre Rüsten in Höhe des Großdecks. Diese Entwicklungen gingen jeweils von England aus, wurden aber mit nur wenigen Jahren Verzögerung von den kontinentalen Seemächten übernommen.

Da die Rüsten stets auf den Barkhölzern sitzen, schneiden sie wie diese gelegentlich die Stückpforten – in diesem Fall sind die Rüsten in zwei oder drei Teile geteilt.

Die Besanrüsten waren bedeutend kleiner und saßen in der Regel eine Stückpfortenhöhe über den Großrüsten.

In viereckige Einschnitte an der Vorderkante der Rüsten – den Jungferngats – wurden die Püttings- oder Rüstjungfern eingesetzt.

Prüfen Sie, ehe Sie diese Einschnitte anbringen, ob ihre Abstände nicht etwa gleich groß im Bauplan eingezeichnet sind. Um ein gleichmäßiges Spreizen der Wanten zu erreichen, müssen diese Abstände nach achtern zu nämlich laufend zunehmen; außerdem ist zu beachten, ob die Wanten später nicht etwa die Stückpforten verdecken!

Da die Rüsten – auch auf einem Modell! – einem beträchtlichen Zug standhalten müssen, sollten sie mit langen Stahlstiften sehr fest an Barkhölzern und Bordwand befestigt werden! Um dem starken Zug weiter entgegen zu wirken, waren die Rüsten auch oft mit Holz- oder Metallverstrebungen weiterhin abgestützt.

Haben Sie die Rüsten angebracht, so ist es durchaus sinnvoll, sie auf ihre Stabilität hin zu prüfen – gehen Sie dabei nicht allzu zart zu Werke! Immer noch besser, Sie reißen eine Rüste jetzt wieder los, als sie löst sich dann später beim Takeln!

Die Püttingsjungfern (die Herstellung von Jungfern wird im Kapitel BLÖCKE UND TAUE beschrieben) werden von einem Metallring umschlossen, der seinerseits von den Püttingseisen gehalten wird, die an ihrem unteren Ende mit starken Nägeln an der Bordwand befestigt werden.

Püttingseisen wurden im Laufe der Jahrhunderte in den verschiedensten Formen verwendet. Man stellt sie aus Draht oder/und Messingblech her, lötet sie an möglichst unsichtbaren Stellen zusammen und schwärzt sie wie früher schon beschrieben (sie schwarz zu lackieren, sieht zumeist häßlich aus).

Nach dem Anbringen von Püttingsjungfern und Püttingseisen wird die Rüste seit Mitte des 16. Jahrhunderts mit einer Deckleiste geschlossen. Schließlich werden noch, gegebenenfalls, die Halterungen für die Leesegelbackspieren und die Reserverahen angebracht.

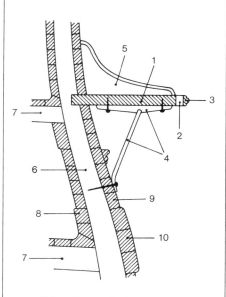

Rüste Querschnitt:
1. Rüste, 2. Jungferngat,
3. Deckleiste, 4. untere
Druckstütze, 5. obere Zug-
stütze, 6. Spant, 7. Deck-
balken, 8. Innenplankung,
9. Außenplankung, 10. Bark-
holz

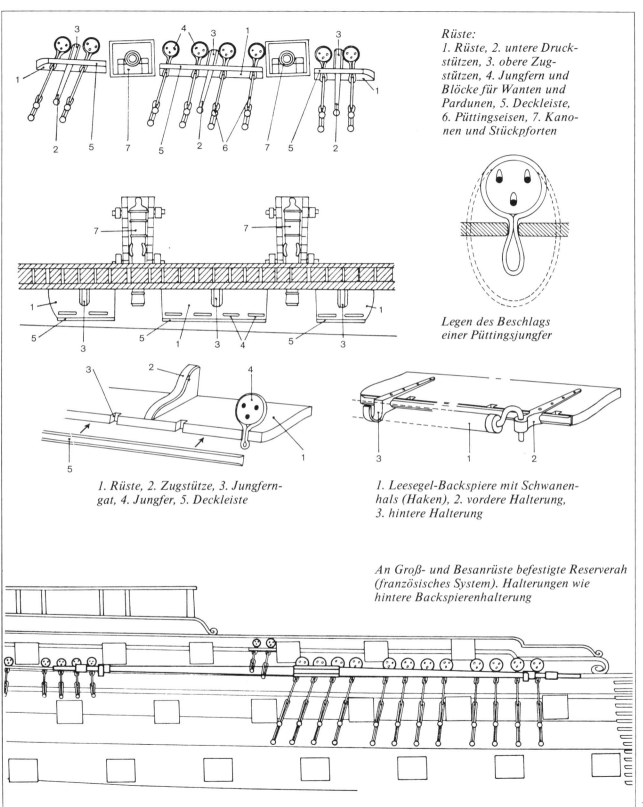

Rüste:
1. Rüste, 2. untere Druck-
stützen, 3. obere Zug-
stützen, 4. Jungfern und
Blöcke für Wanten und
Pardunen, 5. Deckleiste,
6. Püttingseisen, 7. Kano-
nen und Stückpforten

Legen des Beschlags
einer Püttingsjungfer

1. Rüste, 2. Zugstütze, 3. Jungfern-
gat, 4. Jungfer, 5. Deckleiste

1. Leesegel-Backspiere mit Schwanen-
hals (Haken), 2. vordere Halterung,
3. hintere Halterung

An Groß- und Besanrüste befestigte Reserverah
(französisches System). Halterungen wie
hintere Backspierenhalterung

151

Rüsten und Püttingseisen

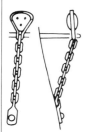

15./16. Jahrhundert

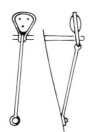

16./frühes 17. Jahrhundert

16./frühes 17. Jahrhundert

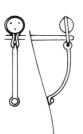

17. Jahrhundert

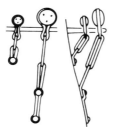

Englisch nach 1760

Französisch spätes 18. Jahrhundert

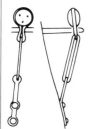

Englisch frühes 18. Jahrhundert

kontinental 17./ 18. Jahrhundert

Niederländisch spätes 18. Jahrhundert

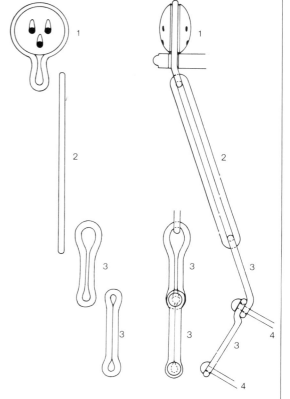

Püttingseisen: 1. Rüstjungfer, 2. Püttings-eisen, 3. gekröpftes Glied, 4. Nagel

152

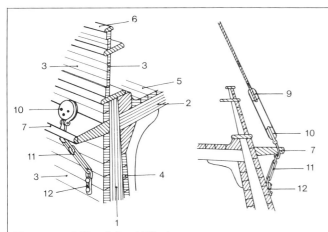

Kriegs- und Handelsschiffe des
frühen 19. Jahrhunderts

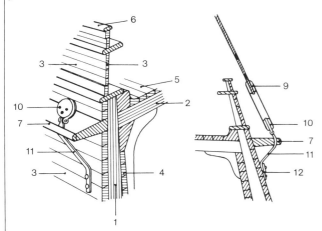

Kriegs- und Handelsschiffe bis
Mitte 19. Jahrhundert, später Kriegsschiffe

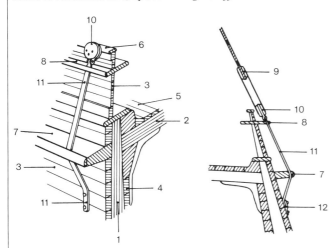

Große Handelsschiffe und Klipper
nach Mitte des 19. Jahrhunderts

Anordnung von Püttingseisen und
Püttings- bzw. Rüstjungfern auf
Schiffen des 19. Jahrhunderts

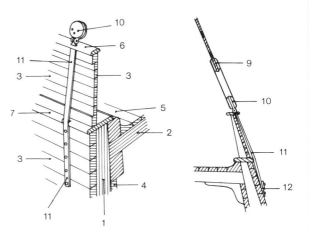

Handelsschiffe, besonders Schoner
nach Mitte des 19. Jahrhunderts

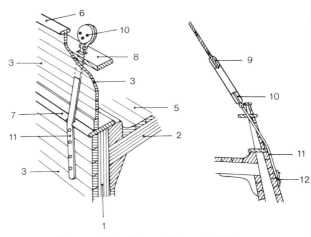

Kleinere Handelsschiffe nach Mitte
des 19. Jahrhunderts

1. Spant, 2. Deckbalken,
3. Außenplankung, 4. Innenplankung, 5. Deckplanken,
6. Reling, 7. Rüste, 8. Rüst-
leiste, 9. Wantjungfer
(mit Want), 10. Püttings-
oder Rüstjungfer, 11. Püttingseisen, 12. gekröpftes
Glied.

Scheibgats

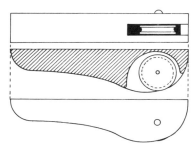

Im 16. und bis Mitte des 17. Jahrhunderts wurde das Großschot häufig durch ein Scheibgat außenbords geschoren

Die Schoten der Untersegel und einige andere Taue wurden durch Scheibgats ins Innere des Schiffes gefahren.

Im Mittelalter und bis ins 16. Jahrhundert war das Scheibgat eine Öffnung in der Bordwand mit einer Seilrolle, ab dem 17. Jahrhundert ging man nach und nach dazu über, das Scheibgat mit einem eigenen Gehäuse aus Hartholz zu versehen, das die Seilrollen und deren Achsen aufnahm, und dies als ganzes in die Bordwand einzubauen.

Die Öffnung des Scheibgats sägt man in das Holz ein, wobei zu beachten ist, daß die Kanten der Öffnung nach jener Seite, aus der das Tau kommt, etwas ausgeschliffen und abgerundet werden.

Die Seilrollen kann man selbst auf der Drehbank drehen oder sie aus nicht zu dünnem Messingblech ausschneiden und zurechtfeilen oder sie fertig im Handel kaufen – was in diesem Fall tatsächlich fast das beste ist (aeronaut-Modellbau A. Eggenweiler führt hier z. B. ein reiches Sortiment in verschiedenen Größen).

Als Achse verwendet man einen entsprechend dicken Stahlstift, wobei zu beachten ist, daß diese Achse nie senkrecht zur Wasserlinie stand, sondern stets um 6 bis 10 Grad nach achtern geneigt!

Es wurden auch nie mehr als 3 Rollen auf einer Achse gefahren, Scheibgatvierlinge wurden als 2 Zwillinge hintereinander gesetzt.

Speigats

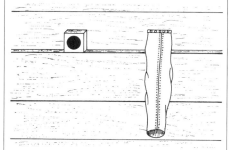

Im 16./17. Jahrhundert wurden kontinental die Speigats zum Schutz der Planken mit einem Segeltuchschlauch versehen

Speigats gehören zu jenen Kleinigkeiten, die auf mittelmäßigen Modellen nahezu immer vergessen werden.

Durch die Speigats soll das bei rauher See überkommende Wasser, das Wasser aus den Bilgepumpen oder auch einfach nur das Wasser vom Deckscheuern abfließen. Aus diesem Grund waren 2 bis 3 Paare Speigats am tiefsten Punkt der Decks, also etwa Mittschiffs in der Kuhl angeordnet, ein weiteres Paar befand sich häufig achtern kurz vor dem Besanmast. Speigats gab es zumeist auf dem Mittel- und Großdeck bei Dreideckern, auf dem Batterie- und Großdeck bei Zweideckern, auf dem Großdeck bei Eindeckern (Fregatten und ähnlichem). Die Speigats führten vom Wassergang des Decks schräg nach unten durch die Beplankung außenbords. Im Mittelalter waren sie aus Hartholz gefertigt, ab dem 16. Jahrhundert mit Kupfer oder Messing ausgekleidet, damit das Wasser nicht ins Holz eindringen konnte.

Natürlich kann man Speigats selbst herstellen, doch ist es auch hier sinnvoller, sich zunächst im Fachhandel umzusehen, wo sie auch unter dem Begriff »Gatchen« zu finden sind (auch hier ist wieder aeronaut–Modellbau zu empfehlen).

Luken und Lukendeckel

Die Ladeluken dienten dazu, die Ladung ins Innere des Schiffes zu bringen.

Ihren Rahmen bildete das Lukensüll, in das dann die Lukendeckel eingesetzt wurden. Auf Kriegsschiffen waren diese Deckel Grätings (s. GRÄTINGS), auf Handelsschiffen feste Holzdeckel. Sie konnten gerade, gebogen, halbtonnig, dach- oder pultförmig sein, und der Modellbauer sollte dabei auch an die notwendigen Handgriffe – Ringe, Leisten, Handklampen, Vertiefungen – denken, die ebenfalls nur allzu häufig vergessen werden.

Lukensüll und Lukendeckel waren bis in die zweite Hälfte des 19. Jahrhunderts aus Holz, auf kleineren Schiffen sind sie es heute noch vielfach. Auf großen Schiffen etwa ab 1850 kamen zum Teil Luken und Lukendeckel aus Metall in Gebrauch.

s. auch S. 127.

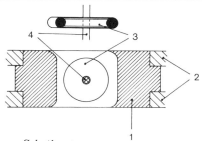

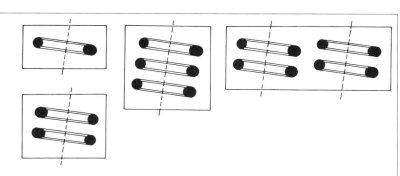

Scheibgat:
1. Scheibgatgehäuse,
2. Beplankung, 3. Seil-
rolle, 4. Achse
Rechts oben Scheibgat-
kombinationen einfach,
doppelt, dreifach und
vierfach

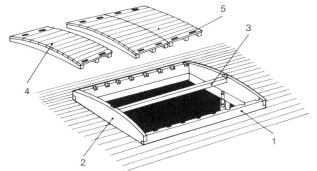

Luke mit Lukendeckel: 1. Längssüll (Scherstock),
2. Quersüll, 3. herausnehmbarer Längsbalken,
4. Lukendeckel, 5. Handgriffe oder Augbolzringe

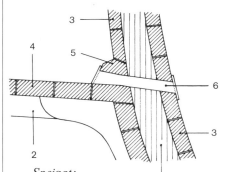

Speigat:
1. Spant, 2. Deck-
balken, 3. Beplankung,
4. Deckplanken, 5. Was-
sergang, 6. Speigat

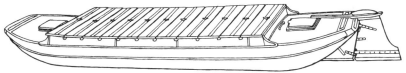

Holländische Schuitje (Schleppkahn) des
19. Jahrhunderts. Den Großteil des Schiffes
nehmen die Ladeluken ein, die mit geraden
Lukendeckeln verschlossen wurden

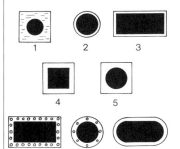

Speigatöffnungen:
1. Hartholz, Mittelalter,
2.–5. Kupfer oder
Messing, 16./19. Jahr-
hundert, 6.–8. Eisen,
19. Jahrhundert

Holländische Tjalk (ohne Mast gezeichnet)
des 18./19. Jahrhunderts. Die Ladeluken
sind hinter dem Mast angeordnet und dach-
förmig abgedeckt. Einige der abgenommenen
Lukendeckel liegen auf der vordersten
Luke aufgestapelt

Bullaugen

Beleuchtung und Belüftung des Schiffsinneren war viele Jahrhunderte lang ein höchst fragwürdiges Kapitel. Die goldglitzernden Prachtschiffe des Barock stanken erbärmlich, und die eleganten Galeeren gar pflegten einen solchen Pesthauch um sich zu verbreiten, daß man ihnen spezielle Ankerplätze fernab der übrigen Menschheit zuwies, manche Häfen für sie überhaupt schloß – und man war damals gewiß mit Gerüchen nicht kleinlich!

Eine Besserung dieser Zustände brachte erst das späte 18. und vor allem das 19. Jahrhundert.

Bullaugen kamen kurz vor der Mitte des 19. Jahrhunderts allgemein auf. Der Modellbauer muß sich auch hier wieder einmal entscheiden, wie er das Glas zeigen will – entweder durch die traditionellen »Glasfarben« grün, blau oder schwarz, oder mit kleinen Celluloidstückchen, die er in die Bullaugen klebt. Eine Selbstverständlichkeit ist wohl, daß man alles Glas auf einem Schiffsmodell in der gleichen Art herstellt. Wer also seine Heckfenster aus Celluloid gemacht hat, der kann nicht bei den Bullaugen oder den Oberlichtern mit »Glasfarbe« arbeiten und umgekehrt.

Die Bullaugen selbst kann man auf der Drehbank aus Messing drehen, sinnvoller ist es freilich, auch diese Kleinstteile im Fachhandel fertig zu beziehen.

Eingesetzt werden sie in Löcher, die man vorsichtig mit dem Bohrer in die Bordwand gebohrt hat. Erwähnen möchte ich hierbei wieder einmal, daß man nie mit dem Bohrer der endgültigen Stärke bohren sollte, sondern zunächst mit einem schwächeren und dann das Loch langsam ausweiten.

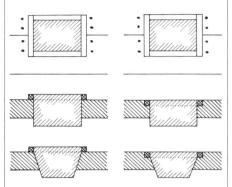

Ins Deck eingelassene Bullaugen wurden um 1840 üblich. Aufsichten und Querschnitte, rechts mit aufgesetztem, links mit eingelassenem Rahmen

Oberlichter

Außer auf holländischen Staatenjachten, wo sie bereits im 17. Jahrhundert verwendet wurden, begann man Oberlichter erst in der ersten Hälfte des 19. Jahrhunderts in größerem Umfang zu verwenden.

Die Rahmen waren aus Holz, erst im letzten Drittel des 19. Jahrhunderts wurden für Oberlichter auch Metallrahmen verwendet. Das Glas wird, wie eben bei den Bullaugen schon angesprochen, behandelt. Die teilweise verwendeten Schutzgitter werden aus dünnem Stahl- oder Messingdraht in die Rahmen eingesetzt.

Oberlichter werden zwar teilweise im Handel fertig angeboten, hier ist es allerdings wesentlich besser, sie selbst anzufertigen, wenn man auf Genauigkeit und historische Treue Wert legt.

Lüfter

Lüfter wurden seit etwa 1825 zunächst für die Dampfmaschinen- und Kesselräume unter Deck benötigt. Nach der Mitte des 19. Jahrhunderts entwickelten sich dann die auch heute noch verwendeten Druck- und Sauglüfter (letztere im 19. Jahrhundert allerdings nur sehr vereinzelt).

Lüfter kann man selbst aus Metall, Holz oder Kunstharz herstellen; auch im Fachhandel kann man mit etwas Glück und Geduld Brauchbares und Originalgetreues finden. Achten sollte man dabei freilich darauf, daß am unteren Ende der Lüfteröffnung der nach unten führende Luftschacht sichtbar wird, notfalls muß man ihn vom Fuß des Lüfters aus nachbohren.

Als besonders günstig für die Herstellung der Köpfe von Drucklüftern, die sonst höchst schwierig nachzubauen sind, hat sich das galvano-plastische Verfahren erwiesen.

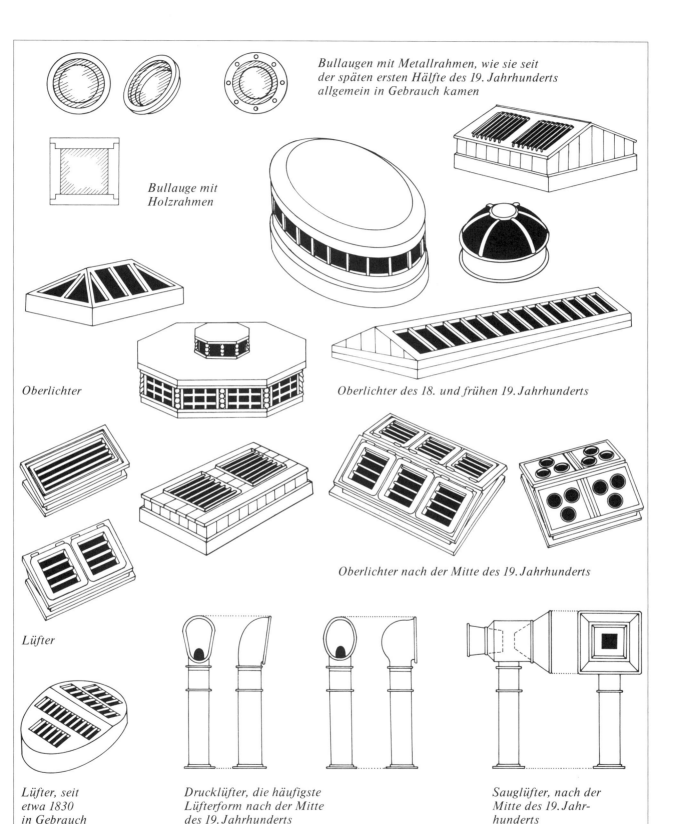

Bullaugen mit Metallrahmen, wie sie seit
der späten ersten Hälfte des 19. Jahrhunderts
allgemein in Gebrauch kamen

Bullauge mit
Holzrahmen

Oberlichter

Oberlichter des 18. und frühen 19. Jahrhunderts

Oberlichter nach der Mitte des 19. Jahrhunderts

Lüfter

Lüfter, seit
etwa 1830
in Gebrauch

Drucklüfter, die häufigste
Lüfterform nach der Mitte
des 19. Jahrhunderts

Sauglüfter, nach der
Mitte des 19. Jahr-
hunderts

157

Leitern und Treppen

Die verschiedenen Schiffsebenen waren durch zahlreiche Leitern und Treppen miteinander verbunden.

Bis ins 17. Jahrhundert hinein waren die Treppen schlicht, zumeist ziemlich steil und unbequem. Geländer besaßen sie nur selten.

Im prunkliebenden Barock und im Rokoko (von der Mitte des 17. bis zum späten 18. Jahrhundert also) wurden die Treppen mit prächtig geschnitzten und gedrechselten, manchmal vergoldeten Geländern versehen – steil und unbequem blieben sie trotzdem.

Das frühe 19. Jahrhundert kehrte zu einer gewissen Nüchternheit und Sachlichkeit zurück, die zweite Hälfte des 19. Jahrhunderts begann Wangen und Stufen der Treppen verschiedentlich aus Metall anzufertigen – steil und unbequem waren sie noch immer.

Treppen und Leitern sollte man selbst herstellen (die im Handel angebotenen taugen wenig).

Diese Arbeit wird sehr erleichtert, wenn man sich zunächst ein Hilfsgestell baut, wie es die Zeichnung zeigt. Zwischen die einzelnen Holzklötzchen werden die Stufen gesteckt. Die Tritthöhe der Stufen betrug original etwa 20 bis 24 cm. Sodann klebt man rechts und links die Treppenwangen an.

Natürlich wäre es viel zu mühsam, wenn man für jede Treppe solch ein Hilfsgestell anfertigen müßte. Da aber auf einem Schiff für gewöhnlich alle Treppen und Leitern gleiche Stufenhöhe und – zumindest bei den sichtbaren Treppen der oberen Decks – auch gleichen Neigungswinkel haben (in vielen Ländern war das sogar Vorschrift), kann man praktisch alle Treppen seines Modells auf der gleichen Schablone bauen.

Bis zur Einführung fester Außentreppen im 17. Jahrhundert (und lange später noch auf kleinen Schiffen) diente eine Strickleiter, das Fallreep oder Biscayer, als Außentreppe. Der Biscayer bestand aus runden Holzsprossen zwischen zwei Tauen. Solch eine Strickleiter war zu der Zeit, als die Wanten noch nicht mit Webeleinen ausgewoben waren, also bis ins späte 15. Jahrhundert, auch hinter dem Mast vom Mastkorb bis zum Deck gespannt.

Feste Außenbordtreppen besaßen keine Wangen, sondern nur Stufen. Aus einer Holzleiste schneidet man sich zunächst einen langen Streifen mit dem Profil der Stufen (man kann sie auch aus mehreren Leisten zusammensetzen) und schneidet dann jeweils die benötigten Stückchen davon ab. Diese muß man nur noch an den beiden Schmalseiten bearbeiten, bevor man sie an der Bordwand befestigt.

Achtung! Denken Sie daran, daß die Trittfläche der Stufen in gleicher Ebene mit der Wasserlinie liegen muß! Sie werden also an der Innenkante der Stufen mit Schleifen und Schmirgeln die Wölbung der Bordwand entsprechend ausgleichen müssen.

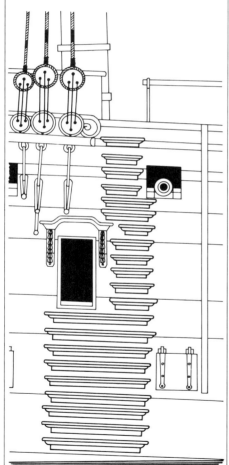

Außentreppe (auch Staatstreppe oder Fallreepstreppe genannt) eines Dreideckers, 18. Jahrhundert. Die Pforte führte in die Mitteldeckbatterie

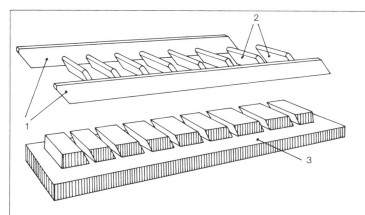

*Herstellen von Treppen: 1. Wangen, 2. Stufen,
3. Hilfsgestell zum Treppenbau*

*Treppe: Antike und
Mittelalter, auf
kleineren Schiffen
bis 19. Jahrhundert
verwendet*

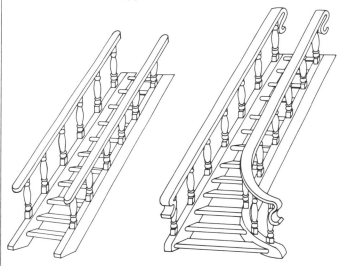

Treppen des 17. und 18. Jahrhunderts

*Hecktreppe auf
Galeeren, 15. bis
19. Jahrhundert*

*Fallreep
oder
Biscayer,
unten
Reepstek*

Niedergänge und Deckhäuser

Technische Schwierigkeiten wird es mit diesen Teilen wohl kaum geben, trotzdem gibt es ein paar Kleinigkeiten, auf die Sie achten sollten.

Niedergänge

Bis ins 19. Jahrhundert waren die Niedergänge – also die Treppen, die von den oberen Decks in die tiefer gelegenen führten – nur mit einem Handlauf gesichert.

Im frühen 19. Jahrhundert errichtete man auf dieser Reling kreuzweise Metallbügel, über die eine Persenning gezogen werden konnte, damit es bei schlechtem Wetter nicht in die unteren Decks regnete.

Wenig später ging man, zunächst für Handels-, dann auch für Kriegsschiffe, dazu über, eine feste Verzimmerung mit Türen als Wetterschutz über den Niedergängen zu errichten. Gleichzeitig umgab man die Niedergänge mit einer ziemlich hohen Süll, damit etwa auf dem Deck herumschwappendes Wasser nicht die Stufen hinunterfließen konnte.

Deckhäuser

Deckhäuser sind, bis auf Ausnahmen, ziemlich neu und stammen aus der Zeit kurz vor der Mitte des 19. Jahrhunderts. Ihr Aussehen muß jeder Modellbauer aus seinen Plänen ermitteln.

Wichtig ist nur, daß die Sockel der Deckhäuser exakt dem Decksprung und der Deckwölbung angepaßt werden, wie die Zeichnung links zeigt. Auf den Deckhäusern waren auch oft noch etliche Beiboote gestapelt (s. BOOTSKLAMPEN).

Die ältesten Deckhäuser, wenn man sie schon so nennen will, waren die Hühnerställe, die seit dem 18. Jahrhundert in mannigfacher Form auf der Kuhl oder dem Puppdeck untergebracht waren. In ähnlicher Form gab es auch Schweine-, Ziegen- und Schafställe.

Die Ställe selbst baut man aus Holzleisten, die Gitter setzt man in der gleichen Methode ein wie die Gitter der Oberlichter. Den Boden der Ställe sollte man ganz dünn mit Klebstoff (Hymir-Exotenleim beispielsweise, weil dieser völlig unsichtbar auftrocknet) bestreichen und darauf dünn Sägemehl streuen.

Wer naturgetreu Hühner, Schweine, Schafe oder Ziegen in seinen Ställen unterbringen will, der sollte sich in Fachgeschäften für Eisenbahnmodelle umsehen, wo derlei Zubehör zu bekommen ist. Achtung, daß die Tiere im richtigen Maßstab sind!

Die Firmen Preiser und Merten haben sich für Eisenbahnmodelle auf die Herstellung von Menschen und Tieren spezialisiert. Problematisch dabei ist nur, daß die üblichen Maßstäbe für Modelleisenbahnen bei den Schiffsmodellbauern eher verpönt sind.

Da die Modelleisenbahner ihre Maßstäbe in »Spurweiten« angeben, hier die wichtigsten Umrechnungen:

Spur O = 1 : 45
Spur HO = 1 : 87

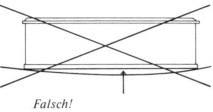

Falsch!
Decksprung nicht beachtet

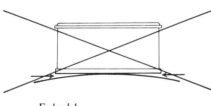

Falsch!
Deckwölbung nicht beachtet

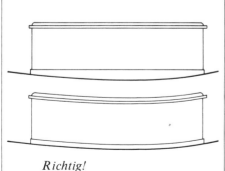

Richtig!
Sockel des Deckhauses dem Deck voll angepaßt

Prunkgondel des kaiserlichen Botschafters in Venedig mit Deckhaus

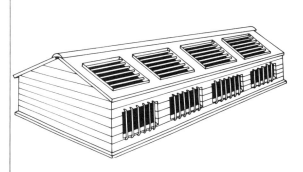

Hühnerstall, 18./19. Jahrhundert

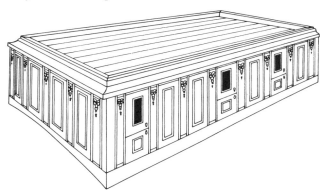

Deckhaus seit der Mitte des 19. Jahrhunderts

Niedergang, 19. Jahrhundert

Der reich geschnitzte und vergoldete Heckaufbau der La Capitana di Venezia, *einer Kommandogaleere bei der Schlacht von Lepanto 1571. Das Dach des Aufbaus ist aus rotem Damast. (Modell des Verfassers für aeronaut-Modellbau)*

Kompaß

Seit seiner Einführung im 13./14. Jahrhundert ist der Kompaß bis heute das wichtigste Hilfsmittel der Navigation geblieben.

Künstlerisch hat das seinen Ausdruck in den reich geschmückten, gemalten, oft auch mit Elfenbein, Schildpat und Edelmetallen eingelegten Kompaßblättern gefunden.

Der Modellbauer wird, außer auf sehr großmaßstäblichen Schiffsmodellen, wohl kaum in die Verlegenheit kommen, einen Kompaß bauen zu müssen, trotzdem sollte das Gerät in diesem Buch wenigstens mit ein paar Worten erwähnt werden.

Kompaß-häuschen

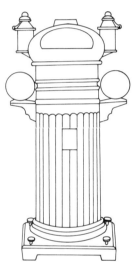

Kompaßhäuschen, Typ des 19./20. Jahrhunderts

Daß man dieses wertvolle, so unbedingt notwendige und empfindliche Instrument besonders schützen wollte, ist nur verständlich.

Seit dem Beginn des 17. Jahrhunderts wurde der Kompaß in einem eigenen Gehäuse vor dem Steuermann aufgestellt.

Dieses Gehäuse, das im ganzen 17. und 18. Jahrhundert in seinem Aussehen ziemlich gleich blieb, bestand aus einem Holzkasten mit drei Abteilungen und Glasfenstern.

Für die Einrichtung gab es zwei Anordnungen.

Entweder standen in den beiden Seitenfächern zwei Kompasse und in der Mitte eine Laterne zur Beleuchtung bei Nacht – es war dies die vor allem auf Kriegsschiffen gebräuchliche Form. Oder der Kompaß stand im Mittelfach, und in den beiden Seitenfächern waren die Lampen untergebracht – es war dies die auf Handelsschiffen zumeist übliche Variante.

1820 konstruierte H. Popham ein Kompaßhäuschen mit fast würfelförmigem Unterbau und einem Pyramidenstumpf als Aufsatz, der von allen vier Seiten Glasscheiben zum Beobachten des Kompaß aufwies.

1835 meldete der Engländer Preston seine Form des Kompaßhäuschens zum Patent an, aus ihm entwickelten sich dann die seit 1860 bis heute üblichen Typen.

Um 1880 kamen im englischen Eisenschiffbau Kompasse mit Deviationskugeln auf, die Sir William Thompson, der spätere Lord Kelvin, erfunden hat. Zweck dieser Deviationskugeln, die sehr bald auch im kontinentalen Schiffbau übernommen wurden, war es, die Aberrationen (Mißweisungen durch geographische Längen und Breiten sowie durch das verwendete Eisen) der Kompaßnadel auszugleichen.

Darüber hinaus führten und führen alle Schiffe eine ganze Reihe weiterer Kompasse als Reserve mit, wie etwa den rechts gezeigten kleinen Peilkompaß.

Mannschafts-Figuren

Auch die Bemannung von historischen Schiffsmodellen ist eines jener Themen, über die sich die Experten nächtelang die Köpfe heißreden können, ohne zu einem Ergebnis zu kommen. Denn was der Eine als »Kitsch« bezeichnet, findet der Andere nicht nur ein belebendes Element, sondern gar unerläßlich, um einen entsprechenden Größenvergleich Mensch – Schiff anstellen zu können.

Das Unterfangen »Mannschaft« scheitert freilich oft daran, daß die richtigen Figuren fehlen.

Zwar bieten seit einigen Jahren einige Modellbaufirmen Seeleute und Offiziere an, freilich nur für das 18. Jahrhundert und im Maßstab 1 : 75. Wer sich jedoch nicht scheut, Figuren entsprechend zu bemalen und gegebenen Falles auch umzuarbeiten, damit sie historisch stimmen, der findet eine reiche Auswahl (Ritter, Indianer, Soldaten usw.) in den Maßstäben 1 : 25 und 1 : 50 (!) bei der Firma:

Kleinkunstwerkstätten Paul Breiser, KG, Postfach 1233, D-8803 Rothenburg ob der Tauber.

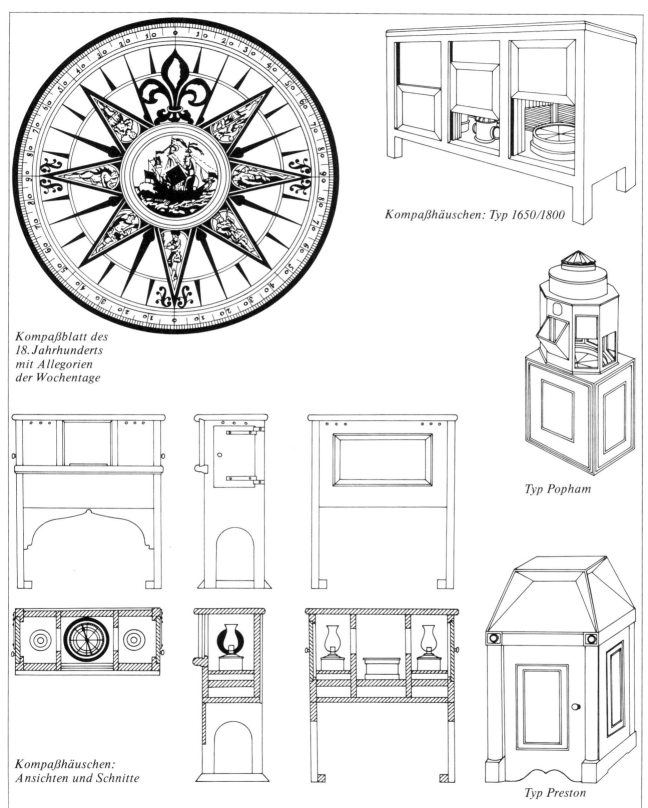

*Kompaßblatt des
18. Jahrhunderts
mit Allegorien
der Wochentage*

Kompaßhäuschen: Typ 1650/1800

Typ Popham

*Kompaßhäuschen:
Ansichten und Schnitte*

Typ Preston

163

Ruderstand

Um das Steuerruder zu bewegen gibt es drei Methoden:
1. die Ruderpinne
2. den Kolderstock
3. das Steuerrad

Jener Ort, von dem aus das Ruder bewegt wird, nannte man Ruderstand.

Ruderpinne

Von ihr war schon im Zusammenhang mit dem Ruder selbst die Rede, so daß sich eine Wiederholung hier erübrigt. Mit der Pinne zu steuern, war und ist auf allen kleineren Schiffen üblich, und bis ins 15. Jahrhundert war es auch die einzige bekannte Methode.

Im 17. Jahrhundert wurden teilweise zwei Takel an der Ruderpinne angeschlagen, mit denen man entweder das Ruder feststellen konnte oder mit denen man bei schwerer See die Pinne bediente, wenn zu befürchten war, daß die Kraft von zwei oder drei Männern nicht mehr ausreichen würde.

Diese Einrichtung wurde im 18. Jahrhundert von praktisch allen kleineren Kriegsschiffen (Kutter, Brigg, Korvette und leichte Fregatte) übernommen, aber auch von vielen Handelsschiffen.

Kolderstock

Als im 15. Jahrhundert die Schiffe immer größer, die Heckaufbauten immer höher wurden, stand der Rudergast an der Pinne bald ein oder zwei Decks tiefer als der kommandierende Kapitän. Das bedeutete, daß der Rudergänger blind und nur auf Zuruf steuern mußte – bei rauhem Wetter oder im Gefecht eine höchst unsichere Methode.

So wurde der Kolderstock erfunden, eine beweglich an der Ruderpinne befestigte Stange, die es dem Rudergänger erlaubte, von einem höher gelegenen Deck aus zu steuern und die außerdem den Vorteil einer besseren Hebelwirkung hatte.

Das 16. Jahrhundert hatte die Schiffe und damit Ruder und Ruderpinne so groß und schwer werden lassen, daß man einiger zusätzlicher Hilfsmittel bedurfte.

Da war zunächst der Leuwagen, ein schwerer Holzbalken, der das Gewicht der Ruderpinne aufnahm. Seine Oberseite war mit Metall beschlagen, das mit Fett und Seife eingeschmiert wurde, damit die Pinne besser rutschte.

Der Kolderstock selbst wurde mit einem Drehlager, dem Werbel versehen, so daß die Hebelkraft weiter verbessert werden konnte.

Der größte Nachteil des Kolderstocks war sein geringer Ausschlag – er betrug 40 bis 50 Grad, was dann einem Ruderausschlag von nur noch 5 bis 10 Grad entsprach.

Auf kleineren Schiffen steuerte der Rudergast vom Groß- oder Kampanjedeck aus, auf größeren Schiffen stand er zumeist auf dem Großdeck, konnte aber durch ein Loch im Kampanjedeck hinausschauen und nach Sicht steuern. Dieses Loch wurde mit dem Steuerhäuschen nach oben geschützt; es hatte den Zweck, dem Rudergänger auch bei Sturm und im Gefecht einen möglichst sicheren Standplatz zu geben.

Steuerrad

Zu Beginn des 18. Jahrhunderts wurde der Kolderstock vom Steuerrad abgelöst. Eine Seiltrommel wurde in zwei Böcken gelagert und mit ein oder zwei großen Handrädern ausgerüstet.

Die Bewegung der Ruderpinne erfolgte nun über Tauzüge, was nicht nur den Vorteil sehr guter Kraftübertragung, sondern auch den besonderen Vorzug größerer Ruderausschläge und damit besserer Manövrierfähigkeit des ganzen Schiffes hatte.

Ruderstand, 16./17. Jahrhundert

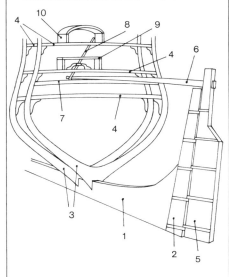

Ruderstand, 18./19. Jahrhundert

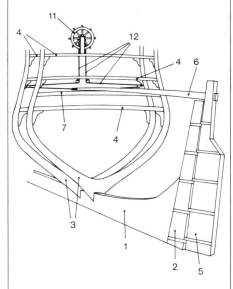

1. Kiel, 2. Achtersteven, 3. Spanten, 4. Deckbalken, 5. Ruder, 6. Ruderpinne, 7. Leuwagen, 8. Kolderstock, 9. Rudergängerstand, 10. Steuerhäuschen, 11. Steuerrad, 12. Tauzüge des Ruders

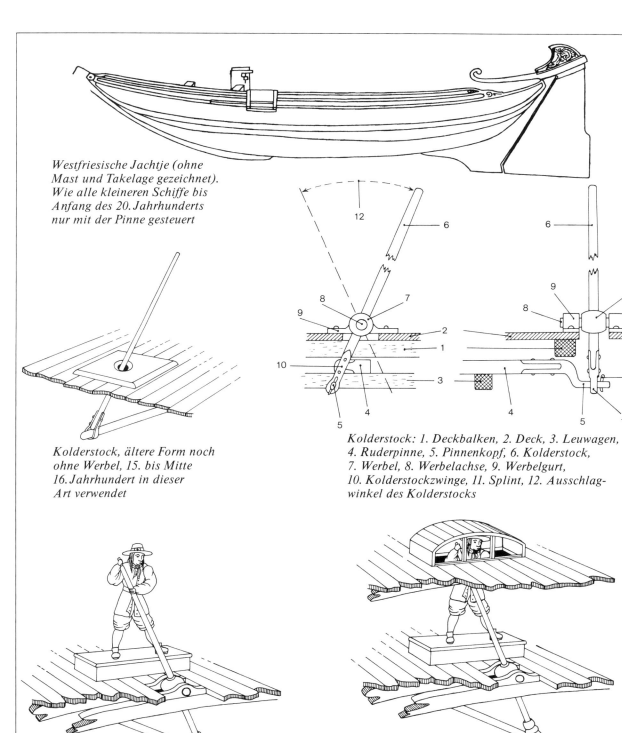

Westfriesische Jachtje (ohne Mast und Takelage gezeichnet). Wie alle kleineren Schiffe bis Anfang des 20. Jahrhunderts nur mit der Pinne gesteuert

Kolderstock, ältere Form noch ohne Werbel, 15. bis Mitte 16. Jahrhundert in dieser Art verwendet

Kolderstock: 1. Deckbalken, 2. Deck, 3. Leuwagen, 4. Ruderpinne, 5. Pinnenkopf, 6. Kolderstock, 7. Werbel, 8. Werbelachse, 9. Werbelgurt, 10. Kolderstockzwinge, 11. Splint, 12. Ausschlagwinkel des Kolderstocks

Ruderstand, 16./17. Jahrhundert auf kleineren Schiffen: der Rudergänger steht offen auf dem Groß- oder Kampanjedeck

Ruderstand, 16./17. Jahrhundert auf größeren Schiffen: der Rudergänger steht auf dem Großdeck und schaut durch das Steuerhäuschen auf das Kampanjedeck

Ruderstand

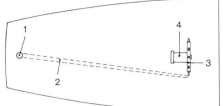

1720 bis 1820

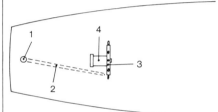

1800 bis 1850

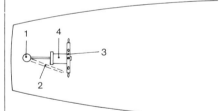

1840 bis 1880

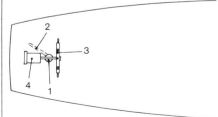

1860 bis 1900

*Anordnung von Ruder, Ruder-
pinne und Steuerrad:
1. Ruderkopf, 2. Pinne,
3. Steuerrad, 4. Seiltrommel*

So einfach der Bau eines Ruderstandes mit Kolderstock vor 1700 ist, so viel Geduld und Sorgfalt bedarf ein Ruderstand mit Steuerrad nach dieser Zeit. Der Fachhandel bietet zwar auch hier einige Hilfen – ich werde darauf noch zu sprechen kommen – doch die kompletten Ruderstände, die gelegentlich angeboten werden, taugen wenig.

Zunächst muß man sich darüber klar werden, wo der Ruderstand überhaupt aufgestellt war – die Pläne geben dies zumeist korrekt an. Bis etwa 1820 war die Ruderpinne ziemlich lang, und der Ruderstand befand sich knapp hinter dem Besanmast. Danach begann man die Ruderpinnen zu kürzen, und als um 1840 die ersten eisernen Ruderpinnen eingeführt wurden, rückte der Ruderstand ganz nach achtern in unmittelbare Nähe des Ruderkopfes.

Der Ruderstand war häufig auf einer Standplatte montiert, die gerne aus Grätings zusammengesetzt wurde. Darauf waren die beiden Böcke befestigt, in denen die Achse der Seiltrommel gelagert war. Die Seiltrommel selbst bestand aus Holz; man setzt sie am besten aus Stücken von Rundhölzern zusammen und befestigt an ihr die Handräder.

Der Bau der Steuerräder selbst ist etwas kompliziert, doch jene Methode, die im Original angewendet wurde und die auf der Abbildung rechts gezeigt ist, verwendet man sinnvollerweise nur bei entsprechend großmaßstäblichen Modellen. Bei Schiffsmodellen mit einem Maßstab von 1 : 50 oder kleiner sägt man das Steuerrad als Ganzes aus möglichst feinfasrigem Holz (Buchsbaum zum Beispiel) aus, schmirgelt, schleift, schnitzt und feilt Speichen, Radlauf und Handgriffe zurecht und klebt schließlich aus dünnem Messingblech die Metallteile auf.

Steuerräder, die man im Fachhandel bezieht, sollte man einer sehr kritischen Prüfung unterwerfen. Auf Plastik (auch auf selbstgegossenes Kunstharz) sollte man sich hier auf keinen Fall einlassen, denn es ist unmöglich, Kunststoff nachträglich das natürliche Aussehen von Holz zu geben. Aus dem selben Grund läßt sich auch mit Blei wenig anfangen.

Steuerräder aus Holz (Buchsbaum) führt in akzeptabler Qualität meines Wissens nur Krick-Modellbau. Bei Steuerrädern aus Messing, wie sie in der zweiten Hälfte des 19. Jahrhunderts vielfach üblich wurden, tut man sich etwas leichter (z.B. aeronaut–Modellbau und Simprop Electronic). Metallsteuerräder selbst machen zu wollen ist eine recht undankbare und mühsame Sache, man sollte hier tatsächlich das Angebot des Fachhandels annehmen. Wer es trotzdem versuchen will, der findet eine Methode in »Plank-on-frame Models« von Harold A. Underhill.

Oft wird auch der Durchmesser von Steuerrädern falsch gewählt. Auf großen bis mittelgroßen Schiffen betrug der Durchmesser mit Handgriffen etwa 1,4 bis 1,6 Meter, auf kleineren Schiffen 1 bis 1,2 Meter. Die Tauzüge zur Ruderpinne waren auf allen Schiffen im Prinzip gleich angeordnet, nur daß sie bei großen Schiffen durch zwei Rudergatchen zunächst unter Deck geführt wurden, während bei kleineren Schiffen die Tauzüge auf dem Deck angebracht waren, wie die Zeichnung zeigt. Wichtig ist die Anzahl der Schläge, mit denen das Rudertau um die Seiltrommel genommen wurde: es waren 5 bis höchstens 7 Schläge (!), bei Ketten nie mehr als 5.

Im Laufe des 19. Jahrhunderts wurden Seiltrommel und Zubehör in einem Ruderhaus untergebracht – man sollte dabei auf die Nationalität des Schiffes achten, denn es gab eine europäische und eine amerikanische Form des Ruderhauses, die gelegentlich verwechselt werden. In der ersten Hälfte des 19. Jahrhunderts wurde mit den verschiedensten Techniken der Kraftübertragung vom Steuerrad auf die Ruderpinne oder direkt auf den Ruderkopf experimentiert, im letzten Drittel des 19. Jahrhunderts auch Dampfhilfsmaschinen eingesetzt – die wichtigsten und gebräuchlichsten Typen finden Sie umseitig abgebildet.

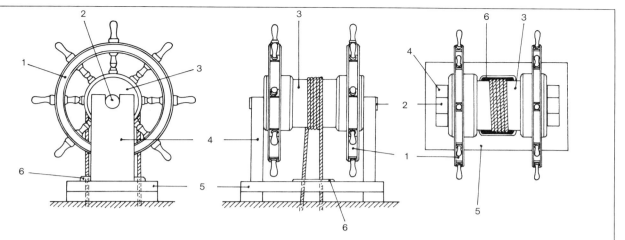

Ruderstand, 18./19. Jahrhundert: 1. Steuerrad, 2. Achse, 3. Seiltrommel, 4. Bock, 5. Standplatte (häufig als Gräting ausgebildet), 6. Reepgatchen

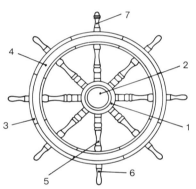

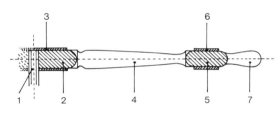

Steuerrad Querschnitt: 1. Achse, 2. Nabe, 3. Nabenplatte (Messing), 4. Speiche, 5. Radlauf, 6. Radlaufbeschlag (Messing), 7. Handgriffe

Steuerrad: 1. Nabe, 2. Nabenplatte (Messing), 3. Radlauf, 4. Radlaufbeschlag (Messing), 5. Speichen, 6. Handgriffe, 7. Königsspeiche

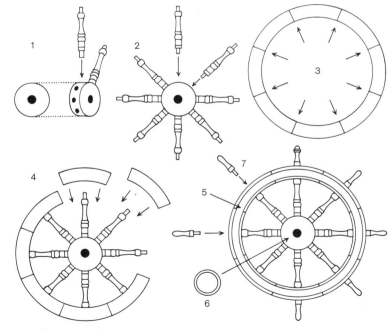

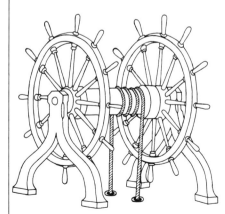

Großer Ruderstand mit doppeltem Steuerrad

Bau eines Steuerrads aus Holz: 1. Nabe, 2. Einsetzen der Speichen, 3. Radlauf teilen, 4. Aufsetzen der Teile des Radlaufs, 5. Montieren des Radlaufbeschlags aus dünnem Messing, 6. Montieren der Nabenplatte, 7. Einsetzen der Handgriffe

167

Ruderstand

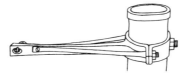

eiserne Ruderpinne

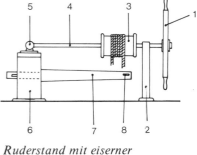

Ruderstand mit eiserner Ruderpinne: 1. Steuerrad, 2. Bock, 3. Trommel, 4. Achse, 5. Achslager, 6. Ruderkopf, 7. Pinne, 8. Augbolzen für Takel

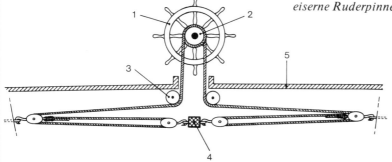

Tauzüge bei großen Schiffen: 1. Steuerrad, 2. Trommel, 3. Rollen, 4. Ruderpinne, 5. Deck

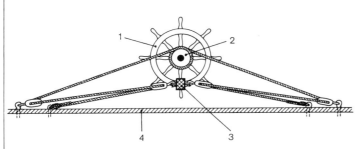

Tauzüge bei kleineren Schiffen: 1. Steuerrad, 2. Trommel, 3. Ruderpinne, 4. Deck

Ruderstand kleinerer Küstenfahrer und Walfänger, 18./19. Jahrhundert. Das Steuerrad war auf der Ruderpinne montiert

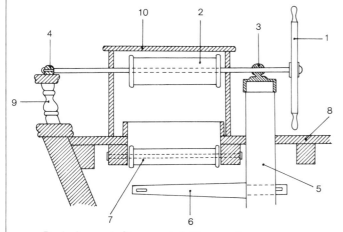

Ruderhaus: 1. Steuerrad, 2. Trommel, 3. vorderes Achslager, 4. hinteres Achslager, 5. Ruderkopf, 6. Ruderpinne, 7. Seilrolle, 8. Deck, 9. Heckreling, 10. Ruderhaus (amerikanische Form)

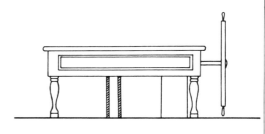

Ruderhaus, europäische Form

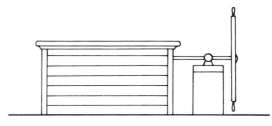

Ruderhaus, amerikanische Form

Ruderstände von 1830 bis 1890

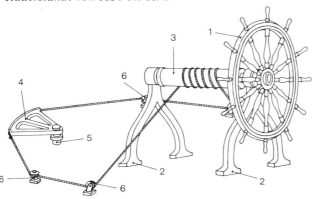

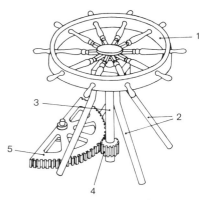

*Ruderstand mit Tauzug über Quadrant:
1. Steuerrad, 2. Bock, 3. Trommel, 4. Quadrant
auf dem Ruderkopf, 5. Quadrantachse,
6. Seilführungsrollen*

*Ruderstand mit liegendem Steuer-
rad (vor allem bei Binnenschiffen
verwendet): 1. Steuerrad, 2. Bock,
3. Achse, 4. Zahnrad, 5. Quadrant
auf dem Ruderkopf*

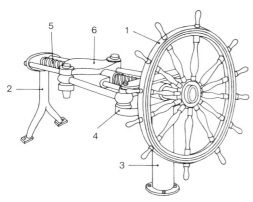

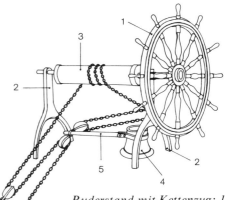

*Ruderstand mit starrer Kraftübertragung
durch Schnecke: 1. Steuerrad, 2. Bock,
3. Ruderkopf, 4. Ruderpinne, 5. Schnecke,
6. Schieber (z. B.* Cutty Sark*)*

*Ruderstand mit Kettenzug: 1. Steuer-
rad, 2. Bock, 3. Trommel, 4. Ruderkopf, 5. Ruderpinne*

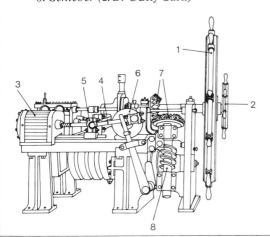

*Zwei Ruderstände mit
starrer Kraftübertragung
und Dampfhilfsmaschine:
1. Steuerrad, 2. Handrad
für Dampfsteuerung,
3. Dampfzylinder,
4. Pleuelstange, 5. Gelenk,
6. Schwungrad, 7. Kegel-
räder, 8. Schnecke,
9. Zahnrad, 10. großes
Zahnrad, 11. Ketten-
trommeln.*

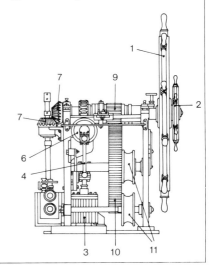

Hecklaterne

Hecklaternen gehören ohne Zweifel zum verzwicktesten, mit dem Sie es im ganzen historischen Schiffsmodellbau zu tun bekommen.

Mit ihren gerundeten, bauchigen, oftmals noch dazu asymmetrischen Formen und dem reichen Schmuck, wie er im Barock und Rokoko so beliebt war, stellen sie große Anforderungen, selbst wenn Sie mit den Ringen und Verstrebungen, mit den Girlanden und Putten zurechtkommen, bleibt immer noch ein Problem: das Glas.

Woher bekommt man entsprechend gerundetes, geformtes Glas?

Ein unlösbares Problem?

Durchaus nicht!

Sehen wir uns die Möglichkeiten an, unter denen Sie wählen können:

Kompakte Holzlaterne mit gemaltem Glas

Diese Methode verwenden z.B. die Admirality Models. Die Hecklaterne wird aus einem Klötzchen Holz als Ganzes geschnitzt, die Metallteile, also Fuß, Ringe, Rippen, Dach usw. werden vergoldet, und die Glasteile in grün, blau, schwarz (manchmal mit weißen Punkten) in den schon erwähnten »Glasfarben« bemalt. Traditionalisten im historischen Modellbau verwenden diese Methode – trotz der wenig überzeugenden Wirkung.

Rippenlaterne ohne Glas

Ebenfalls eine traditionelle Methode. Man baut die Laterne aus Holz und/oder Metall, und zwar nur die tragenden und schmückenden Elemente. Das Glas wird einfach weggelassen. Hecklaternen dieser Art sehen etwas natürlicher aus, überzeugen können sie ebenfalls nicht.

Rippenlaterne mit Glas

Der wie eben beschrieben gebauten Laterne werden vor der Montage des Daches von innen Glas- oder besser Celluloidstückchen eingeklebt. Solche Laternen sehen absolut echt aus; allerdings ist diese Methode nur bei Hecklaternen von vier-, sechs- und achteckiger oder zylindrischer Form möglich, d.h. bei allen Laternen, bei denen man kein »gebogenes« Glas benötigt.

Kompakte Laternen aus Kunstharz

Dort, wo man »gebogenes« Glas benötigt, also bei runden, birnenförmigen oder asymmetrischen Hecklaternen, kann man mit bestem Erfolg durchsichtiges Kunstharz verwenden (die Methode für Guß und Bearbeitung wurde bereits im Kapitel »Material und Werkzeuge« beschrieben).

Ob man nur den Glasteil aus Kunstharz herstellt und die Metallteile einzeln anfertigt und anfügt, oder ob man die ganze Laterne gießt und die Metallteile anschließend vergoldet, das bleibt von Fall zu Fall zu entscheiden. Grundsätzlich wird man freilich die Hecklaterne in mehreren Stücken gießen müssen, damit man die Teile gut aus der Form bekommt. Daß manche Modellbauer diese Methode ablehnen, ›weil sie erst im 20. Jahrhundert erfunden und früher nicht verwendet wurde‹, sollte Sie nicht kümmern – hätte man im 17. oder 18. Jahrhundert Kunstharz gekannt, es wäre zweifellos verwendet worden!

Laternen aus dem Handel

Vergessen Sie diese Möglichkeit. Ich kenne keine einzige im Handel angebotene Hecklaterne, die etwas taugen würde.

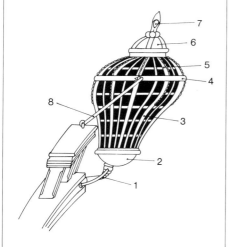

Asymmetrische Hecklaterne
1. Halter, 2. Fuß, 3. unterer
Zylinder, 4. Mittelring, 5. oberer
Zylinder, 6. Dach, 7. Knauf,
8. Seitenhalterungen

*Portugiesische, spanische, holländische, venezianische, genuesische,
englische, französische, dänische und schwedische Hecklaternen.*

171

Kombüse mit Kamin

Seit dem Beginn der großen Entdeckungsfahrten im 15. Jahrhundert werden in den verschiedenen Logbüchern und Reiseberichten Kochstellen auf Schiffen erwähnt. Es mag sie bereits seit dem Hochmittelalter gegeben haben – wo sie standen und wie sie aussahen, ist freilich weitgehend unbekannt. Genaueres über die Schiffsküche erfahren wir erst seit dem 17. Jahrhundert.

Die Kombüse – von den Matrosen auch »Schreckenskammer« genannt – wo der Smutje – das ist wörtlich der »Schmutzige« – sein Wesen trieb, war bis 1820 zumeist auf dem Großdeck unter der Back etabliert. Später im 19. Jahrhundert stand sie auf Kriegsschiffen auch oft auf Mittel- oder Batteriedeck in Höhe der Kuhl, während Kauffahrer sie gern in einem eigenen Deckhaus auf dem Oberdeck unterbrachten.

Die Herdstelle war bis in die erste Hälfte des 19. Jahrhunderts aus Ziegeln und Schamottsteinen gemauert, oftmals zusätzlich außen mit starken Brettern und Eisenbändern zusammengehalten. Später kamen dann auch Metallherde in Gebrauch, die sich aber wegen ihrer größeren Feuergefährlichkeit erst auf Stahlschiffen in größerem Umfang durchzusetzen vermochten.

Viele Kombüsenherde auf Kriegsschiffen waren – wie auch der links gezeigte Herd – mit schweren Eisenringen ausgestattet, an denen man Takel anschlagen konnte, wenn der Herd vor einem Gefecht ins Orlopdeck hinuntergehievt wurde um »Klar Deck« zu machen.

Der Modellbauer wird wenig mit der Kombüse selbst zu tun bekommen außer auf Schiffen – vor allem des 18. Jahrhunderts – die über kein geschlossenes Schott zwischen Kuhl und unterem Backdeck verfügen, wo man dann den Herd stehen sieht. Stets zu sehen ist seit dem späten 17. Jahrhundert der Kombüsenkamin. Bis in die erste Hälfte des 19. Jahrhunderts war er fast immer aus Holz und in seinem Grundriß viereckig. Holzkamine waren außen manchmal in Naturholz belassen, häufiger aber schwarz gestrichen. Gibt Ihr Plan nichts Genaueres an, sollten Sie im Zweifelsfall den Kamin schwarz beizen.

Nach 1830 verwendete man zunehmend Kamine mit rundem Querschnitt aus Metall, das schwarz gestrichen wurde. Diese Kamine lötet man am besten aus entsprechend dicken Messingrohren zusammen und schwärzt sie dann in der bekannten Weise.

Wichtig bei Holz- wie Metallkaminen ist, daß das Innere des Kamins »verrußt« ist, also stumpf schwarz in der Farbe, die sich auch noch über die Oberkante der Kaminöffnung fortsetzt, durch gelegentliches »Putzen« dort aber etwas heller im Farbton sein sollte.

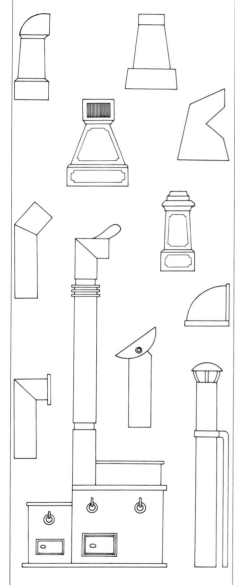

Kombüsenherd mit Kamin, 19. Jahrhundert
Kombüsenkamine: oben 17. Jahrhundert, mitte 18. Jahrhundert, unten 19. Jahrhundert

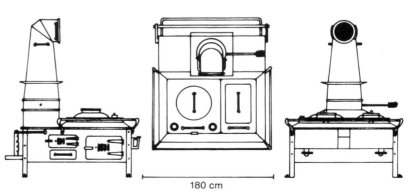

180 cm

Kombüsenherd einer englischen Fregatte des 18. Jahrhunderts.

Der amerikanische Walfänger Alice Mandell *von 1851.*
Unter der Back sehr gut zu sehen der gemauerte Herd mit den zwei Kaminen der
Trankocherei. Kombüsenherde sahen ähnlich aus, waren nur kleiner

Schiffsglocke

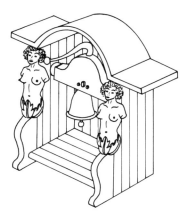

*Schiffsglocken und Glocken-
stühle des 17. und 18. Jahrhunderts*

War die Galionsfigur die Personifikation des Schiffes, so war die Schiffsglocke seine Stimme. Entsprechend liebevoll wurde sie lange Zeit selbst
geschmückt und in oft prunkvollen Glockenstühlen aufgehängt.

Mit der Glocke wurde der Beginn der Wachen angezeigt, es wurde
Alarm gegeben und auch Signale bei Nebel.

Handelsschiffe verfügten über nur eine Glocke, die sich ursprünglich
am Heck, später – etwa ab 1650 – auf der Back befand. Die Engländer
scheinen die ersten gewesen zu sein, die Schiffsglocken verwendeten.
Die älteste mir bekannte Darstellung eines Schiffs-Glockenstuhls findet
sich auf einer Darstellung von Willem van der Velde dem Älteren des
Linienschiffes 2. Ranges HMS *Rainbow* um 1650. Seit dieser Zeit
gehören Glockenstühle am Kuhlschott der Back, wie einer auf dem
nebenstehenden Foto der HMS *Prince* zu sehen ist, zum festen Inventar
englischer Kriegsschiffe. Auf holländischen und französischen Schiffen
kamen Schiffsglocken erst Anfang des 18. Jahrhunderts in Gebrauch.
Der Glockenstuhl von Handelsschiffen war zumeist eher schlicht
gehalten, im 19. Jahrhundert verwendete man gern die Säule des Brat-
oder Pumpspills (s. SPILL) gleichzeitig als Glockenstuhl.

Kriegsschiffe verfügten bis Anfang des 18. Jahrhunderts ebenfalls über
nur eine Glocke, die aber in einem oft prachtvoll geschmückten,
geschnitzten und vergoldeten Glockenstuhl auf der Kuhlseite des Back-
schotts aufgehängt war.

Im 18. Jahrhundert fanden Glocke und Glockenstuhl auf dem Backdeck
an der achteren Brüstung ihren Platz.

Auf französischen Zwei- und Dreideckern des 18. Jahrhunderts wurde oft
eine zweite, kleinere Glocke an der Brüstung des Kampanjedecks
gefahren, sie vermochte sich aber sonst weder in England, noch auf
dem Kontinent wirklich durchzusetzen und verschwand auch auf
französischen Schiffen Ende des 18. Jahrhunderts wieder. Im 19. Jahrhundert hing stets eine kleine Glocke in Reichweite des Rudergängers
zum Glasen.

Schiffsglocken herzustellen, gibt es eine ganze Reihe von Möglichkeiten:
Man kann sie auf der Drehbank aus Messing drehen – dabei müssen
allerdings Verzierungen wie Wappen oder Schiffsnamen, mit denen die
Glocken häufig geschmückt waren, unberücksichtigt bleiben. Bei
Modellen im Maßstab 1 : 50 oder kleiner kann man allerdings auf solch
winzige Feinheiten mit einigermaßen gutem Gewissen verzichten.
Messinggedrehte Glocken gibt es auch im Fachhandel (z.B. aeronaut–
Modellbau).

Ferner kann man Schiffsglocken mit der früher schon beschriebenen
Galvanisiermethode herstellen oder aus Zinn, auf das dann eine dünne
Schicht Messing galvanisiert wird – beide Methoden haben den Vorteil,
daß man auch Wappen und Schriften anbringen kann. Für großmaß-
stäbliche Modelle ist darum unbedingt eine dieser Methoden vorzuziehen.

Wichtig auf jeden Fall, daß Schiffsglocken nahezu ausnahmslos aus
blankem Messing bzw. Bronze hergestellt waren, man unbedingt also
diesen Messingcharakter des Materials auf die eine oder andere Weise
herausbringen muß.

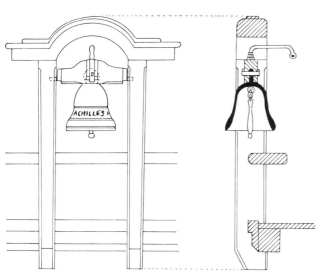

*Schiffsglocke und Glockenstuhl, Vorderansicht
und Querschnitt, auf einem englischen Kriegsschiff
im 18. Jahrhundert*

*Zwei
Schiffsglocken*

*Schiffsglocke
eines Handels-
schiffs, 19.
Jahrhundert*

Ankerbeting

Die schweren Ankerbetinge standen zumeist unter der Back auf dem Groß- oder Mitteldeck in Höhe der Ankerklüsen. Ihre Aufgabe war, die Ankertrossen zu halten; auf größeren Schiffen standen zumeist zwei Ankerbetinge hintereinander.

Die senkrechten Pfosten (auch Säulen oder Zepter genannt) reichten durch die Decks hinunter bis zum Kielraum, wo sie festgekeilt waren. Verbunden wurden sie mit einer schweren Querstrebe, auch Kreuz genannt, der nach achtern zu noch ein weiterer Balken, oft als Polster oder Kissen bezeichnet, vorgelagert war. Bugwärts waren sie mit zwei langen, stabilen Knien abgestützt, die fest durch Bolzen mit den Deckbalken verbunden waren.

Um diese Betinge wurden die Ankertrossen geschlagen und zusätzlich mit zwei bis vier Stopperzurrings an Ringbolzen festgemacht, damit das Ankerkabel oder die Ankerkette nicht unkontrolliert ausrauschen konnte.

Diese Art der hölzernen Ankerbetinge verschwand gegen Mitte des 19. Jahrhunderts, danach wurden sie aus Metall gefertigt.

Auf kleineren Schiffen stand die Ankerbeting offen auf dem Großdeck und diente vielfach gleichzeitig als Achslager für ein Bratspill (s. SPILL).

Mastbetinge

Am Fuß von Groß- und Fockmast, selten auch am Besanmast, standen kleinere Betinge, deren Fuß freilich ebenfalls zumindest bis zum nächsten Decksbalken hinunterreichte. Sie waren mit Scheibgats ausgerüstet, durch die beispielsweise die Marssegelschoten geschoren und dann an den Betingköpfen belegt wurden.

Bis etwa 1660 waren diese Mastbetinge mit einfachen Querhölzern verbunden, danach ging man dazu über, diese Querhölzer mit einer Anzahl von Belegnägeln zu besetzen, an denen weitere Tauenden des laufenden Gutes belegt werden konnten; die Querstäbe nannte man nun auch Geduld.

In der ersten Hälfte des 18. Jahrhunderts setzte man am Fuß der Mastbetinge eine Reihe von Leitblöcken an, durch die die herunterkommenden Taue geschoren wurden, ehe man sie an den Belegnägeln festmachte.

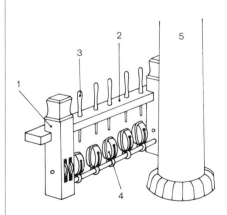

Mastbeting: 1. Betinge, 2. Geduld, 3. Belegnägel, 4. Leitblöcke, 5. Mast

176

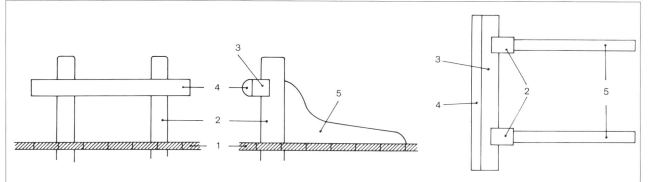

Ankerbeting: 1. Deck, 2. Betingsäulen oder Zepter (im Orlopdeck befestigt),
3. Betingsbalken oder Kreuz, 4. Kissen, 5. Betingknie

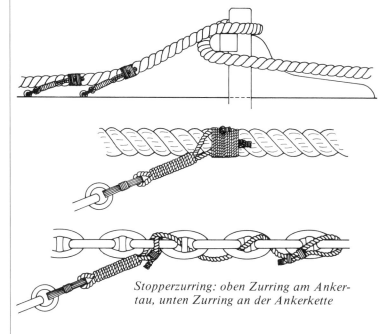

Belegen des Ankerkabels an der
Beting. Links zwei Stopperzurrings,
wie sie das Ankerkabel sichern sollten

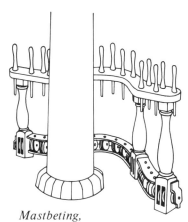

Stopperzurring: oben Zurring am Anker-
tau, unten Zurring an der Ankerkette

Mastbeting,
19. Jahrhundert

Mastbeting,
16./17. Jahrhundert

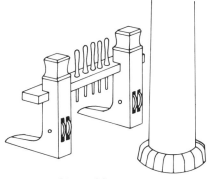

kleine Mastbeting,
17./18. Jahrhundert

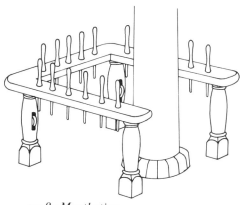

große Mastbeting,
18./19. Jahrhundert

Nagelbänke

An den Nagelbänken wurden die schwächeren Taue des laufenden Gutes belegt, und wie die Geduld der Mastbetinge waren sie mit einer Reihe von Belegnägeln besetzt.

Wie bei den Rüsten ist es wichtig, die Nagelbänke mit Stahlstiften sehr fest an der Bordwand zu befestigen, damit sie später dem Zug der Taue nicht nachgeben.

Da für die über 150 Tauenden eines Dreimasters selbstverständlich an Nagelbänken und Mastbetingen nicht ausreichend Platz war, wurden eine Reihe von Belegnägeln durch die Reling des Schanzkleides wie der Geländer an Back, Kampanje und Pupp gesteckt und dort die Tauenden belegt; erst im 19. Jahrhundert wurde es üblich, alle Taue an Nagelbänken festzumachen.

Knechte

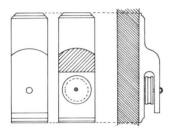

Bis Mitte 17. Jahrhundert wurde kontinental die holende Part der Seitentakel oft über kleine Knechte am Schanzkleid geschoren

Die Knechte dienten zum Heißen der Unterrahen. Der Fuß von Groß- und Fockknecht reichte bis in den untersten Schiffsraum, und unter Deck waren sie mit Holzkeilen verbolzt.

Der Großknecht soll eine Breite von 1 Zoll für je 8 Fuß der Schiffslänge von Vorder- bis Hintersteven haben, anders ausgedrückt den 96. Teil der genannten Länge. Der Fockknecht soll 90 % der Abmessungen des Großknechtes haben, da beide untereinander im gleichen Verhältnis stehen sollen wie ihre Masten.

Fock- und Großknecht waren mit vier Scheiben ausgerüstet, von denen drei für das Kardeel bestimmt waren, das an einem Ringbolzen seitlich am Knecht seinen Anfang nahm. Die vierte Scheibe wurde je nach Bedarf für das Stengewindereep oder andere Taue verwendet, die zum Spill geführt werden sollten. Während Groß- und Fockknecht hinter ihren Masten standen, stand der Besanknecht vor seinem Mast. Er war auch bedeutend kleiner und hatte nur zwei Scheiben.

Weitere kleine Knechte waren an der Bordwand festgemacht (manchmal auch freistehend davor aufgestellt), durch Sie wurden etwa die Unterbrassen geschoren.

Halsklampen

Bis zur Mitte des 17. Jahrhunderts wurden die Großhalsen durch ein Loch oder ein Scheibgat in einem zwischen Reling und oberstem Barkholz eingesetztem, im 17. Jahrhundert fast immer geschnitzten Holzbalken (auch Fender konnten dazu verwendet werden) parallel zur Bordwand geschoren und ein Stück dahinter durch ein weiteres Loch in der Bordwand binnenbords.

Um die Mitte des 17. Jahrhunderts wurde es dann üblich, das Großhals direkt durch ein Loch in der Bordwand binnenbords zu fahren, wobei dieses Loch zumeist durch eine mit Löwenköpfen oder Fratzen beschnitzte, oftmals vergoldete Platte geschmückt war.

In der ersten Hälfte des 18. Jahrhunderts griff man auf englischen Schiffen auf die ältere Methode zurück, auf kontinentalen Schiffen entfielen die Halsklampen ganz und wurden durch Tauzüge wie an den Schoten ersetzt.

Kreuzhölzer

Schwere Taue des laufenden Guts wurden an Kreuzhölzern, die an der Bordwand befestigt waren, belegt. Das große Kreuzholz diente dem Großhals als Belegstelle, das durch ein Loch zwischen seinen Pfosten binnenbords fuhr.

Die kleineren Kreuzhölzer dienten vor allem den Schoten und Fockhalsen als Belegstellen.

Genaues Aussehen und Anordnung der Kreuzhölzer kann man leicht dem jeweiligen Bauplan entnehmen.

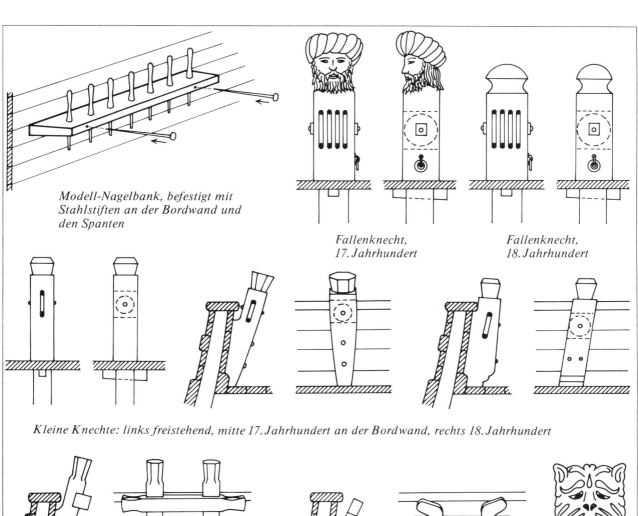

Modell-Nagelbank, befestigt mit Stahlstiften an der Bordwand und den Spanten

Fallenknecht, 17. Jahrhundert

Fallenknecht, 18. Jahrhundert

Kleine Knechte: links freistehend, mitte 17. Jahrhundert an der Bordwand, rechts 18. Jahrhundert

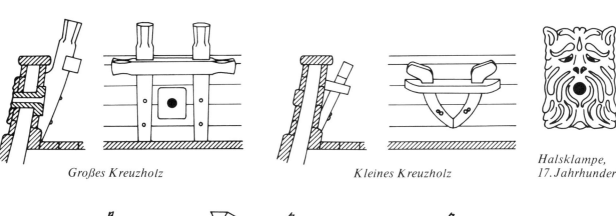

Großes Kreuzholz

Kleines Kreuzholz

Halsklampe, 17. Jahrhundert

Halsklampe, 16. bis 18. Jahrhundert

Halsklampe, 16. und 17. Jahrhundert

Halsklampe, 16. und 17. Jahrhundert

Halsklampe, ab Mitte 17. Jahrhundert

Bewaffnung

Ob Kriegs-, ob Handelsschiff, durch Jahrtausende war eine mehr oder minder umfangreiche Bewaffnung eine Selbstverständlichkeit, wenn man sich mehr als ein paar Meilen aus dem Schutz des Heimathafens hervorwagte.

Die älteste Schiffswaffe war der Rammsporn, der um 1200 v. Chr. von den Griechen erfunden wurde. Bohrte sich dieser bronze- oder eisenbeschlagene Sporn in die Bordwand eines feindlichen Schiffes, so war dieses unrettbar verloren. Mit dem Rammsporn wurde das ganze Schiff zur Waffe.

Die neuere Entwicklung, in der ein Schiff nicht selbst Waffe, sondern Waffenträger ist, begann etwa um 300 v. Chr., als die Kriegsfahrzeuge der Griechen (später auch die der Römer) für die Taktik des Rammstoßes zu groß und schwerfällig wurden.

Die Kampfkraft bestimmten nun Schleudermaschinen der verschiedensten Größen und Bauarten. Man unterscheidet drei Grundtypen.

Katapulte:
Schleudermaschinen für pfeilartige Geschoße mit zwei Bogenarmen, wie rechts eines abgebildet ist. Die Größe von Katapulten reichte vom armrustartigen Gastraphetes bis zum mittelschweren Chalkotonon und Euthytonon. Die Schleuderkraft der Bogenarme wurde durch stramm gespannte Taubündel bewirkt, es wurden aber auch gehärtete Stahlfedern und sogar Luftdruck verwendet. Es gab Mehrladekatapulte (Polybolon), schwere »Maschinengewehre« der Antike.

Ballisten:
Schleudermaschinen mit zwei Bogenarmen für Steinkugeln. Im Prinzip ähnlich wie die Katapulte konstruiert, waren sie von mittlerem bis schwerem Kaliber (Palintonon), konnten aber nicht wie Katapulte auf Direktschuß eingestellt werden, sondern schleuderten ihre Steinkugeln im Bogenschuß auf das Ziel.

Skorpion oder Onager:
Es waren die schwersten Schleudermaschinen für Steinkugeln oder ganze Felsbrocken mit nur einem Schleuderarm, der ebenfalls durch Taubündel gespannt wurde.

Es würde entschieden zu weit führen, in diesem Buch nun all die verschiedenen Schleudermaschinen der Antike im einzelnen vorzustellen und zu zeigen. Wer sich mit Schiffen und ihrer Bewaffnung dieser Zeit beschäftigt, dem sei das Buch »Die römische Flotte« von H. D. L. Viereck empfohlen.

Viele dieser Schleudermaschinen, zumal auf römischen Kriegsschiffen, standen auf einer Drehplattform, die auf konischen Rollen oder Kugeln gelagert war und die gleiche Aufgabe erfüllte wie die Drehkränze moderner Geschütztürme. Eine besonders gefährliche Waffe kam in der Spätantike in Byzanz auf.

Griechisches Feuer:
Ihm war es nicht zuletzt zu verdanken, daß Ostrom so lange dem mohammedanischen Ansturm widerstehen konnte. Erfunden hatte das griechische Feuer der Syrer Callinicus. Es arbeitete nach einem ähnlichen Prinzip wie ein moderner Flammenwerfer: in ein Metallrohr, dessen hinteres Ende mit einem starken Blasebalg verbunden war, wurde ein Naphtha-Schwefel-Salpeter-Gemisch gefüllt und die entflammte Masse dem Feind entgegengespritzt. Die genaue Rezeptur des griechischen Feuers, das auch auf dem Wasser brannte, war streng geheim und ging mit der Eroberung Konstantinopels verloren.

Im Norden Europas war bis ins 11. Jahrhundert Schiffsbewaffnung unbekannt, dann begann man – freilich in bescheidenem Maß – Katapulte und Ballisten antiker Bauart auf Schiffen zu installieren.

Für den Modellbauer ist die Herstellung von antiken und mittelalterlichen Schleudermaschinen technisch ohne Problem, so er nur die

Bug eines griechischen Kriegsschiffs mit Rammsporn

Byzantinisches Geschütz für griechisches Feuer

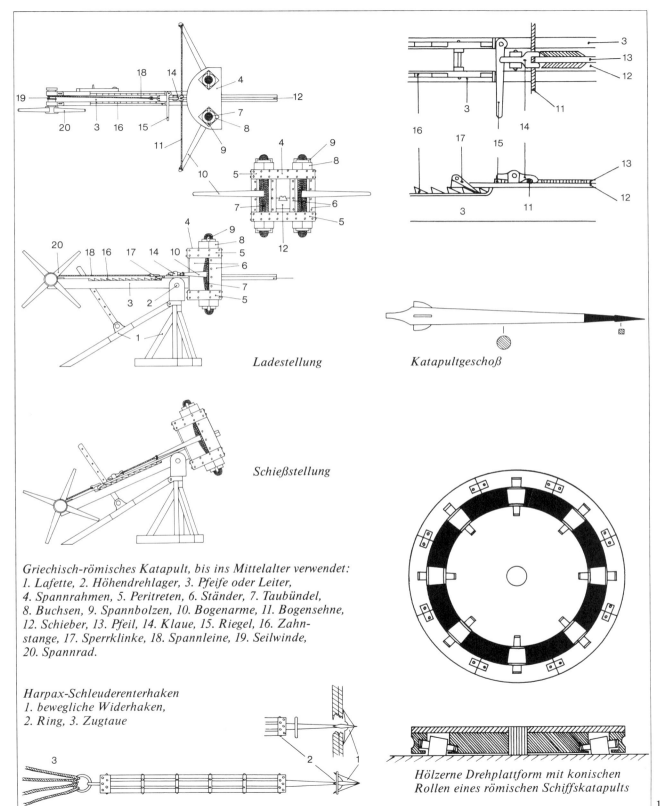

Ladestellung

Katapultgeschoß

Schießstellung

Griechisch-römisches Katapult, bis ins Mittelalter verwendet:
1. Lafette, 2. Höhendrehlager, 3. Pfeife oder Leiter,
4. Spannrahmen, 5. Peritreten, 6. Ständer, 7. Taubündel,
8. Buchsen, 9. Spannbolzen, 10. Bogenarme, 11. Bogensehne,
12. Schieber, 13. Pfeil, 14. Klaue, 15. Riegel, 16. Zahnstange, 17. Sperrklinke, 18. Spannleine, 19. Seilwinde,
20. Spannrad.

Harpax-Schleuderenterhaken
1. bewegliche Widerhaken,
2. Ring, 3. Zugtaue

Hölzerne Drehplattform mit konischen
Rollen eines römischen Schiffskatapults

Bewaffnung

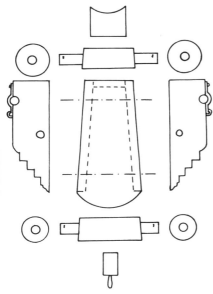

Teile einer Lafette. Von oben: Lafettenriegel, Vorderachse mit Rädern, Mittelstück mit Seitenwangen, Hinterachse mit Rädern, Richtkeil.

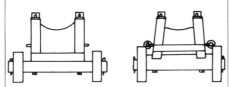

Seitenwangen senkrecht bei kontinentalen Lafetten (links).
Seitenwangen schräg bei englischen Lafetten (rechts).

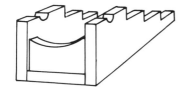

Stark vereinfachte Lafette für Unterdeckgeschütze.

eben immer nötige Geduld und entsprechend brauchbare Unterlagen hat.

Ein wesentlicher Wandel in der Bewaffnung von Schiffen vollzog sich mit der Erfindung des Schießpulvers.

Am Ende dieses Abschnitts finden Sie eine kleine Übersicht der gebräuchlichsten Typen von Schiffsartillerie vom 13. bis 19. Jahrhundert. Selbstverständlich sind hier Typen und Entwicklung nur in groben Zügen aufgezeichnet, es gab zahllose Varianten, die Zeichnungen sollen Ihnen lediglich einen Anhaltspunkt geben, ob das, was Ihre Pläne zeigen, um diese Zeit überhaupt möglich war oder nicht – z. B. kenne ich mehr als ein Modell der *Santa Maria* des Christoph Kolumbus, das mit bronzenen Geschützrohren ausgerüstet ist, wie sie erst ein gutes halbes Jahrhundert später in Gebrauch kamen. Auch hier sei wieder einmal gesagt: im Zweifelsfall vertiefen Sie sich in die Fachliteratur über Geschützwesen im allgemeinen und Schiffsartillerie im besonderen.

Lafette

Die Herstellung von Lafetten ist für den Modellbauer ziemlich unproblematisch, er sollte nur sehr genau darauf achten, daß er zeitlich und national den richtigen Typ verwendet – viele Pläne sind da höchst unzuverlässig!

Es gab grundsätzlich zwei Lafettentypen, die mit kleinen Varianten vom späten 16. bis in die erste Hälfte des 19. Jahrhunderts verwendet wurden. Den kontinentalen Typ mit geraden Seitenwangen und durchgehendem Bodenbrett, und den englischen Typ (auch in Amerika verwendet) mit schrägen Seitenwangen und geteiltem Bodenbrett. Die Lafetten von Unterdeckgeschützen, die man ohnehin nur teilweise sieht, sollte man ohne Achsen und Räder bauen und mit dem Bodenbrett direkt auf das Unterdeck kleben, eventuell sogar schrauben.

Rohr

Wesentlich schwieriger ist die Herstellung des Rohres. Geschützrohre aus Kunststoff oder aus Holz (auch das sieht man gelegentlich) sehen nicht gut aus, man sollte auf diese Möglichkeit von Anfang an verzichten. Bleiben also Messing – in vielen Fällen ohnehin das Originalmaterial – und Zinn. Folgende Herstellungsmethoden bieten sich an:

1. Drehen aus Messing. Gedrehte Messingrohre sehen sehr sauber und originalgetreu aus. Hierzu benötigt man allerdings eine Drehbank, außerdem hat diese Methode den Nachteil, daß man die vom 16. bis 18. Jahrhundert häufig auf den Rohren angebrachten Wappen, Verzierungen und dergleichen nicht nachbilden kann.

2. Zinnguß. Diese Methode werden alle Modellbauer anwenden, die über keine Drehbank verfügen. Zunächst muß man ein Original herstellen – natürlich sollte man auch dies am besten drehen, aber da man für ein Modell im allgemeinen höchstens 2 bis 4 Rohrgrößen braucht, kann man das entweder schnell bei einem Bekannten tun, der eine Drehbank hat oder machen lassen. Im schlimmsten Fall muß man sich das Original mit Schleifen, Schmiergeln usw. aus Holz selbst herstellen. Sodann bringt man die Verzierungen, Wappen und dergleichen mit Plastilin an und gießt mit Silikonkautschuk ein Negativform. Wie schon beschrieben gießt man nun seine Geschützrohre aus Zinn selbst. Diese Methode läßt sich für alle Geschützrohre verwenden, die anschließend geschwärzt werden – und das sind die meisten. Eiserne Rohre wurden grundsätzlich geschwärzt oder schwarz gestrichen, Bronzerohre häufig – sie wurden so unempfindlicher gegen die Korrosion durch das Seewasser. Kanonen bis zur zweiten Hälfte des 16. und wieder ab dem frühen 18. Jahrhundert waren grundsätzlich geschwärzt.

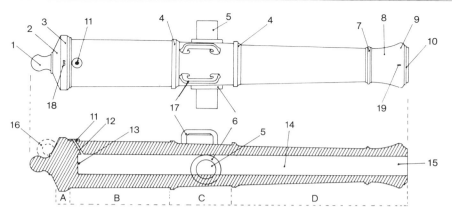

Geschützrohr 16. bis 19. Jahrhundert: A: Hinterstück mit Stoß, B: erste Verstärkung,
C: zweite Verstärkung, D: Lauf. 1. Knauf, 2. Stoß, 3. Stoßplatte, 4. Verstärkungen, 5. Schildzapfen, 6. Angußringe, 7. Halsreifen, 8. Hals, 9. Mündungskranz, 10. Kranzgurt, 11. Zünd-
pfanne, 12. Zündkanal, 13. Seelenboden, 14. Seele, 15. Mündungsschlund, 16. Brooktau-
auge, 17. Delphine, 18. Kimme, 19. Korn

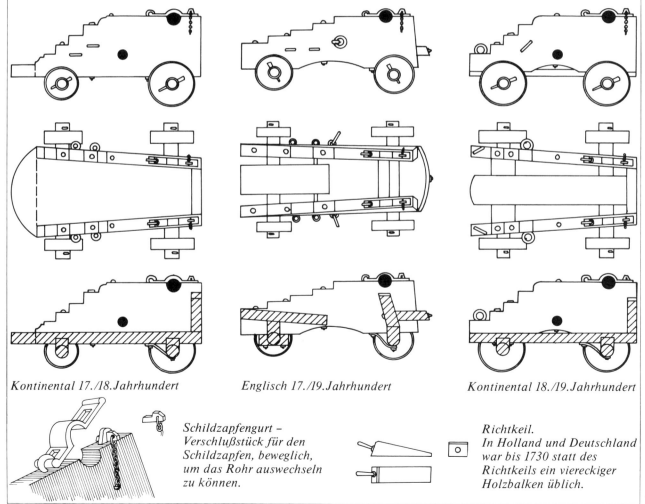

Kontinental 17./18.Jahrhundert   Englisch 17./19.Jahrhundert   Kontinental 18./19.Jahrhundert

Schildzapfengurt –
Verschlußstück für den
Schildzapfen, beweglich,
um das Rohr auswechseln
zu können.

Richtkeil.
In Holland und Deutschland
war bis 1730 statt des
Richtkeils ein viereckiger
Holzbalken üblich.

Bewaffnung

Im 17. Jahrhundert war es allerdings teilweise üblich, die Geschützrohre in blankem Messing bzw. Bronze zu belassen.

3. Rohre aus dem Handel. Für blanke Rohre ist es für den Modellbauer, der über keine Drehbank verfügt, zunächst sinnvoll, sich im Fachhandel umzusehen. Die großen Beschlagteillieferanten (z. B. aeronaut-Modellbau, Krick-Modellbau) haben einiges an Messingrohren in ihren Programmen (die teilweise mitgelieferten Lafetten sollte man allerdings schleunigst dem Mülleimer anvertrauen, die taugen überhaupt nichts). Sollte man die passenden Größen nicht finden – bei Unterdeckgeschützen im Maßstab 1:50 ist das schwer – kann man die Rohre auch selbst herstellen.

4. Galvanisieren. Hierzu fertigt man erst wie beschrieben eine Negativform aus Silikonkautschuk an. Sodann wird ein Messingmantel aufgalvanisiert und schließlich das – ja noch sehr dünnwandige – Rohr vorsichtig mit Zinn ausgegossen, um ihm die entsprechende Stabilität zu verleihen. Manche Modellbauer gießen auch mit Kunstharz aus. Das fertige Rohr wird vorsichtig (!) in den Schraubstock eingespannt und die Seele 5 bis 10 mm tief eingebohrt und matt tiefschwarz gefärbt. Das fertige Rohr wird sodann auf die Lafette gesetzt und mit den Schildzapfengurten befestigt. Die Schildzapfengurte punzt man (s. MATERIAL UND WERKZEUG) am besten aus dünnem Kupferblech aus und schwärzt sie.

Schließlich bringt man das ganze Geschütz auf dem Deck an, klebt den Richtkeil unter das Rohrende auf die Lafette und richtet dabei das Rohr so aus, daß alle Geschützrohre zur Wasserlinie parallel stehen, allenfalls an der Mündung ganz leicht zu dieser überhöht.

Aufstellen von Geschützen

Dies ist – man sollte es eigentlich nicht für möglich halten – eine der häufigsten Fehlerquellen auf historischen Schiffsmodellen.

Bevor man mit der Aufstellung und dem Takeln der Geschütze beginnt, muß man sich nämlich klar werden, in welcher Situation das Schiff gezeigt werden soll.

1. im Gefecht: dabei sind die Stückpforten geöffnet und die Kanonen ausgefahren und zwar *alle*!

2. im Hafen oder auf dem Marsch: dabei sind die Stückpforten geschlossen und die Kanonen marschmäßig verzurrt und zwar ebenfalls *alle*! Das, was man aber so häufig sieht: die Pforten der Unterdeckbatterien (Batteriedeck, Mitteldeck) geschlossen, die Pforten der oberen Decks (Großdeck, Kampanjedeck, Backdeck) offen und die Geschütze ausgefahren, das ist blanker Unsinn! Warum das so oft gemacht wird ist klar: marschmäßig verzurrte Geschütze sind bei weitem nicht so dekorativ wie zum Schuß ausgefahrene, andererseits möchten sich viele die Mühe ersparen, auch alle Unterdeckgeschütze herstellen zu müssen ... Aber so geht das nicht!

Sie haben zwei Möglichkeiten: entweder alle Stückpforten geschlossen und alle Kanonen drin, oder alle Stückpforten offen und alle Geschütze draußen. Entscheiden Sie sich und handeln Sie danach – alles andere ist Pfusch!

Brooktau

Das Brooktau war ein schweres Tau, das an Ringbolzen in der Bordwand befestigt war und kontinental durch die Lafette, englisch durch Ringbolzen an der Lafette und einen Ring am Rohrstoß führte. Die Aufgabe des Brooktaus war, den Rückstoß des Geschützes abzufangen, wenn dieses abgefeuert wurde. Auch hier wird immer wieder der gleiche Fehler gemacht, daß nämlich das Brooktau bei ausgefahrenem Geschütz straff gespannt wird. Das sieht zwar ordentlich aus, ist aber

Brooktauführung

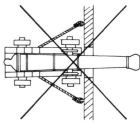

Falsch!
Bei ausgefahrenem Geschütz straff gespannt

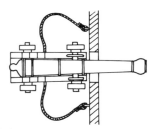

Richtig!
Bei ausgefahrenem Geschütz locker liegend

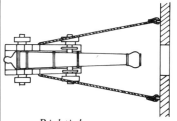

Richtig!
Gespannt nach dem Schuß beim Laden

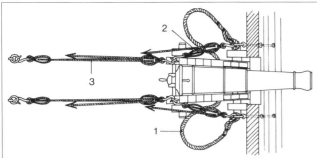

Geschütztakelung kontinentale Form im Gefecht

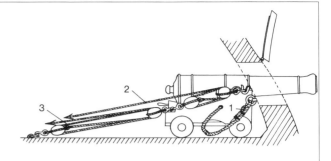

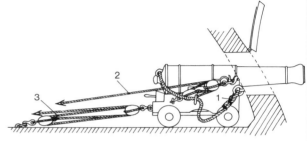

Geschütztakelung englische Form im Gefecht

1. Brooktau, 2. Kanonentakel, 3. Rücklauf-takel, 4. Kopfstropp, 5. Stoßstropp, 6. Zur-ring (manchmal auch um Lauf und Rücklauf-takel), 7. Keile

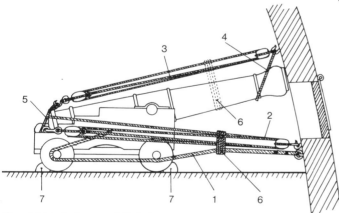

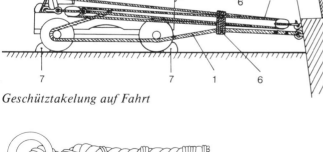

Geschütztakelung auf Fahrt

Brooktauzurring am Ringbolzen

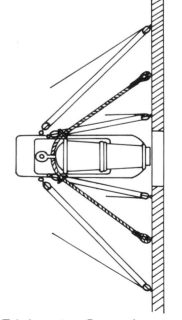

Takelung einer Carronade

185

Bewaffnung

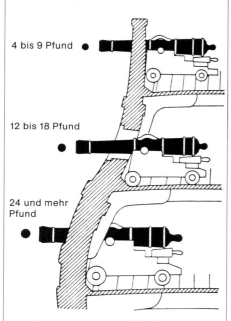

4 bis 9 Pfund

12 bis 18 Pfund

24 und mehr Pfund

Aufstellungsschema für Geschütze

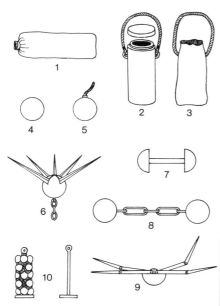

1
2
3
4
5
6
7
8
9
10

1. Pulverkartusche, 2. Kartuschen-
büchse, 3. Kartuschenbeutel,
4. Vollkugel, 5. Granate mit Lunte,
6.–9. Abtakelungsgeschosse,
10. Kartätsche mit Ständer

falsch! Das Brooktau muß stets so lang sein, daß die Mündung des Rohrs zum Laden nach dem Schuß binnenbords geholt werden kann, wie die unterste Zeichnung links zeigt. Bei ausgefahrenem Geschütz liegt das Brooktau locker auf dem Deck. Natürlich kann es geschehen, daß sich das locker liegende Brooktau in die Höhe dreht, was dann nicht gut aussieht – darum wird es ja von so vielen Modellbauern gespannt – aber ein winziger Tropfen Klebstoff auf dem Deck behebt dieses Übel sofort.

Kanonentakel
Die Anordnung der anderen Geschütztakel ist deutlich aus den Zeichnungen zu sehen, man sollte nur aufpassen, daß man die richtige Form wählt – also entweder kontinental oder englisch – viele Pläne sind hier nämlich sehr ungenau und verwechseln die beiden Formen.

Laden und Schießen
Das Laden und Abfeuern eines Schiffsgeschützes war (und ist) ein ziemlich komplizierter Vorgang.
Als erstes wurde mit der Ladeschaufel – ihr Vorderteil bestand aus Kupfer, weil das keine Funken schlägt – die Pulverkartusche, ein Leinwandbeutel in dem die schon abgemessene Pulverladung für den Schuß eingenäht war, in den Lauf eingeführt. Darauf setzte man die Kugel und einen Pfropfen aus Holz, Werg und Tau und stieß alles zusammen mit dem Setzer oder der Ramme im Lauf fest. Nun stach der Geschützführer durch das Zündloch mit der Raumnadel die Pulverkartusche auf und schüttete leicht entzündliches Feinpulver auf die Pfanne. Die Kanone war geladen.
Mit dem Luntenstock, um den die brennende Lunte gewickelt war, entzündete der Geschützführer das Feinpulver, die Ladung explodierte, und die Kugel wurde aus dem Lauf geschleudert. Nach dem Schuß mußte das Rohr gereinigt werden. Mit dem Kratzer wurden glimmende Reste der Pulverkartusche aus dem Rohr entfernt, mit der Bürste das das Rohr grob und mit dem Lammfellwischer gründlich gesäubert. Nun erst konnte der Ladevorgang erneut beginnen.
Eine geübte Mannschaft konnte einen 6- bis 8-Pfünder in 1 bis 1 1/2 Minuten reinigen, laden und abfeuern, bei schwereren Kalibern dauerte es entsprechend länger. Die Richtspaken dienten sowohl dazu, die Lafette seitlich zu verschieben, als auch das Hinterstück des Rohres anzuheben, wenn man den Richtkeil verschieben wollte, um die Höhe des Schusses zu verändern.
An Geschossen waren eiserne Vollkugeln die übliche Munition, die gegen den Rumpf des feindlichen Schiffes abgefeuert wurde. Gegen die Takelage verwendete man Ketten- und Stangenkugeln. Gegen die Mannschaften an Deck oft Kartätschen, das waren auf einem Holz-ständer mit Tauen befestigte Musketenkugeln, die sich nach dem Abfeuern lösten und mit einer breiten Streuwirkung über das feindliche Deck fegten.
Granaten nannte man eiserne Hohlkugeln, die mit Pulver gefüllt waren. Bei der Beschießung von Landzielen wurden sie aus Mörsern ver-schossen, sonst waren sie bis zur Erfindung des Aufschlagzünders wenig in Gebrauch, da sie recht häufig versagten.
Auf kleinmaßstäblichen Schiffsmodellen (1 : 75 und weniger) ist die Darstellung von Ladegeräten und Munition kaum möglich, auf Modellen im Maßstab 1 : 50 und mehr sollte man zumindest die in Kästen oder in den Grätingssülls gelagerte Bereitschaftsmunition zeigen; bei großmaßstäblichen Modellen auch die Ladegeräte, die zumindest teilweise neben den Geschützen an den Deckbalken oder der Reling gestaut waren.

Situationsdarstellung zweier Geschützbedienungsmannschaften im Gefecht auf dem Großdeck des Modells der schwedischen Fregatte Josephine.

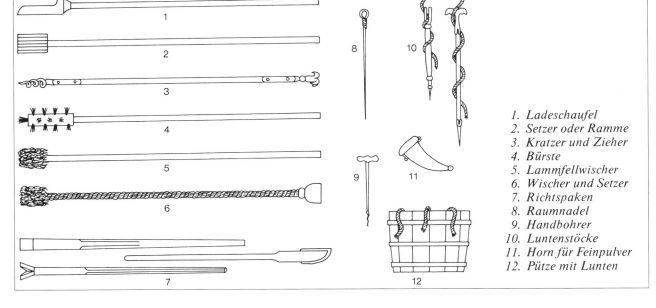

1. Ladeschaufel
2. Setzer oder Ramme
3. Kratzer und Zieher
4. Bürste
5. Lammfellwischer
6. Wischer und Setzer
7. Richtspaken
8. Raumnadel
9. Handbohrer
10. Luntenstöcke
11. Horn für Feinpulver
12. Pütze mit Lunten

Bewaffnung

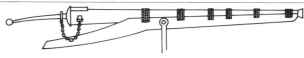

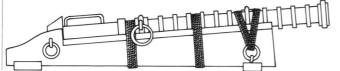

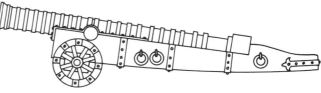

Falconett. 13. und 14. Jahrhundert. Hinterlader, der nicht nur Kugeln, sondern auch Brandpfeile verschoß. Lafette mit einer eisernen Gabel auf dem Schanzkleid montiert. Ältestes bekanntes Schiffsgeschütz für Verwendung von Pulver.

Kammerbüchse. 14. und 15. Jahrhundert. Hinterlader aus geschmiedeten Eisenringen in Blocklafette.

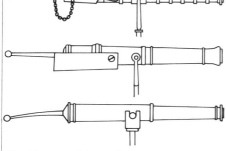

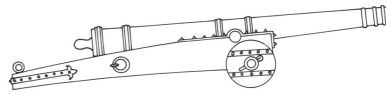

Bombardelle. 14. bis Mitte 16. Jahrhundert. Vorder- oder Hinterlader auf Zweiradlafette.

Drehbassen (kleine Schanzkleidkanonen) vom 14. bis 18. Jahrhundert

Englische Demi-Calverine. 16. Jahrhundert. Vorderlader. Gegossenes Bronzerohr auf Zweiradlafette.

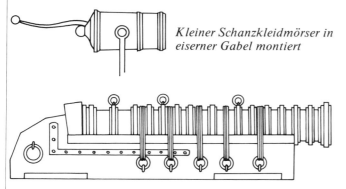

Kleiner Schanzkleidmörser in eiserner Gabel montiert

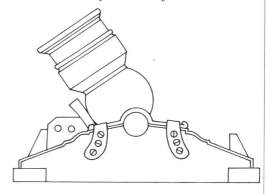

Großkalibrige Bombarde. 14. und 15. Jahrhundert. Vorder- oder Hinterlader auf schwerer Blocklafette. Gerne auch als Galeerengeschütz verwendet.

Schwerer Mörser. Steilfeuergeschütz für Granaten. 18. und 19. Jahrhundert. Von Spezialschiffen (Bombenkesch) mit verstärkten Decks abgefeuert.

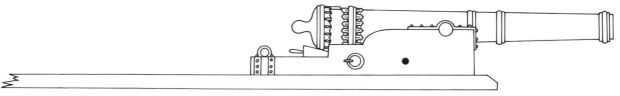

Galeerengeschütz. 16. bis 18. Jahrhundert. Rutschlafette zwischen schweren Balkenschienen beweglich.

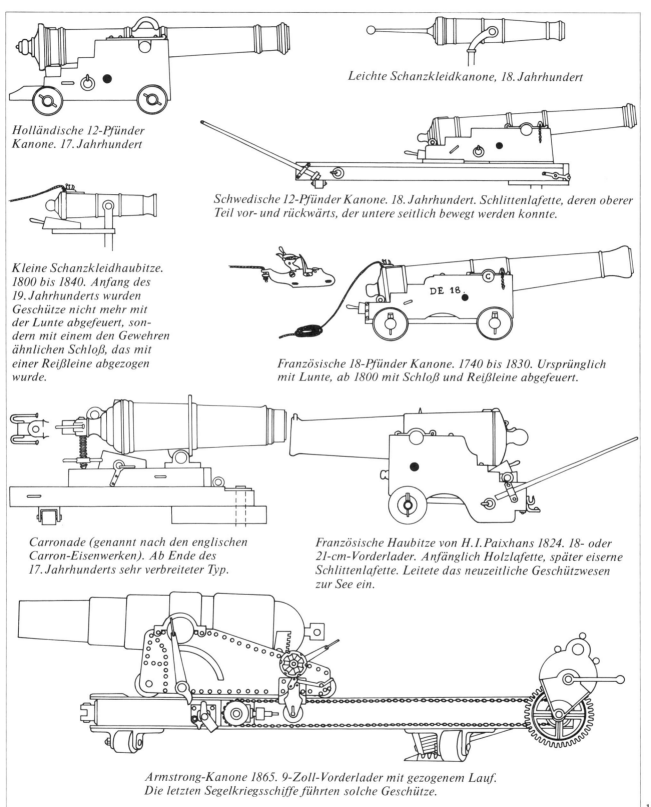

Leichte Schanzkleidkanone, 18. Jahrhundert

*Holländische 12-Pfünder
Kanone. 17. Jahrhundert*

*Schwedische 12-Pfünder Kanone. 18. Jahrhundert. Schlittenlafette, deren oberer
Teil vor- und rückwärts, der untere seitlich bewegt werden konnte.*

*Kleine Schanzkleidhaubitze.
1800 bis 1840. Anfang des
19. Jahrhunderts wurden
Geschütze nicht mehr mit
der Lunte abgefeuert, sondern mit einem den Gewehren
ähnlichen Schloß, das mit
einer Reißleine abgezogen
wurde.*

*Französische 18-Pfünder Kanone. 1740 bis 1830. Ursprünglich
mit Lunte, ab 1800 mit Schloß und Reißleine abgefeuert.*

*Carronade (genannt nach den englischen
Carron-Eisenwerken). Ab Ende des
17. Jahrhunderts sehr verbreiteter Typ.*

*Französische Haubitze von H. I. Paixhans 1824. 18- oder
21-cm-Vorderlader. Anfänglich Holzlafette, später eiserne
Schlittenlafette. Leitete das neuzeitliche Geschützwesen
zur See ein.*

*Armstrong-Kanone 1865. 9-Zoll-Vorderlader mit gezogenem Lauf.
Die letzten Segelkriegsschiffe führten solche Geschütze.*

Ränge

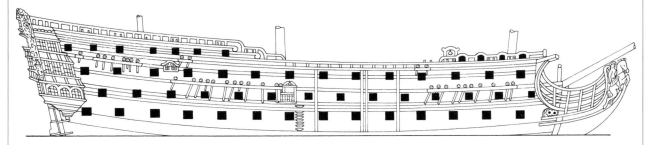

Linienschiff 1. Rang, 100 und mehr Geschütze

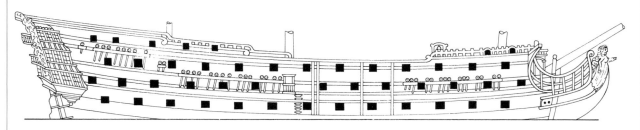

Linienschiff 2. Rang, 90 Geschütze

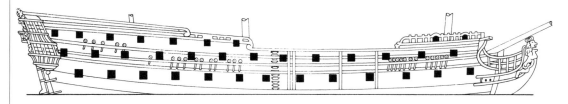

Linienschiff 3. Rang, 80, 70 oder 60 Geschütze

Im 17. Jahrhundert, als sich die Seeschlachten zu Artillerieduellen entwickelten, wurde es notwendig, die Kriegsschiffe in Klassen oder »Ränge« einzuteilen, um Schiffe etwa gleicher Bewaffnung gegeneinander stellen zu können. Das Mitte des 17. Jahrhunderts von den Engländern entwickelte System, das bald auch mit geringfügigen Abweichungen auf dem Kontinent übernommen wurde, behielt bis ins frühe 19. Jahrhundert seine Gültigkeit.
Abgebildet sind die Ränge der englischen Flotte Mitte des 18. Jahrhunderts.
In der eigentlichen Schlachtlinie (daher die Bezeichnung »Linienschiff«) wurden nur die großen Linienschiffe 1. bis 3. Ranges verwendet.
Die Linienschiffe 4. bis 6. Ranges dienten als Geleitschutz von Handelskonvois und vor allem in den Kolonien. Sie wurden später vielfach von den Fregatten abgelöst.
Fregatten und Korvetten, bei guter Bewaffnung vor allem auf Schnelligkeit gebaut, wurden zunächst als Flottenaufklärer eingesetzt, bald aber auch als Konvoischutz-, Kaper- und Expeditionsschiffe mit eigenen, selbständigen Aufgaben betraut.
Briggs, Schoner und Kutter wurden vor allem beim Dienst im Küstenschutz eingesetzt.

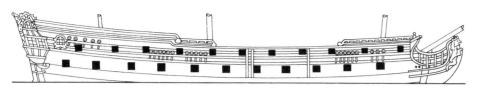

Linienschiff 4. Rang, 50 Geschütze

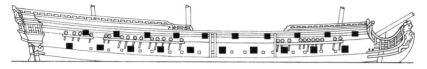

Linienschiff 5. Rang, 40 Geschütze

Linienschiff 6. Rang, 24 Geschütze

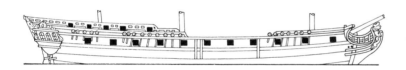

*Fregatte, 32 Geschütze
(die Geschützzahl wurde später
oft beträchtlich vermehrt)*

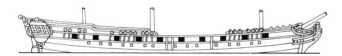

Korvette, 20 Geschütze

Brigg, 10 bis 18 Geschütze

Schoner, 8 bis 16 Geschütze

*Kutter, 8 bis 12 Geschütze
(später vielfach mit
Carronaden ausgerüstet)*

191

Stückpforten-deckel

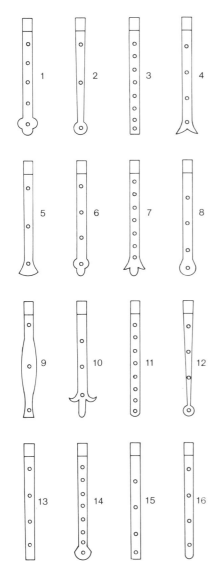

Die Stückpforten wurden durch die Pfortendeckel verschlossen.
Im 15. Jahrhundert waren es einfache Holzlaren, die von binnenbords auf die Luken gesetzt und mit einem Riegelbalken festgeklemmt wurden. Die Erfindung des an Scharnieren aufgehängten und mit einem Takel dem Pfortenreep, zu öffnenden Pfortendeckels stammt aus dem frühen 16. Jahrhundert und wird französischen Schiffsbaumeistern zugeschrieben.

Der Pfortendeckel bestand aus zwei Lagen Holz, von denen das äußere, größere Blatt genau die Pfortenöffnung in der Bordwand verschloß, das innere, kleinere Blatt genau in die Öffnung des Trempelramens paßte.

Wichtig zu beachten ist, daß die Stückpfortendeckel stets die Wölbung der Bordwand mitmachten; wurden sie von Barkhölzern überschnitten, waren entsprechende Leisten auf den Pfortendeckeln angebracht, so daß bei geschlossenen Pforten optisch keine Unterbrechung der Bordwand auftrat. Die Scharnierbänder stellt man aus dünnem Messing- oder Kupferblech her, bei kleinmaßstäblichen Modellen kann man sie auspunzen. Anschließend werden die Scharnierbänder grundsätzlich geschwärzt. Ob man sie echt nagelt oder die Nagelköpfe nur einprägt (auf jeden Fall einfacher) hängt ebenfalls von der Größe des Maßstabes ab.

Etwas problematisch für den Modellbauer ist die Anbringung von geöffneten Pfortendeckeln. Man kann sie an den Scharnierbändern beweglich aufhängen (auch der Fachhandel bietet teilweise solche Scharnierbänder an). Anzuraten ist diese Methode bei einem Modell allerdings nicht, da die Pfortendeckel so sehr leicht abgerissen oder beschädigt werden können.

Meiner Erfahrung nach ist es sinnvoller, zunächst das äußere Blatt des Pfortendeckels mit zwei dünnen Stahlstiften an Bordwand und Trempelramen festzunageln und dann das innere Blatt des Pfortendeckels anzukleben und damit den Kopf der Nägel zu verdecken – gewiß, keine »historische« Methode der Befestigung, aber eine, bei der man auch einmal an einem Pfortendeckel anstreifen kann, ohne ihn gleich wegzureißen.

Als letztes befestigt man Pfortenreep und Verschlußreep an den Ringbolzen und führt sie binnenbords. Im 19. Jahrhundert kamen auch dünne Ketten als Pfortenreeps vor. Achtung! Bei Unterdeckbatterien daran denken, die Pfortenreeps vor dem Verschließen des nächsthöheren Decks anzubringen!

Form, Aussehen, Öffnungsrichtung, einfaches oder doppeltes Pfortenreep, all das kann man zumeist ohne Probleme dem Plan entnehmen. Eine Sonderform stellen die sogenannten »falschen Pforten« dar, wie sie im 19. Jahrhundert auf Handelsschiffen recht verbreitet waren. Diese falschen Pforten konnten nicht geöffnet werden. Sie waren nur ein Holzramen mit einem kleinen Bullauge, später oft überhaupt nur schwarz auf den weißen oder gelben Pfortengang aufgemalt. Der ursprüngliche Sinn falscher Pforten bestand darin z. B. Seeräubern eine größere Bewaffnung vorzutäuschen als man an Bord hatte; später behielt man sie aus Tradition bei.

Pfortenscharniere:
1., 2. 16. Jahrhundert, 3.–8. 17. Jahrhundert, 9.–14. 18. Jahrhundert, 15., 16. 19. Jahrhundert. 1. spanisch, italienisch, 2., 3., 6., 10., 13., 14. englisch, 4., 7., 9., 12. französisch, 5., 8. holländisch, 11. amerikanisch

Geteilte Stückpforte 19. Jahrhundert. 1. obere Hälfte, 2. untere Hälfte, 3. übergreifende Teilung

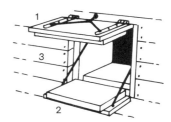

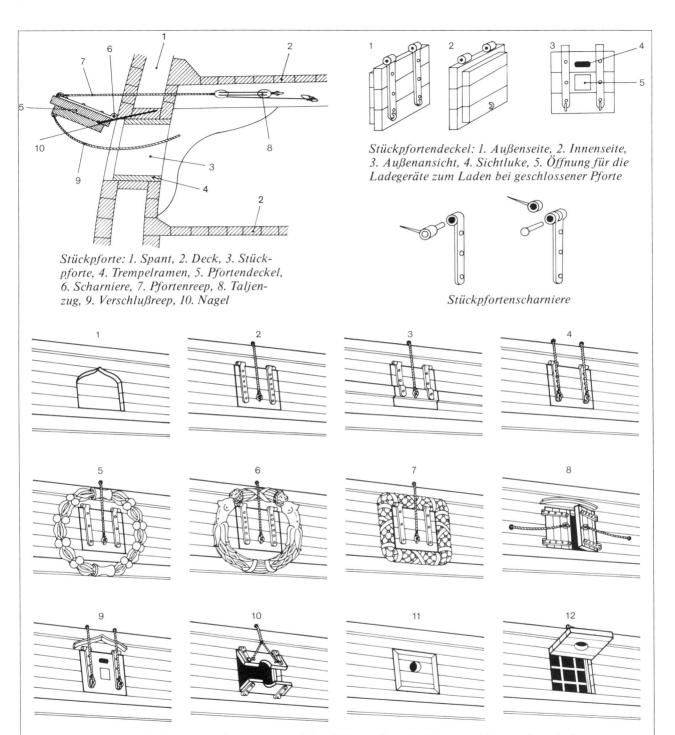

Stückpforte: 1. Spant, 2. Deck, 3. Stückpforte, 4. Trempelramen, 5. Pfortendeckel,
6. Scharniere, 7. Pfortenreep, 8. Taljen-
zug, 9. Verschlußreep, 10. Nagel

Stückpfortendeckel: 1. Außenseite, 2. Innenseite,
3. Außenansicht, 4. Sichtluke, 5. Öffnung für die
Ladegeräte zum Laden bei geschlossener Pforte

Stückpfortenscharniere

Stückpfortendeckel: 1. spanisch, portugiesisch bis 1550 mit Riegelbalken verschlossen, 2. einfacher
Seilzug 1520/1830, 3. überschnitten durch Barkholz 1600/1830, 4. doppelter Seilzug 1550/1830,
5. und 6. englisch 1640/1720, 7. französisch 1640/1720, 8. senkrechte Pfortendeckel 1650/1780,
9. Sicht- und Ladeloch 1750/1850, 10. waagerechte Pfortendeckel mit Öffnung für die Geschützmündung
auf Fahrt 1820/1880, 11. falsche Pforte 1830/1890, 12. falsche Pforte mit Glasfenster dahinter
1750/1890

Spill

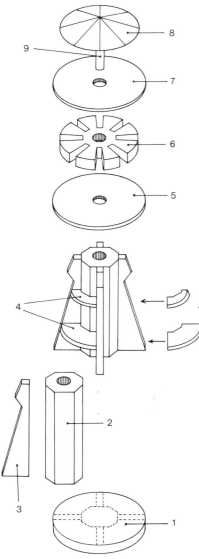

Bau eines Modell-Gangspills:
1. Grundplatte, 2. Spillpfosten
3. Rippen, 4. Rippenkalben,
5. untere Kopfscheibe, 6. Spaken-
ring, 7. obere Kopfscheibe,
8. Kopfabdeckung, 9. Zapfen
zum Zusammenhalten des Kopfes.
Der Spakenring lag original
bei 1 Meter über Deck

Zum Hieven der Anker, Heißen der Rahen, zum Aus- und Einsetzen der Boote wurden die Spills verwendet.
Man unterscheidet zwischen Gangspills mit senkrecht stehender Achse und Bratspills mit waagerecht liegender Achse, von denen die im 19. Jahrhundert sehr verbreiteten Pumpspills eine Weiterentwicklung sind.

Gangspill

Gangspills kennt man etwa seit Mitte des 14. Jahrhunderts. Zunächst waren sie noch ziemlich klein und leicht, wurden aber recht bald beträchtlich größer und schwerer gebaut.
Kriegsschiffe verfügten grundsätzlich über ein, seit dem Anfang des 17. Jahrhunderts über zwei, manchmal, wie auf der *Wasa*, sogar drei Gangspills. Das eine stand hinter dem Fockmast auf oder unter der Back, das andere hinter dem Großmast auf dem Oberdeck und war oftmals als Doppelspill ausgebildet, d. h. an der gleichen Achse waren in zwei übereinanderliegenden Decks Seiltrommeln angebracht, wodurch die doppelte Zahl von Männern das Spill drehen konnte. Das Gangspill bestand aus der Achse (auch Stamm oder Pfosten genannt). Rund um den Stamm wurden die Rippen angebracht, die das Abrutschen des Taus verhindern sollten; untereinander waren die Rippen vielfach mit Rippenkalben geschützt. Über Stamm und Rippen war der Kopf angebracht, der mit einer Anzahl quadratischer Löcher zum Einsetzen der Spaken versehen war, an denen die Drehkraft angesetzt wurde. Um ein Zurückdrehen des Spills zu verhindern, griffen auf kontinentalen Schiffen die Pallen in quadratische Löcher der Grundplatte; englische Schiffe setzten die Pallen direkt an die Grundplatte des Spills und ließen sie in einen Zahnring greifen.
Das Aussehen des Spills veränderte sich im Lauf der Jahrhunderte nur wenig, lediglich die Zahl der Spaken wurde vermehrt.
Die Spaken konnten herausgenommen werden und wurden an der Bordwand, um den Mast oder an der Wand eines Deckaufbaus gestaut. Ein häufiger Fehler sind eingesetzte Spaken auf Modellen, die das Schiff auf Fahrt oder im Gefecht zeigen. Tatsächlich eingesetzt wurden die Spaken nur unmittelbar bei Gebrauch des Spills; danach wurden sie sofort wieder herausgenommen ...

Bratspill

Kleinere Schiffe und vor allem Handelsschiffe waren mit einem liegenden Bratspill ausgerüstet, das seit dem 13. Jahrhundert belegt ist. Es bestand aus einer häufig im Querschnitt sechskantigen Trommel mit den Spakenlöchern, die seitlich in der Beting gelagert war. In der Mitte vor (bugwärts) der Trommel stand ein Pallpfosten – häufig mit dem Glockenstuhl oder einer Nagelbank kombiniert – von dem aus ein oder zwei Pallen in koaxial auf der Spillwelle angebrachte Löcher oder ein Zahnrad griffen, um das Zurückdrehen zu verhindern.
Große Beiboote waren gelegentlich mit einem kleinen Bratspill zum Aussetzen der Anker ausgerüstet.

Pumpspill

Es war dies eine Weiterentwicklung des Bratspills und wurde ebenfalls auf Handelsschiffen verwendet. Vor (bugwärts) dem Spill stand ein Pallpfosten mit dem Balancier, in den die Spaken eingesetzt werden konnten. Die pumpende Auf-und-ab-Bewegung des Balanciers wurde mit Hilfe der Schweinsfüße und Klinken auf zwei koaxiale Zahnräder der Spillwelle zu einer drehenden Bewegung übertragen.
Im späten 19. Jahrhundert wurden diese Spills auch oft mit einer Dampfmaschine angetrieben.

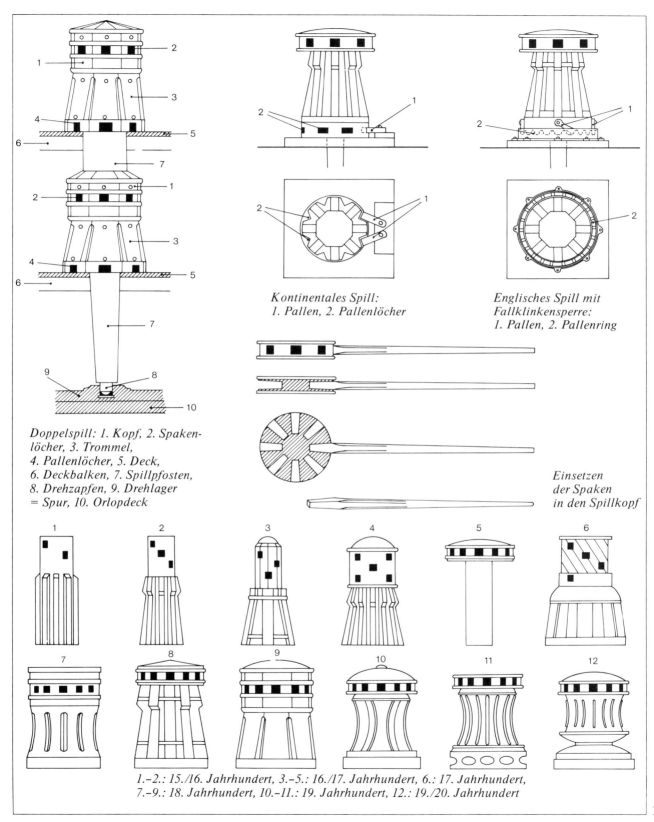

Doppelspill: 1. Kopf, 2. Spakenlöcher, 3. Trommel,
4. Pallenlöcher, 5. Deck,
6. Deckbalken, 7. Spillpfosten,
8. Drehzapfen, 9. Drehlager
= Spur, 10. Orlopdeck

Kontinentales Spill:
1. Pallen, 2. Pallenlöcher

Englisches Spill mit
Fallklinkensperre:
1. Pallen, 2. Pallenring

Einsetzen
der Spaken
in den Spillkopf

*1.–2.: 15./16. Jahrhundert, 3.–5.: 16./17. Jahrhundert, 6.: 17. Jahrhundert,
7.–9.: 18. Jahrhundert, 10.–11.: 19. Jahrhundert, 12.: 19./20. Jahrhundert*

195

Spill

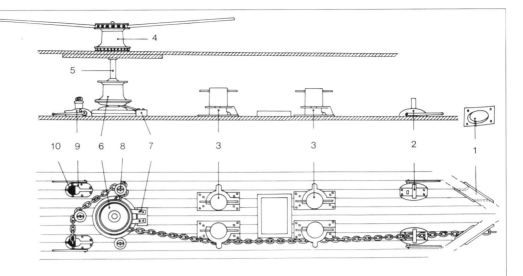

Gangspill eines
Kriegsschiffes
um 1860
1. Klüse
2. Kettenstopper
3. Poller
4. Spill
5. Achse
6. Trommel
7. Kettenlöser
8. Leitpoller
9. Kettenstopper
10. Kettenschacht

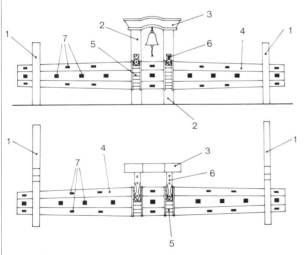

Großes Bratspill eines Handelsschiffes:
1. Beting, 2. Pallpfosten, 3. Traverse bzw.
Glockengalgen, 4. Trommel, 5. Zahnräder,
6. Pallen, 7. Spakenlöcher

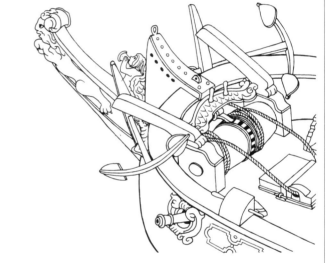

Bug mit Bratspill einer holländischen Statenjacht um 1700

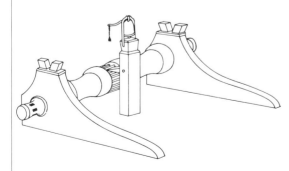

Bratspill frühes 19. Jahrhundert

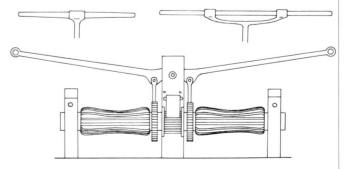

Pumpspill amerikanischer Bauart

196

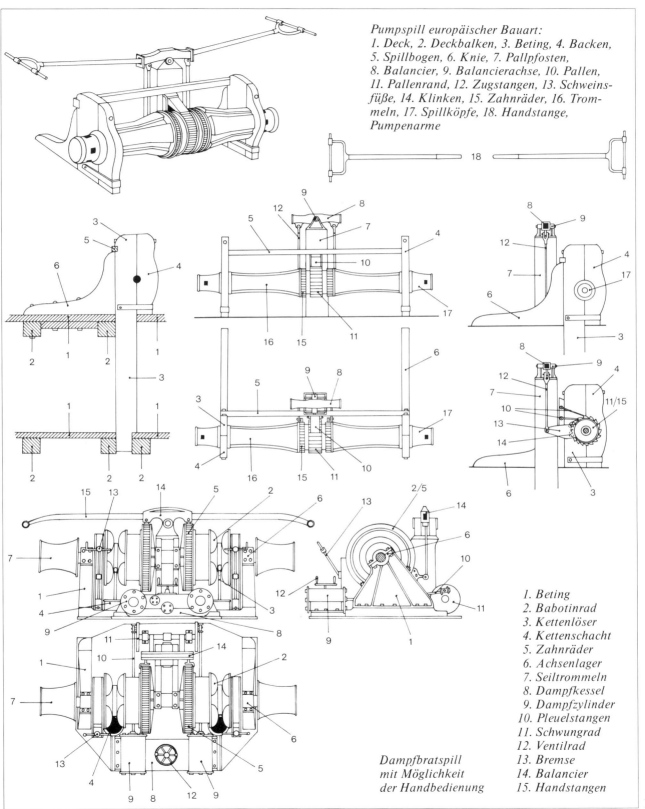

Pumpspill europäischer Bauart:
1. Deck, 2. Deckbalken, 3. Beting, 4. Backen,
5. Spillbogen, 6. Knie, 7. Pallpfosten,
8. Balancier, 9. Balancierachse, 10. Pallen,
11. Pallenrand, 12. Zugstangen, 13. Schweinsfüße, 14. Klinken, 15. Zahnräder, 16. Trommeln, 17. Spillköpfe, 18. Handstange,
Pumpenarme

Dampfbratspill
mit Möglichkeit
der Handbedienung

1. Beting
2. Babotinrad
3. Kettenlöser
4. Kettenschacht
5. Zahnräder
6. Achsenlager
7. Seiltrommeln
8. Dampfkessel
9. Dampfzylinder
10. Pleuelstangen
11. Schwungrad
12. Ventilrad
13. Bremse
14. Balancier
15. Handstangen

197

Winden

Zum Heben von Lasten, Steifsetzen von Tauen des stehenden Gutes, zum Verholen von Tauen des laufenden Gutes (Braßwinden, Fallwinden) wurden seit der Mitte des 19. Jahrhunderts, insbesondere auf Handelsschiffen, zunehmend kleinere und größere Winden benutzt, die mit Handkurbeln bedient die Kraft durch Zahnradübersetzungen auf eine Trommel übertrugen. Im späten 19. Jahrhundert wurden größere Winden auch mit Dampfmotoren ausgerüstet.

Rechnet man die Spills – die im weiteren Sinne ja auch zu dieser Familie gehören – einmal nicht mit, so sind Winden auf Schiffen eine recht neue Einrichtung. Bedingt waren sie durch den im Lauf des 19. Jahrhunderts immer härter werdenden Konkurrenzkampf zwischen Segel- und Dampfschiffen: die Reeder mußten einsparen, rationalisieren. An den Baukosten eines Schiffes ließ sich nicht sparen, also tat man es bei der Mannschaft. Ein Dampfschiff benötigte nur eine geringe Anzahl Spezialisten, nämlich gutbezahlte Mechaniker und Ingenieure, sowie eine Gruppe unterbezahlter Hilfskräfte in den Kohlenbunkern. Segelschiffe dagegen benötigten eine ziemlich große Anzahl ausgebildeter Matrosen – billiger zwar als die Mechaniker, teurer aber als die Kohlentrimmer. Ihre Zahl ließ sich nur durch mechanische Hilfsmittel reduzieren, in der Hauptsache eben durch die verschiedensten Arten von Winden, die nun ein oder zwei Mann die gleiche Arbeit verrichten ließen, zu der man vordem vielleicht sechs oder zehn benötigt hatte. Der Höhepunkt dieser Rationalisierungsbestrebungen war der amerikanische Gaffelschoner *Thomas W. Lawson* mit 7 Masten, 5000 BRT und 117 m Länge in der Wasserlinie, der von nur 16 Mann Besatzung gesegelt wurde.

Die Winden stellt man aus Messingblech – dickes für die Zahnräder, dünnes für das Gehäuse – Messingprofilen, Messingrohr und Messingdraht verschiedener Stärken her, die dann geschwärzt oder bei den Gehäusen bzw. Betingen farbig gestrichen werden. Auch mit Zinnguß kann man bei den größeren bzw. dickeren Teilen wie Zahnrädern und Trommeln Brauchbares herstellen.

Im Fachhandel werden die verschiedensten Winden angeboten – hat man Glück, so findet man die entsprechende, verlassen sollte man sich darauf allerdings nicht! Auf keinen Fall sollte man eine nicht originalgetreue (etwa zu moderne) Winde auf seinem Modell aufstellen, nur weil man sie fertig bekommen konnte.

Wie schon früher gesagt: wer Schwierigkeiten mit der Verarbeitung von Metall hat, der sollte Schiffsmodelle der Zeit vor 1820 den Vorzug geben.

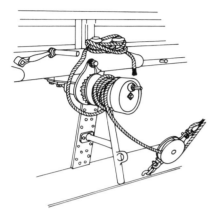

Kleine Schanzkleidwinde, englisch, um 1860

Poller und Eisenklampen

Auch die Poller sind – außer in Holland, wo es sie bereits seit dem 17. Jahrhundert gab – eine relativ neue Erscheinung auf Schiffen. Sie dienen hauptsächlich zum Festmachen von schweren Haltetauen, wenn das Schiff am Kai liegt.

Auf der Zeichnung rechts sind verschiedene Poller abgebildet. Die drei ersten waren aus Holz, die anderen aus Eisen. Der holländische Poller (Nr. 1) war oben am Schanzkleid befestigt. der Doppelpoller (Nr. 2) auf oder im Schanzkleid angebracht, alle anderen standen frei auf dem Deck. Die Herstellung der Holzpoller dürfte keinerlei Schwierigkeiten machen. Die Metallpoller kann man aus Messing drehen oder aus Zinn gießen und anschließend schwärzen.

Auch nahezu alle Modellbaufirmen führen Messingpoller in brauchbarer Qualität in ihren Beschlagteilprogrammen.

Metallklampen zum Belegen oder Umlenken von Tauen wurden ebenfalls in der zweiten Hälfte des 19. Jahrhunderts eingeführt.

Eisenklampe, 19./20. Jahrhundert

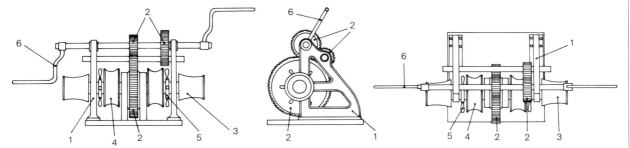

Mehrzweckwinde mit doppelter Handkurbel: 1. Beting, 2. Zahnräder, 3. äußere Trommeln,
4. innere Trommeln, 5. Kupplungshandrad, 6. Handkurbeln

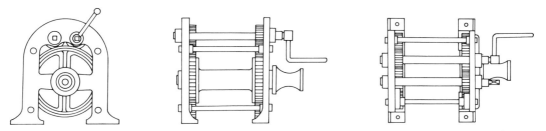

Braßwinde mit Handkurbel und zusätzlicher äußerer Trommel eines englischen Küstenseglers

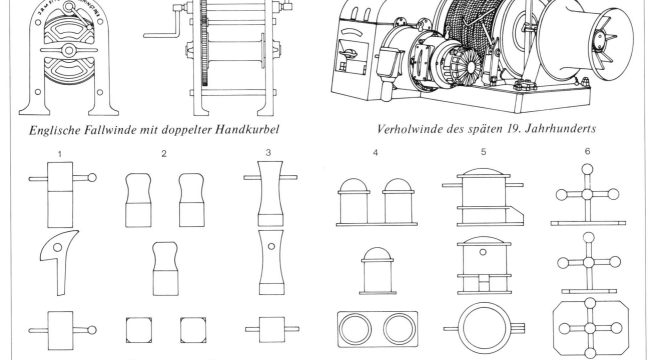

Englische Fallwinde mit doppelter Handkurbel   *Verholwinde des späten 19. Jahrhunderts*

Poller: Vorderansicht, Seitenansicht, Aufsicht jeweils untereinander:
1. holländischer Poller (am Schanzkleid befestigt), 17./20. Jahrhundert, 2. Doppelpoller,
18. Jahrhundert, 3. einfacher Poller, Anfang 19. Jahrhundert, 4. Doppelpoller, ab Mitte
19. Jahrhundert, 5. großer Poller, ab Mitte 19. Jahrhundert, 6. Kreuzpoller, 19. Jahrhundert

Anker

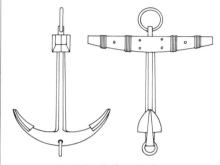

mittelalterlicher Anker

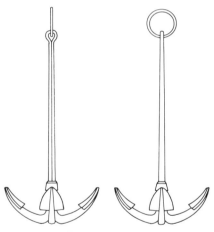

Galeeren-Dragge

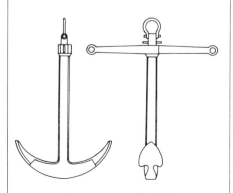

Rogersanker ab 1830

Die Anker gehören zu den wichtigsten Teilen der Ausrüstung. Jedes Schiff führte davon eine ganze Anzahl. Sie hatten verschiedene Größen, und ihre Abmessungen und Gewichte standen in bestimmten Verhältnissen zur Größe des Schiffes und zu den Größen untereinander. Selbst auf guten Plänen sind zumeist nicht mehr als zwei Anker aufgezeichnet, dabei führten bereits mittelalterliche Schiffe mindestens vier. Im 17. und 18. Jahrhundert stieg diese Zahl auf mindestens sechs, außerdem wurden die Größen und Gewichte genau festgelegt.
Das Gewicht des größten Ankers, des Pflichtankers, bestimmten die Niederländer nach der Formel:

$$\frac{(\text{Schiffslänge} + \text{Breite}) \times \text{Breite}}{2} = \text{Gewicht in Pfund}$$

Ein Schiff von beispielsweise 80 Amsterdamer Fuß (1 Fuß = 283 mm) und 22 Fuß Breite (etwa 180 bis 200 Tonnen) hatte demnach einen Pflichtanker von:

$$\frac{(80 + 22) \times 22}{2} = 1122 \text{ Pfund}$$

Um die Länge des Ankers nach seinem Gewicht zu bestimmen, multipliziert man sein Gewicht in Tonnen (1122 Pfund = 0,561 Tonnen) mit der Zahl 1160 und zieht die Kubikwurzel. Das Resultat ist die gesuchte Länge in Amsterdamer Fuß:

$$\sqrt[3]{0,561 \times 1160} = 8,66 \text{ Amsterdamer Fuß} = 2,45 \text{ Meter}$$

Das Gewicht von Raum- und Buganker war: Pflichtanker × 0,9. Für die Berechnung der Ankergrößen auf englischen, französischen und Schiffen anderer Nationen galten nahezu identische Formeln.
Die Reihenfolge der Anker und ihre Plazierung war etwa folgende: Buganker – Backbord an Kranbalken und Vorderteil der Fockrüste befestigt. Vertäu- oder Muringsanker – Steuerbord an Kranbalken und Vorderteil der Rüste befestigt. Pflichtanker (auch Großer Anker oder Schwerer Anker genannt) – Steuerbord hinter dem Vertäuanker auf der Rüste befestigt. 2 Stromanker – Backbord hinter dem Buganker auf der Rüste befestigt. Der Reserve- oder Raumanker war unter Deck gestaut.
Bug-, Pflicht-, Vertäu- und ein Stromanker waren grundsätzlich bereits mit Ankertauen ausgerüstet, Bug- und Vertäuanker zudem mit einer Ankerboje.
Für das gute Aussehen eines Ankers ist seine Proportionierung höchst wichtig! Vom frühen 16. bis in die erste Hälfte des 19. Jahrhunderts gab es hierfür feste Regeln:
Ankerstock = Ankerschaft. Teilt man den Schaft in 7 Teile, und schlägt 3/7 über dem Kreuz einen Kreis gleichen Radiusses, so erhält man die Auskragung der Arme und die Unterkante des Stocks. Teilt man diese Länge durch 2, erhält man auf dem Kreisbogen die Enden der Flunken. Der Ankerstock war an seinen Enden halb so stark wie in der Mitte. Der äußere Durchmesser des Rings betrug 0,14 der Schaftlänge. Erst im Verlauf des 19. Jahrhunderts änderten sich diese Proportionen teilweise grundlegend.
Anker sägt man am besten aus entsprechend starkem Messing aus, die Flunken aus dünnem Blech und lötet sie an. Der zweiteilige Stock ist aus Holz und mit Metallbolzen oder -bändern, auf älteren Schiffen auch Taubändern, zusammengehalten. Das gesamte Metall des Ankers wird

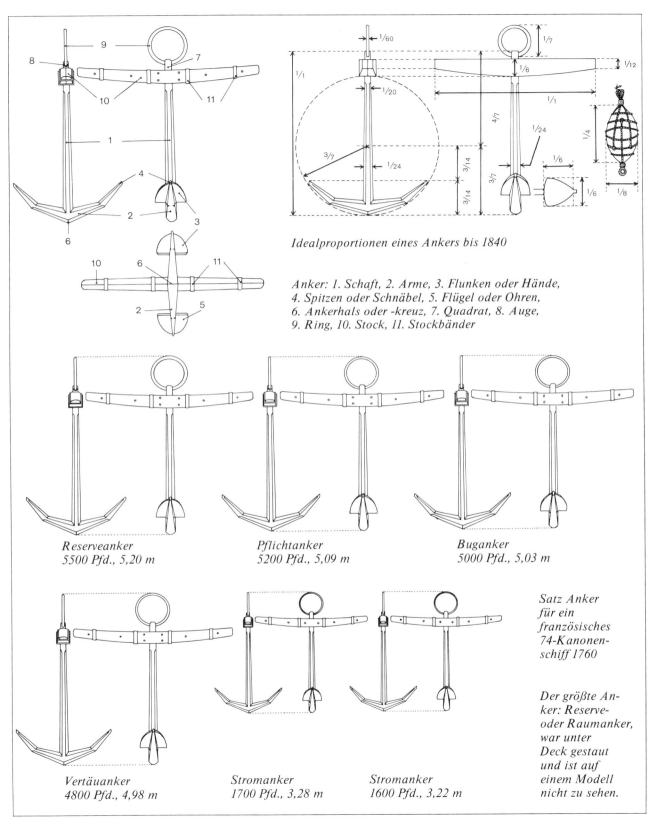

Idealproportionen eines Ankers bis 1840

Anker: 1. Schaft, 2. Arme, 3. Flunken oder Hände,
4. Spitzen oder Schnäbel, 5. Flügel oder Ohren,
6. Ankerhals oder -kreuz, 7. Quadrat, 8. Auge,
9. Ring, 10. Stock, 11. Stockbänder

Reserveanker
5500 Pfd., 5,20 m

Pflichtanker
5200 Pfd., 5,09 m

Buganker
5000 Pfd., 5,03 m

Satz Anker
für ein
französisches
74-Kanonen-
schiff 1760

Der größte An-
ker: Reserve-
oder Raumanker,
war unter
Deck gestaut
und ist auf
einem Modell
nicht zu sehen.

Vertäuanker
4800 Pfd., 4,98 m

Stromanker
1700 Pfd., 3,28 m

Stromanker
1600 Pfd., 3,22 m

Anker

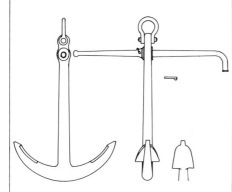

Admiralitätsanker ab 1840

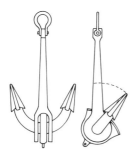

Hawkinsanker ab 1820

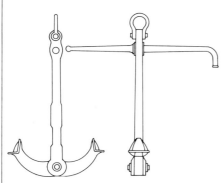

Trotmananker ab 1850

geschwärzt. Von praktisch allen Modellbaufirmen werden Anker in Blei und/oder Messing angeboten - man sollte hier sehr vorsichtig sein, einmal, weil diese Anker selten die richtigen Proportionen haben, zum anderen, weil sie nur selten in den richtigen Größen angeboten werden.

Anker selbst zu fertigen ist zwar etwas mühsam, die Wirkung ist aber unvergleichlich besser!

Bis zur Einführung der Ankerketten wurden die Ankerringe gekleidet, und zwar zuerst mit Teerband, dann mit einem dünnen Tau und schließlich teilweise noch mit Schiemannsgarn. Der Modellbauer kann sich das Band natürlich sparen, Tau und Schiemannsgarn sollten aber unbedingt angebracht werden.

Für die Befestigung des Ankertaus gab es drei verschiedene Versionen:
Das Pferdeleinen- oder Wurfstek. Es wurde bei kleineren Ankern verwendet, also im Mittelalter und bei den Stromankern.

Der Ankerknoten. Es war für große Anker (Bug-, Pflicht- und Vertäuanker) gedacht und einfacher als das Pferdeleinenstek, weil sich diese schweren Taue nicht so leicht schlingen ließen.

Das Draggenstek. Wurde nur bei den vierarmigen Ankerdraggen verwendet, wie sie traditionell als Anker auf Galeeren, aber auch sonst gern im Mittelmeer gefahren wurden. In Nordeuropa wurden Draggen auch gern als Bootsanker verwendet.

Als im 19. Jahrhundert Ankerketten aufkamen, wurden diese mit einem Schäkel am Ankerschaft befestigt.

Die Bojen dienten dem leichteren Auffinden der Anker, wenn sie am Grund lagen. Sie waren aus leichtem Holz oder Kork und mit geteertem Schiemannsgarn gekleidet. Das Bojenreep wurde um Kreuz, Arme und Schaft des Ankers geschlungen, seine Länge in einer Reihe von Rundschlägen zusammengenommen und neben der Boje im untersten Teil der Fockwanten aufgehängt.

Auf Fahrt wurden die Anker im Mittelalter an der Kuhlreling, seit dem frühen 16. Jahrhundert an den Rüsten, seit der ersten Hälfte des 19. Jahrhunderts auch in eigenen Ankerlagern untergebracht.

Befestigt wurden sie mit Rüstleinen oder Rüstketten, die an Ringbolzen, den Püttingseisen, den Kranbalken oder speziellen Konstruktionen wie dem Versenker befestigt waren, wie die Zeichnungen umseitig zeigen. Vielfach wurden noch 2 kleinere Reserveanker oder Sturmanker (Größe etwa wie die Stromanker) auf der Großrüste gestaut. Auf kleineren Schiffen hievte man die Anker oft einfach binnenbords oder befestigte sie an Pollern auf der Reling. Auf Galeeren lagen die großen Ankerdraggen rechts und links neben den Geschützen in der Kanonenback.

Noch ein paar Formeln für Ankergrößen:

England 1720/80
(Schiffsbreite + Tiefe im Raum) $\times$ 100 = Gewicht in Pfund.

England 1800
Schiffstonnage : 20 = Gewicht in cwt (50,8 kg)
Schiffsbreite : 2 = Länge Ankerschaft

Frankreich 1800
(Schiffsbreite $\times$ 4) : 10 = Länge Ankerschaft

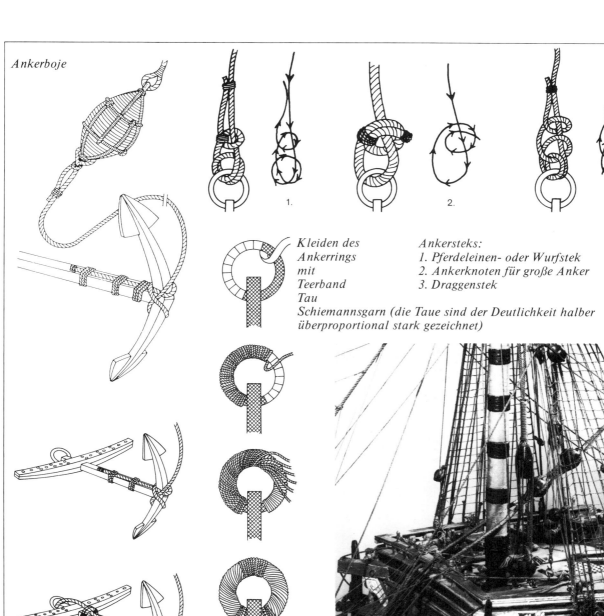

Ankerboje

Kleiden des
Ankerrings
mit
Teerband
Tau
Schiemannsgarn (die Taue sind der Deutlichkeit halber
überproportional stark gezeichnet)

Ankersteks:
1. Pferdeleinen- oder Wurfstek
2. Ankerknoten für große Anker
3. Draggenstek

1.

2.

3.

Befestigung des
Bojenreeps:
oben Bojenstek,
bei großen Ankern
unten Bojenstek
bei kleinen Ankern.
Auf beiden Seiten
war ein Anker mit
Boje ausgerüstet

Ankerring und Schäkel,
19. Jahrhundert

Aufhängung des Ankers während der
Fahrt auf dem französischen Linienschiff 1. Ranges Royal Louis
um 1700

203

Ankerlager

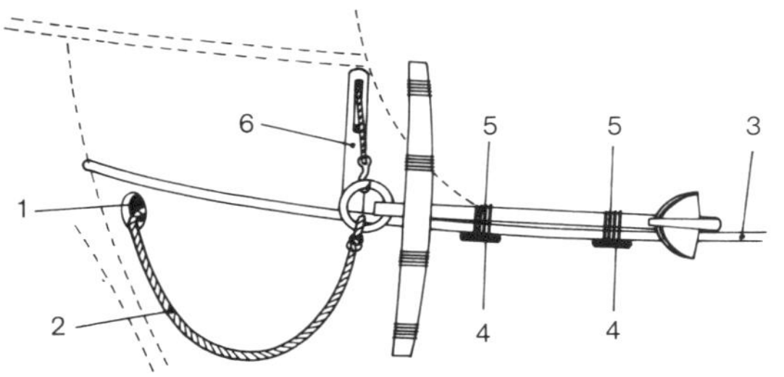

Rechts und links
zwei Ankerlager,
13./15. Jahrhundert:
1. Ankerklüse
2. Ankertau
3. Reling
4. Zurringgats
5. Ankerzurring
6. Kranklampe

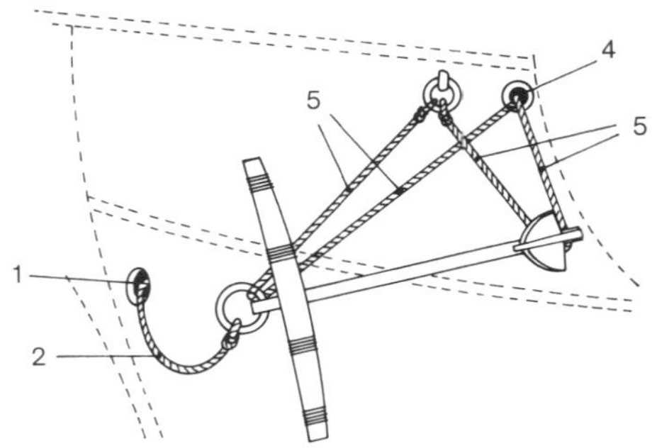

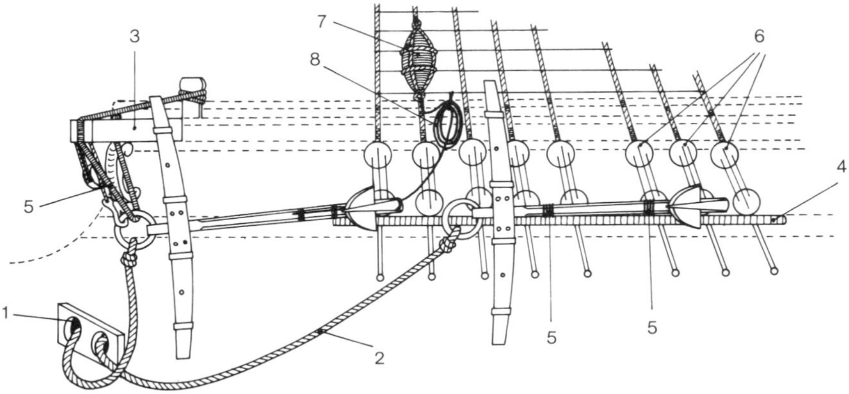

Ankerlager, 16./19. Jahrhundert:
1. Ankerklüse, 2. Ankertau,
3. Kranbalken, 4. Rüste,
5. Rüstleinen, 6. Jungfer,
7. Boje, 8. Bojenreep

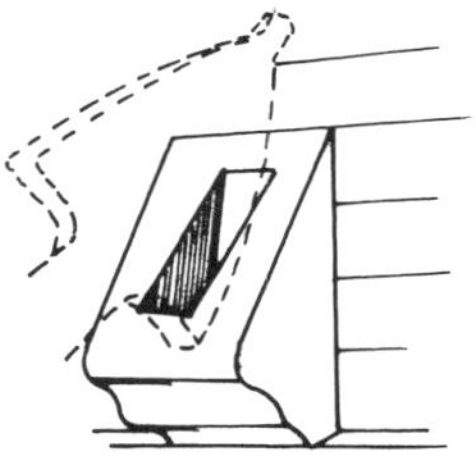

Schweinsrücken

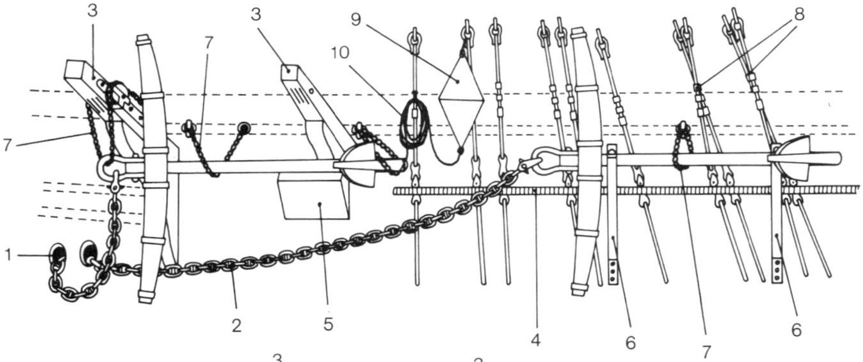

Ankerlager, 19. Jahrhundert:
1. Ankerklüse, 2. Ankerkette,
3. Kranbalken, 4. Rüste,
5. Schweinsrücken, 6. Ankerlager, 7. Rüstketten,
8. Spannschrauben mit Püttings, 9. Boje, 10. Reep

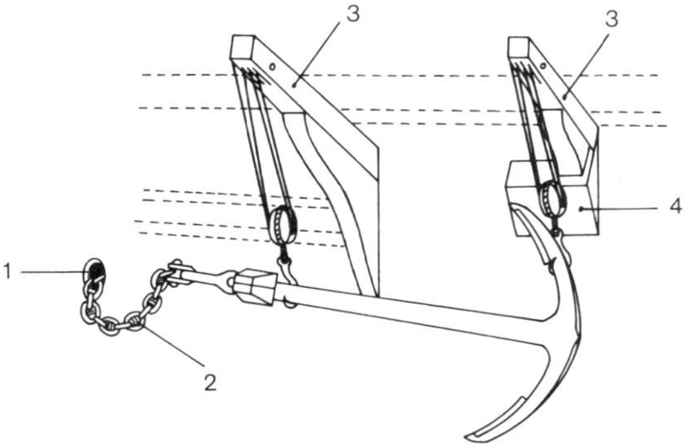

Anker an den Kranbalken hängend:
1. Ankerklüse, 2. Ankerkette,
3. Kranbalken, 4. Schweinsrücken

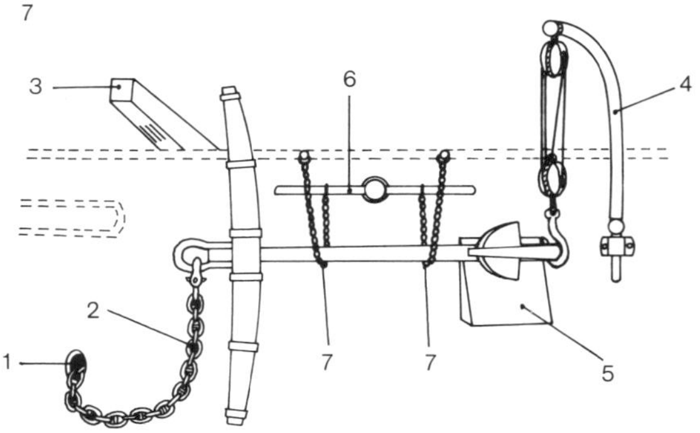

Ankerlager, 19. Jahrhundert: 1. Ankerklüse,
2. Ankerkette, 3. Kranbalken, 4. Krandavit,
5. Schweinsrücken, 6. Versenker, 7. Rüstketten

204

Penterbalken

Im 17. und 18. Jahrhundert dienten Penterbalken dazu, die Anker auf die Rüste zu heben

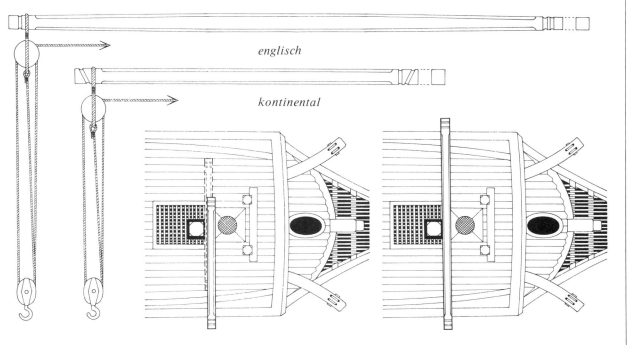

englisch

kontinental

Penterbalken
mit Fischtakel

Kontinentales System
(– – – auf Fahrt)

Englisches System

Pentern eines Ankers nach Willem van der Velde d. J.

Pumpe

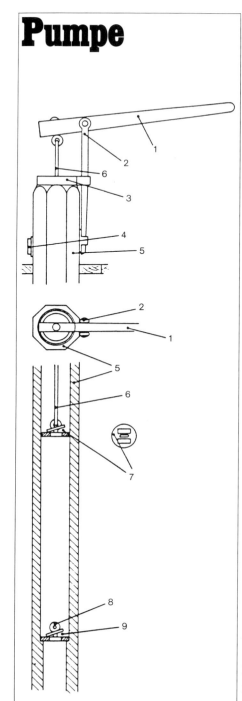

Pumpe: 1. Pumpenschwengel,
2. Schwengellager, 3. Kopfring,
4. Ausfluß, 5. Pumpenschaft,
6. Pumpenkolben, 7. oberes
(bewegliches) Ventil, 8. Ventil-
auge, 9. unteres (festes) Ventil

Die Pumpen dienten zum Lenzen, das heißt zum Auspumpen des Wassers.

Es war nicht nur Regen- und Seewasser, das über Bord eindrang, die alten Schiffe leckten alle mehr oder weniger. Das Wasser sammelte sich im untersten Teil des Raumes, in der Bilge, von wo es mindestens einmal am Tag ausgepumpt werden mußte.

Die Pumpen wurden daher immer über dem tiefsten Raum vor dem Besan- und dem Großmast aufgestellt. Bei kleineren Schiffen im Mittelalter genügte eine Pumpe, auf größeren Schiffen des 16. Jahrhunderts waren es zwei bis vier, ab dem 17. Jahrhundert auf großen Schiffen zumeist vier am Großmast und zwei am Besanmast.

Die Pumpen standen niemals in der Mittellinie des Schiffes, sondern immer etwas seitlich (!) davon, damit das Saugrohr nicht auf das Kielschwein traf, es hätte sonst nicht tief genug hinabgereicht.

Die Pumpen standen auf Deck über der Wasserlinie, manchmal auf dem Großdeck, manchmal auch tiefer. Ihr Standort kann aus den Speigats ermittelt werden, denn wo die Pumpen ihre Abläufe hatten, da befanden sich auch Speigats in der Bordwand – umgekehrt kann man die Lage der Speigats, wenn sie nicht im Plan eingezeichnet sind, aus der Stellung der Pumpen ermitteln.

Die ältesten Pumpen waren aus vier Brettern zusammengesetzt und hatten viereckige Kolben, die Ventile fertigte man aus starken Lederplatten.

Seit dem 14. Jahrhundert waren die Pumpenschäfte rund. Die Kolben wurden bis ins frühe 18. Jahrhundert grundsätzlich mit einem am Schaft befestigten Schwengel bedient, eine Methode, die sich auf kleineren Schiffen bis ins 19. Jahrhundert erhielt. Auf großen Schiffen des 18. Jahrhunderts hängte man die Schwengel an Tauen am Mast auf - bei einem Modell wird man diese weglassen, da sie nur im Bedarfsfall angebracht wurden.

Im 19. Jahrhundert kamen dann die Balancierpumpen und Radpumpen in Gebrauch, wobei letztere die Drehbewegung über eine doppelt gebogene Achse in eine Auf-und-ab-Bewegung übersetzten. Eine Weiterentwicklung war schließlich die sogenannte ›Kettenpumpe‹, die nicht mehr Ventile, sondern Lederklappen in einem Rohr, hochgezogen von einer über ein Rad bewegten Kette, verwendete (die entsprechende, hier keinen Platz mehr findende, Zeichnung s. S. 208).

Der Pumpvorgang selbst ging so vor sich: der Kolben, an dessen Ende das obere Ventil angebracht war, wurde gehoben, das obere Ventil schloß sich, im Saugrohr entstand ein Unterdruck. Dadurch öffnete sich das untere Ventil und Wasser strömte aus dem unteren Schaft in das Saugrohr. Der Kolben wurde nun abwärts bewegt. Durch den Druck von oben schloß sich das untere Ventil, während sich durch den vermehrten Druck im Saugrohr das obere Ventil öffnete und das Wasser in den oberen Schaft strömte. Mit dem nächsten Hub des Kolbens wurde dieses Wasser über das sich wieder schließende obere Ventil angehoben und stieg so bis zum Ausflußloch, wo es ablaufen konnte.

Die Herstellung von Pumpen bis zum 19. Jahrhundert bereitet für den Modellbauer technisch keinerlei Schwierigkeiten, beim Bau von Balancier- und Radpumpen muß er allerdings etwas mit den Techniken der Metallverarbeitung vertraut sein, wie ja bei vielen Teilen von Schiffen dieser Zeit.

Die im Handel erhältlichen Pumpen sehen zumeist so unnatürlich aus, daß man sich hier lieber auf die eigene Geschicklichkeit verlassen sollte.

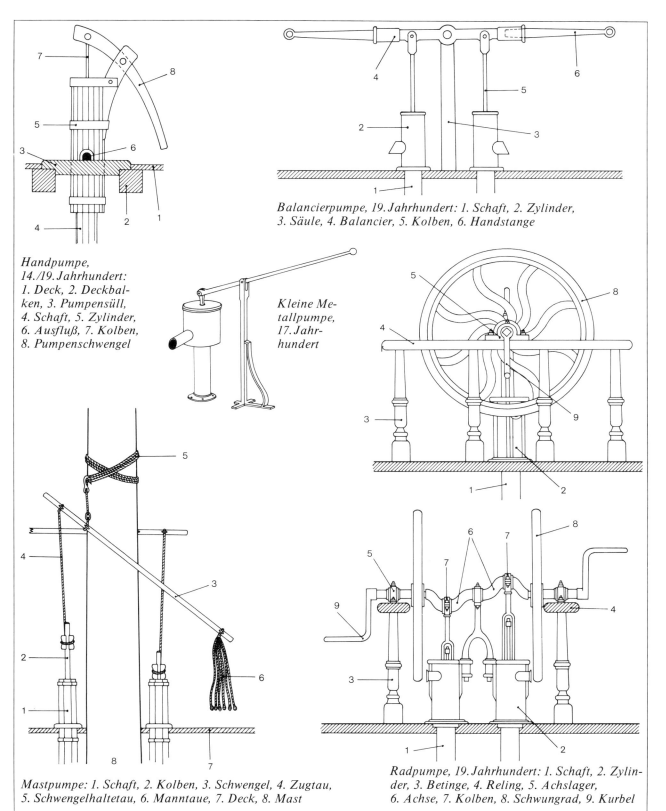

Balancierpumpe, 19. Jahrhundert: 1. Schaft, 2. Zylinder, 3. Säule, 4. Balancier, 5. Kolben, 6. Handstange

*Handpumpe,
14./19. Jahrhundert:
1. Deck, 2. Deckbal-
ken, 3. Pumpensüll,
4. Schaft, 5. Zylinder,
6. Ausfluß, 7. Kolben,
8. Pumpenschwengel*

*Kleine Me-
tallpumpe,
17. Jahr-
hundert*

*Mastpumpe: 1. Schaft, 2. Kolben, 3. Schwengel, 4. Zugtau,
5. Schwengelhaltetau, 6. Manntaue, 7. Deck, 8. Mast*

*Radpumpe, 19. Jahrhundert: 1. Schaft, 2. Zylin-
der, 3. Betinge, 4. Reling, 5. Achslager,
6. Achse, 7. Kolben, 8. Schwungrad, 9. Kurbel*

Beiboote

Seit der Antike führten größere Schiffe mindestens ein Beiboot mit sich. Ursprünglich wurde dieses Boot geschleppt, auf großen römischen Frachtschiffen konnte es auch an Bord genommen und an Deck aufgestellt werden. Auch das ganze Mittelalter schleppte die Boote, und erst im Lauf des 15. Jahrhunderts begann man die Boote auf Fahrt wieder an Bord zu nehmen.

Im 16. Jahrhundert bildete sich dann die Gewohnheit heraus, die Boote über der Kuhlgräting zu stapeln, ab dem 18. Jahrhundert manchmal auch auf einem Balkenrost, der auf der Großreling oder zwischen den Laufplanken über der Kuhl ruhte. Im 19. Jahrhundert kamen dann Davits am Heck und am Schanzkleid des Kampanjedecks auf, in denen man die Beiboote aufhängte; nach wie vor waren aber etliche davon auch auf dem Großdeck oder auf den Dächern der Deckhäuser gestapelt. Kleinere Schiffe schleppten ihre Beiboote bis weit ins 19. Jahrhundert hinein – im Mittelmeer manchmal heute noch – und grundsätzlich wurden alle Boote ausgesetzt und in Schlepp genommen, wenn ein Gefecht bevorstand, weil da die Beiboote an Deck die Mannschaften nur behindert hätten. Aufgabe der Beiboote war der Verkehr im Hafen, Landungen an seichten Ufern, Personen- und Lasttransport, der Verkehr zwischen den Schiffen eines Geschwaders. Niemals aber bis gegen Ende des 19. Jahrhunderts dienten sie im engeren Sinn als Rettungsboote, dazu wären sie, gemessen an der Zahl der Besatzung, auch viel zu wenige gewesen. Ein Dreidecker mit über 600 Mann Besatzung führte im 17. Jahrhundert beispielsweise nur drei Boote mit, und als 1912 das mächtige Passagierschiff *Titanic* mit einem Eisberg kollidierte und sank, stellte sich heraus, daß für über die Hälfte der Menschen überhaupt kein Platz in einem Rettungsboot vorgesehen war . . .

Vom 16. bis 19. Jahrhundert wurden folgende Beiboote verwendet:

Schaluppe oder Langboot

Auch Langboot oder Großboot genannt. Das größte Beiboot an Bord. Für 8 bis 14 Paar Skulls ausgerüstet, bis zu 14 Meter lang und mit einer Segeleinrichtung versehen. Es war als Last- und Transportboot gedacht, wurde auch zum Setzen des Ankers verwendet und war daher gelegentlich mit einem Bratspill versehen.

Auf der folgenden Doppelseite ist eine Schaluppe in Rissen und Ansichten gezeigt.

Barkasse oder Kutter

In manchen Gegenden auch als Pinasse bezeichnet. Ebenfalls als Last- und Transportboot eingesetzt mit 5 bis 8 Paar Skulls und Segeleinrichtung ausgerüstet. Im 17. Jahrhundert befand sich nur eine Barkasse an Bord, im späten 18. und 19. Jahrhundert waren es meist mehrere in verschiedenen Größen; ab Mitte des 19. Jahrhunderts manchmal mit kleinen Dampfmaschinen ausgerüstet.

Jolle

Boot für den Personentransport für 3 bis 4 Paar Skulls und meist ohne Segeleinrichtung. Bis in die zweite Hälfte des 18. Jahrhunderts das kleinste Beiboot an Bord.

Gig

Ein schmales, aber langes und schnelles Boot für den Personentransport mit drei Paar Riemen und ohne Segeleinrichtung. Die Gig stand allein dem Kapitän, allenfalls seinen Offizieren zur Verfügung. Mit ihrer Einführung im späten 18. Jahrhundert übernahm sie damit einen Teil der Aufgaben der Jolle. Gig wurde stets nur eine mitgeführt.

Dingi

Das kleinste Beiboot für 2 bis 3 Riemen oder Skullpaare und 3,5 bis 4 Meter Länge. Das Dingi kam ebenfalls im späten 18. Jahrhundert in Gebrauch. Ein Schiff, das ein Dingi führte, hatte zumeist keine Jolle an Bord und umgekehrt.

Kettenpumpe (s. S. 206):
1. abnehmbarer Deckel, 2. Kettenrand, 3. Pumpenkasten, 4. Ablauf, 5. Deck, 6. Abwärts-Rohr, 7. Orlopdeck, 8. Nabe, 9. Randlauf, 10. Einzelglied, 11. Doppelglied, 12. Lederscheibe, 13. AufwärtsRohr, 14. Kielschwein, 15. Saugöffnung, 16. Spant, 17. Kiel

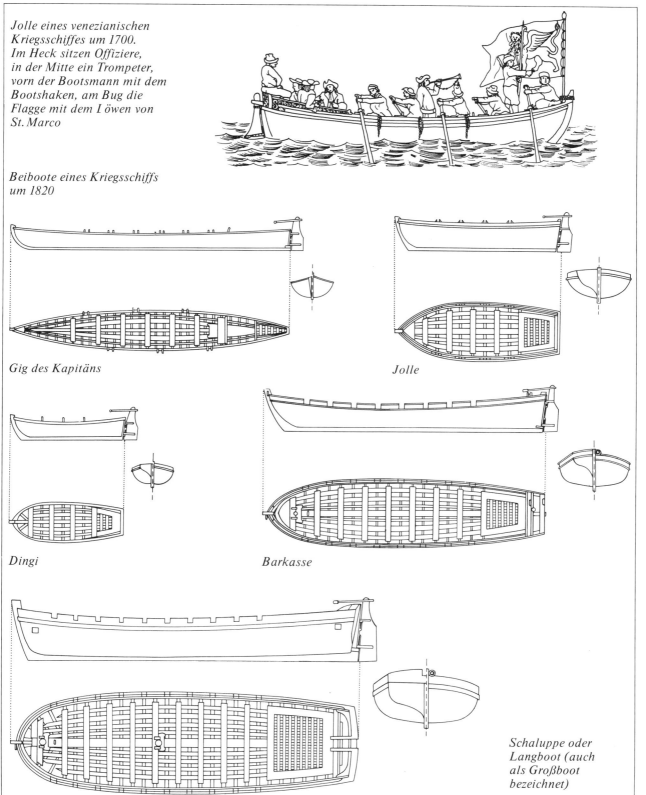

Jolle eines venezianischen
Kriegsschiffes um 1700.
Im Heck sitzen Offiziere,
in der Mitte ein Trompeter,
vorn der Bootsmann mit dem
Bootshaken, am Bug die
Flagge mit dem Löwen von
St. Marco

Beiboote eines Kriegsschiffs
um 1820

Gig des Kapitäns

Jolle

Dingi

Barkasse

Schaluppe oder
Langboot (auch
als Großboot
bezeichnet)

209

Beiboote

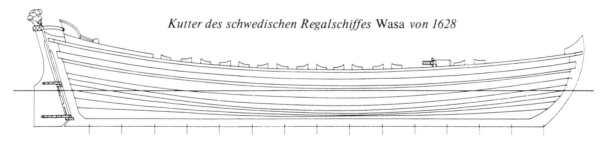

Kutter des schwedischen Regalschiffes Wasa *von 1628*

Seitenansicht

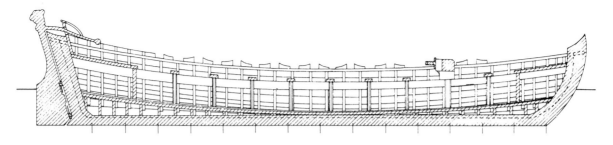

Mittellängsschnitt

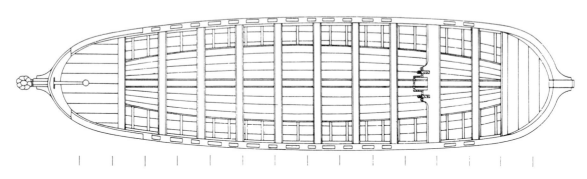

Aufsicht

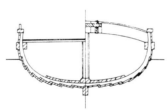
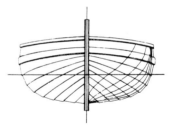

Heck
mit Spantenriß

Querschnitt mittschiffs (links)
und am Segelbalken (rechts)

Bug
mit Spantenriß

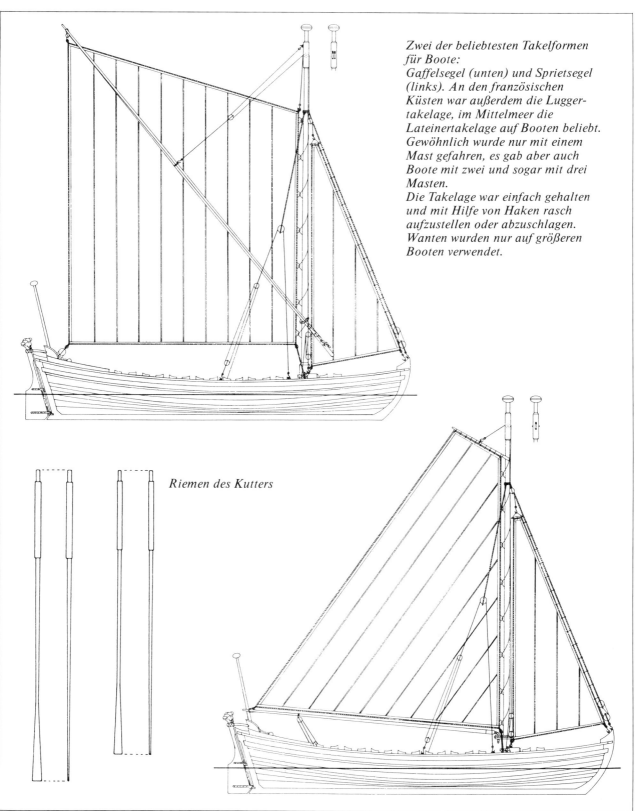

Zwei der beliebtesten Takelformen
für Boote:
Gaffelsegel (unten) und Sprietsegel
(links). An den französischen
Küsten war außerdem die Lugger-
takelage, im Mittelmeer die
Lateinertakelage auf Booten beliebt.
Gewöhnlich wurde nur mit einem
Mast gefahren, es gab aber auch
Boote mit zwei und sogar mit drei
Masten.
Die Takelage war einfach gehalten
und mit Hilfe von Haken rasch
aufzustellen oder abzuschlagen.
Wanten wurden nur auf größeren
Booten verwendet.

Riemen des Kutters

Bootsbau

Der Bau von Beibooten ist das kniffligste und vertrackteste im ganzen historischen Schiffsmodellbau. Werden Sie also nicht nervös, wenn der erste, zweite und vielleicht auch der dritte Versuch nicht so ausfallen sollte, wie Sie sich das eigentlich vorgestellt haben. Der Bau von Beibooten braucht Zeit, Geduld sowie etwas Erfahrung und Übung. Den Weg ins Fachgeschäft können Sie sich übrigens sparen, was Sie dort an Beibooten bekommen können, taugt meist nur für die Mülltonne.
Es gibt eine ganze Reihe von Methoden, Beiboote zu bauen. verschiedensten Fachbüchern und Fachzeitschriften angepriesen werden. Ich habe sie alle ausprobiert und war, außer mit zwei Methoden, wenig zufrieden.

Konventionelle Bauweise
Sie ist rechts auf den Zeichnungen ausführlich dargestellt. Zu dieser Methode sollte man vielleicht noch sagen, daß es notwendig ist, nach dem Einsetzen der Spanten das Ganze *mindestens* 14 Tage ruhen zu lassen, die Spanten aber die ersten 10 Tage täglich mit Salmiak anzufeuchten, damit sie sich in ihrer Lage anpassen und eingewöhnen können. Auf die gleiche Weise sollte man das Boot nach dem Planken behandeln, bevor man es von der Positivform herunternimmt und weiter mit Dollbord, Duchten, Grätings, Wegerungen usw. ausbaut.

Galvanoplastische Bauweise
Mit dieser Methode habe ich gute Erfahrungen gemacht.
Auch in diesem Fall muß zunächst eine Positivform gebaut werden, doch kann man sie auf einem Holzkern aus Plastilin formen. Anschließend wird die Form wie unter GALVANOPLASTIK beschrieben mit Silikonkautschuk abgegossen, mit Leitsilber eingesprüht und eine möglichst nicht zu dünne Schicht Kupfer aufgalvanisiert.
Dieses Kupferboot wird nun innen und außen mit dünnen Furnierholzleisten geplankt, die Spanten eingesetzt und ausgebaut.

Kunstharz-Bauweise
Diese Methode ist die modernste, bequemste und billigste, und ich kann sie eigentlich nur dringend empfehlen.
Wie eben schon beschrieben, wird auch hier eine Positivform gebaut, wobei es wiederum genügt mit Plastilin auf einem Holzkern zu arbeiten, und dies anschließend mit einer *Trennschicht* (Trennwachs) zu behandeln. Das Kunstharz (Polyester- oder Epoxidharz) wird nun zwei- bis dreimal mit einem Pinsel aufgetragen (Pinsel jeweils sofort auswaschen!), ggf. wird auch eine ganz feine Glasfasermatte aufgelegt (s. auch KUNSTHARZGUSS S. 54 f.).
Nach dem Aushärten kann man die Kunstharzschale des Bootes vom Kern abnehmen, wobei diese Schale den unvergleichlichen Vorteil hat, daß man sie – im Gegensatz zur galvanoplastischen Kupferschale – bedenkenlos auch an die Wand werfen kann, ohne daß sie sich verformen würde. Wie bei der galvanoplastischen Bauweise wird nun die Kunstharzform mit dünnen Furnierleisten geplankt, die Spanten eingesetzt und der restliche Ausbau durchgeführt. Der Nachteil dieser Bauart liegt in der etwas kritischen Verbindung von Kunststoff mit Holz, die aber mit einem Kontaktkleber (z. B. Patex) durchaus praktikabel ist, zumal, wenn der Kontaktkleber mit Azeton etwas verdünnt wird.

Laminier-Bauweise
Auf einem stabilen Kern werden jeweils diagonal dünnste Holzspäne aufeinander geleimt. Das Ergebnis ist eine Schale, die einerseits höchst stabil, andererseits unproblematisch beim Bekleben mit den Furnierholzplanken ist, der Arbeitsaufwand freilich ist auch beträchtlich.

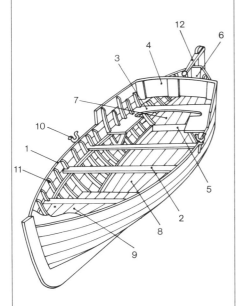

Teile eines Beibootes:
1. Setzbord oder Dollbord,
2. Bänke oder Duchten,
3. Heckbank, 4. Lehnbrett,
5. Heckkammer, 6. Steuer-
sitz, 7. Garnierung,
8. Wegerung, 9. Bugfach,
10. Dollen, 11. Spanten,
12. Ruderpinne

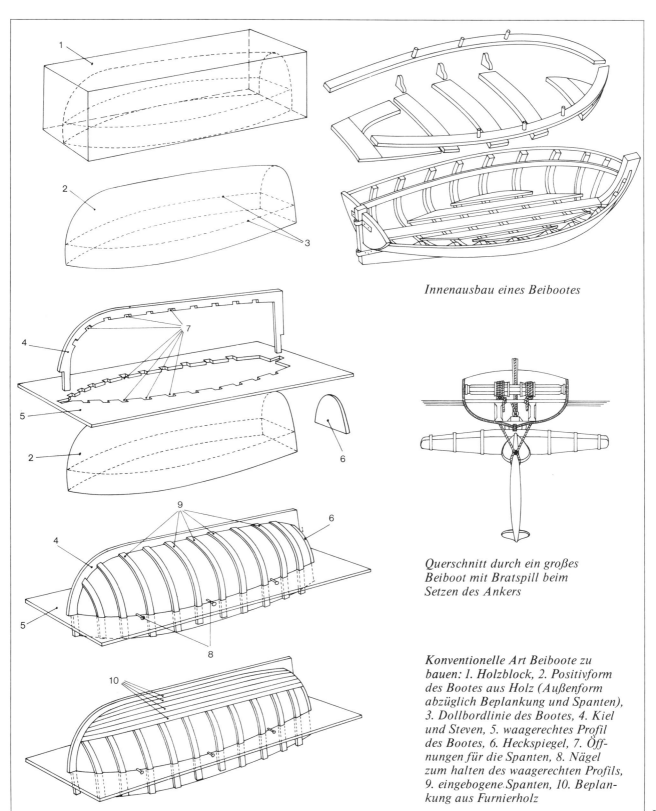

Innenausbau eines Beibootes

Querschnitt durch ein großes Beiboot mit Bratspill beim Setzen des Ankers

Konventionelle Art Beiboote zu bauen: 1. Holzblock, 2. Positivform des Bootes aus Holz (Außenform abzüglich Beplankung und Spanten), 3. Dollbordlinie des Bootes, 4. Kiel und Steven, 5. waagerechtes Profil des Bootes, 6. Heckspiegel, 7. Öffnungen für die Spanten, 8. Nägel zum halten des waagerechten Profils, 9. eingebogene Spanten, 10. Beplankung aus Furnierholz

213

Boots-ausrüstung

*Kommandierender
Admiral (1889–1899)*

Großadmiral

Admiral

Vizeadmiral

Konteradmiral

*Divisions-
kommandeur*

*Chef des Admiral-
stabs der Marine*

*Generalinspekteur
der Marine*

Marineminister

*Staatssekretär des
Reichsmarineamtes*

*Deutsches Reich 1871/1918:
Dienstflaggen, wie sie auch als
Bootsflaggen verwendet wurden.*

Schon bei einem Modell im Maßstab 1 : 50 sollte man wenigstens die wichtigsten Teile der Bootsausrüstung zeigen: etwa das Süßwasser-fäßchen, die Boothaken und Riemen und die Spieren der Takelage.

Wasserfaß
Auf englischen Schiffen zwischen 1750 und 1820 faßte das Wasserfäßchen eines Beibootes 5 Gallonen, was 53,3 cm lang war und maß in der Mitte 21,5 cm, an den Enden 17,8 cm im Durchmesser. Kontinentale Fäßchen hatten ähnliche Abmessungen.

Bootshaken
Die Bootshaken saßen an einer durchschnittlich 260 cm langen Stange und waren aus Eisen geschmiedet.

Riemen bzw. Skulls
Die Riemen bzw. Skulls (s. RIEMEN S. 218 f.) richteten sich nach der Größe des Bootes, waren aber maximal 366 cm lang.
Für Boote mit zwei Ruderen pro Ducht galten folgende Riemenlängen außenbords:
Schaluppe – Breite des Bootes x 1,25
1. Barkasse – Breite des Bootes x 1,30
2. Barkasse – Breite des Bootes x 1,40
Jolle – Breite des Bootes x 1,45
Für Boote mit einem Ruderer pro Ducht galten folgende Riemenlängen außenbords:
Dingi – Breite des Bootes x 2,20
Gig – Breite des Bootes x 2,50

Takelage
Außer den kleinsten Booten – Jolle und Dingi – und der auf extreme Ruderschnelligkeit gebauten Kapitäns-Gig verfügten sämtliche Beiboote über eine mehr oder minder umfangreiche Segeleinrichtung, die gegebenen Falles mit wenigen Handgriffen im Boot aufgerichtet werden konnte.
Bis in die erste Hälfte des 18. Jahrhunderts waren die Boote mit nur einem Mast ausgerüstet, danach gab es zwei-, ja sogar dreimastige Bei-bootstakelagen.
Die üblichsten Formen waren:
Lateinertakelage:
Üblich im gesamten Mittelmeerraum. An Tauen wurden ein Wantenpaar, Fall, Rack und Halstaljen (s. S. 350 f.) gefahren.
Mit kleinen Varianten galt dies auch für den gesamten arabischen Raum, d. h. östliches Mittelmeer, Rotes Meer und Indischer Ozean.
Die drei weiteren Bootatakelagen waren noch im gesamten 19. Jahr-hundert im euro-amerikanischen Raum allgemein in Benutzung:
Sprietsegel (Spreizgaffelsegel):
Diese Takelung (mit oder ohne Vorsegel) war seit dem 17. Jahrhundert weitverbreitet und wurde noch bis Ende des 19. Jahrhunderts auf amerikanischen Walfangbooten vorzugsweise eingesetzt.
Gaffelsegel:
Ganz allgemein begann seit dem späten 17. Jahrhundert das Gaffelsegel das Sprietsegel zu verdrängen, so daß auch die Beiboote entsprechend umgerüstet wurden.
Luggersegel:
Vor allem in Frankreich, aber auch in anderen Ländern wurde ab der Mitte des 17. Jahrhunderts auch die Luggertakelage höchst beliebt.
Ein Beispiel hierfür finden Sie S. 210.

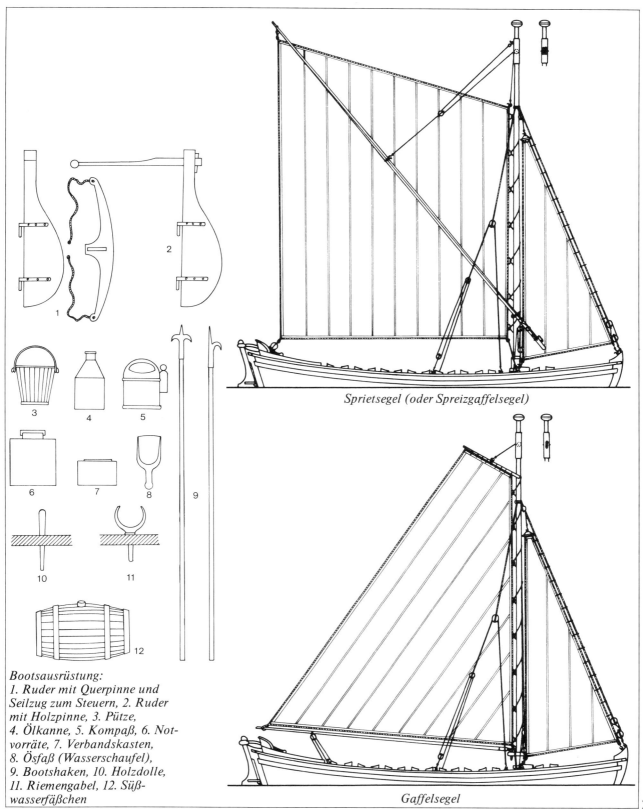

Sprietsegel (oder Spreizgaffelsegel)

Gaffelsegel

Bootsausrüstung:
1. Ruder mit Querpinne und
Seilzug zum Steuern, 2. Ruder
mit Holzpinne, 3. Pütze,
4. Ölkanne, 5. Kompaß, 6. Not-
vorräte, 7. Verbandskasten,
8. Ösfaß (Wasserschaufel),
9. Bootshaken, 10. Holzdolle,
11. Riemengabel, 12. Süß-
wasserfäßchen

215

Bootsklampen und Davits

Bootsklampen kennt man seit der Antike, während Davits eine noch recht neue Erfindung sind und aus der Wende des 18. zum 19. Jahrhundert stammen. Daß sie sich recht bald allgemeiner Beliebtheit erfreuten, sollte nicht verwundern, denn ein Beiboot mit Stag- oder Seitentakel aus den zumeist mittschiffs angeordneten Bootsklampen zu heben und über Bord zu fieren, war ein recht mühsames Unternehmen, während die Boote aus den Davits zu Wasser zu lassen nicht mehr Mühe erforderte, als ein paar Taue zu lösen.

Bootsklampen

Es waren dies zwei Holzständer – dem Stapelschlitten nicht unähnlich – die auf der Kuhlgräting, auf einem Balkenrost über der Kuhl, später auch auf den Dächern der Deckshäuser montiert waren und in denen die Boote ruhten. Kleinere Bootsklampen wurden auch auf die Duchten größerer Boote gesetzt, so daß man die Beiboote der Reihe nach ineinander stapeln konnte.

Mit Zurrings wurde das Boot auf den Bootsklampen festgehalten. Die Zurrings waren seit dem 17. Jahrhundert fast immer gekleidet und wurden im vorderen und im hinteren Drittel des Bootes über dieses gelegt.

Davits

Man unterscheidet zwischen Heckdavits und Seitendavits. Die Heckdavits waren zwei starre Balken, die über das Hackbord des Schiffes hinausragten.

Die Seitendavits waren fast immer beweglich steuerbord und backbord am Schanzkleid, manchmal auch auf dem Deck angebracht.

Zunächst bestanden die Davits aus Holz, ab 1820 kamen Davits aus Metall in Gebrauch.

Die Seitendavits waren stets mit Davitgeien seitlich abgestützt, teilweise wurden sie mit einem Davitsfall gefiert, das durch einen Leitblock am Besanmast geschoren wurde.

Der Kopf der Davits war bei Holzdavits immer, bei Metalldavits gelegentlich mit Scheiben ausgerüstet; bei Metalldavits wurde üblicherweise ein Block angehängt. Die laufende Part bestand aus dem Bootsfall und einem unteren Block mit Haken, der beim Fieren in schwere Ringbolzen an Bug und Heck der Beiboote eingehakt werden konnte.

Es gab einfache Davits, an denen nur ein Beiboot hing, und Doppeldavits für zwei Boote, wobei zu beachten wäre, daß das größere Boot stets innen (also näher am Schiff), das kleinere außen hing.

Um Beschädigungen der Boote an den Davits zu verhindern, wurden Fender angebracht. Diese Fender waren aus einem langen Leinwandstreifen gefertigt, der um den Fenderstab gewickelt wurde. Der Fenderstab soll so an den Davits angebracht sein, daß die Fender etwa 5 bis 10 cm unter dem Dollbord des in den Davits hängenden Bootes stehen.

Auf Fahrt verzurrte man die Beiboote an den Davits mit kreuzweise gespannten Haltebändern. Diese bestanden nicht aus Tauwerk, wie man fälschlich auf vielen Modellen sehen kann, sondern aus mehrfach zusammengenähtem Segelleinen – auch auf einem Modell sollte man also die Haltebänder aus dem Segeltuch herstellen.

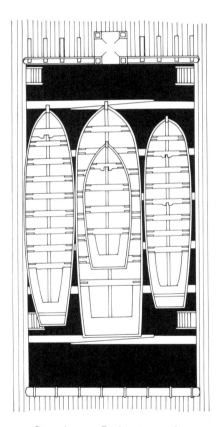

Stapeln von Beibooten auf einem Balkenrost (ungedeckte Decksbalken) über der Kuhl. In der Mitte die Schaluppe, rechts und links zwei Barkassen, auf der Schaluppe die Jolle. Oft wurden auch alle Boote der Größe nach ineinander gestapelt.

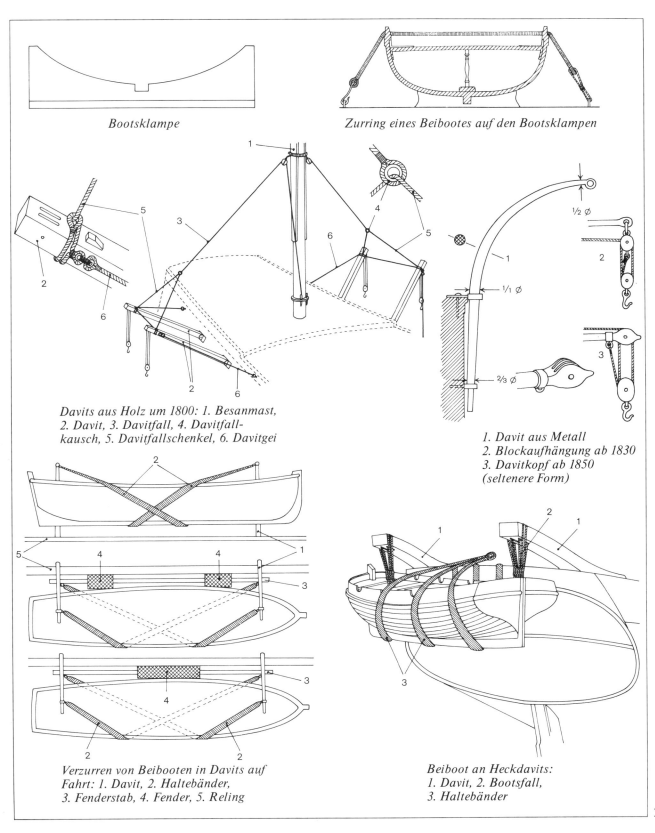

Bootsklampe

Zurring eines Beibootes auf den Bootsklampen

Davits aus Holz um 1800: 1. Besanmast,
2. Davit, 3. Davitfall, 4. Davitfall-
kausch, 5. Davitfallschenkel, 6. Davitgei

1. Davit aus Metall
2. Blockaufhängung ab 1830
3. Davitkopf ab 1850
(seltenere Form)

Verzurren von Beibooten in Davits auf
Fahrt: 1. Davit, 2. Haltebänder,
3. Fenderstab, 4. Fender, 5. Reling

Beiboot an Heckdavits:
1. Davit, 2. Bootsfall,
3. Haltebänder

217

Riemen

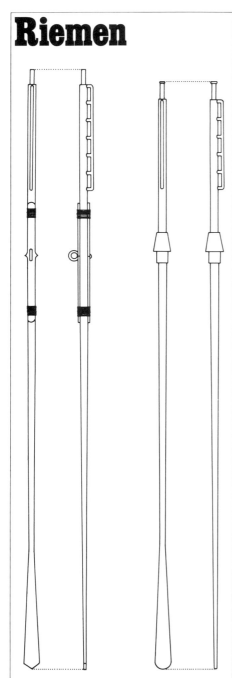

*Galeerenriemen:
An diesen schweren Riemen
arbeiteten 5 bis 7 Mann;
davon griffen die äußeren 4
bis 6 Mann an der Griffleiste
an, der innerste an der Nock.
Links französisch, spanischer
Typ, rechts italienischer Typ*

Im vor allem binnenländischen Sprachgebrauch werden immer wieder die Begriffe »Riemen« und »Ruder« verwechselt. Das Ruder ist ein Bauteil zum Steuern eines Bootes oder Schiffes, der Riemen dient zu seinem Antrieb; mit einem Riemen rudert man zwar, aber mit einem Ruder kann man nur steuern . . .

Ein Riemen setzt sich aus den Teilen Griff mit Riemennock, dem Schaft und dem Blatt zusammen, das bei Hochseebooten flach, bei Binnengewässerbooten gewölbt ist.

Die Riemen zerfallen wieder in die Untergruppen: Paddel, Riemen, Wrickriemen und Skulls.

Paddel

Sie sind die älteste Form, deren Entstehung sich im Dunkel der Vorgeschichte verliert. Paddel haben ein flaches, seltener ein gewölbtes Blatt; Griff und Schaft sind nicht unterschieden. Der Ruderer sitzt oder kniet im Boot, Gesicht bugwärts, und führt das Paddel freihand.

Riemen

Der Griff des Riemens ist etwa gleich lang wie die Breite des Bootes bzw. die Größe eines Mannes über Deck.

Für die Verwendung von Riemen gibt es drei Methoden:

1. Der Ruderer steht im Boot, Gesicht heckwärts und verwendet bei der Führung des Riemens eine Dolle oder Riemengabel auf dem Doll- oder Setzbord als Drehpunkt.
2. Der Ruderer steht im Boot, Gesicht bugwärts und führt die Riemen paarweise über Dollen oder Riemengabeln als Drehpunkte, wobei er den Steuerbordriemen mit der linken, den Backbordriemen mit der rechten Hand (also überkreuzt) bedient.
3. Die Ruderer sitzen hintereinander, und jeder bedient einen der Riemen, die abwechselnd Steuerbord, Backbord, Steuerbord, Backbord usw. über Dollen oder Riemengabeln als Drehpunkte geführt sind. Diese Methode war z.B. auf der Gig oder Walfangbooten üblich.

Galeerenriemen

Waren schwere Riemen auf großen Ruderschiffen (Galeeren), die von 3 bis 7 Mann bedient wurden und über schwere Dollen als Drehpunkt geführt waren. Da der Schaft zu dick war, um ihn mit den Händen umfassen zu können, waren Griffleisten angebracht. Die Galeerenriemen antiker Schiffe waren kleiner und in Zweier- oder Dreiergruppen (Diere, Triere) angeordnet. Ähnliche Anordnungen gab es bis in die Mitte des 16. Jahrhunderts im Mittelmeer (Fusta, Galia sottil).

Wrickriemen

Die Wrickriemen befinden sich in Hecknähe und werden mit hin- und hergehenden Schlägen bewegt, wobei der Ruderer gleichzeitig das Boot vorantreibt und steuert. Der Ruderer steht hierbei mit dem Gesicht bugwärts. Die Riemen venezianischer Gondeln sind typische Wrickriemen.

Skull

Der Griff des Skulls ist etwa halb so lang wie die Breite des Bootes, wodurch sie paarweise eingesetzt werden können. Der Ruderer sitzt auf der Ducht, Gesicht heckwärts und verwendet bei der Führung des Skulls eine Dolle oder Riemengabel als Drehpunkt. Ein Paar Skulls kann entweder gemeinsam von einem Mann, der in der Mitte der Ducht sitzt, oder von zwei Männern, die nebeneinander sitzen, bedient werden, wobei dann der linke das Backbord-, der rechte das Steuerbordskull führt.

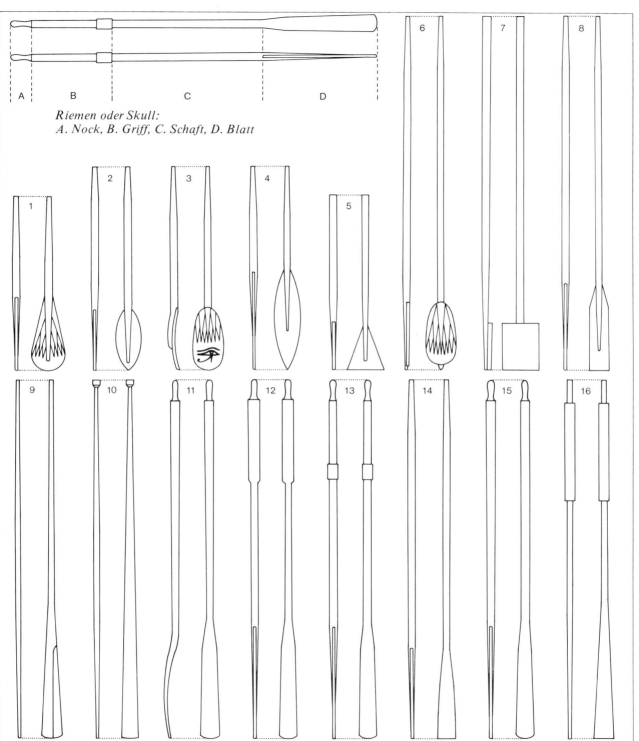

Riemen oder Skull:
A. Nock, B. Griff, C. Schaft, D. Blatt

Antike: 1., 2. ägyptische Paddel, 3. ägyptisches Skull, 4. kretisches Paddel, 5. phönizisches Paddel,
6. ägyptischer Riemen, 7. phönizischer Riemen, 8. griechischer Riemen.
Mittelalter und Neuzeit: 9. venezianischer Gondelriemen, 10. Riemen, 11. Skull für Binnenseeboote,
12., 13., 14. Skulls für Handelsschiffsboote, 15., 16. Skulls für Kriegsschiffsboote

Enter-schutznetze

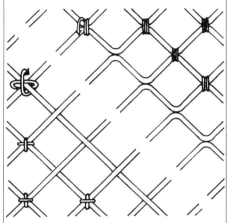

Enterschutznetze: Obschon ohne offizielle Vorschriften, wurde die Methode oben rechts in England, die unten links auf dem Kontinent bevorzugt

Finknetze

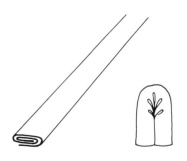

Herstellung der Hängemattenbündel: links gerollter Stoff, rechts zusammengebogene Hängematte

Um das Herüberspringen, also entern feindlicher Soldaten und Matrosen auf das eigene Schiff zu verhindern, spannte man im 15. und 16. Jahrhundert über der Kuhl, dem tiefsten und damit für solche Angriffe gefährdesten Teil des Schiffes Netze, gelegentlich auch, doch weit seltener, über dem Kampanjedeck und dem Backdeck.
Für die Anbringung der Enterschutznetze gab es drei Methoden:

1. Frei aufgehängte Netze. Hierzu wurde ein starkes Tau von der hinteren Backreling zum Großmast oder zur vorderen Kampanjedeckreling gespannt. Über dieses Tau wurde das Enterschutznetz gezogen und auf beiden Seiten an der Kuhlreling festgezurrt – die portugiesische Karavelle rechts führt solch ein Enterschutznetz.

2. Auf einem Gerüst aufgelegtes Netz. Hierzu wurde eine dachartige Stangenkonstruktion über der Kuhl errichtet, über die dann das Enterschutznetz gezogen wurde. Die Karacke *Santa Elena* im ersten Kapitel dieses Buches zeigt solch ein Stangengerüst.

3. Festes Netz. Diese wurde zwischen der Laufplanke, die das Kampanjedeck und die Back verband, und der Kuhlreling gespannt.
Auf kleinmaßstäblichen Modellen kann man für die Enterschutznetze grobmaschigen Tüll verwenden, auf größeren Modellen flicht man die Enterschutznetze am besten selbst aus dünnen Schnüren. Bei großmaßstäblichen Modellen sollte man auch mit dünnem Faden die Zurrings anbringen, die um jede Flechting des Netzes geschlagen wurde. In der ersten Hälfte des 17. Jahrhunderts wurden die Enterschutznetze von massiven Enterschutzdächern aus Grätings abgelöst und verschwanden um die Mitte des 17. Jahrhunderts endgültig.

Diese waren ebenfalls zum Schutz der Mannschaften im Gefecht angebracht und kamen in der Mitte des 18. Jahrhunderts in Gebrauch. Es handelte sich um auf der Reling montierte Eisengabeln, in die ein unten geschlossenes Netz gelegt und an den Gabeln befestigt wurde. In diese Netze steckte man dicht gepackt die Hängematten der Mannschaften, die damit ein gutes Polster gegen Musketenkugeln und Kartätschenbeschuß abgaben.
In der ersten Hälfte des 19. Jahrhunderts ging man dazu über, statt der Netze auf der Reling lange Holzkästen anzubringen, die ebenfalls mit den Hängematten der Besatzung ausgestopft dem gleichen Zweck dienten.
Die Finknetze stellt man ebenfalls am besten aus Tüll her, für die Hängematten verwendet man Baumwollbatist, den man zunächst in lange Streifen rollt, von denen dann jeweils das Stück für eine Hängematte abgeschnitten wird; sie werden schließlich in der Mitte zusammengelegt, wie die Zeichnung links zeigt.
Die Farbe der Hängematten stellt man ebenso mit Tee her, wie die der Segel (s. SEGELFARBE), sie sollte aber eher noch etwas dunkler und etwas fleckig sein – die strahlend weißen Hängematten, die man auf vielen Schiffsmodellen sehen kann, sind alles andere als natürlich.
Matrosen pflegten sich bis in unser Jahrhundert oft nur höchst ungern zu waschen, steckten bei jedem Wetter mitunter wochenlang Tag und Nacht in denselben Kleidern; dementsprechend verschmutzt waren dann auch ihre Hängematten.

Portugiesische Karavelle um 1536.
Über der Kuhl gut zu sehen das frei aufgehängte Enterschutznetz

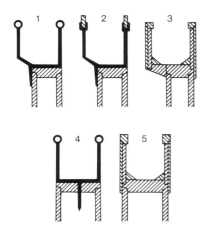

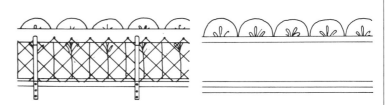

Links Finknetz (mit Eisenbügeln und Netz), rechts
Finknetzkasten mit eingesteckten Hängematten

Finknetze (Querschnitt): 1., 2., 3. auf kleinen Schiffen,
4., 5. auf großen Schiffen. 1., 2., 4. mit Eisenbügeln,
3., 4. aus Holz. 1., 4. Taureling, 2. Holzreling, 5. in die
Reling eingebaut

Sichtbare Schiffsmaschinen

Kessel · Maschine
Schornstein · Schaufelräder
Schrauben

Am 17. August 1807 fuhr das Dampfschiff *Clermont* des amerikanischen Erfinders Robert Fulton in 32 Stunden die 240 Kilometer lange Strecke von New York nach Albany.

Nach etlichen früheren Versuchen des Marquis de Jouffroy d'Abans, des Lord Dundas und Fultons brach mit der Fahrt der *Clermont* endgültig das Zeitalter des Dampfschiffes an. 1819 überquerte die *Savannah* als erstes Schiff unter Dampf und Segel den Atlantik, 1838 folgte ihr die *Sirius* als erstes Schiff nur unter Dampf, doch bis etwa 1870 führten Dampfschiffe sicherheitshalber immer noch Takelage und Segel. Für den Modellbauer bietet diese Zeit des »gemischten« Antriebs eine große Zahl höchst interessanter Schiffe.

Ich verzichte in diesem Buch allerdings ganz bewußt darauf, Antriebsmöglichkeiten für Schwimm- bzw. Fahrmodelle durch Schaufelräder oder Schiffsschrauben zu beschreiben. Dies sind Probleme, die den historischen Schiffsmodellbauer gar nicht, oder doch nur sehr am Rande berühren. Hierzu genauere Angaben und Ratschläge zu geben, mag einem Band vorbehalten bleiben, der sich mit moderneren Schiffsmodellen und Fahrmodellen beschäftigt.

Im Rahmen des vorliegenden Buches soll es ausschließlich darum gehen, wie Kessel, Schornstein, Maschinen, Schaufelräder oder Schrauben hergestellt werden und aussehen sollten, wenn sie auf historisch exakten Standmodellen angebracht werden.

Zwei Dinge sollte der Modellbauer, der sich an ein gemischt angetriebenes Schiffsmodell heranwagen will, bedenken:

1. die Metallbearbeitung in ihren verschiedensten Versionen sollte ihm keine allzu großen Schwierigkeiten bereiten, denn nicht nur für die Maschinen wird er dieser Fähigkeiten bedürfen, auch viele andere Teile dieser Schiffe bestanden aus Metall – je später im 19. Jahrhundert, um so mehr.

2. der Schaufelradantrieb sieht zwar kompliziert aus, ist für den Modellbauer aber erheblich einfacher zu verwirklichen als der Schraubenantrieb. Dies hat seinen Grund in der Schraube selbst, die historisch exakt auszuwählen und herzustellen eine mühsame und komplizierte Sache ist – und was im Fachhandel angeboten wird, das eignet sich ausschließlich für moderne Schiffe.

Hierzu vorab einen Trick, wenn Sie scharfkantige Teile, z. B. eine Schiffsschraube, aus Zinn gießen wollen: Fertigen Sie die Originalform, die dann mit Silikonkautschuk abgegossen wird, aus Kreide, da Sie bei diesem Material auch schärfste Kanten optimal herstellen können und eine Bearbeitung erheblich leichter als bei Holz und weit präziser als bei Wachs oder Plastilin möglich ist.

Entsprechend gründlich und ausführlich beschäftigt sich mit diesem Thema das Buch VORBILDGETREUE FAHRMODELLE, das, wie dieses Buch, im Mosaik Verlag die beiden Autoren Wolfram zu Mondfeld und William Sepping verfaßt haben und das ab 1988 lieferbar sein wird.

Französische Fregatte L'Audacieuse *mit gemischtem Antrieb, 1854*

Kessel
Maschine
Schornstein

Für viele Modellbauer trifft es sich recht glücklich, daß Dampf-maschinen mit ihren Zylindern, Gestängen, Hebeln, Ventilen und sonstigem Zubehör recht wetter- und wasserempfindlich waren, weshalb man sie gut geschützt unsichtbar unter Deck aufstellte – und den Modellbauer damit der höchst komplizierten Aufgabe enthob, sie nach-bauen zu müssen. Lediglich der Schornstein und manchmal Teile des Kessels blieben über Deck sichtbar.

Kessel

Sichtbare Kessel baut man zunächst aus einem Holzklötzchen (z.B. Abachi), das man in die genaue Form sägt, raspelt und schleift. Dieser Holzkern wird sodann mit dünnen Kupferplatten beklebt, genau so, wie man beim Kupfern von Rümpfen vorgeht; ebenso wie dort werden auch die Nieten imitiert. Benötigte Metallprofile bezieht man im Fachhandel und prägt die Nieten mit der schon beschriebenen Nieten-zange.

War das Metall des Kessels original blank (die häufigere Form), so soll man es wie bei gekupferten Rümpfen nicht (!) patinieren.

Maschine

Baut man ein Modell mit sichtbarer Schiffsmaschine, so ist es unerläß-lich, sich zunächst einen sehr gründlichen und zuverlässigen speziellen Plan dieser Maschine zu beschaffen! Solche Pläne sind freilich nicht leicht zu bekommen, am ehesten noch in den großen technischen Museen, z.B. Deutsches Museum in München und Science Museum in London.

Schornstein

Bis über die Mitte des 19. Jahrhunderts hinaus waren die Schornsteine auf Schiffen ziemlich dünn und hoch, erst danach wurden sie dicker und niedriger.

Als Schornstein verwendet man ein entsprechend dickes Messingrohr. Abstufungen im Durchmesser erreicht man durch Zusammen- oder Ineinandersetzen mehrerer Rohre.

Innen war der Schornstein stets stumpf tiefschwarz (Ruß). Außen war er geschwärzt oder auch blank und oft aus zusammengenieteten Platten hergestellt – man fertigt sie an wie beim Kessel oder beim Kupfern von Rümpfen beschrieben. Mehrere Ringe hielten das fast immer in blankem Messing gehaltene Überstrohrrohr, für das man einen Messinggrundstab verwendet. Das Ventil am oberen Ende dreht man aus Messing oder stellt es galvanoplastisch her.

Die Halteringe selbst fertigt man am besten aus Kupferdraht. Das benötigte Halbrundprofil erhält man, indem man den Kupferdraht in eine entsprechende U-Profil Leiste aus Messing mit dem Hammer ein-schlägt. Denken Sie aber daran, daß die Enden des Kupferdrahts über die U-Leiste hinausstehen müssen, damit Sie ihn mit der Zange wieder aus der Form herausziehen können!

Oben am Schornstein waren einige Ringösen angelötet (Tinol-Paste!), an denen die Stützketten bzw. Schornsteinstage ansetzten, die ein Ab-brechen oder Umstürzen des Schornsteins verhindern sollten, und die mit Spannvorrichtungen (Jungfern, Dodshoofden usw.) an der Reling oder auf dem Deck steifgesetzt wurden.

Wenn Sie ihr Schiff »altern«, dann denken Sie auch an die ent-sprechende Behandlung von Schmutzstag, Kohlensegel usw. (s. SEGELFARBE).

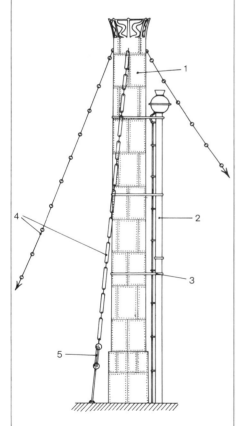

Schornstein um 1830:
1. Schornstein, 2. Überstrom-rohr und Pfeife, 3. Halte-ringe, 4. Stützketten oder Schornsteinstage, 5. Spanner

Eine schwere Watt-Dampfmaschine mit Schwinghebel für Schaufelradantrieb um 1840 gebaut. Solche Maschinen standen zumeist unsichtbar unter Deck um sie vor Wetter und Salzwasser zu schützen

Teilweise auf dem Großdeck sichtbarer Kessel und Schornstein des Schaufelradavisos Gulnara *der sardischen Marine von 1832. Vorderansicht, Seitenansicht, Hinteransicht und Aufsicht.*

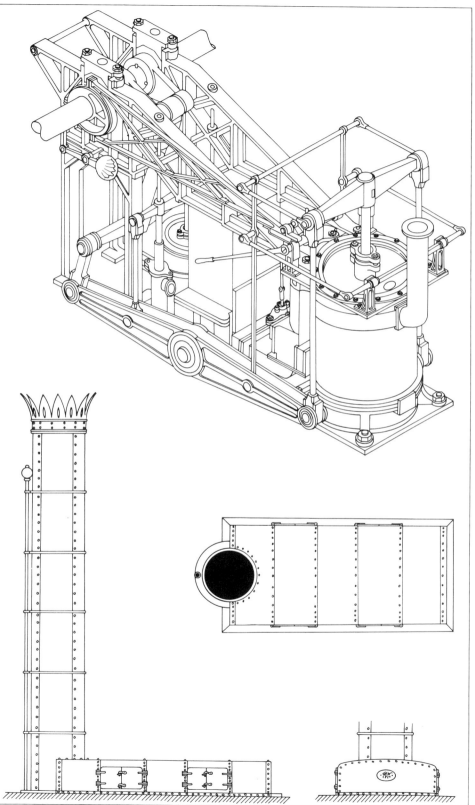

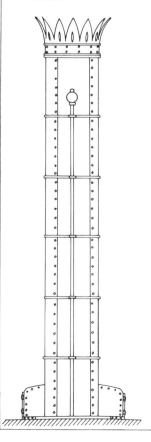

225

Schaufelräder

Bei den Schaufelrädern – auch Paddelräder genannt – unterscheidet man zwischen dem Typ mit starren und dem Typ mit beweglichen Schaufeln. Der Typ mit starren Schaufeln ist der ältere und wurde in der gesamten ersten Hälfte des 19. Jahrhunderts verwendet. Der Typ mit beweglichen Schaufeln – obschon 1807 bereits erfunden – konnte sich erst nach 1850 langsam durchsetzen. Die Herstellung von Schaufelrädern ist für den Modellbauer zwar ein gewisses Geduldsspiel, jedoch ohne besondere technische Schwierigkeiten.

Bis etwa 1820 waren die Schaufelräder, außer Achse und Beschläge, völlig aus Holz gebaut. Danach wurde der Rahmen – die Ringe und Speichen also – aus Metall hergestellt. Die Schaufeln selbst bestanden bis zur Mitte des 19. Jahrhunderts fast immer aus Holz. Erst nach 1850 wurden die meisten Schaufelräder vollständig aus Metall gebaut. Schaufelräder mit beweglichen Schaufeln waren grundsätzlich ganz aus Metall gefertigt.

Um eine größere Stabilität zu erreichen, wurde der Rahmen oft mit Metalldrähten verspannt – man fertigt sie ebenfalls aus dünnen Kupfer- oder Messingdrähten, die mit Tinol-Paste am Rahmen angelötet werden. Seit etwa 1820 war es fast allgemein üblich, die Schaufelräder von Handels- und Kriegsschiffen rot zu streichen.

Schrauben

So kompliziert ein Schaufelrad und so einfach eine Schiffsschraube aussehen mag: der Schein trügt!

Die Herstellung eines Schaufelrades braucht nicht viel mehr als nahezu unendliche Geduld.

Die Herstellung einer historisch exakten Schraube bedarf eines erheblichen technischen Aufwands.

Bis etwa 1880 waren Schiffsschrauben fast durchweg aus blankem Messing. Auch für ein Modell sollte man sie unbedingt aus Metall fertigen – mit Goldfarbe angestrichenes Holz oder Kunstharz sieht nicht sehr überzeugend aus!

Bei 4- oder 6-flügeligen Schrauben waren die Flügel zumeist auf der Nabe aufgesetzt, wie die Zeichnung links zeigt. In diesem Fall dreht man die Nabe aus Messing oder gießt sie aus Zinn. Die Flügel schneidet man aus Messingblech, feilt das nach außen scharfkantig zulaufende Profil, gibt den Flügeln die nötige »Verdrehung« und lötet sie schließlich auf die Nabe. Ein Schlitz in der Nabe, in den man das untere Ende des Flügels stecken kann, gibt diesem zusätzlichen Halt.

Schwieriger wird es bei 2- und 3-flügeligen Schrauben, bei denen Flügel und Nabe oft kaum voneinander abgesetzt sind, sondern fließend ineinander übergehen. In diesem Fall gibt es nur die Möglichkeit, die Schraube als Ganzes aus Zinn zu gießen. Dabei hat es sich als günstig erwiesen, die Flügel etwas stärker zu gießen als benötigt und sie anschließend entsprechend zu feilen; das Zinn erstarrt beim Guß oft zu schnell und läuft nicht sauber in die äußersten scharfkantigen Flügelränder aus – mit ein bis zwei mißglückten Versuchen sollten Sie ohnehin rechnen.

Die Schraube muß nun vorsichtig (!) in Stärke der Transmissionswelle durchbohrt werden.

Wenn die Schraube nicht aus Messing hergestellt werden konnte, sondern aus Zinn, muß eine entsprechende dünne Metallschicht aufgalvanisiert werden – ich kenne Modellbauer, die ihre Schiffsschrauben galvanisch vergolden, was nicht ganz billig ist, aber sehr schön aussieht!

Die fertige Schraube wird mit Zweikomponentenkleber auf der Transmissionswelle befestigt – drehbare Schrauben an historischen Standmodellen sind Firlefanz.

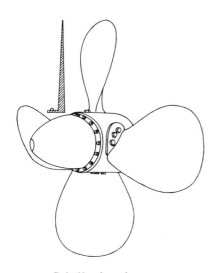

Schiffsschraube
mit Flügelprofil

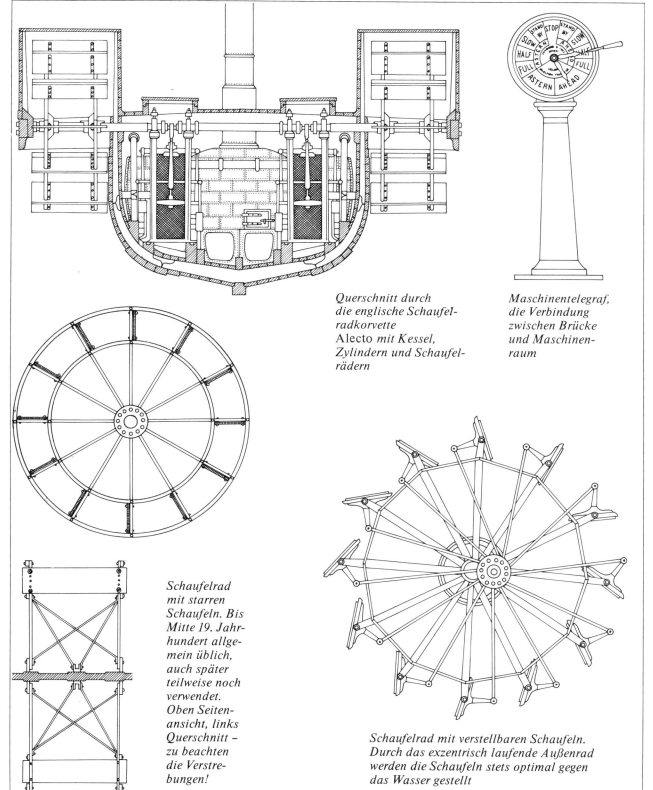

Querschnitt durch
die englische Schaufel-
radkorvette
Alecto *mit Kessel,
Zylindern und Schaufel-
rädern*

Maschinentelegraf,
die Verbindung
zwischen Brücke
und Maschinen-
raum

Schaufelrad
mit starren
Schaufeln. Bis
Mitte 19. Jahr-
hundert allge-
mein üblich,
auch später
teilweise noch
verwendet.
Oben Seiten-
ansicht, links
Querschnitt –
zu beachten
die Verstre-
bungen!

Schaufelrad mit verstellbaren Schaufeln.
Durch das exzentrisch laufende Außenrad
werden die Schaufeln stets optimal gegen
das Wasser gestellt

Schaufelräder und Schrauben

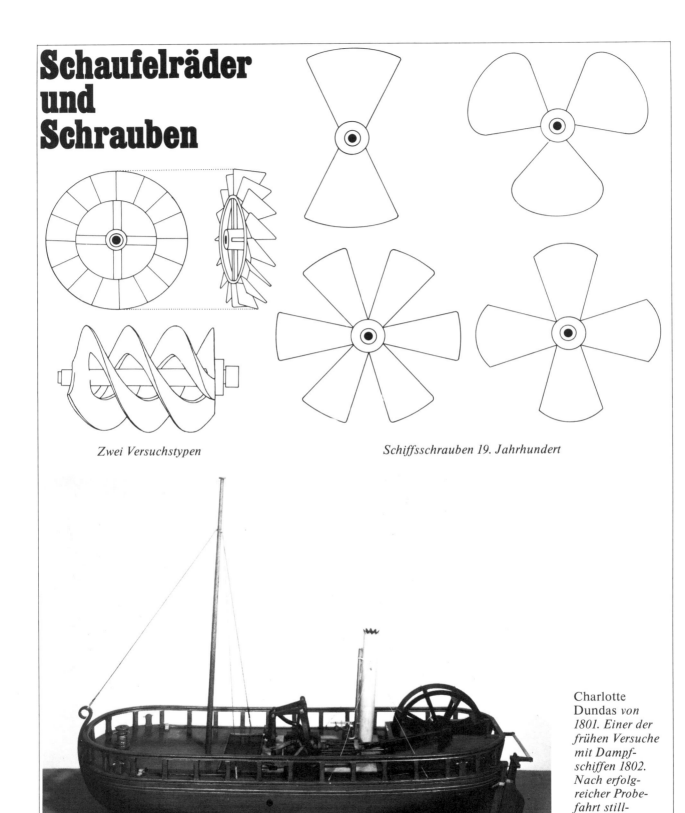

Zwei Versuchstypen

Schiffsschrauben 19. Jahrhundert

Charlotte Dundas *von 1801. Einer der frühen Versuche mit Dampfschiffen 1802. Nach erfolgreicher Probefahrt stillgelegt.*

Französische Schaufelradkorvette Le Véloce *von 1838*

Französische Panzerfregatte La Gloire *von 1859.*
Von der Wasserlinie bis zu den Stückpforten mit 12,7 cm starken Eisenplatten
bewehrt war die La Gloire *das erste Panzerschiff Europas.*

Masten und Rahen

Eigentlich hätte ich am Ende der letzten Seite einen dicken roten Strich ziehen müssen.

Warum?

Weil mit ihr der erste Teil dieses Buches endete, der sich mit dem Rumpf und seiner Ausrüstung beschäftigte.

In diesem zweiten Teil nun werden Sie das sichere Deck verlassen müssen, um in die luftigen Höhen der Masten, Segel und der Takelage zu klettern, mit ihrer, auf den ersten Blick so verwirrenden Anzahl von Spieren und Schnüren, die auf einem Segelschiff manchmal bis zu 60 Meter über das Deck aufragten.

Vielleicht wird Sie die Reihenfolge der Arbeitsgänge in den nächsten Kapiteln gelegentlich überraschen – etwa, daß bereits von den Segeln die Rede sein wird, noch bevor Sie im Kapitel LAUFENDES GUT erfahren, wie man eine Rah am Mast anbringt.

Nun, diese Reihenfolge ist keineswegs zufällig. Sie ist vielmehr das Ergebnis der Erfahrungen von Generationen von Schiffsmodellbauern. Masten, Rahen und Takelage sind zwar keineswegs so verwirrend und unübersichtlich, wie sie dem Anfänger erscheinen wollen, doch immerhin verwirrend genug, daß man sich die Arbeit beträchtlich erleichtern oder erschweren kann, je nachdem, ob man die falsche oder richtige Reihenfolge der Arbeitsgänge einhält. Mit Geduld und Ausdauer werden Sie zwar auf die eine wie auf die andere Weise ans Ziel kommen, aber warum sich unnötige Mühe machen?

Kehren wir zunächst zu den Masten und Rahen zurück, die sozusagen das Skelett der gesamten Takelage bilden und die zu halten oder zu bewegen die Aufgabe des stehenden und laufenden Gutes ist.

Von allergrößter Wichtigkeit ist hier die Wahl des richtigen Materials! Mehr als irgendein Teil des Rumpfes sind Masten, Stengen und Rahen der Gefahr des Verbiegens, Verziehens und Verdrehens ausgesetzt.

An Hölzern kommen in Frage: Ahorn, Eibe, Birne und Kiefer. Verwenden Sie aber unter allen Umständen nur astfreies und gründlich abgelagertes Holz!

Die Farben der Masten und Rahen waren bis Anfang des 17. Jahrhunderts durchweg naturbraun, lediglich im Mittelmeer und auf spanischen Schiffen kamen schwarze und rote Masten oder Rahen vor. Im 17. Jahrhundert wurden Mast- und Stengetoppen, Salinge, Marsen (sie waren bis dahin oft bunt bemalt) und Eselshäupter schwarz gestrichen, ebenso wurden die Rahen englischer und französischer Schiffe schwarz. Naturbraun blieben Masten, Stengen und Rahen holländischer Schiffe. Im 18. Jahrhundert änderte sich an dieser Farbgebung nichts, außer, daß ab Mitte des Jahrhunderts Untermasten, Bugspriet und Stengetoppen französischer Schiffe zumeist weiß gestrichen wurden und Holland mehr und mehr schwarze Rahen verwendete.

Seit der ersten Hälfte des 19. Jahrhunderts wurden die Untermasten samt Toppen durchweg weiß, die Masten von Klippern und manchmal auch von Kriegsschiffen schwarz gestrichen. Die Rahen waren auf Handelsschiffen häufig weiß, doch immer mit schwarzer Nock, auf Klippern völlig schwarz und auf Kriegsschiffen schwarz mit roter Nock. Die Stengen blieben zumeist naturbraun mit häufig weißen Toppen, seltener waren sie ganz weiß oder schwarz. Weiß waren gelegentlich auch die Marsen, Salinge und Eselshäupter von Handelsschiffen, während Klipper und Kriegsschiffe, aber auch viele Handelsschiffe hier das strengere Schwarz vorzogen.

Englische Smack Comet *1809*

Namen Masten und Rahen

Zunächst müssen wir uns natürlich mit den Namen der Masten, Stengen und Rahen vertraut machen.

Die Zeichnungen rechts, vor allem die obere, stellen selbstverständlich keine Schiffe dar, wie sie tatsächlich ausgesehen haben, sondern sind reine Hybridbilder, die lediglich alle denkbaren Masten, Stengen und Rahen aufzeigen sollen.

Bezeichnungen der Mastteile:
1. Spurzapfen, 2. Mastfuß, 3. Deck, 4. Fischung, 5. Mastklampe, 6. Untermast, 7. Schalung, 8. Wulinge, 9. Mastbacken, 10. Marslängssaling, 11. Marsquersaling, 12. Mars, 13. Masttop, 14. Eselshaupt, 15. Stengefuß, 16. Schloßholz, 17. Stenge (Marsstenge), 18. Stengebacken, 19. Bramlängssaling, 20. Bramquersaling, 21. Stengetop, 22. Stengeeselshaupt, 23. Bramstengefuß, 24. Schloßholz, 25. Bramstenge, 26. Royalstenge oder Flaggstenge, 27. Flaggenknopf.

Bezeichnungen der Masten, Stengen und Rahen auf einem Schiff bis etwa 1810:
A. Bugspriet, B. Fockmast, C. Großmast, D. Besanmast, E. Bonaventurmast.
1. Bugspriet, 2. Bugsprietknie, 3. Sprietmars, 4. Sprietmast, 5. Flaggstock, 6. Stampfstock, 7. Klüverbaum, 8. Blinderah, 9. Oberblinderah.
10. Fockmast, 11. Fockmars, 12. Fockstenge, 13. Vorbrammars, 14. Vorbramstenge, 15. Vorroyalmars, 16. Vorroyalstenge, 17. Flaggstenge, 18. Fockrah, 19. Vormarsrah, 20. Vorbramrah, 21. Vorroyalrah.
22. Großmast, 23. Großmars, 24. Großstenge, 25. Großbrammars, 26. Großbramstenge, 27. Großroyalmars, 28. Großroyalstenge, 29. Flaggstenge, 30. Großrah, 31. Großmarsrah, 32. Großbramrah, 33. Großroyalrah.
34. Besanmast, 35. Besanmars, 36. Kreuzstenge, 37. Kreuzmars, 38. Kreuzbramstenge, 39. Flaggstenge, 40. Besanrute, 41. Bagienrah, 42. Kreuzrah, 43. Kreuzbramrah, 44. Oberbesanrute, 45. Brambesanrute.
46. Bonaventurmast, 47. Bonaventurmars, 48. Bonaventurstenge, 49. Flaggstock, 50. Bonaventurrute, 51. Oberbonaventurrute.
52. Flaggmast, 53. Ausleger.

Bezeichnungen der Masten, Stengen und Rahen auf einem Schiff ab etwa 1810:
A. Bugspriet, B. Fockmast, C. Großmast, D. Kreuzmast, E. Besanmast.
1. Bugspriet, 2. Stampfstock, 3. Klüverbaum, 4. Außenklüverbaum.
5. Fockmast, 6. Fockmars, 7. Vormarsstenge, 8. Vorbrammars, 9. Vorbramstenge, 10. Vorroyalstenge, 11. Fockrah, 12. Voruntermarsrah, 13. Vorobermarsrah, 14. Vorunterbramrah, 15. Voroberbramrah, 16. Vorroyalrah, 17. Vorskyrah.
18. Großmast, 19. Großmars, 20. Großmarsstenge, 21. Großbrammars, 22. Großbramstenge, 23. Großroyalstenge, 24. Großrah, 25. Großuntermarsrah, 26. Großobermarsrah, 27. Großunterbramrah, 28. Großoberbramrah, 29. Großroyalrah, 30. Großskyrah.
31. Kreuzmast, 32. Kreuzmars, 33. Kreuzmarsstenge, 34. Kreuzbrammars, 35. Kreuzbramstenge, 36. Kreuzroyalstenge, 37. Kreuzrah, 38. Kreuzuntermarsrah, 39. Kreuzobermarsrah, 40. Kreuzunterbramrah, 41. Kreuzoberbramrah, 42. Kreuzroyalrah.
43. Besanmast, 44. Besanmars, 45. Besanmarsstenge, 46. Besangaffel, 47. Besangaffelbaum, 48. Flaggengaffel.

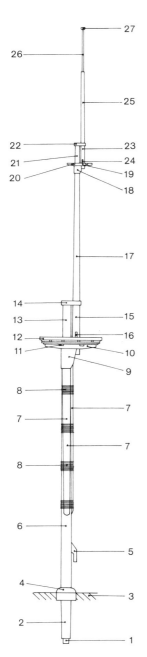

Bezeichnungen der Mastteile

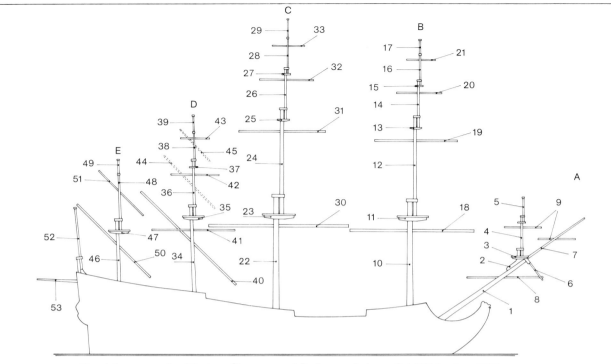

Bezeichnungen der Masten, Stengen und Rahen auf einem Schiff bis etwa 1810

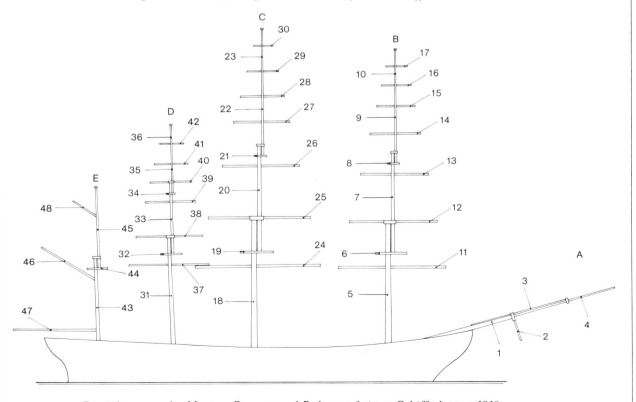

Bezeichnungen der Masten, Stengen und Rahen auf einem Schiff ab etwa 1810

233

Proportionen Masten und Stengen

B = Breite am Hauptspant

Rechenbeispiel:
Ein holländisches Schiff von 1650 (s. Spalte ›holländisch 1650‹) hat eine Breite am Hauptspant von 30 Amsterdamer Fuß = 8,49 Meter.
Der Großmast dieses Schiffes hat folgende Abmessungen:
Großmast Länge:

- 2,290 x B (= Breite Hauptspant) = 2,290 x 30 Amst.Fuß (= 8,49 m) = 68,7 Amst.Fuß (= 19,44 m)
- Durchmesser an Deck: 0,027 x L (= Länge Großmast) = 0,027 x 68,7 Amst.Fuß (= 19,44 m) = 1,85 Amst.Fuß (= 0,53 m)
- Länge Großmast-Top: 0,120 x L (= Länge Großmast) = 0,120 x 68,7 Amst.Fuß (= 19,44 m) = 8,25 Amst.Fuß (= 2,33 m)
- Durchmesser des Tops: 0,750 x Ø (= Durchmesser an Deck) = 0,750 x 1,85 Amst.Fuß (= 0,53 m) = 1,39 Amst.Fuß (= 0,40 m)

	deutsch 1470	spanisch 1480	spanisch 1550	englisch 1570	
Bugspriet L	1,100 B	1,480 B	2,650 B	2,235 B	
Ø Deck	0,028 L	0,026 L	0,014 L	0,028 L	
Ø Eselshaupt	0,600 Ø	0,500 Ø	0,600 Ø	0,330 Ø	
Sprietmaststenge L					
Ø Saling					
L Top					
Flaggstock L					
Klüverbaum L					
Ø Eselshaupt					
Außenklüverbaum L					
Ø Eselshaupt					
Fockmast L	1,874 B	2,000 B	2,140 B	1,990 B	
Ø Deck	0,022 L	0,022 L	0,024 L	0,029 L	
L Top	0,030 L	0,058 L	0,095 L	0,100 L	
Ø Top	0,550 Ø	0,570 Ø	0,750 Ø	0,660 Ø	
Fockmarsstenge L			1,060 B	1,150 B	
Ø Mars			0,028 L	0,028 L	
L Top			0,110 L	0,100 L	
Ø Top			0,500 Ø	0,660 Ø	
Vorbramstenge L			0,830 B	0,660 B	
Ø Saling			0,020 L	0,034 L	
Vorroyalstenge L					
Flaggstock L				0,470 B	
Großmast L	2,924 B	2,760 B	2,470 B	2,610 B	
Ø Deck	0,023 L	0,030 L	0,024 L	0,029 L	
L Top	0,036 L	0,040 L	0,095 L	0,087 L	
Ø Top	0,570 Ø	0,420 Ø	0,750 Ø	0,660 Ø	
Großmarsstenge L		0,810 B	1,060 B	1,340 B	
Ø Mars		0,060 L	0,028 L	0,034 L	
L Top		0,120 L	0,110 L	0,100 L	
Ø Top		0,750 Ø	0,500 Ø	0,660 Ø	
Großbramstenge L			0,870 B	0,680 B	
Ø Saling			0,020 L	0,034 L	
Großroyalstenge L					
Flaggstock L				0,530 B	
Besanmast L	1,500 B	1,750 B	2,140 B	1,765 B	
Ø Deck	0,027 L	0,025 L	0,016 L	0,027 L	
L Top			0,090 L	0,100 L	0,075 L	
Ø Top	0,500 Ø	0,500 Ø	0,500 Ø	0,660 Ø	
Besanmarsstenge L			0,830 B	0,620 B	
Ø Mars			0,020 L	0,020 L	
Besanbramstenge L					
Flaggstock L				0,440 B	
Bonaventurmast L			1,630 B	1,653 B	
Ø Deck			0,020 L	0,020 L	
Ø Top			0,500 Ø	0,500 Ø	
Flaggstock L				0,410 B	

spanisch 1600	italienisch 1600	holländisch 1600	französisch 1630	holländisch 1650	englisch 1650	französisch 1680	englisch 1710	französisch 1740	englisch Kriegsschiff 1800	englisch Handelsschiff 1810	französ. Kriegsschiff 1820
2,000 B 0,040 L 0,400 Ø	1,970 B 0,022 L 0,600 Ø	2,110 B 0,026 L 0,450 Ø	2,366 B 0,030 L 0,500 Ø 0,570 B 0,030 L 0,110 L 0,320 B	1,600 B 0,030 L 0,400 Ø 0,450 B 0,030 L 0,090 L 0,150 B	1,660 B 0,035 L 0,550 Ø 0,730 B 0,030 L 0,120 L 0,500 B	1,000 B 0,033 L 0,500 Ø 0,464 B 0,035 L 0,110 L 0,600 B	1,500 B 0,040 L 0,500 Ø 0,400 B 0,040 L 0,100 L 0,350 B	1,380 B 0,043 L 0,580 Ø 0,410 B 0,980 B 0,020 L	1,410 B 0,043 L 0,900 Ø 0,325 B 1,100 B 0,020 L 1,250 B 0,010 L	1,000 B 0,027 L 0,800 Ø 1,100 B 0,022 L 1,250 B 0,010 L	1,400 B 0,053 L 0,720 Ø 4 0,415 B 1,080 B 0,025 L 1,000 B 0,020 L
2,225 B 0,030 L 0,100 L 0,800 Ø 1,040 B 0,034 L 0,110 L 0,700 Ø 0,610 B 0,040 L 0,550 B	1,740 B 0,032 L 0,100 L 0,730 Ø 0,950 B 0,045 L 0,120 L 0,700 Ø 0,670 B 0,028 L 0,420 B	2,000 B 0,030 L 0,100 L 0,700 Ø 1,050 B 0,038 L 0,100 L 0,700 Ø 0,530 B 0,026 L 0,550 B	1,900 B 0,030 L 0,110 L 0,700 Ø 1,085 B 0,026 L 0,110 L 0,700 Ø 0,575 B 0,033 L 0,330 B	2,136 B 0,027 L 0,120 L 0,750 Ø 1,200 B 0,030 L 0,140 L 0,700 Ø 0,530 B 0,030 L 0,320 B	2,400 B 0,027 L 0,110 L 0,660 Ø 1,430 B 0,022 L 0,110 L 0,660 Ø 0,950 B 0,023 L 0,500 B	2,280 B 0,027 L 0,100 L 0,660 Ø 1,330 B 0,024 L 0,100 L 0,660 Ø 0,610 B 0,023 L 0,500 B	2,250 B 0,026 L 0,100 L 0,660 Ø 1,375 B 0,022 L 0,110 L 0,660 Ø 0,786 B 0,023 L 0,500 B	2,130 B 0,028 L 0,120 L 0,690 Ø 1,330 B 0,028 L 0,110 L 0,500 Ø 0,573 B 0,022 L 0,290 B	2,110 B 0,027 L 0,150 L 0,700 Ø 1,250 B 0,027 L 0,130 L 0,700 Ø 1,043 B 0,027 L	2,135 B 0,027 L 0,150 L 0,660 Ø 1,250 B 0,027 L 0,150 L 0,660 Ø 0,714 B 0,027 L 0,444 B	2,279 B 0,028 L 0,170 L 0,680 Ø 1,270 B 0,028 L 0,170 L 0,680 Ø 1,225 B 0,028 L
2,585 B 0,033 L 0,078 L 0,800 Ø 1,200 B 0,045 L 0,110 L 0,700 Ø 0,620 B 0,050 L 0,550 B	1,988 B 0,034 L 0,100 L 0,730 Ø 1,050 B 0,038 L 0,120 L 0,700 Ø 0,750 B 0,040 L 0,450 B	2,287 B 0,030 L 0,100 L 0,700 Ø 1,300 B 0,026 L 0,100 L 0,700 Ø 0,670 B 0,026 L 0,600 B	2,210 B 0,030 L 0,110 L 0,700 Ø 1,380 B 0,033 L 0,110 L 0,700 Ø 0,660 B 0,033 L 0,400 B	2,290 B 0,027 L 0,120 L 0,750 Ø 1,430 B 0,030 L 0,140 L 0,700 Ø 0,670 B 0,030 L 0,270 B	2,620 B 0,027 L 0,110 L 0,660 Ø 1,583 B 0,022 L 0,110 L 0,660 Ø 1,048 B 0,023 L 0,610 B	2,480 B 0,027 L 0,100 L 0,660 Ø 1,400 B 0,024 L 0,100 L 0,660 Ø 0,660 B 0,023 L 0,620 B	2,625 B 0,025 L 0,100 L 0,660 Ø 1,500 B 0,022 L 0,100 L 0,660 Ø 0,625 B 0,023 L 0,600 B	2,275 B 0,028 L 0,120 L 0,690 Ø 1,416 B 0,028 L 0,110 L 0,500 Ø 0,600 B 0,022 L 0,300 B	2,343 B 0,027 L 0,150 L 0,700 Ø 1,362 B 0,027 L 0,130 L 0,700 Ø 1,227 B 0,027 L	2,330 B 0,027 L 0,150 L 0,660 Ø 1,360 B 0,027 L 0,150 L 0,660 Ø 0,776 B 0,027 L 0,485 B	2,450 B 0,028 L 0,170 L 0,680 Ø 1,415 B 0,028 L 0,170 L 0,680 Ø 1,360 B 0,028 L
2,450 B 0,022 L 0,075 L 0,800 Ø 0,695 B 0,045 L 0,430 B	1,500 B 0,030 L 0,100 L 0,700 Ø 1,180 B 0,030 L 0,380 B	1,675 B 0,030 L 0,100 L 0,700 Ø 0,680 B 0,026 L 0,460 B	1,380 B 0,030 L 0,110 L 0,700 Ø 0,570 B 0,030 L 0,410 B	1,850 B 0,027 L 0,120 L 0,700 Ø 0,680 B 0,030 L 0,260 B	1,940 B 0,020 L 0,100 L 0,660 Ø 0,950 B 0,022 L 0,640 B 0,400 B	1,740 B 0,027 L 0,100 L 0,660 Ø 0,770 B 0,022 L 0,500 B 0,400 B	1,750 B 0,020 L 0,100 L 0,660 Ø 0,750 B 0,022 L 0,400 B 0,250 B	1,583 B 0,025 L 0,120 L 0,690 Ø 0,870 B 0,022 L 0,400 B	1,950 B 0,025 L 0,150 L 0,700 Ø 1,030 B 0,027 L 0,846 B	1,940 B 0,020 L 0,120 L 0,660 Ø 0,970 B 0,020 L 0,640 B	1,500 B 0,028 L 0,170 L 0,680 Ø 0,980 B 0,028 L 0,680 B
1,300 B 0,033 L 0,540 Ø 0,600 B	1,520 B 0,022 L 0,700 Ø 0,350 B										

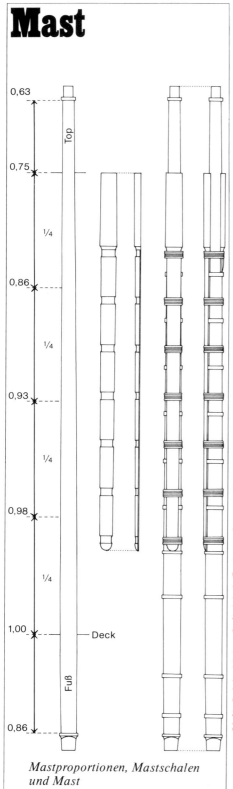

Mast

0,63

Top

0,75

1/4

0,86

1/4

0,93

1/4

0,98

1/4

1,00 — Deck

Fuß

0,86

Mastproportionen, Mastschalen und Mast

Bevor man mit dem Bau von Masten, Stengen und Rahen beginnt, empfiehlt es sich, die im Plan gezeigten Maße und Proportionen mit den Tabellen und Proportionsangaben dieses Buches zu vergleichen, denn nur zu oft sieht man Modelle, die zu hoch und schwer getakelt sind. Die Proportionstabellen für Masten, Stengen und Rahen geben natürlich nur Mittelwerte für die einzelnen Länder und Zeiten, geringfügige Abweichungen sind hier möglich. Kaum Abweichungen gab es bei den Durchmesserproportionen, wie sie auf den Seiten 218, 224, 226, 230 und 234 angegeben sind.

Positionen der Masten

Der Großmast soll in der Mitte des Kiels oder in der Mitte des Groß-decks stehen, d. h. 0,04 bis 0,05 der Länge zwischen den Loten hinter dem Hauptspant.
Der Fockmast stand bis 1630 etwa 1/3 der Länge zwischen vorderem Kielende und Vorderstevenkopf hinter dem Vorderstevenkopf, bewegte sich um 1660 auf die Hälfte und um 1700 auf 2/3 dieser Entfernung zurück, so daß er bis 1630 vor, nach 1630 hinter dem Bugschott stand.
Der Bonaventurmast stand genau über dem Achtersteven und der Besanmast in der Mitte zwischen Groß- und Bonaventurmast. Auf Dreimastern stand der Besanmast 1/3 bis 1/2 der Entfernung zwischen Spiegel und Großmast vor dem Spiegel.

Bau der Masten

Original waren die Masten aus einer Reihe ineinander verzahnter Kanteln zusammengebaut.
Modellmasten fertigt man aus einer Vierkantleiste, die man zunächst genau entsprechend den Durchmesserproportionen zuschneidet. Diese Leiste wird mit einem kleinen Hobel erst 8- dann 16-kantig gebrochen und schließlich mit Feile und Schmirgelpapier rund geschliffen.

Wulinge und Mastbandagen

Tauwulinge und Eisenreifen um die Masten dienten dazu, die Kanteln der gebauten Masten zusammenzuhalten und das Splittern einfacher Masten zu verhindern.
Wulinge gab es am Großmast seit dem Mittelalter, am Fockmast seit dem späten 15., am Bugspriet seit dem 16., am Besanmast seit dem späten 18. Jahrhundert.
Tauwulinge wurden aus einzölligem geteerten Tau hergestellt, die Höhe der Wulinge war gleich dem Mastdurchmesser. Seit 1580 setzte man über und unter der Wuling Holz, ab 1680 auch geschwärzte Eisenreifen von 0,13 der Wulinghöhe. Seit der ersten Hälfte des 18. Jahrhunderts ver-wendete man Eisenreifen von 0,13 bis 0,18 des Mastdurchmessers.
Im 18. Jahrhundert wurden zur Verstärkung der Masten Holzschalungen angebracht. Sie wurden mit Tauwulingen befestigt, im 19. Jahrhundert ebenfalls mit Eisenringen.

Mastkragen

Um den Mast an Deck gut zu befestigen, wurden zwischen Mast und Deck eine Reihe von Holzkeilen eingeschlagen und mit einer Verklei-dung aus Segeltuch abgedeckt. Der Modellbauer kann diese Fischung aus einem Stück Abachi- oder Lindenholz herstellen und sie dann mit Segelleinen bekleben.

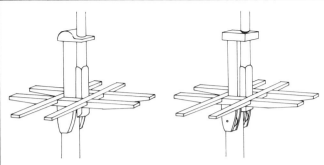

Masttop 16./17. Jahrhundert: links rundes Top kontinental, rechts eckiges Top englisch

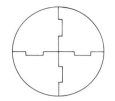 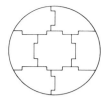

Aus Kanteln gebauter Mast (Querschnitt)

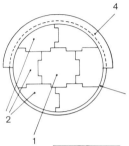

Mastquerschnitt: 1. Kern, 2. Schalungskanteln, 3. Eisenreifen, 4. Mastschalung

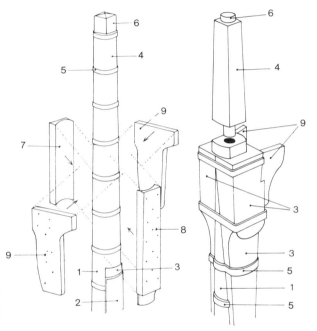

Masttop im 18. Jahrhundert: rechts englisch, links kontinental. 1. Mast, 2. Schalung, 3. Kerbe für Wuling, 4. Top, 5. Eisenbänder, 6. Zapfen für Eselshaupt, 7./8. Schalung, 9. Backen

Modellmast-Bau: 1. Vierkantleiste, 2. 8-kantig brechen, 3. 16-kantig brechen, 4. rund schleifen.

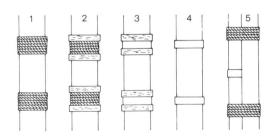

Mastbandagen: 1. Tauwulinge, 2. Tauwulinge mit Holzringen, 3. Eisenringe mit Holzringen, 4. Eisenringe, 5. Eisenringe, Schalung mit Tauwulingen

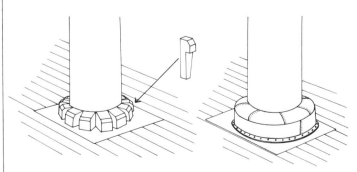

Mastkragen an Deck: links Keilring, rechts Verkleidung

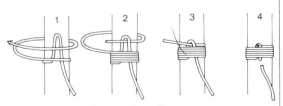

Legen einer Tauwuling

237

Salinge und Eselshaupt

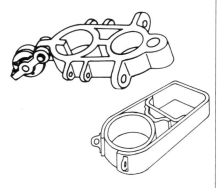

Eisernes Eselshaupt 19. Jahrhundert

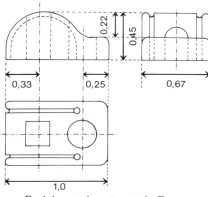

Eselshaupt kontinentale Form

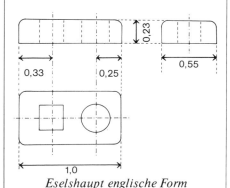

Eselshaupt englische Form

Mastbacken

Die untere Anstützung der Salinge waren die Mastbacken, kräftige Hölzer von der Breite der Längssalinge, die mit Dübeln und schweren Nägeln am Mast befestigt waren. Auf englischen Schiffen von 1560 bis 1720 waren die Mastbacken mit Scheibgats ausgerüstet, durch die das Fall geschoren wurde (s. FALL).

Salinge

Die Länge der Großlängssalinge betrug 0,3 bis 0,35 der oberen Breite des Hauptspants, die Höhe 0,08 der Länge, die Breite 0,9 der Höhe im 16./17. Jahrhundert und reduzierte sich bis Mitte des 18. Jahrhunderts auf 0,45 der Höhe.

Die Quersalinge waren im 16./17. Jahrhundert ebenso lang wie die Längssalinge, ebenso breit wie diese, jedoch nur halb so hoch und in diese eingelassen. Im 18. Jahrhundert stieg die Länge der Quersalinge auf 1,3 der Länge der Längssalinge, sie waren doppelt so breit wie diese, jedoch immer noch halb so hoch und in diese eingelassen. Die Salinge an Fock- und Besanmast standen im gleichen Verhältnis zur Großsaling wie ihre Masten untereinander.

Die Stengesalinge entsprachen im Prinzip den Marssalingen, nur daß sie häufig drei Quersalinge verwendeten, über die man die Bram- und Royalwanten führte.

In ihren Proportionen entsprachen sie den Salingen der Untermasten, wobei die Bramsaling 0,4 der Marssaling war, die Royalsaling 0,5 der Bramsaling, die Flaggsaling 0,5 der Royalsaling oder, wo solche nicht vorhanden war, 0,5 der Bramsaling.

Die Quersalinge waren oft leicht nach achtern zu gebogen und im 16./17. Jahrhundert ebenso lang wie die Längssalinge, während sie bis Mitte des 18. Jahrhunderts teilweise fast doppelt so lang wie diese wurden.

Im 19. Jahrhundert führte man verschiedentlich Ausleger an den Salingen ein, über die man die Pardunen (s. PARDUNEN) spannte.

Sämtliche Salinge waren am Masttop mit hölzernen, außen abgerundeten Polstern, den Kalben oder Kälbern, besetzt, die ein Durchscheuern der Wanten an den Kanten der Längssalinge verhindern sollten.

Eselshaupt

Seine Aufgabe war, den Stengen den entsprechenden Halt zu geben. Es gab grundsätzlich zwei Formen, eine englische – die ab Mitte des 18. Jahrhunderts auch vielfach auf dem Kontinent übernommen wurde – und eine kontinentale. Im 19. Jahrhundert verwendete man dann Eselshäupter aus Holz und Eisen ohne nationale Unterschiede.

Die Länge der Eselshäupter war 0,5 bis 0,45 des Masttops. Das quadratische Loch wurde über den Zapfen des Masttops gestülpt, das runde Loch davor nahm die Stenge auf. Die Löcher und Kerben in der kontinentalen Form des Eselshauptes diente der Führung des Falls (s. FALL). Sie verschwanden Anfang des 18. Jahrhunderts. Das Eselshaupt behielt zwar seine Grundform bei, wurde aber wesentlich flacher, bis es Ende des Jahrhunderts von der englischen Form völlig verdrängt wurde.

Im 18. und frühen 19. Jahrhundert waren die Eselshäupter sehr oft zusätzlich mit Eisenbändern verstärkt.

Bis Mitte des 16. Jahrhunderts war das Eselshaupt am Vorderende oft nur U-förmig ausgeschnitten. Die Stenge wurde in diesen Ausschnitt gelehnt und mit einer Tauzurring um das Eselshaupt befestigt.

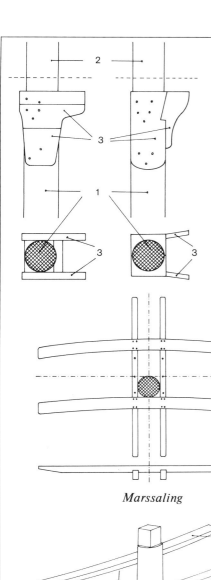

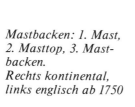

Mastbacken: 1. Mast,
2. Masttop, 3. Mast-
backen.
Rechts kontinental,
links englisch ab 1750

Bramsaling 19. Jahr-
hundert: 1. Stenge,
2. Stengetop, 3. Bram-
stenge, 4. Eselshaupt,
5. Längssaling, 6. Quer-
saling, 7. Kalben,
8. Pardunenausleger

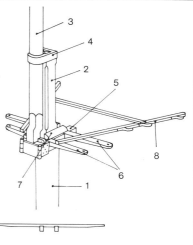

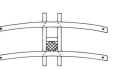

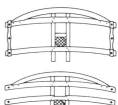

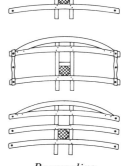

Marssaling

Bramsaling

Eselshäupter

Marssaling: 1. Mastbacken, 2. Längssaling,
3. Quersaling, 4. Kalben

Kontinental 16./
frühes 17. Jahrhundert

Englisch 16./19. Jahr-
hundert (Metallbe-
schläge erst ab spätem
18. Jahrhundert); Kon-
tinental ab Mitte
18. Jahrhundert

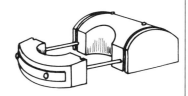

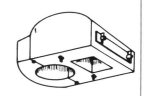

Kontinental 17./18. Jahr-
hundert (Mitte geöffnet)

239

Mars

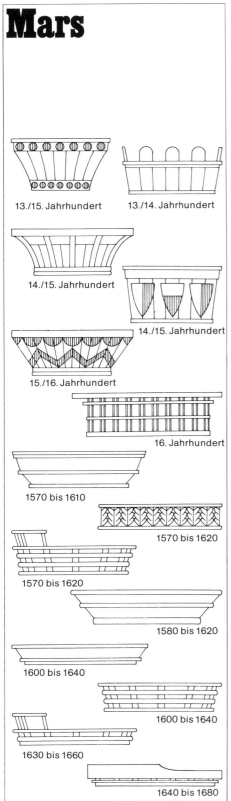

13./15. Jahrhundert

13./14. Jahrhundert

14./15. Jahrhundert

14./15. Jahrhundert

15./16. Jahrhundert

16. Jahrhundert

1570 bis 1610

1570 bis 1620

1570 bis 1620

1580 bis 1620

1600 bis 1640

1600 bis 1640

1630 bis 1660

1640 bis 1680

Auf den Salingen der Untermasten, bis Mitte des 17. Jahrhunderts auch der Mars- und Bramstengen, wurden Plattformen, die Marsen, angebracht. Bis Ende des 17. Jahrhunderts waren diese grundsätzlich kreisrund, erst Anfang des 18. Jahrhunderts begann man, die Hinterkante abzuflachen, und in der ersten Hälfte des 18. Jahrhunderts wurde die Hinterkante völlig gerade, desgleichen die Seiten, und nur das vordere Drittel blieb elliptisch gerundet.

Vom 13. bis 16. Jahrhundert besaßen die Marsen ziemlich hohe Brüstungen und wurden daher oft auch als Mastkorb bezeichnet. Diese Brüstungen waren teils aus massiven Holzbrettern, teils als Holzgitter gebaut und in der Regel bunt bemalt.

Seit der Mitte des 16. Jahrhunderts wurden die Brüstungen der Marsen dann immer niedriger, bis sie seit dem letzten Viertel des 17. Jahrhunderts nur noch aus einem schmalen Ring bestanden. Auch die bunten Farben verschwanden, und ab Mitte des 17. Jahrhunderts waren die Marsen durchweg schwarz gestrichen.

Marsen wurden bis Mitte des 17. Jahrhunderts auf allen Salingen (Mars-, Bram-, Royal- und Sprietmastsaling) gefahren. Danach behielten nur die Marssaling und die Sprietmastsaling eine Mars, wobei letztere nach dem Verschwinden des Sprietmasts um 1720 ebenfalls entfiel.

Der Bau der Marsen blieb durch die Jahrhunderte ziemlich gleich.

Der Marsboden war etwa 1,16 der Saling und aus zwei Lagen Brettern (vorn und hinten quer, an den Seiten längs) zusammengebaut. Für den Modellbauer ist dieses Verfahren natürlich zu kompliziert. Er schneidet seinen Marsboden aus einem Holzbrettchen aus und ritzt die Bretter mit dem Messer ein. Die Dicke des Marsbodens betrug etwa 8 bis 10 cm.

Die Bodenöffnung, das sogenannte Soldatengatt, besaß 0,4 der Länge und 0,33 der Breite. Die Mars des Sprietmastes hatte nur eine kleine Öffnung, gerade groß genug für das Bugsprietknie und den Fuß der Stenge.

Der Ring, der um die Mars lag, wurde von einer Anzahl Rippen getragen, die strahlenförmig und gleichmäßig verteilt waren. Die an ihren Enden quadratischen Rippen besaßen eine Stärke von 7,5 bis 10 cm. Die Rippen, stets eine gerade Zahl, waren im Abstand von 30 bis 46 cm am Marsrand verteilt.

Schließlich müssen noch die Löcher für die Püttingseisen der Marswanten gebohrt und leicht oval ausgeschliffen werden. Das vorderste Loch befindet sich etwas vor der Vorderkante des Untermasts, das hinterste bei runden Marsen in der Mitte zwischen dem vordersten Loch und der Mitte der hinteren Marshälfte, bei eckigen Marsen etwa 20 bis 30 cm vor der hinteren Kante. Die übrigen Löcher werden dazwischen in gleichmäßigen Abständen verteilt.

Bislang galt es als feststehende Tatsache, daß die Salinge und Marsen in ihrer Längsachse parallel zur Wasserlinie standen. Für das Mittelalter und nach etwa 1640 hat dies auch immer noch seine Gültigkeit. Doch für die Zeit zwischen etwa 1510 und 1640 belegt der *Wasa*-Fund und daraufhin nochmals genau betrachtete zeitgenössische Abbildungen, daß Salinge und Marsen parallel zum Decksprung (!) standen, was zweifellos nicht auf praktische, sondern rein ästhetische Gründe zurückzuführen ist.

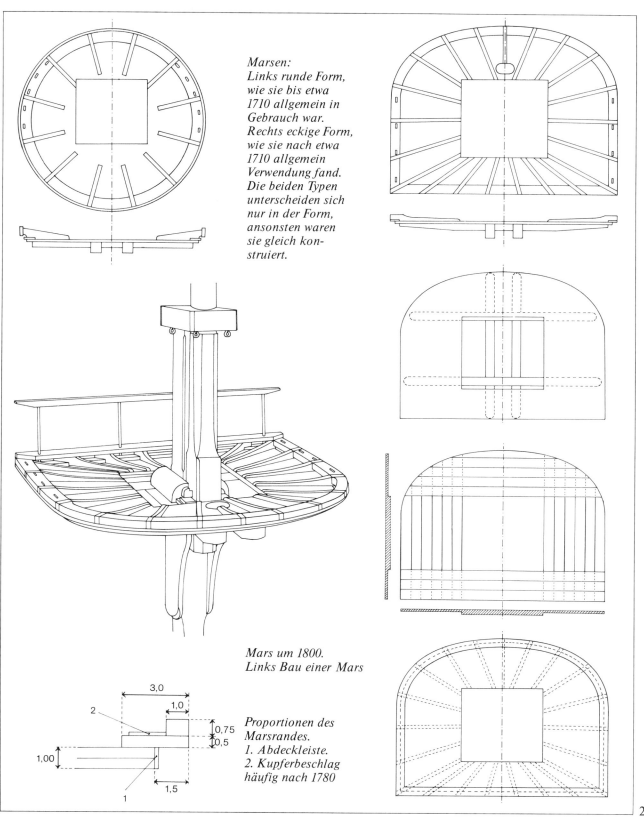

Marsen:
Links runde Form,
wie sie bis etwa
1710 allgemein in
Gebrauch war.
Rechts eckige Form,
wie sie nach etwa
1710 allgemein
Verwendung fand.
Die beiden Typen
unterscheiden sich
nur in der Form,
ansonsten waren
sie gleich kon-
struiert.

Mars um 1800.
Links Bau einer Mars

Proportionen des
Marsrandes.
1. Abdeckleiste.
2. Kupferbeschlag
häufig nach 1780

Stenge

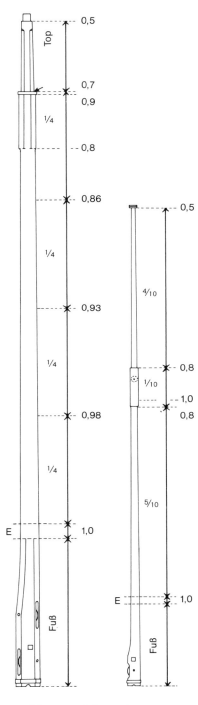

Mars- und Bramstenge
E = Höhe Eselshaupt

Als im späten 15. Jahrhundert Topsegel eingeführt wurden, mußte man die Masten verlängern. Um die ganze Konstruktion aber elastisch und bruchsicher zu halten, verlängerte man nicht die Masten, sondern fügte ihnen die Stengen an. Die erste Hälfte des 16. Jahrhunderts fügte Bramstengen hinzu, das 17. Jahrhundert teilweise Royalstengen und schloß oben mit den kleinen Flaggstengen ab.

Das 18. Jahrhundert reduzierte die Zahl der Stengen wieder auf zwei, die Mars- und Bramstenge, deren oberer Teil aber weiterhin als Royalstenge bezeichnet wurde. Die Flaggstengen entfielen ganz.

Bau von Stengen

Im Prinzip werden die Stengen ebenso hergestellt wie die Masten, also zunächst aus einer Vierkantleiste, die dann 8- und 16-kantig gebrochen und schließlich rund geschmirgelt wird.

Viele Modellbaukästen liefern für Masten, Stengen und Rahen Rundstäbe mit – verwenden Sie diese nicht! Das oft minderwertige, zu kurz abgelagerte Holz verzieht und verdreht sich nach ein paar Jahren oft abscheulich, und auch die Rundstäbe müssen Sie ja entsprechend den Durchmesserproportionen zurechtschleifen und das ist in der Praxis bei einem Rundstab viel schwieriger als bei einer Vierkantleiste. Oder Sie verwenden die Rundstäbe, ohne sie entsprechend originalgetreu nach oben bzw. nach den Seiten abzuschwächen – das sieht bei Masten und Stengen plump, bei Rahen geradezu abscheulich aus!

Stengefuß

Der Stengefuß war seit Ende des 15. Jahrhunderts viereckig (englisch im 18./19. Jahrhundert achteckig) und stets noch etwas dicker als der nominell stärkste Durchmesser der Stenge am Eselshaupt. Er soll bequem, doch nicht locker zwischen die Salinge passen, damit nicht der ganze obere Mastteil wackelt oder schief steht.

Um das Durchrutschen der Stenge durch die Saling zu verhindern, wurde quer durch den Stengefuß ein Holz, das Schloßholz, geschoben, das auf den Längssalingen auflag. Die Unterkante des Schloßholzgats soll stets doppelt so weit von der Unterkante der Stenge entfernt sein wie die Stärke des quadratischen Teils betrug.

Um das Schloßholzgat sauber herzustellen, gibt es einen Trick: sägen Sie an der Unterkante des Schloßholzgats die Stenge ab, schneiden Sie mit der Kreissäge eine entsprechend breite und tiefe Rille ein und kleben Sie das untere, abgesägte Stengestück (am besten mit Weißleim) wieder an.

Ein einfaches Scheibgat war im Bramstengefuß, ebenso im 16./17. Jahrhundert im Marsstengefuß angebracht, ein doppeltes im Marsstengefuß des 18./19. Jahrhunderts (achten Sie auf die Unterschiede der englischen und kontinentalen Form!). Diese Scheibgats dienten zur Aufnahme des Stengewindereeps, wenn die Stenge gefiert werden mußte.

Stengetop

Der Stengetop war, wie bei den Untermasten, kontinental achteckig, in England viereckig und mit Scheibgats ausgerüstet, die kontinental fehlten. Die Bram- und Royalfallen, manchmal auch die Marsfallen (s. FALL) wurden unter den Salingen durch Scheibgats geschoren, deren Scheiben den gleichen Durchmesser wie die entsprechende Stenge hatten.

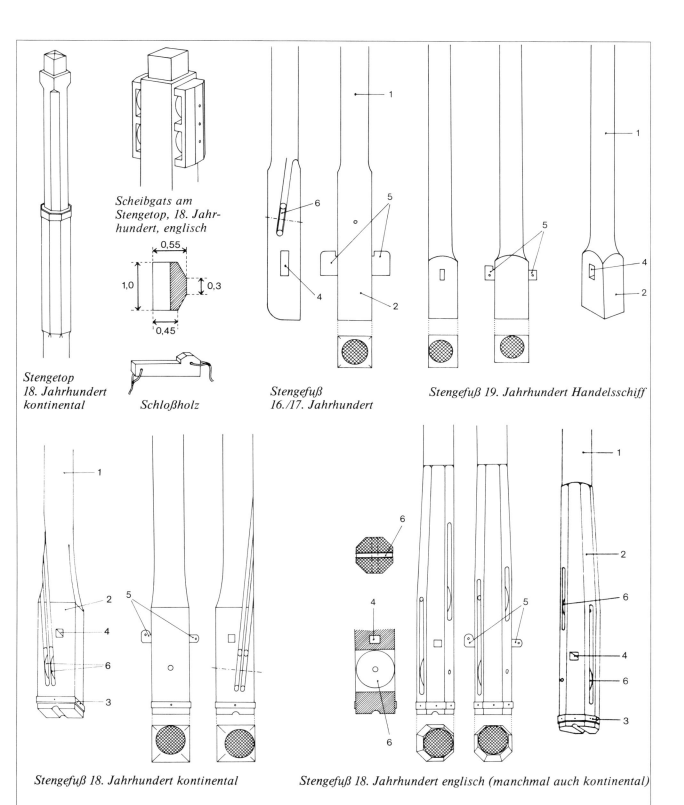

Scheibgats am
Stengetop, 18. Jahr-
hundert, englisch

Stengetop
18. Jahrhundert
kontinental

Schloßholz

Stengefuß
16./17. Jahrhundert

Stengefuß 19. Jahrhundert Handelsschiff

Stengefuß 18. Jahrhundert kontinental

Stengefuß 18. Jahrhundert englisch (manchmal auch kontinental)

1. Stenge, 2. Stengefuß, 3. Eisenbeschlag, 4. Schloßholzgat, 5. Schloßholz, 6. Scheibgat Stengewindereep

Bugspriet
Sprietmast
Klüverbaum

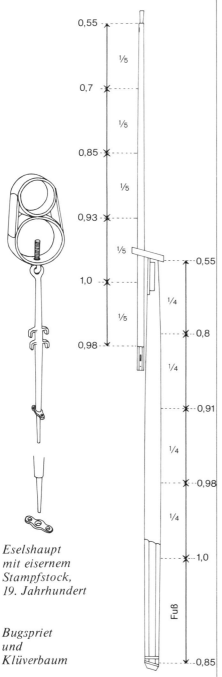

Eselshaupt
mit eisernem
Stampfstock,
19. Jahrhundert

Bugspriet
und
Klüverbaum

Bugspriet

Der Bugspriet ist eigentlich nichts anderes als ein nach vorn gekippter Mast, der ab dem 13. Jahrhundert auftaucht. Sein Winkel mit der Horizontalen schwankte recht erheblich: im Mittelalter betrug er 50 bis 60°, im 15. Jahrhundert um 50°, in der ersten Hälfte des 16. Jahrhunderts 30 bis 35°, in der zweiten Hälfte des 16. Jahrhunderts 25 bis 30°, um 1630 20°, um 1650 30°, um 1665 40°, um 1675 35°, im 18. Jahrhundert 25 bis 30°, in der ersten Hälfte des 19. Jahrhunders 20 bis 25°, in der zweiten Hälfte des 19. Jahrhunderts 14 bis 18° (natürlich sind dies nur Näherungswerte).

Der Bugspriet besaß wie die Untermasten Wulinge und eine Schalung. Vom frühen 16. Jahrhundert bis etwa 1650 (vereinzelt 1670) wurde der Bugspriet seitlich steuerbord am Fockmast vorbeigeführt. Die Befestigung erfolgte nicht parallel zum Kiel, sondern schräg, damit die Nock des Bugspriets mit der Mittellinie des Schiffs zusammenfiel. Nach dieser Zeit wurde der Bugspriet mit seinem Fuß gegen den Fockmast gelagert und durch den Vordersteven gestützt – er lag nun wie alle anderen Masten und Stengen auf seine volle Länge exakt in der Mittschiffsebene.

Sprietmast

Vom späten 16. Jahrhundert bis etwa 1720 wurde auf dem Bugspriet ein kleiner Mast, der Sprietmast, gefahren.

Am vorderen Ende war der Bugspriet etwas abgeflacht, damit das Knie des Sprietmastes befestigt werden konnte. Der vertikale Schenkel dieses Knies war ungefähr halb so lang wie der Top des Großmasts, der andere Schenkel auf dem Bugspriet ebenso lang oder etwas länger.

Dieses Knie stützte eine Saling und das Eselshaupt.

Der Sprietmast selbst war wie die Bramstengen, doch ohne Scheibgat für das Stengewindereep konstruiert. Er stand senkrecht oder ganz leicht nach vorn geneigt (bis 5°).

Achtung Modellbauer! Der Sprietmast muß sehr gut befestigt und mit der vorderen Quersaling bugwärts festgeklemmt werden! Stage und Backstag üben beim Auftakeln auf den Sprietmast einen starken Zug nach hinten aus, dem er aber nicht weiter als bis zur Senkrechten nachgeben darf!

Klüverbaum

Um 1715 kam als Verlängerung des Bugspriets der Klüverbaum in Gebrauch. Kurze Zeit, bis 1720, wurde er unter dem Sprietmast durchgeführt, dann verschwand der Sprietmast. Der Bugspriet wurde mit einem Eselshaupt ausgerüstet, durch das der Klüverbaum geschoben wurde. An seinem hinteren Ende lag er auf einem Auflieger und wurde mit einer Schwichtungsleine, später Schwichtungskette, festgezurrt. Der Klüverbaum wurde entweder auf der Mitte des Bugspriets oder nach steuerbord versetzt angebracht.

Zwei Hölzer, die Violine, rechts und links am vorderen Bugsprietende, dienten der Befestigung von Vorstengestag und Vorstengeborgstag (s. STAGE). Unter dem Bugsprieteselshaupt wurde der Stampfstock angebracht, über den die Stampfstage und Stage (s. KLÜVERGESCHIRR) geführt wurden. Im späten 18. Jahrhundert wurde ein Außenklüverbaum eingeführt, der, am Bugsprieteselshaupt abgestützt, durch ein eisernes Eselshaupt am Vorderende des Klüverbaums fuhr und diesen weiter verlängerte.

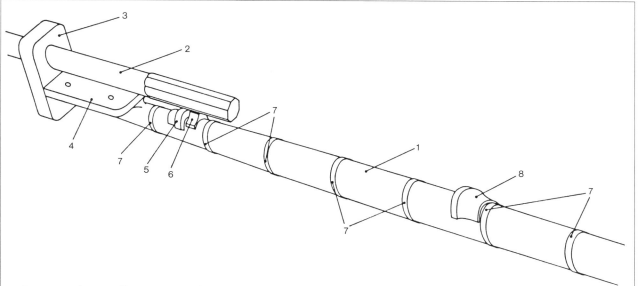

Bugspriet (spätes 18. Jahrhundert): 1. Bugspriet, 2. Klüverbaum, 3. Eselshaupt, 4. Violine (seit dem späten 18. Jahrhundert auch mit Scheibgats ausgerüstet), 5. Klüverbaumzurringklampe, 6. Klüverbaumsattel, 7. eiserne Bänder, 8. Klampe für Bugsprietzurring bzw. Sattel für Bugsprietzurring

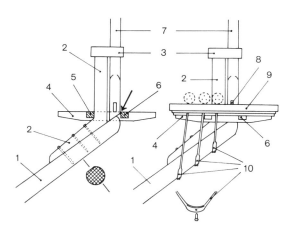

Sprietmast: 1. Bugspriet, 2. Spriet-mastknie, 3. Eselshaupt, 4. Längssaling, 5. hintere Quersaling, 6. vordere Quer-saling, 7. Sprietmast bugwärts mit Quer-saling festgeklemmt (Pfeil!), 8. Schloß-holz, 9. Mars, 10. spezielle Püttings

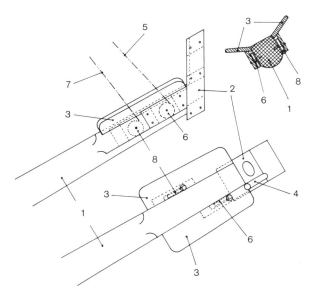

Bugsprietkopf (nach 1780): 1. Bugspriet, 2. Esels-haupt, 3. Violine, 4 Kerbe für Flaggstock (Gösch), 5. Vorstengestag, 6. Vorstengestagrolle steuerbord bugwärts, 7. Vorstengeborgstag mit 8. Rolle backbord achterwärts

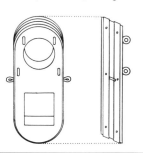

Eisernes Eselshaupt

Bugsprietsesels-haupt um 1800

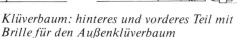

Klüverbaum: hinteres und vorderes Teil mit Brille für den Außenklüverbaum

Proportionen Rahen

B = Breite am Hauptspant

Rechenbeispiel:
Ein holländisches Schiff von 1650 (s. Spalte ›holländisch 1650‹) hat eine Breite am Hauptspant von 30 Amsterdamer Fuß = 8,49 Meter.
Die Großrah dieses Schiffes hat folgende Abmessungen:
Großrah Länge:
2,088 x B (= Breite Hauptspant) =
2,088 x 30 Amst.Fuß
(= 8,49 m) =
62,64 Amst.Fuß
(= 17,73 m)
- Durchmesser (Mitte):
0,021 x L (= Länge Großrah) =
0,021 x 62,64 Amst.Fuß
(= 17,73 m) =
1,3 Amst.Fuß
(= 0,37 m)

	deutsch 1470	spanisch 1480	spanisch 1570	englisch 1570	
Blinderah L		1,230 B	1,235 B	1,184 B	
Ø		0,032 L	0,022 L	0,025 L	
Oberblinderah L					
Ø					
Fockrah L	1,025 B	1,395 B	1,788 B	2,000 B	
Ø	0,029 L	0,023 L	0,021 L	0,020 L	
Leesegelbaum L					
Ø					
Leesegelspiere L					
Vormarsrah L			0,780 B	1,060 B	
Ø			0,019 L	0,024 L	
Leesegelspiere L					
Vorbramrah L			0,318 B	0,500 B	
Ø			0,020 L	0,020 L	
Leesegelspiere L					
Vorroyalrah L					
Ø					
Großrah L	1,736 B	2,360 B	2,015 B	2,490 B	
Ø	0,033 L	0,027 L	0,022 L	0,020 L	
Leesegelbaum L					
Ø					
Leesegelspiere L					
Großmarsrah L		0,935 B	0,894 B	1,245 B	
Ø		0,027 L	0,019 L	0,024 L	
Leesegelspiere L					
Großbramrah L			0,326 B	0,633 B	
Ø			0,020 L	0,020 L	
Leesegelspiere L					
Großroyalrah L					
Ø					
Bagienrah L					
Ø					
Leesegelspiere L					
Kreuzrah L					
Ø					
Leesegelspiere L					
Kreuzbramrah L					
Ø					
Kreuzroyalrah L					
Ø					
Besanrah (lat.) L	1,453 B	2,500 B	2,000 B	2,082 B	
Ø	0,017 L	0,018 L	0,019 L	0,015 L	
Gaffelbaum L					
Ø					
Gaffel L					
Ø					
Bonaventurrah (lat.) L			1,370 B	1,530 B	
Ø			0,019 L	0,015 L	

spanisch 1600	italienisch 1600	holländisch 1600	französisch 1630	holländisch 1650	englisch 1650	französisch 1680	englisch 1710	französisch 1740	englisch Kriegsschiff 1800	englisch Handelsschiff 1810	französ. Kriegsschiff 1820
1,234 B 0,030 L	1,180 B 0,024 L	1,238 B 0,025 L	0,954 B 0,023 L 0,595 B 0,022 L	1,193 B 0,020 L 0,664 B 0,017 L	1,310 B 0,023 L 0,714 B 0,025 L	1,575 B 0,021 L 0,565 B 0,021 L	1,250 B 0,021 L 0,750 B 0,020 L	1,345 B 0,018 L 0,926 B 0,018 L	1,286 B 0,015 L 0,841 B 0,015 L	1,554 B 0,015 L	1,483 B 0,022 L
1,930 B 0,028 L 1,016 B 0,030 L 0,540 B 0,028 L	1,546 B 0,021 L 1,000 B 0,024 L 0,560 B 0,021 L	1,588 B 0,026 L 0,800 B 0,025 L 0,400 B 0,025 L	1,700 B 0,023 L 1,137 B 0,022 L 0,694 B 0,022 L	1,872 B 0,021 L 1,030 B 0,023 L 0,358 B 1,024 B 0,020 L 0,536 B 0,018 L	1,870 B 0,024 L 1,100 B 0,023 L 0,655 B 1,000 B 0,024 L 0,523 B 0,023 L	2,000 B 0,021 L 1,100 B 0,021 L 0,700 B 1,500 B 0,021 L 0,750 B 0,021 L	2,000 B 0,021 L 1,100 B 0,021 L 0,700 B 1,166 B 0,021 L 0,666 B 0,020 L	1,842 B 0,022 L 0,920 B 0,018 L 0,553 B 1,345 B 0,018 L 0,857 B 0,018 L 0,257 B	1,707 B 0,021 L 0,854 B 0,018 L 0,512 B 1,232 B 0,018 L 0,848 B 0,018 L 0,254 B	1,942 B 0,020 L 0,971 B 0,018 L 0,583 B 1,294 B 0,018 L 0,906 B 0,017 L 0,272 B 0,600 B 0,017 L	1,816 B 0,022 L 0,908 B 0,018 L 0,545 B 1,496 B 0,020 L 0,918 B 0,018 L 0,275 B 0,680 B 0,015 L
2,440 B 0,028 L 1,273 B 0,030 L 0,688 B 0,028 L	2,062 B 0,021 L 1,298 B 0,024 L 0,714 B 0,021 L	1,938 B 0,026 L 0,975 B 0,025 L 0,487 B 0,025 L	2,137 B 0,023 L 1,374 B 0,022 L 0,800 B 0,022 L	2,088 B 0,021 L 1,148 B 0,023 L 0,428 B 1,224 B 0,020 L 0,632 B 0,018 L	2,262 B 0,024 L 1,244 B 0,023 L 0,792 B 1,250 B 0,024 L 0,645 B 0,023 L	2,100 B 0,021 L 1,155 B 0,021 L 0,735 B 1,575 B 0,021 L 0,551 B 0,787 B 0,021 L	2,125 B 0,021 L 1,169 B 0,021 L 0,744 B 1,250 B 0,021 L 0,438 B 0,750 B 0,020 L	2,020 B 0,022 L 1,010 B 0,018 L 0,606 B 1,458 B 0,018 L 0,437 B 0,926 B 0,018 L 0,278 B	1,963 B 0,021 L 0,981 B 0,018 L 0,590 B 1,390 B 0,018 L 0,417 B 0,963 B 0,018 L 0,289 B	1,942 B 0,020 L 0,971 B 0,018 L 0,583 B 1,294 B 0,018 L 0,388 B 0,971 B 0,018 L 0,290 B 0,647 B 0,017 L	2,040 B 0,022 L 1,020 B 0,018 L 0,612 B 1,632 B 0,020 L 0,489 B 1,040 B 0,018 L 0,312 B 0,735 B 0,015 L
1,953 B 0,022 L 1,445 B 0,022 L	1,963 B 0,020 L 1,366 B 0,020 L	1,713 B 0,015 L	0,855 B 0,020 L 0,542 B 0,022 L 1,412 B 0,021 L	1,056 B 0,015 L 0,592 B 0,018 L 1,700 B 0,013 L	1,286 B 0,014 L 0,726 B 0,021 L 1,490 B 0,016 L	1,130 B 0,019 L 0,565 B 0,021 L 2,000 B 0,015 L	1,666 B 0,015 L 0,666 B 0,020 L 2,000 B 0,016 L	1,345 B 0,018 L 0,403 B 0,970 B 0,018 L 0,290 B 0,616 B 0,018 L 1,852 B 0,016 L	1,268 B 0,018 L 0,380 B 0,939 B 0,018 L 0,282 B 0,622 B 0,018 L 1,415 B 0,013 L 1,158 B 0,010 L	1,424 B 0,018 L 0,427 B 1,035 B 0,018 L 0,310 B 0,647 B 0,017 L 0,517 B 0,016 L 1,186 B 0,013 L 0,971 B 0,011 L	1,619 B 0,021 L 0,486 B 1,108 B 0,018 L 0,332 B 0,735 B 0,015 L 0,524 B 0,015 L 1,353 B 0,015 L 1,100 B 0,013 L

Rah

0,01 L
0,43
1/8
0,70
1/8
0,88
1/8
L = 0,3 bis 0,4 Rahlänge
0,02 L
0,97
1/8
1,0
1/8
0,02 L
0,97
1/8
0,88
1/8
L = 0,3 bis 0,4 Rahlänge
0,70
1/8
0,43
0,01 L

Rah mit Leesegelspieren

Durch Jahrtausende blieben die Rahen nahezu unverändert. Kleine Rahen waren aus einem einzigen Stück Holz gefertigt, längere Rahen laschte man mit Zurrings zusammen; einmal, weil so lange, gerade und astfreie Hölzer nur schwer zu bekommen waren, zum anderen zur Verringerung der Bruchgefahr. Zwischen 1400 und 1550 begann man, die Rahen ähnlich den Masten aus Kanteln zusammenzubauen, die man zunächst noch mit Tauwulingen sicherte. Gleichzeitig begann man, die Nocken zu entwickeln, also die äußersten Teile der Rah abzusetzen, um ein Hereinrutschen der Brassen, Toppnanten und Segelnockzurrings zu verhindern. Zwischen 1450 und 1550 stattete man die Rahnocken großer Kriegsschiffe manchmal mit eisernen Sichelhaken aus, mit denen man im Nahkampf Bordwand an Bordwand die feindliche Takelage herunter zu schneiden und zu reißen versuchte. Nach 1530 entfielen die Wulinge, und im späten 16. Jahrhundert setzte man auf die Vorderseite der Unter-, teilweise auch der Marsrahen hölzerne Klampen auf, um ein Abgleiten der Fallen und Racktaue zu verhindern. Die Rahklampen bestanden entweder durchgehend aus einem Stück oder aus zwei Hälften mit einem Schlitz in der Mitte. Die ganze Länge der Rahklampen betrug 0,1 bis 0,13 der Rahlänge, die Stärke 0,25 des Rahdurchmessers. Mit der Einführung der Leesegel erhielten die Unter- und Marsrahen ab 1660 Leesegelbrillen. Gleichzeitig wurden die Nocken der Marsrahen erheblich länger. Bisher waren die Nocken 0,04 der Rahlänge gewesen, die Nocken von Blinde- und Bagienrah 0,05, und häufig rund im Querschnitt. Nun wurden alle Nocken achteckig und durch die Einführung von Reffen die Nocken der Mars- und Kreuzrahen auf 0,08 der Rahlänge verlängert, zudem erhielten sie ein Scheibgat für die Refftalje. Um 1730 wurde in der Rahmitte eine achteckige Schalung, der Körper, eingeführt. Im 19. Jahrhundert entfielen die Rahklampen und Jackstage zunächst aus Hanftau, dann aus Stahltau wurden eingeführt; schließlich wurden Jackstage aus Metallstangen auf die Rah gesetzt.

Die Rahen stellt man im Prinzip ebenso her wie die Masten und Stengen; alle Metallbeschläge waren geschwärzt.

Perde

Die Perde (auch Laufstage genannt) sind starke Taue, die etwa 76 cm unter der Rah entlangführten, um der Mannschaft eine Fußstütze beim Segelreffen zu geben. Die Perde der Unterrahen waren etwa 45 mm stark, an den oberen Rahen entsprechend dünner.

Perde kamen nach 1640 an den Unterrahen, nach 1680 an den Marsrahen und um 1700 auch an den übrigen Rahen in Gebrauch, mit Ausnahme der Bagien- und Blinderah sowie aller Ruten und Gaffel.

Das eine Ende wurde mit einem gespleißten Auge über die Rahnock geschoben, das andere Ende jenseits des Masts hinter der Mastklampe festgemacht, so daß sich die beiden Taue am Mast kreuzten. Im 18. Jahrhundert wurde es teilweise üblich, die Perde in der Rahmitte zu befestigen, ohne sie zu überkreuzen. Man brachte auch am äußersten Teil der Rah kleine Perde, die »flämischen Perde« an.

Die Perde hingen hinter (!) der Rah und wurden im Mittelteil durch senkrechte Taue, die Springperde, Perdehanger oder Steigbügel gehalten.

Jackstag

Um 1830 wurden auf der Rah Taue befestigt, die mit einem gespleißten Auge über die Rahnock geschoben, durch eine Reihe von Ringbolzen auf der Rah geführt und in der Mitte mit einer Zurring gespannt wurden. Diese Taue, die Jackstage, dienten dem Anschlagen der Segel. Zunächst verwendete man Hanf-, dann Stahltaue, ab 1835/40 Metallstangen.

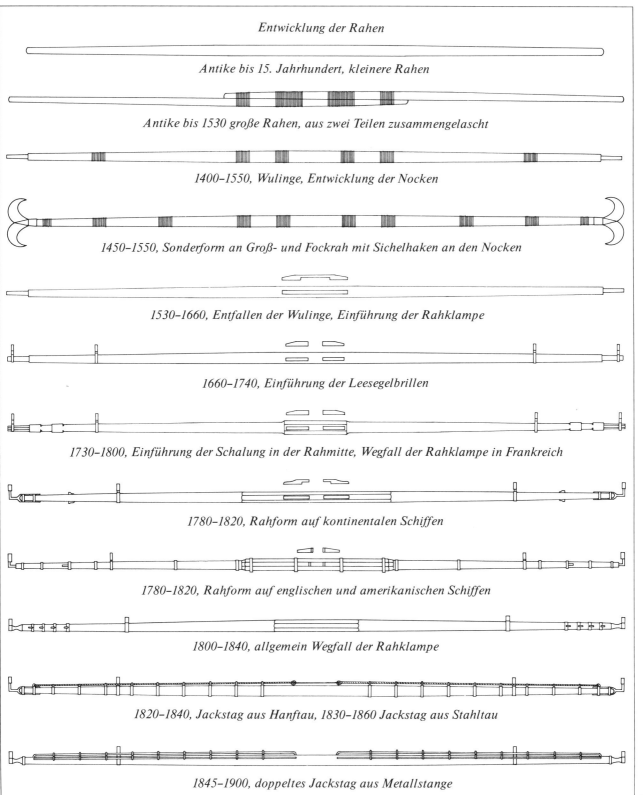

Entwicklung der Rahen

Antike bis 15. Jahrhundert, kleinere Rahen

Antike bis 1530 große Rahen, aus zwei Teilen zusammengelascht

1400–1550, Wulinge, Entwicklung der Nocken

1450–1550, Sonderform an Groß- und Fockrah mit Sichelhaken an den Nocken

1530–1660, Entfallen der Wulinge, Einführung der Rahklampe

1660–1740, Einführung der Leesegelbrillen

1730–1800, Einführung der Schalung in der Rahmitte, Wegfall der Rahklampe in Frankreich

1780–1820, Rahform auf kontinentalen Schiffen

1780–1820, Rahform auf englischen und amerikanischen Schiffen

1800–1840, allgemein Wegfall der Rahklampe

1820–1840, Jackstag aus Hanftau, 1830–1860 Jackstag aus Stahltau

1845–1900, doppeltes Jackstag aus Metallstange

Reserve-spieren

Jedes Schiff führte eine ganze Anzahl von Reservespieren mit, und es ist wirklich verwunderlich, weshalb man sie auf Modellen so selten sieht.

Bis Anfang des 18. Jahrhunderts ist nicht bekannt, welche Reservespieren mitgeführt wurden, es ist allerdings anzunehmen, daß sie sich kaum von denen des 18. und 19. Jahrhunderts unterschieden, vielleicht die eine oder andere Spiere weniger.

Hier eine Aufstellung der üblicherweise im 18. und 19. Jahrhundert mitgeführten Reservespieren:

Kriegsschiffe: 1 Großstenge, 1 Fockstenge, 1 Großrah, 1 Fockrah, 1 Vormarsrah, 1 Großmarsrah, 1 Klüverbaum; eventuell 1 Bramstenge, 1 Gaffel.

Handelsschiffe große Fahrt: 1 Großstenge, 1 Bramstenge, 1 Unterrah, 1 Marsrah; eventuell 1 Klüverbaum, 1 zweite Marsrah, 1 Gaffel.

Handelsschiffe atlantische Fahrt: 1 Großstenge, 1 Unterrah, 1 Marsrah; eventuell 1 Klüverbaum, 1 Bramstenge, 1 Gaffel.

Handelsschiffe Küstenfahrt: 1 Stenge, 1 Rah (meist Marsrah).

Gestaut wurden die großen Stengen und Rahen auf der Kuhl neben dem Großluk oder der Großgräting. In Frankreich wurden im 18. Jahrhundert die großen Reserverahen auf den Großrüsten gestaut (s. RÜSTEN). Kleinere Spieren wurden bis in die erste Hälfte des 19. Jahrhunderts ebenfalls in der Kuhl gestaut, später dann auf den Hüttendächern.

Bei allen Reservespieren wurden kleine Vierkanthölzer untergelegt, damit sie nicht direkt auf dem Deck lagen. Im 19. Jahrhundert wurden die großen Reservespieren mit Segeltuch abgedeckt.

Leesegel-spieren und Leesegelbaum

Halterungen der Leesegel-spieren: Binneneisen und Sattel

Leesegel werden bereits um 1625 erwähnt, scheinen damals aber noch ein Provisorium einzelner Kapitäne gewesen zu sein. Allgemein in Gebrauch kamen sie auf dem Kontinent an Fock- und Großrah um 1650, an den Marsrahen um 1675, während in England Großleesegel um 1660, Fockleesegel um 1690 und Marsleesegel erst um 1700 aufkamen. In der ersten Hälfte des 18. Jahrhunderts wurden allgemein noch Bramleesegel hinzugefügt.

Die Leesegelspieren wurden von zwei eisernen Bändern, den Brillen, gehalten, von denen eine an der Rahnock, die andere 1/8 bis 1/6 der Rahlänge weiter innen saß.

Alle Nationen setzen die Leesegelspieren vor die obere Mitte der Rah, Ausnahme die Holländer, die sie hinter die obere Mitte der Rah setzten. Leesegelspieren trugen die Unter- und Marsrahen sowie die Bagienrah.

Der Leesegelbaum, auch Backspiere genannt, an dem die Unterleesegel ausgeholt wurden, war an der Rüste oder an der Bordwand in einem schweren Ringbolzen eingehakt. Gestaut wurde er entweder auf der Rüste oder er wurde binnenbords geholt und lag dann bei Handelsschiffen im Wassergang, bei Kriegsschiffen in der Kuhl neben der Großgräting (s. auch LEESEGEL).

Bootsmasten

Die größeren Beiboote waren fast alle mit einer Segeleinrichtung ausgerüstet.

Anschließend die Proportionen der Bootsmasten. Die zugehörigen Rahen, Ruten und Gaffel standen im gleichen Verhältnis zu den Bootsmasten, wie die entsprechenden Rundhölzer auf großen Schiffen.

Länge Großmast = 2 bis 3 x Bootsbreite
Länge Fockmast = 0,8 bis 1,0 x Länge Großmast
Länge Besanmast = 0,5 bis 0,7 x Länge Großmast
Länge Bugspriet = 0,25 bis 0,42 x Bootslänge

Gestaut waren die Bootsmasten- und Spieren wie die Riemen häufig im Boot.

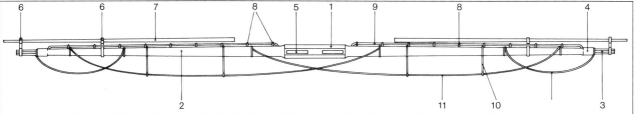

Rah: 1. Körper, 2. Arm, 3. Nock, 4. Nockklampe, 5. Rahklampe, 6. Leesegelbrille, 7. Leesegel·spiere, 8. Ringbolzen, 9. Jackstag, 10. Springperde, 11. Perde, 12. flämische Perde

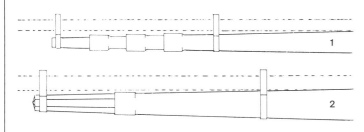

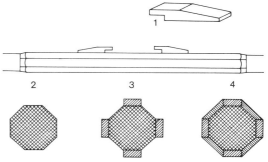

Rahkörper: 1. Rahklampe, 2. Körper mit 3. Teilschalung, 4. Vollschalung

Leesegelbrillen: 1. kontinentale Marsrahen, 2. kontinentale Unterrahen, 3. englische Rahen

Nock-klampe

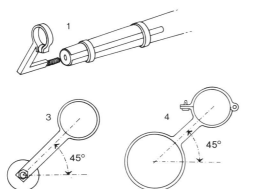

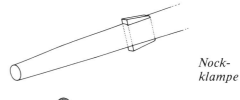

Spannen des Taujackstags und Ansetzen der Perde um 1830

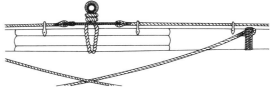

Spannen des Taujackstags und Ansetzen der Perde um 1850

Leesegelbrillen: 1. Rahnock 18./19. Jahrhundert mit eingeschraubter vorderer Leesegelbrille; der Eisenbeschlag an der Rahnock mit dem Gewinde wird von zwei Eisenbändern gehalten, 2. vordere Leesegelbrillen mit Rolle, 3. vordere Leesegelbrille ohne Rolle, 4. hintere Leesegelbrille

Leesegelbaum oder Backspiere, mit einem Haken in einer Ringöse an Rüste oder Bordwand eingehakt

Rute
und Gaffel

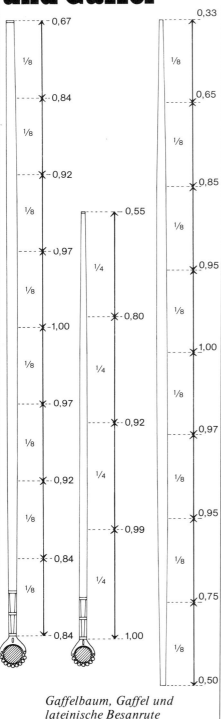

*Gaffelbaum, Gaffel und
lateinische Besanrute*

Es ist ziemlich schwierig, nur mit Querrahsegeln hoch am Wind zu segeln und dabei einigermaßen exakt Kurs zu halten. So wurde im späten 14. Jahrhundert am Heck ein kleiner Mast errichtet und mit einem dreieckigen Lateinersegel ausgerüstet.

Das Lateinersegel stammt aus dem Mittelmeer und setzte sich als Besansegel schon Anfang des 15. Jahrhunderts allgemein auch im Norden Europas durch.

Rute

Die Rah eines Lateinersegels wird als Rute bezeichnet. Im Mittelmeer, wo das Lateinersegel – oft ausschließlich – bis Ende des 19. Jahrhunderts gefahren wurde und mitunter ziemlich gewaltige Dimensionen annehmen konnte, war die Rute aus zwei bis drei Spieren mit Wulingen zusammengelascht. Das obere Ende hieß Feder, das untere, dickere Ende war der Wagen. Als Besanrute auf sonst querrahgetakelten Schiffen waren sehr große Ruten bis 1550 ebenfalls manchmal aus zwei Teilen gelascht, im allgemeinen freilich schon damals und auf jeden Fall nach 1550 wie die anderen Rahen aus einem Stück oder aus Kanteln gebaut und ohne Wulinge.

Im 16. Jahrhundert wurden auf großen Schiffen am Besan- und Bonaventurmast auch lateinische Mars- und Bramsegel gefahren, die man allerdings wegen ihrer Unzweckmäßigkeit sehr bald wieder abschaffte.

Das lateinische Besansegel hielt sich bis in die ersten Jahre des 18. Jahrhunderts, dann wechselte man es gegen ein Klausegel (Gaffelsegel ohne Gaffelbaum) aus, das aber nach wie vor bis Mitte des 18. Jahrhunderts an einer lateinischen Rute angeschlagen wurde.

Die Rute war nicht symmetrisch zu ihrer dicksten Stelle wie die anderen Rahen, sondern oben etwas schwächer als unten (s. Zeichnung links). Sie besaß oft keine obere Nock, und an Stelle der unteren Nock findet man häufig einen runden oder birnenförmigen Knauf.

Gaffel und Gaffelbaum

In der zweiten Hälfte des 18. Jahrhunderts schnitt man die Besanrute am Mast ab und setzte den verbleibenden oberen Teil mit einer Klaue genannten Gabel am Mast an. Um das Gaffelsegel voll ausholen zu können, wurde unten am Mast ebenfalls mit einer Klaue, die auf einem Mastband auflag, ein waagerechter Gaffelbaum, auch Giekbaum genannt, gefahren. Gaffel und Gaffelbaumklaue wurden mit einer einfachen Klotjesrack am Mast gehalten. Im 19. Jahrhundert ersetzte man die Klaue durch einen Schwanenhals.

Der Gaffelbaum führte manchmal Perde, auch war es verschiedentlich möglich, eine Leesegelspiere dort anzubringen. Wie die Rute sind auch Gaffel und Gaffelbaum zu ihrer dicksten Stelle nicht symmetrisch, worauf man bei einem guten Modell besonders achten sollte.

Mit der Einführung von Gaffel und Gaffelbaum entstanden auch all jene mehr oder minder ausschließlich gaffelgetakelten Schiffstypen wie Schoner, Kutter, Galiot, Hoy usw.

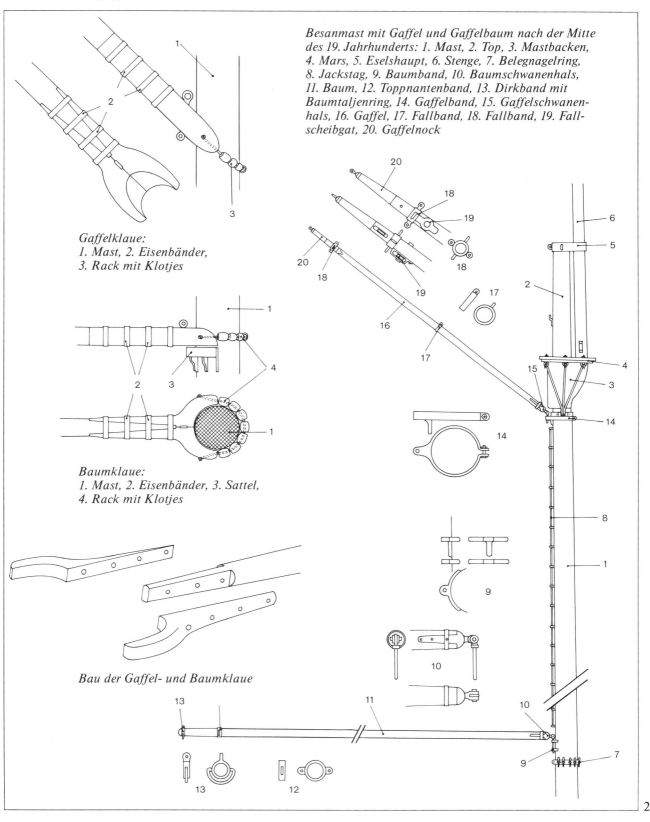

Besanmast mit Gaffel und Gaffelbaum nach der Mitte des 19. Jahrhunderts: 1. Mast, 2. Top, 3. Mastbacken, 4. Mars, 5. Eselshaupt, 6. Stenge, 7. Belegnagelring, 8. Jackstag, 9. Baumband, 10. Baumschwanenhals, 11. Baum, 12. Toppnantenband, 13. Dirkband mit Baumtaljenring, 14. Gaffelband, 15. Gaffelschwanenhals, 16. Gaffel, 17. Fallband, 18. Fallband, 19. Fallscheibgat, 20. Gaffelnock

Gaffelklaue:
1. Mast, 2. Eisenbänder,
3. Rack mit Klotjes

Baumklaue:
1. Mast, 2. Eisenbänder, 3. Sattel,
4. Rack mit Klotjes

Bau der Gaffel- und Baumklaue

253

Taue und Blöcke

Es ist erstaunlich, mit welcher Gewissenhaftigkeit manche Modellbauer ihre Rümpfe herstellen, wie akkurat jedes Teilchen der Ausrüstung ausgeführt ist, mit welchem Bienenfleiß in der Takelage Zurrings und Stroppen gelegt sind und – mit welcher Sorglosigkeit das nächstbeste (oder besser: das nächstschlechteste) Takelgarn samt unproportionierten Blöcken – vielleicht gar noch aus Plastik – verwendet werden.

Gerade auch den Herstellern sonst qualitativ hochwertiger Modellbaukästen kann man hier Kritik nicht ersparen – so kommt doch tatsächlich eine bekannte Modellbaufirma zur Zeit mit ganzen drei Blöckgrößen aus ...

Es ist nicht Sache dieses Buches, Klagelieder zu singen oder Anklageschriften zu verfassen, doch gerade dem Modellbauer, der nach Modellbaukästen arbeitet, muß gesagt werden, daß die Takelpläne ebenso wie das beigepackte Material an Takelgarn und Blöcken zumindest einer gründlichen Überarbeitung bedürfen. Die Firmen tendieren aus Gründen der Rationalisierung fast alle dazu, die unteren Masten und Rahen zu leicht, die obersten Stengen und Rahen zu schwer zu takeln. Die Schönheit eines Schiffsmodells ergibt sich aber nicht zuletzt aus der richtigen Auswahl von Taustärken und Blockgrößen, die von unten nach oben in exakt festgelegten Proportionen schwächer und kleiner werden.

Nun muß man ja sein Takelgarn irgendwo beziehen. Auch die Aussicht, 300 bis 500 Blöcke und Jungfern samt 100 bis 150 Belegnägel, die man zum Auftakeln eines Dreimasters benötigt, selbst herstellen zu müssen, lassen in vielen Modellbauern doch Hoffnungen auf den Fachhandel aufkeimen. Sehen wir uns also die Möglichkeiten an:

Das von den Modellbaufirmen gegenwärtig angebotene »Takelgarn« eignet sich – Ausnahme Graupner – kaum für ein qualitativ hochwertiges Modell. Modelltaue bezieht man am besten beim Buchbinder, beim Kürschner (Pelzverarbeitung) oder beim Juwelier (Schnüre für Perlenketten). Auch Häkelgarn (Handarbeitsgeschäfte) eignet sich sehr gut, da hier exakt kalibrierte Garne in einer großen Auswahl von Durchmessern zur Verfügung stehen. Geglättet wird das Taumaterial am besten, indem man es in Bier taucht, wodurch auch nach dem Trocknen die winzigen, störenden Fusel am Strang kleben bleiben, ohne daß dieser, wie etwa durch Leim, steif würde.

Achtung! Verwenden Sie niemals Kunststoffäden (Nylon etc.) und auch keine Plastikblöcke.

Holzblöcke bieten die Firmen Krick-Modellbau, Simprop Electronic und aeronaut-Modellbau an. Allen dreien ist gemeinsam, daß die Zahl der gegenwärtig angebotenen Blockgrößen noch zu gering ist, und daß diese Blöcke für Schiffe bis etwa 1815 zu eckig sind – man wird sie also alle nachbearbeiten müssen (s. BLÖCKE).

Freundlicher sieht das Bild bei runden Jungfern aus – zum Glück, denn sie sind ohne Drehbank fast nicht herstellbar – wo neben den beiden anderen eben genannten Firmen Simprop Electronic ein besonders gutes Sortiment führt.

Hoffnungslos ist der Fall bei dreieckigen Jungfern, Dodshoofden und allen Blocksonderformen – Schotblöcke, Kardeelblöcke, Hutblöcke, Violinblöcke usw. – bei denen tatsächlich nur Eigenherstellung übrig bleibt.

Belegnägel aus Holz sind häufig etwas zu dick, müssen also nachbearbeitet werden, während Belegnägel aus Messing in guter Qualität angeboten werden – doch sind diese erst für Schiffe ab 1830 verwendbar.

Die Farbe von Blöcken, Jungfern, Klampen, Belegnägeln usw. war fast immer ein mittleres bis dunkles Braun (nicht schwarz!), das Sie ohne Problem mit Beize erreichen. Dazu noch ein kleiner Trick: fädeln Sie die Blöcke, Jungfern etc. an eine dünne Schnur und tauchen Sie das Ganze in die Beize. Anschließend spannen Sie die Schnur auf und lassen die Kleinstteile so trocknen.

Originalmodell, das der berühmte Schiffsbaumeister Phineas Pett um 1600 als Spielzeug für den späteren König Charles II. baute

Taue

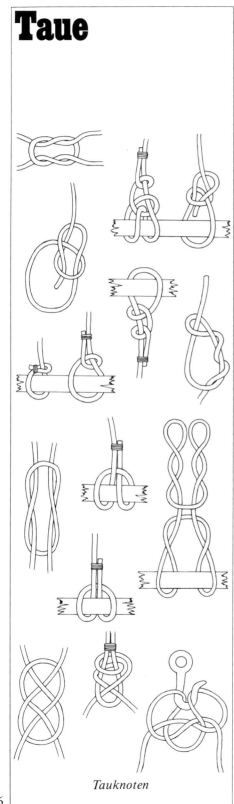

Tauknoten

Grundsätzlich ist beim gesamten Tauwerk zwischen Hanftauen und Metalltauen zu unterscheiden.

Jedes Tau wurde aus – zumeist drei – schwächeren Tauen zusammengedreht, wobei die einzelnen Kardeele jeweils abwechselnd rechts und links geschlagen wurden.

Die Maße für Tauwerk in alten Büchern beziehen sich immer auf den Umfang (!) – nicht auf den Durchmesser – des Taus.

Rechts geschlagen – links geschlagen

Hier eine Aufstellung der wichtigsten Tautypen:

Garn: rechts geschlagen – Bänsel, Bekleiden von Tauen
Marling: rechts geschlagen – Bänsel stehendes Gut
Leine: rechts geschlagen – Flaggleine, Webeleinen
Tau: rechts geschlagen – laufendes Gut
rechts geschlagen – stehendes Gut Backbordseite
links geschlagen – stehendes Gut Steuerbordseite
Pferdeleine: links geschlagen – kleine Anker
Trosse: links geschlagen – große Anker

Im Fachhandel erhält man ausschließlich rechts geschlagenes Takelgarn, daher ist es für den guten Modellbauer notwendig, sich seine eigene kleine Reepschlägerei, wie sie rechts zu sehen ist, zu bauen oder zu kaufen (gute Fachgeschäfte), damit er seine Taue selbst schlagen kann. Mühe und Kosten lohnen ganz bestimmt, denn wer ein historisch exaktes Modell bauen will, der sollte unbedingt auf Feinheiten wie die Schlagrichtung seiner Taue achten.

Wurmen und Bekleiden von Tauen

Seit dem 16. Jahrhundert wurde es üblich, die Wanten, teilweise auch die Stage, mit Würmern zu versehen. Das waren dünne Schnüre, die in die Rillen der Kardeelschläge gewunden wurden.

An besonders von der Abnutzung bedrohten Stellen wurden die Taue seit dem 16. Jahrhundert bekleidet – auch dies, wie das Wurmen, eine Feinheit, die man nur auf wirklich guten Schiffsmodellen finden kann. Zum Bekleiden eines Taus wurde dieses zunächst gewurmt, dann mit Teerband umwickelt – im Modellbau läßt man das Band weg – und schließlich mit Garn umwickelt. Die kleine, rechts gezeigte, Hilfsmaschine ist nicht schwer herzustellen und erleichtert diese Arbeit außerordentlich!

Metalltaue

Metalltaue für stehendes Gut kamen nach 1850 in Gebrauch, für laufendes Gut nicht vor 1870.

Die Stärke der Metalltaue betrug stets 1/3 der Stärke des entsprechenden Hanftaus. Im Modellbau kann man auch für Metalltaue Hanfschnüre verwenden, da Metalltaue stets voll gekleidet waren.

Material für Taue

Als Material diente Hanf, der beste kam aus Rußland, später aus Indien. Ab 1830 wurde gern Manilahanf verwendet. Das stehende Gut und die Ankertrossen waren geteert, also dunkelbraun (nicht schwarz, wie manchmal zu sehen). Man stellt die Farbe am besten mit einer entsprechenden Beize her, in die man das Tau ein paar Tage lang legt und es dann gut – mindestens eine Woche – trocknen läßt.

Die Taue des laufenden Gutes waren naturfarben, also Strohfarben bis helles Ocker.

Bekleidungen und Zurrings waren zumeist geteert, also dunkelbraun.

256

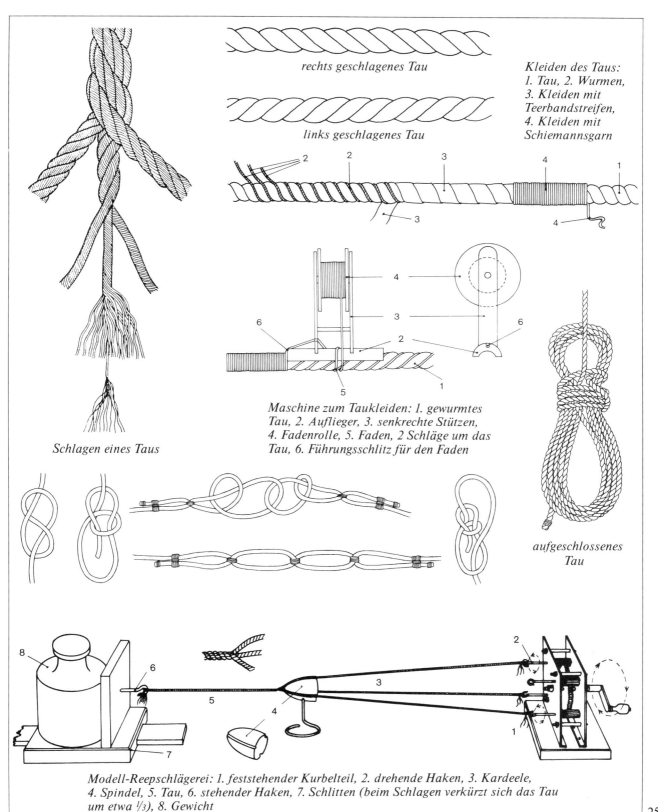

rechts geschlagenes Tau

links geschlagenes Tau

Kleiden des Taus:
1. Tau, 2. Wurmen,
3. Kleiden mit
Teerbandstreifen,
4. Kleiden mit
Schiemannsgarn

Schlagen eines Taus

Maschine zum Taukleiden: 1. gewurmtes Tau, 2. Auflieger, 3. senkrechte Stützen, 4. Fadenrolle, 5. Faden, 2 Schläge um das Tau, 6. Führungsschlitz für den Faden

aufgeschlossenes Tau

Modell-Reepschlägerei: 1. feststehender Kurbelteil, 2. drehende Haken, 3. Kardeele, 4. Spindel, 5. Tau, 6. stehender Haken, 7. Schlitten (beim Schlagen verkürzt sich das Tau um etwa ⅓), 8. Gewicht

257

Ankertrossen

Die Ankertrossen (Ankertaue, Ankerkabel) waren besonders schwere Taue, die am Ankerring befestigt waren und durch die Ankerklüsen binnenbords fuhren.

Für die Ankertrossen verwendete man in der Regel linksgeschlagene Taue (Kabel).

Die Stärke des Pflichtankertaus berechnete man wie folgt: für jeden Fuß der Schiffsbreite einen halben Zoll Umfang des Taus.

Die Stärke der übrigen Ankertaue (Bugankertau, Vertäuankertau usw.) stand im gleichen Verhältnis wie die Größe der zugehörigen Anker.

Achtung Modellbauer! Denken Sie daran, daß die Ankertaue bzw. Ankerketten binnenbords befestigt und durch die Klüsen außenbords geführt werden müssen, bevor Sie das Großdeck schließen!

Ketten

Im 19. Jahrhundert wurden sowohl die Ankertrossen, wie auch verschiedene Taue des stehenden und laufenden Gutes durch Ketten ersetzt.

Für das stehende und laufende Gut (Wasserstag, Bugstag, Schoten usw.) verwendete man immer Ketten *ohne* Steg. Die Stärke der Ketten war 0,6 des entsprechenden Taus.

Ankerketten wurden ab 1840 *mit* Steg hergestellt. Ihre Stärke richtete sich nach der Schiffstonnange – s. Tabelle.

Ketten wurden in bestimmten Längen (in Faden) hergestellt, 25,00 m kontinental 27,43 m englisch. Jede Länge endete in einem Kopfglied ohne Steg, das mit einem Schäkel an die nächste Länge angesteckt wurde. Um zu vermeiden, daß sich die Kette verwickelte, wenn das Schiff schwoite (vor Anker lag und sich drehte), verband man die einzelnen Längen mit dem Kettenwirbel.

Messingketten bekommt man im Fachhandel, Silberketten beim Juwelier. Die Stege muß man selbst einlöten (Tinolpaste!). Die Ketten werden grundsätzlich geschwärzt.

Anker-Stegketten

Segelschiffe Tonnen	Kettendicke mm	Belastbarkeit Tonnen	Kettenlänge Faden (m)	Dampfschiffe Tonnen
50	17,5	8,500	120 (222,24)	75
100	20,6	11,885	135 (256,02)	150
150	32,8	15,800	165 (305,58)	225
200	27,0	20,300	165 (305,58)	300
300	30,2	25,375	195 (361,14)	450
400	33,3	31,000	210 (388,92)	600
500	36,5	37,125	240 (444,48)	750
600	38,1	40,500	240 (444,48)	900
700	39,7	43,900	270 (500,04)	1050
800	41,3	47,500	270 (500,04)	1200
1000	44,4	55,150	270 (500,04)	1500
1200	46,0	59,125	270 (500,04)	1800
1400	47,6	63,250	270 (500,04)	2100
1600	49,2	67,500	270 (500,04)	2400
1800	50,8	72,000	270 (500,04)	2700
2000	52,4	76,500	270 (500,04)	3000
2500	55,6	86,125	300 (555,60)	3750
3000	58,7	96,250	300 (555,60)	4500
und mehr				und mehr

Die Tabelle ist nach den Vorschriften von Lloyd's Register von ca. 1860 erstellt.

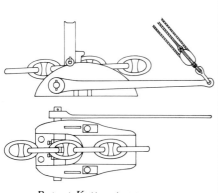

Patent-Kettenstopper

algerische Schebecke
18. Jahrhundert

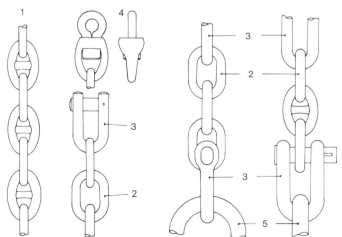

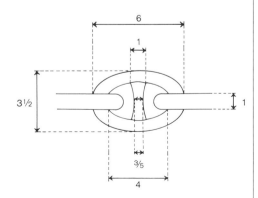

Ankerketten: 1. Stegkette, 2. Endglied (Kopfglied), 3. Schäkel,
4. Kettenwirbel, 5. Ankerschäkel, 6. Ankerring

Proportionen der Kettenglieder

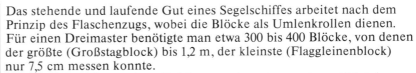

Blöcke

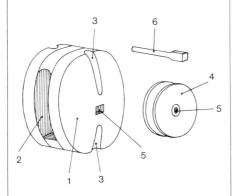

Block: 1. Gehäuse, 2. Scheibgat, 3. Stroppkeepe, 4. Scheibe, 5. Nagelgat, 6. Nagel (Achse)

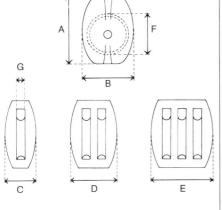

Das stehende und laufende Gut eines Segelschiffes arbeitet nach dem Prinzip des Flaschenzugs, wobei die Blöcke als Umlenkrollen dienen. Für einen Dreimaster benötigte man etwa 300 bis 400 Blöcke, von denen der größte (Großstagblock) bis 1,2 m, der kleinste (Flaggleinenblock) nur 7,5 cm messen konnte.

Ein Block besteht aus dem Gehäuse – es konnte aus einem Stück hergestellt oder aus mehreren Teilen zusammengesetzt sein – das bis Mitte des 19. Jahrhunderts stets aus Holz, danach gelegentlich aus Metall war, und aus einer Rolle, über die das Tau lief und die sich auf einem Achsbolzen drehte. Die Herstellung von Blöcken mit drehbarer Scheibe ist für den Modellbauer – außer bei sehr großmaßstäblichen Modellen – natürlich wenig sinnvoll und technisch auch kaum durchführbar.

Wie man Modellblöcke herstellt, zeigt die Zeichnung rechts: man schneidet sich zunächst eine Leiste aus sehr hartem und dichtem Holz (Buchsbaum, Nußbaum, eventuell auch Birne oder Olive) in Breite und Dicke des Blocks. Mit der Kreissäge – zur Herstellung von Blöcken ist sie unerläßlich – schneidet man die Länge der Blöcke an (nicht durchschneiden!). Mit der Kreissäge werden sodann die Kerben für die Rolleneinschnitte und die Kerben für die Stroppen geschnitten und die Löcher für die Taudurchzüge gebohrt. Mit Schmirgelpapier bricht man die Längskanten und erweitert mit einer Dreikantfeile die Quereinschnitte zwischen den Blöcken. Nun trennt man die einzelnen Blöcke vom Stab ab und schleift sie noch etwas rund nach.

Bis 1815 waren die Blöcke allgemein ziemlich rund; sie blieben es auch später auf Handelsschiffen, während Kriegsschiffe nach 1815 eine mehr eckige Blockform bevorzugten. Außerdem gab es eine ganze Reihe von Blocksonderformen:

Kardeelblöcke (s. FALL), Toppnantenblöcke (s. TOPPNANTEN), Schuhblöcke, Schot- und Schulterblöcke (s. SCHOTEN), Hutblöcke (s. GEITAUE) und Kinnbackenblöcke (s. BULINS). Schotblöcke, Schuhblöcke und Toppnantenblöcke wurden übrigens nur auf dem Kontinent verwendet, England benützte an ihrer Stelle zusammengestroppte Einzelblöcke (s. LAUFENDES GUT).

Blockgrößen

Die Größenangaben sind in mm.

Es handelt sich hier um Richtgrößen, zeitliche und nationale geringe Abweichungen sind nicht berücksichtigt; außerdem herrschte eine gewisse Tendenz, die Blöcke für die Taustärken von 6 bis 13 mm eher etwas größer, von 38 bis 76 mm eher etwas kleiner zu dimensionieren als angegeben.

Tau $\varnothing$	A Höhe	B Breite	C Dicke 1	D Dicke 2	E Dicke 3	F Rolle $\varnothing$	G Rolleneinschnitt	Stropp $\varnothing$
6	72	60	40	53	66	33	7,2	6
8	96	80	53	70	88	44	9,6	8
11	132	110	73	97	121	61	13,2	11
13	156	130	86	114	143	72	15,6	13
16	192	160	106	141	176	88	19,2	16
19	228	190	125	167	209	105	22,8	19
25	300	250	165	220	275	138	30,0	25
32	384	320	211	282	352	176	38,4	38
38	456	380	251	334	418	209	45,6	44
51	612	510	337	449	561	281	61,2	57
63	756	630	416	554	693	347	75,6	76
76	912	760	502	669	836	418	91,2	89

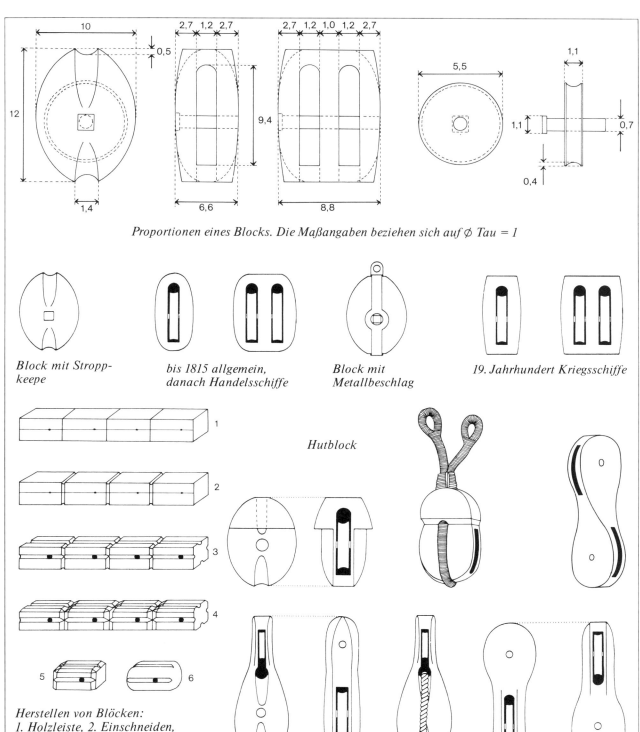

Proportionen eines Blocks. Die Maßangaben beziehen sich auf ∅ Tau = 1

Block mit Stropp-keepe

bis 1815 allgemein, danach Handelsschiffe

Block mit Metallbeschlag

19. Jahrhundert Kriegsschiffe

Hutblock

Herstellen von Blöcken:
1. Holzleiste, 2. Einschneiden,
3. Bohren der Löcher und Schneiden des Rolleneinschnitts und
der Stroppkerben, 4. Brechen der
Kanten, 5. Abschneiden der
Blöcke, 6. Abrunden der Kanten.

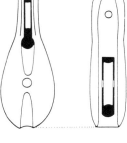

Schotblock

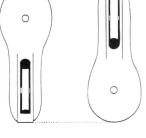

Schuhblock

261

Blockstroppen

Fast alle Blöcke waren gestroppt, d.h. sie waren in eine gespleißte Tauschlinge eingebunden, die über dem Block ein Auge bildete, an dem er befestigt wurde.

Ging die laufende Part einer Talje von einem Block aus, so bekam der Block entweder unten ein zweites Stroppauge oder die Talje wurde zwischen Block und Stropp durchgezogen und über diesem verknotet. Blöcke für große Beanspruchung fuhren doppelte Stroppen.

Da man auf einem Modell die Stroppen wegen ihrer Kleinheit nicht gut spleißen kann, legt man die Tauschlinge so, daß man ihre Enden etwas ineinander verdreht und klebt und so legt, daß sie anschließend von der Zurring verdeckt werden. Ist das Stropp gekleidet, so sollte man dies unbedingt vor (!) dem Einbinden des Blockes tun.

Nach dem Einlegen des Blockes in die Schlinge wird das überstehende Ende mit einer Zurring zu einem Auge zusammengebunden.

Jungfern

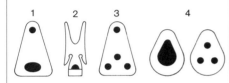

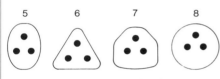

Jungfern: 1. römisch Antike, 2. Wikinger 9./10. Jahrhundert, 3. 11./13. Jahrhundert, 4. 12./15. Jahrhundert, 5. 12./15. Jahrhundert, 6. 15./16. Jahrhundert, 7. erste Hälfte 17. Jahrhundert, 8. ab Mitte 17. Jahrhundert

Alle Wanten, teilweise auch Pardunen und Stage, wurden mit Jungfern steifgesetzt.

In der Antike waren die Jungfern länglich und ähnelten stark Dodshoofden. Im Mittelalter waren sie ebenfalls noch länglich mit einer Öffnung oben für das Want und drei Löchern unten für das Taljereep. Im Hochmittelalter wurden die Jungfern herzförmig oder oval, das Want legte man nun in einer Rille um die Jungfer. Im 15. Jahrhundert wurden sie dreieckig und ziemlich flach, Anfang des 17. Jahrhunderts fünfeckig und Mitte des 17. Jahrhunderts schließlich rund und stärker gewölbt.

Der Durchmesser der Jungfern war halb so groß wie der der zugehörigen Masten, manchmal noch etwas größer.

Dreieckige Jungfern stellt man ähnlich wie Blöcke her. In einen dreikantigen Holzstab werden mit der Kreissäge die Kerben geschnitten und etwas ausgefeilt, dann schneidet man die Jungfern ab und schmirgelt sie mit der Hand noch etwas zurecht.

Runde Jungfern kann man mit einer ähnlichen Methode aus einem Rundstab herstellen. Hierfür ist es allerdings wesentlich besser, wenn man eine Drehbank zur Verfügung hat – fehlt eine, so sollte man sich zunächst lieber im Fachhandel nach entsprechenden Jungfern umsehen. Die Löcher in den Jungfern bohrt man am besten nach einer Schablone. Wie die Jungfern in die Wanten eingebunden werden, finden Sie ausführlich im Abschnitt WANTEN beschrieben.

Dodshoofden

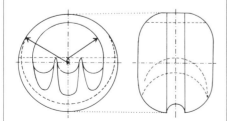

Es gab Dodshoofden schon seit dem Mittelalter, wenn man die Jungfern der Antike nicht bereits als solche ansprechen will. Seit dem späten 17. Jahrhundert erfreuten sie sich zunehmender Beliebtheit.

Bis ins frühe 19. Jahrhundert waren die Dodshoofden herzförmig, danach zumeist rund. Ihr Durchmesser entsprach jenem der Jungfern.

Dodshoofden haben in der Mitte eine große Öffnung und üblicherweise 4 Rillen zur Führung des Taljereeps; seit Ende des 18. Jahrhunderts kamen auch Dodshoofden mit 6 bis 7 Rillen und der entsprechenden Anzahl von Taljereepschlägen vor.

Eingebunden wurden die Dodshoofden ebenso wie die Jungfern.

Violinblock

Anstelle von zweischeibigen Blöcken wurden teilweise Violinblöcke verwendet. Die auf der nächsten Seite abgebildete Form gab es nur auf kontinentalen Schiffen, in England verwendete man zwar das gleiche Grundsystem, doch stroppte man dort zwei einscheibige Blöcke, einen größeren und einen kleineren übereinander. Die laufende Part fuhr stets zuerst durch die kleinere, dann durch die größere Scheibe.

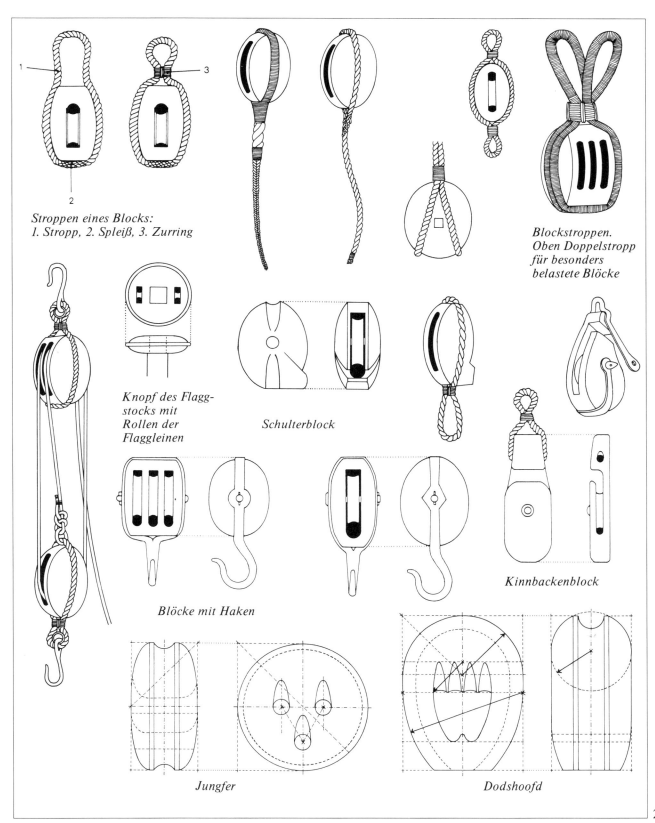

Stroppen eines Blocks:
1. Stropp, 2. Spleiß, 3. Zurring

Blockstroppen.
Oben Doppelstropp
für besonders
belastete Blöcke

Knopf des Flagg-
stocks mit
Rollen der
Flaggleinen

Schulterblock

Kinnbackenblock

Blöcke mit Haken

Jungfer

Dodshoofd

263

Belegnägel

Alle schwächeren Taue wurden an Belegnägeln befestigt, die in Nagel-bänken, Geduld oder Relings steckten. Bis 1830 bestanden Belegnägel stets aus Holz, danach in der Regel aus Metall.

Der untere Durchmesser des Belegnagels wurde folgendermaßen ermittelt:

Ø Belegnagel = 1/2 inch + 1/2 inch per 100 Fuß Schiffslänge oder

Ø Belegnagel = 12,7 mm + 12,7 mm per 30,48 m Schiffslänge.

Generell war der untere Durchmesser eines Belegnagels aber nie schwächer als der Durchmesser des Taus, das zu belegen war. Da man nur eine Größe Belegnägel an Bord hatte, richtete sich ihre Größe nach dem stärksten an einem Nagel belegten Tau.

Proportionen sowie das Legen des Taus sind rechts abgebildet, das über-schüssige Tau wurde in Buchten aufgeschossen über den Nagel gehängt – für den Modellbauer ist es oft zweckmäßig, dieses aufgeschossene Tau einzeln herzustellen und dann über den Nagel zu hängen.

Klampen

Für die stärkeren Taue, aber auch in der Antike, im Mittelalter und im Mittelmeer, wo Belegnägel unbekannt oder wenig beliebt waren, belegte man die Tauenden an Klampen. Die Klampen waren an Deck und am Schanzkleid mit Bolzen befestigt. Sehr lange Klampen waren nach 1720 oft an den Masten angebracht, andere Klampen wurden mit Zurrings an den Wanten angelascht.

Die Maßangaben der folgenden Tabelle für Klampengrößen sind in mm, es handelt sich wieder nur um Richtgrößen, ohne die verschiedenen Varianten zu berücksichtigen.

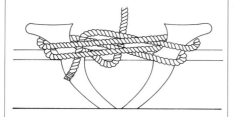

Belegen eines Kreuzholzes

Ø Tau	A Länge	B Höhe	C Breite	Ø Tau	A Länge	B Höhe	C Breite
6	120	40	30	32	355	117	89
8	160	53	40	38	380	125	95
13	220	73	55	51	463	153	116
19	270	89	68	63	525	173	131
25	312	103	78	76	584	193	146

Kauschen

Leitkauschen dienten der Führung von Tauen. Sie waren mit einer Zurring an den Wanten befestigt. Die Bohrung muß so groß sein, daß das Tau leicht durchläuft. Der äußere Durchmesser betrug das Dreifache der Bohrung, die Höhe war gleich dem äußeren Durchmesser.

Ab dem 17. Jahrhundert waren in gebundene Augen zumeist Kauschen mit eingebunden. Diese Kauschen waren bis Anfang des 19. Jahrhun-derts rund und aus Holz, danach gelegentlich auch herzförmig und aus Metall.

Spinnkloben

Die Spinnkolben waren lange Stäbe oder flache lange Blöcke aus Holz ohne Scheiben und nur mit Löchern versehen. Sie dienten als Leitblöcke der Hahnepoten (s. STAG, BACKSTAG, DIRK, GORDINGS).

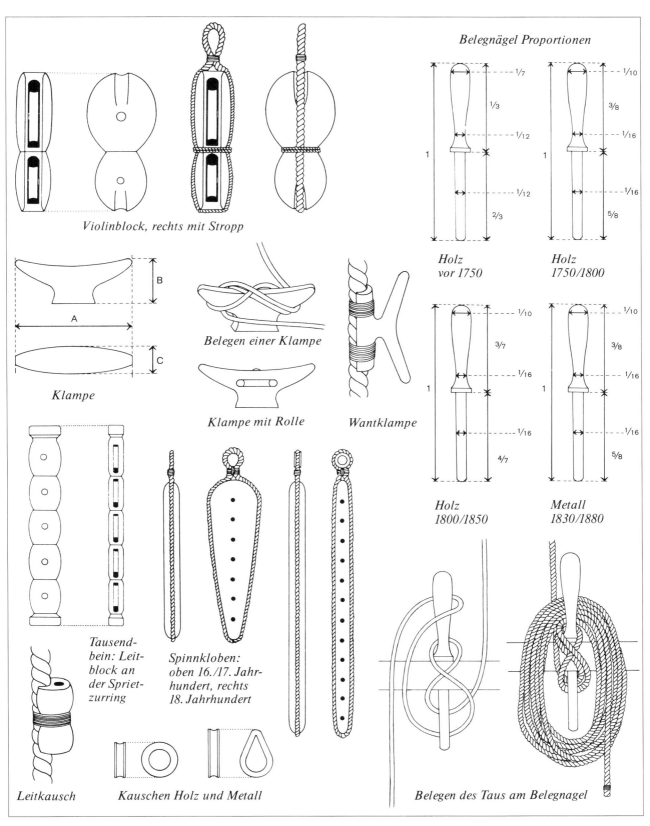

Violinblock, rechts mit Stropp

Belegnägel Proportionen

Holz
vor 1750

Holz
1750/1800

Holz
1800/1850

Metall
1830/1880

Klampe

Belegen einer Klampe

Klampe mit Rolle

Wantklampe

Tausend-
bein: Leit-
block an
der Spriet-
zurring

Spinnkloben:
oben 16./17. Jahr-
hundert, rechts
18. Jahrhundert

Belegen des Taus am Belegnagel

Leitkausch

Kauschen Holz und Metall

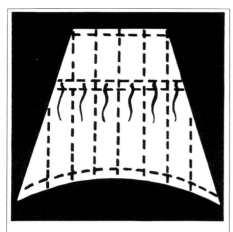

Segel

Wie am Anfang des Buches unter dem Abschnitt MODELLTYPEN bereits gesagt, kann man viele Details der Takelage nur dann zeigen, wenn das Schiffsmodell auch mit Segeln ausgestattet ist.

Leider sieht man viele Schiffsmodelle, die gerade durch ihre Segel schlimm verunstaltet werden, und da diese ja ziemlich große Flächen haben, fällt das um so unangenehmer auf. Besondere Sorgfalt ist hier also oberstes Gebot!

Einer der Hauptfehler ist die Verwendung von zu dickem, zu grobem Stoff – viele Modellbauer behaupten dann, sie wollten mit grob gewebtem Segeltuch die Leinenstruktur echter Segel andeuten. Im Abschnitt MATERIALMASSTAB habe ich schon erwähnt, daß dies natürlich völliger Unsinn ist. Wenn man die Leinenstruktur echter Segel um das 50- oder 75-fache verkleinert, ist sie praktisch kaum noch zu sehen.

Als Segeltuch für Schiffsmodelle verwendet man am besten weißen Baumwollbatist, oder sonst eine sehr dünne, leichte, wenig strukturierte, möglichst glanzlose, jedoch nicht durchscheinende (!) Stoffart. Kaufen Sie genug ein, denn sowohl beim Zuschneiden, als vor allem für die Säume der Kleider und die Außensäume verbrauchen Sie eine Menge Material; dazu kommen noch die oft vergessenen Dopplungen und Verstärkungen der Segel. Seien Sie hier nicht kleinlich, ein paar Mark mehr können Ihnen eine Menge Ärger ersparen.

Die Appretur des Stoffes läßt sich mit warmem Wasser auswaschen, der Stoff wird dadurch geschmeidiger. Wenn Sie die Segel an der Rah geborgen zeigen wollen, sollten Sie auf jeden Fall die Appretur entfernen!

Die Segel kleinerer Schiffe und Boote lassen sich auch sehr schön aus Japanpapier herstellen.

Als nächstes binden Sie die Rahen provisorisch an den richtigen Stellen an den Masten fest und machen sich aus Papier zunächst einmal Schablonen bzw. Schnitte für die Segel. Hat eines Ihrer Segel ein Bonnet (Antuchung), so machen Sie den Schnitt zunächst mit diesem und passen Sie es so ein. Erst wenn es richtig sitzt, trennen Sie den Schnitt für das Bonnet ab.

Beim Einpassen wäre zunächst einmal die Breite der Segel zu beachten. Der Segelkopf war stets etwas kürzer als das Maß zwischen den Rahnocken. Bei den Untersegeln im Original etwa 30 cm an jeder Seite, bei den Bramsegeln etwa 15 bis 16 cm an jeder Seite.

Der Segelfuß, d.h. die Sehne zwischen den Schothörnern, war ebenso lang wie der Segelkopf des darunter stehenden Segels. Der Segelfuß selbst war, wie die auf der *Wasa* gefundenen Segel belegen, bis in die erste Hälfte des 17. Jahrhunderts gerade (!), danach erst hatte er die Form eines Kreisbogens, damit er nicht an den Deckaufbauten, der Reling, den Stagen oder Marshahnepoten anstreifen konnte. Die Höhe dieses Kreisbogens betrug in der Mitte 0,04 bis 0,05 der Breite des Segelfußes.

Bis Anfang des 19. Jahrhunderts wurden die Segel ziemlich bauchig gefahren – je älter um so bauchiger – nach 1830 dann ziemlich flach. Prüfen Sie die Bauchigkeit Ihrer Segel mit den Papierschablonen bzw. Schnitten nach, wobei Sie außerdem beachten sollten, daß ein Segel um so weniger bauchig gefahren wurde, je höher es am Mast saß.

Wichtig für das Aussehen der Segel ist auch der Verlauf der Fadenrichtung des Stoffes – er ist mit dem Verlauf der einzelnen Kleider, auf die wir gleich kommen werden, identisch. Bei Querrahsegeln verläuft der Faden immer senkrecht (bzw. waagerecht) zur Rah!

Bei Latein-, Stag-, Gaffel- und Luggersegeln immer parallel zum Achterliek, also der dem Heck zugewandten Seite des Segels!

Kriegskutter der englischen Marine um 1780

Segelnamen

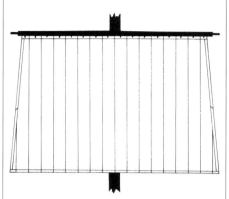

Querrahsegel bis ca. 1630

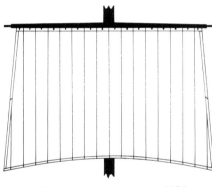

Querrahsegel nach ca. 1630

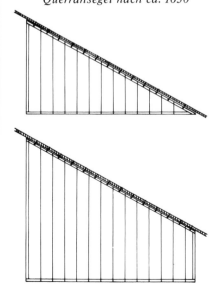

Stagsegel

Zunächst ist es selbstverständlich auch wichtig, die Namen der verschiedenen Segel zu kennen, will man nicht – insbesondere beim Laufenden Gut – hoffnungslos in Verwirrung geraten.
Die beiden Abbildungen rechts zeigen die Segel von Schiffen vor und nach etwa 1830 mit all ihren möglichen Segeln. Das heißt natürlich nicht, daß sämtliche dieser Segel auch auf jedem Schiff gefahren wurden – als z.B. Stagsegel eingeführt wurden, war der Bonaventurmast längst verschwunden. Die Leesegel sind nur an Backbord eingezeichnet, natürlich gab es sie ebenso an Steuerbord, und man unterschied sie demnach mit dem Vorwort Steuerbord bzw. Backbord.

Bezeichnungen der Segel auf einem Schiff bis etwa 1830:
1. Blinde, 2. Oberblinde (rechts die Anordnung wie sie bis 1715 gebräuchlich war).
3. Außenklüver, 4. Binnenklüver, 5. Vorstengestagsegel.
6. Fock, 7. Vormarssegel, 8. Vorbramsegel, 9. Vorroyalsegel.
10. Vorunterleesegel, 11. Voroberleesegel, 12. Vorbramleesegel.
13. Großstagsegel, 14. Großstengestagsegel, 15. Großmittelstagsegel, 16. Großbramstagsegel.
17. Großsegel, 18. Großmarssegel, 19. Großbramsegel, 20. Großroyalsegel (Leesegel entsprechend Vorleesegel).
21. Besanstagsegel, 22. Besanstengestagsegel.
23. Besansegel, 24. Kreuzsegel, 25. Kreuzbramsegel.
26. Bonaventursegel, 27. Bonaventurmarssegel.

Bezeichnung der Segel auf einem Schiff ab etwa 1830:
1. Jager oder Flieger, 2. Außenklüver, 3. Binnenklüver, 4. Vorstengestagsegel.
5. Fock, 6. Voruntermarssegel, 7. Vorobermarssegel, 8. Vorunterbramsegel, 9. Voroberbramsegel, 10. Vorroyalsegel, 11. Vorskysegel.
12. Vorunterleesegel, 13. Voroberleesegel, 14. Vorbramleesegel, 15. Vorroyalleesegel.
16. Großstagsegel, 17. Großstengestagsegel, 18. Großmittelstagsegel, 19. Großbramstagsegel, 20. Großroyalstagsegel.
21. Großsegel, 22. Großuntermarssegel, 23. Großobermarssegel, 24. Großunterbramsegel, 25. Großoberbramsegel, 26. Großroyalsegel, 27. Großskysegel, 28. Mondgucker (Leesegel entsprechend Vorleesegel).
29. Kreuzstagsegel, 30. Kreuzstengestagsegel, 31. Kreuzbramstagsegel, 32. Kreuzroyalstagsegel.
33. Kreuzsegel, 34. Kreuzuntermarssegel, 35. Kreuzobermarssegel, 36. Kreuzunterbramsegel, 37. Kreuzoberbramsegel. 38. Kreuzroyalsegel.
39. Kreuzskysegel (Leesegel entsprechend Vorleesegeln).
40. Besanstagsegel, 41. Besanstengestagsegel, 42. Besanbramstagsegel.
43. Besan, 44. Besangaffeltopsegel.

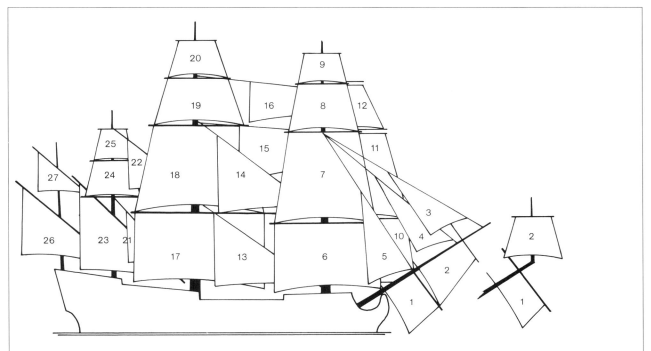

Bezeichnungen der Segel auf einem Schiff etwa bis 1830 (rechts Bugspriet bis 1715)

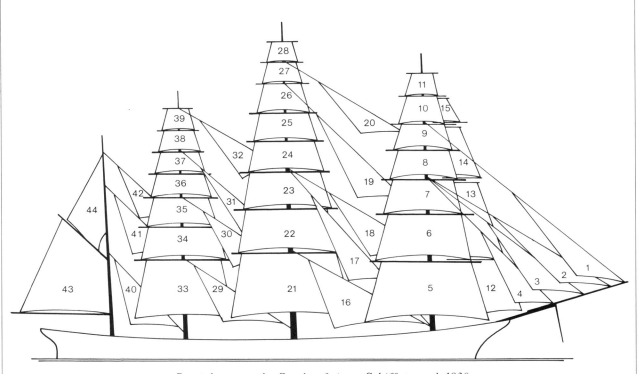

Bezeichnungen der Segel auf einem Schiff etwa ab 1830

269

Segelfarbe

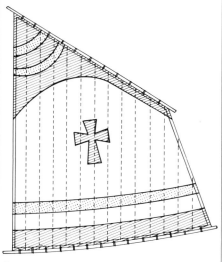

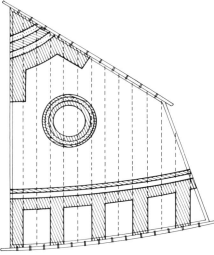

Bunte Luggersegel.
Seit dem Mittelalter bis heute
in der Nordadria, Venezien
und an der Küste Dalmatiens
beheimatet.

Die weißen Segel am Horizont gehören zu den fast unvermeidlichen Requisiten aller Abenteuerbücher, die mit Seefahrt zu tun haben. Nun, außer auf modernen Sportsegelbooten oder Luxusjachten waren Segel niemals weiß! Ihre Farbskala reichte vom sehr hellen Ockergelb ungebleichten Leinens über die verschiedensten Abstufungen eines ins grau, gelblich oder grünlich spielenden Ocker bis zu mehr oder minder kräftigem Rot oder einem Rotbraun bis Mittelbraun »gelohter« Segel. Einige führten auch Namen wie »Schmutzstagsegel« – das Großstagsegel – oder »Kohlensegel« – Großbramsegel Dampf-Segel betriebener Schiffe des letzten Jahrhunderts – da diese vom Rauch der Maschinen- oder Kombüsenschornsteine in Mitleidenschaft gezogen wurden. Außerdem fuhr man eine Zeitlang, wie auf den nächsten Seiten gezeigt, nicht ungern farbige Segel; im Mittelmeer sind sie heute noch anzutreffen, wobei zu bemerken wäre, daß solche Verzierungen nur in den allerseltensten Fällen gestickt und normalerweise gefärbt bzw. gemalt waren. Es ist verlorene Mühe, sich zusätzlich zum richtigen Segelstoff auch noch um den richtigen Farbton zu bemühen, es sei denn, man benötigt richtig rote oder rotbraune bis braune Segel. In allen anderen Fällen ist es sinnvoller, den Stoff weiß zu kaufen und selbst im gewünschten Farbton zu färben.

Diesem Zweck dient dem Modellbauer als Idealmittel Tee. Am besten machen Sie es so: man brüht den Tee auf, läßt ihn ziehen, bis er den gewünschten Farbton hat und gießt ihn dann durch ein Sieb in eine Schüssel, in die man nun den für die Segel bestimmten Stoff eintaucht, solange der Tee noch warm ist (er färbt dann besser). In diesem Färbebad läßt man den Stoff etwa 20 bis 30 Sekunden liegen, wobei man darauf achten muß, daß alle Stellen gut durchtränkt sind. Dann nimmt man den Stoff heraus und hängt ihn tropfnaß (nicht auswinden!) auf eine Trockenleine. Ist der Stoff fast trocken, kann man ihn bügeln, dann die Segel zuschneiden und nähen. Färben Sie genug Stoff ein, daß er für alle Segel reicht, denn jeder Aufguß wird etwas anders im Farbton ausfallen, was beim fertigen Modell nicht gut aussehen würde.

Welchen Tee man aufbrühen soll, kommt auf den gewünschten Farbton an, es gibt viele Sorten, vom russischen Rauchtee über den grünen chinesischen Tee bis zu den Kräutertees. Welche für die Segel Ihres Modells den idealen Farbton liefert, dafür gibt es nur ein Mittel: ausprobieren.

Ist das Segel, wie oft im Mittelmeer oder bei Wikingerschiffen, rot-weiß, gelb-weiß, grün-weiß, blau-weiß gestreift oder mit Wappen, Figuren, Ornamenten und dergleichen bemalt, wie man es bei Schiffen vom Mittelalter bis ins frühe 17. Jahrhundert gerne tat, dann färben Sie das Segel zunächst wie beschrieben ein, nähen es fertig und tragen erst jetzt die anderen Farben auf.

Am besten arbeiten Sie dabei mit Aquarell- oder Temperafarben. Sie werden ziemlich naß aufgetragen, doch nicht so naß, daß sie verlaufen. Zu trockene Farbe dringt nicht in den Stoff ein und blättert später leicht wieder ab. Am besten probieren Sie das Einfärben an ein paar Stoffrestchen aus. Wenn die Farbe beim Auftragen nicht verläuft und nach dem Trocknen beim Knittern nicht abblättert, ist das Mischverhältnis Wasser-Farbe gerade richtig.

Wer seinen Schiffsrumpf »gealtert« hat, sollte natürlich auch die Segel patinieren. Chemie hilft hier wenig. Setzen Sie Ihre Segel Sonne, Wind, Regen und Schnee aus, und bald werden Sie die gewünschten Verfärbungen erzielt haben. Rußspuren am Schmutzstagsegel und Kohlensegel bringen Sie sehr vorsichtig (!) mit einer rußenden Kerze (ein Stück Metall in die Flamme halten) an. Weit genug von der Flamme entfernt halten, da der Ruß sonst zu dick wird! Nicht wischen oder reiben, sondern das Zuviel an Ruß von der Rückseite aus abklopfen.

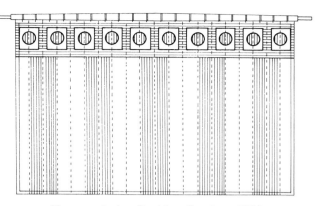

Normannisches Drakkar-Segel um 1066

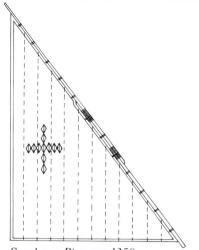

Segel aus Pisa um 1350

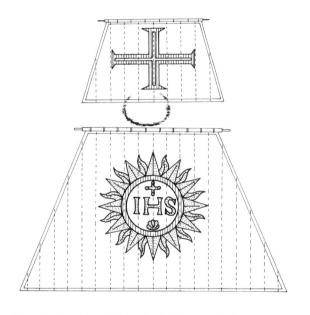

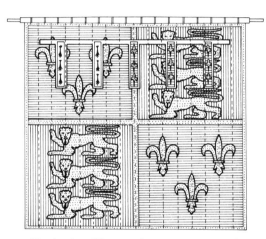

Englisches Wappen-Prunksegel um 1426

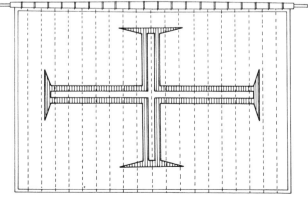

Portugiesisches Groß-, Mars- und Bramsegel um 1500

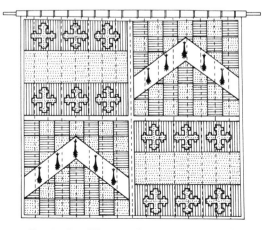

Englisches Wappen-Prunksegel um 1485

Segelfarbe

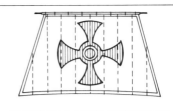

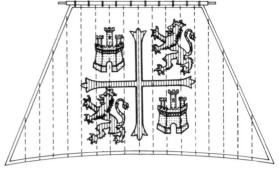

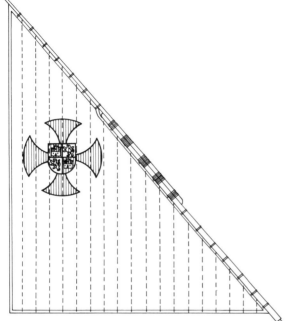

Spanisches Galeerensegel um 1550

*Spanisches Groß-, Mars- und Bram-
segel mit Wappen um 1540*

*Englisches Prunksegel aus gelbem
Damast um 1545*

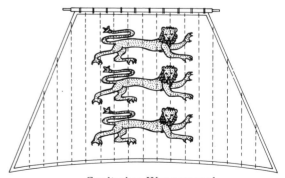

*Englisches Wappensegel
um 1580*

weiß   *gelb*   *rosa*   *rot*   *blau*   *grün*   *schwarz*

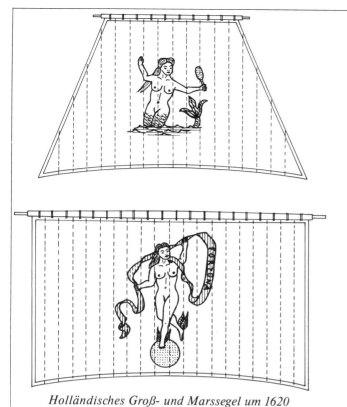

Venezianisches Galeerensegel um 1570

Holländisches Groß- und Marssegel um 1620

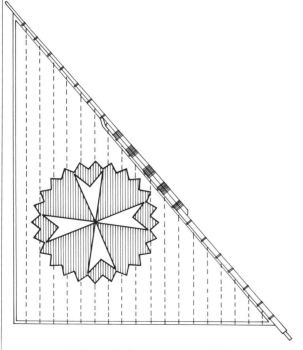

Malteser Galeerensegel um 1660

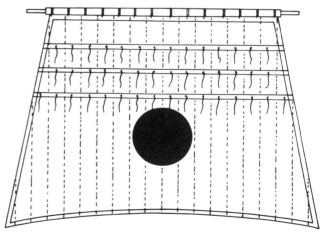

Etliche Reedereien des 19. Jahrhunderts
führten auf dem Vormarssegel das Emblem der
Reederei. Hier der schwarze Ball der
Black-Ball-Linie

Segelnähen

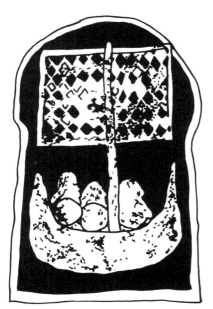

Bildstein von Bopparve auf Gotland um 800 n. Chr.

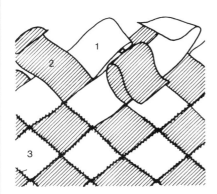

Allen Quellen zufolge waren die Segel der Wikingerschiffe bis ins 10. Jahrhundert diagonal ›geflochten‹, was sie zwar schwerer aber auch windundurchlässiger machte, wobei man gern Stoffstreifen verschiedener Färbung verflocht. 1. Stoffstreifen (z. B. weiß), 2. Stoffstreifen (z. B. rot), 3. Naht

Seit der Antike waren die Segel nicht aus einem einzigen Stück Stoff gefertigt, sondern aus mehreren Bahnen, den sogenannten Kleidern, zusammengesetzt – die Segel wurden dadurch erheblich stabiler und reißfester.

In der Antike waren die Kleider teils quer, teils längs zusammengesetzt, teilweise auch aus viereckigen Stücken quer und längs zusammengenäht. Seit dem frühen Mittelalter standen die Kleider stets senkrecht, also längs.

Beim Zusammennähen der einzelnen Kleider begann man traditionell mit der – von hinten gesehen – äußersten rechten Bahn und bog ihren linken Rand als Saum nach oben. Darauf wurde die zweite Bahn gelegt, den rechten Saum nach unten, den linken Saum wieder nach oben usw. Dann nähte man das Ganze von vorn und hinten mit Z-Stichen aneinander fest. Für den Modellbauer ist dieses Verfahren, ein Segel aus einzelnen Kleidern zusammenzusetzen, natürlich viel zu kompliziert, zumal man die gleiche Wirkung weit einfacher erreichen kann. Man nimmt den Stoff für das Segel in der Breite ziemlich reichlich und faltet die Säume der Kleider S-förmig ein, wobei noch zu beachten wäre, daß die sichtbaren Saumkanten immer nach rechts liegen!

Die Kleider selbst waren im frühen Mittelalter noch bis 120 cm breit, im Spätmittelalter 90 bis 80 cm, von der Mitte des 16. bis Anfang des 18. Jahrhunderts etwa 70 cm, später dann rund 60 cm, wobei jeweils noch der Saum von 4 bis 2,5 cm abging.

Schwieriger als das Legen der Bahnen ist das Nähen.

Zunächst einmal sollte man die Kleidersäume heften und bügeln. Ganz ratsam ist es mitunter auch, sie vorsichtig (!) zu kleben, man muß dabei nur darauf achten, daß der Leim nicht durch den Stoff schlägt.

Gleichgültig ist es übrigens, ob in der Mitte des Segels eine Naht oder eine Bahn liegt, nur sollten die Bahnen an den Seiten möglichst nicht zu schmal werden.

Original wurden die Säume der Kleider mit einer Doppelnaht Z-Stiche genäht. Da aber die Säume bei einem Modell 1 : 50 bereits kaum noch 1 mm breit sind, ist dieses Verfahren für den Modellbauer undurchführbar. Für ihn bleibt die Wahl zwischen lediglich einer Reihe Z-Stiche oder einer Doppelreihe Normalstiche, wie die Zeichnung unten rechts zeigt. Auf jeden Fall aber sollten diese Stiche möglichst gleichmäßig (Nähmaschine!) und möglichst klein (!) sein. Das Nähgarn ist hellbraun, also ein bißchen dunkler als das Segel selbst, damit die Nähte richtig zur Geltung kommen.

Als nächstes wird nach dem Schnitt das Segel aus dem Stoff herausgeschnitten – Zugaben für die Säume nicht vergessen! – die Säume des Segels einschlagen, geheftet, eventuell vorsichtig geklebt und schließlich mit einer Doppelreihe von –·– Stichen (oder Normalstichen) angenäht. Die Säume waren 10 bis 14 cm breit. Genäht werden zuerst die seitlichen Säume, dann erst die an Fuß und Kopf des Segels.

Nun werden auf der Rückseite des Segels die – oft selbst wieder aus verschiedenen Kleidern zusammengesetzten – Verstärkungen und Dopplungen auf das Segel genäht und zwar, ebenso wie die Kleider, mit Z-Stichen; lediglich die Fußdopplung war, wie die Säume, mit –·– Stichen befestigt.

Als letztes werden die Reffbänder mit –·– Stichen aufgenäht.

Im Original waren auch alle Gatchen, also die Löcher, durch die die Kopfzeisinge und Reffbänsel fuhren, ausgenäht. Diese Arbeit kann man sich auf einem Modell allerdings ersparen, da die Gatchen später ohnehin von den Knoten dieser Taue verdeckt werden; am besten läßt man die Gatchen vorläufig überhaupt weg.

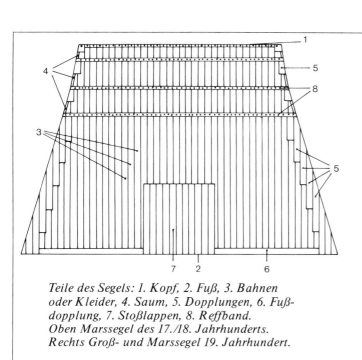

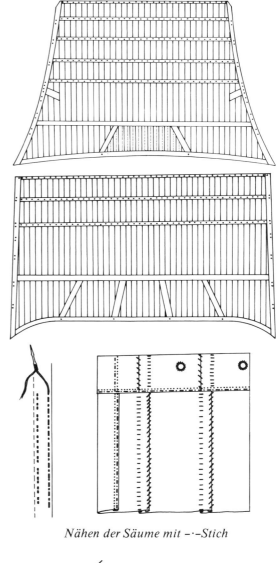

Teile des Segels: 1. Kopf, 2. Fuß, 3. Bahnen oder Kleider, 4. Saum, 5. Dopplungen, 6. Fuß-dopplung, 7. Stoßlappen, 8. Reffband.
Oben Marssegel des 17./18. Jahrhunderts.
Rechts Groß- und Marssegel 19. Jahrhundert.

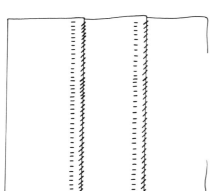

Zusammennähen der Kleider mit Z-Stich

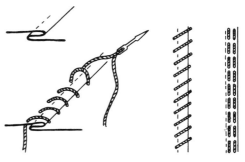

Nähen der Säume mit –·–Stich

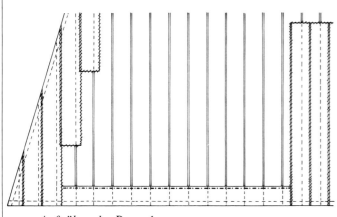

Aufnähen der Doppelungen

Nähen von Modellsegeln: S-för-miges Falten des Stoffes, Naht eine Reihe mit Z-Stichen oder Doppelreihe Normalstiche.

275

Liektau

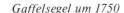

Gaffelsegel um 1750

Gaffeltopsegel

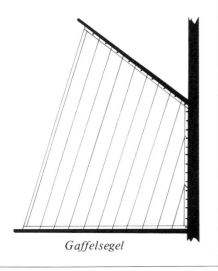

Gaffelsegel

Sämtliche Segel waren mit dem sogenannten Liektau eingefaßt.
An den Untersegeln (Fock-, Groß- und Besansegel) hatte das Liektau eine Stärke von 75 bis 80 % der jeweils zugehörigen Wanten. Bei den Obersegeln (Mars-, Bram- und Royalsegel, ebenso alle Stagsegel) war das Liektau ebenso stark wie die zugehörigen Wanten (s. T AUSTÄRKEN STEHENDES G UT).

Die Liektaue bringt man folgendermaßen an: man beginnt rechts oder links an der Breitseite des Segels, wobei man das Tau gut 2 bis 3 cm über den Kopf des Segels hinausstehen läßt. Nun führt man es abwärts bis zum Fuß, bildet dort das Schothorn, fährt am Segelfuß entlang bis zum zweiten Schothorn und an der anderen Breitseite schließlich wieder hinauf, wo man es ebenfalls gut 2 bis 3 cm überstehen läßt. Mit einem zweiten Tau bringt man dann das Liek des Segelkopfes an, wobei man hier rechts und links das Liektau 3 bis 5 cm überstehen lassen sollte.

Das Liektau wird mit kleinen Stichen und einem dünnen Faden an das Segel genäht. Dabei sollte der Faden, genauso wie beim Wurmen, immer sauber in den Rillen des Liektaus verlaufen.

Als recht zweckmäßig hat sich bei dieser Arbeit herausgestellt, das Liektau zunächst an der Segelkante anzukleben, da es dann beim Nähen nicht mehr verrutschen kann.

Die Enden des Liektaus am Segelkopf werden nun, wie die Zeichnung zeigt, zu den Nocklegeln zusammengespleißt. Anschließend zurrt man die Schothörner. Sind an dieser Stelle die Liektaue gekleidet, so macht man das am besten erst dann, wenn das Liektau bereits am Segel befestigt ist. Im 18. und 19. Jahrhundert war es auch oft üblich, das Liektau an den Schothörnern und Teilen des Fußlieks mit einem 75 bis 60 % starken, gekleideten Tau zu verstärken bzw. zu doppeln. Überdies wurde das Liektau oft mit einigen Zurrings an diesen Stellen befestigt, damit es nicht abgerissen werden konnte. Die entsprechenden Verfahren zeigen die nebenstehenden Zeichnungen.

Am Seiten- und Fußliek werden schließlich die Legel für die Gordings und Bulins eingespleißt – oder im 19. Jahrhundert angehängt. Wo diese genau sitzen, müssen Sie aus dem Takelplan ermitteln. Diese Legel bestanden zumeist aus einem etwas schwächeren Tau als das Liek selbst.

Im 19. Jahrhundert galten folgende Proportionen für die Liektaue:
Fuß- und Seitenliektau 50 bis 60 % der zugehörigen Wanten, Kopfliektau 50 % von Fuß- und Seitenliektau.

Die Liektaue der Stagsegel waren stets 60 % der Fuß- und Seitenliektaue des zugehörigen Raasegels.

Die Liektaue von Lateiner-, Gaffel-, Lugger- und Sprietsegel entsprachen der Stärke der zugehörigen Raasegel.

Beispiel:
Großwant ∅ 50 mm
Großsegel bis 19. Jahrhundert Liektau 37–40 mm
Großsegel 19. Jahrhundert Fuß- und Seitenliektau 25–30 mm
                                           Kopfliektau 13–15 mm
Großgaffelsegel bis 19. Jahrhundert Liektau 37–40 mm
Großgaffelsegel 19. Jahrhundert Fuß- und Seitenliektau 25–30 mm
                                           Kopfliektau 13–15 mm
Großstagsegel bis 19. Jahrhundert Liektau 22–24 mm
Großstagsegel 19. Jahrhundert Liektau 15–18 mm

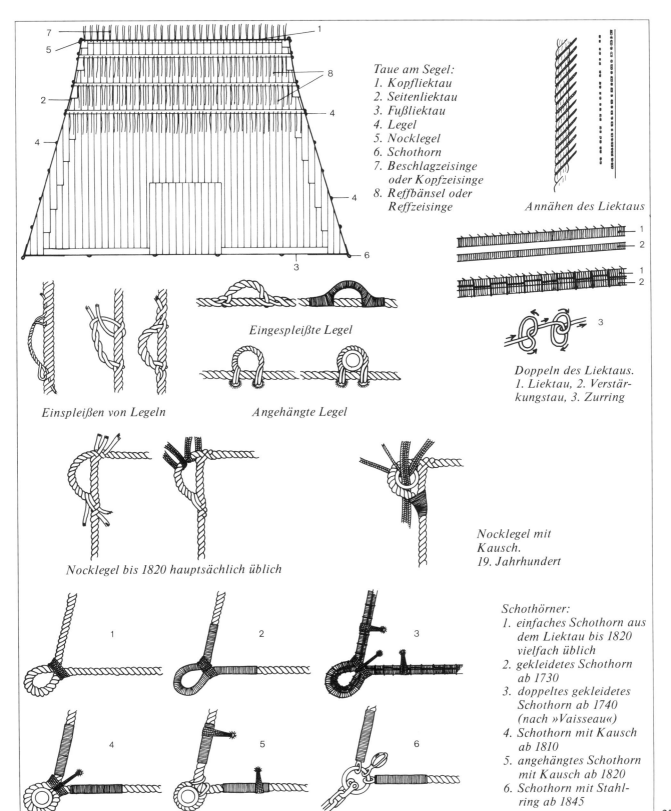

Taue am Segel:
1. Kopfliektau
2. Seitenliektau
3. Fußliektau
4. Legel
5. Nocklegel
6. Schothorn
7. Beschlagzeisinge
   oder Kopfzeisinge
8. Reffbänsel oder
   Reffzeisinge

Annähen des Liektaus

Doppeln des Liektaus.
1. Liektau, 2. Verstär-
kungstau, 3. Zurring

Eingespleißte Legel

Angehängte Legel

Einspleißen von Legeln

Nocklegel bis 1820 hauptsächlich üblich

Nocklegel mit
Kausch.
19. Jahrhundert

Schothörner:
1. einfaches Schothorn aus
   dem Liektau bis 1820
   vielfach üblich
2. gekleidetes Schothorn
   ab 1730
3. doppeltes gekleidetes
   Schothorn ab 1740
   (nach »Vaisseau«)
4. Schothorn mit Kausch
   ab 1810
5. angehängtes Schothorn
   mit Kausch ab 1820
6. Schothorn mit Stahl-
   ring ab 1845

277

Bonnet und Reffe

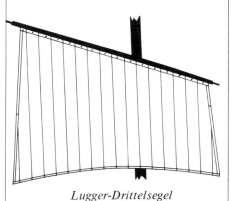

Lugger-Drittelsegel

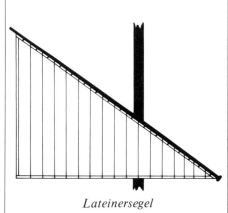

Lateinersegel

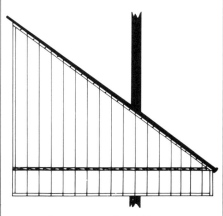

Lateinersegel mit Bonnet

Die Segelfläche bei schwachem Wind vergrößern, bei rauhem Wind wieder verkleinern zu können, ohne gleich das ganze Segel auswechseln zu müssen (wie man es im Mittelmeer und im arabischen Raum heute noch teilweise tut), war ein höchst verständlicher Wunsch. Zu diesem Zweck verwendete man zwei grundlegend verschiedene Systeme, die Reffe zum Verkleinern der Segelfläche, das Bonnet zum Vergrößern. Älter sind die Reffe, die im 12. Jahrhundert von den Nachkommen der skandinavischen Wikinger, den Normannen, erfunden wurden. Das Bonnet kam aus dem Mittelmeerraum (ob aus Italien, Spanien oder Portugal ist ungeklärt) und verdrängte zu Beginn des 15. Jahrhunderts die Reffe, bis diese Mitte des 17. Jahrhunderts neu entdeckt wurden und Ende des 17. Jahrhunderts ihrerseits das Bonnet vollständig verdrängt hatten.

Bonnet

Das Bonnet war ein Tuchstreifen – bis Ende des 16. Jahrhunderts auf großen Schiffen oft auch zwei – der mit einer Reihe von Tauschlaufen am Stammsegel befestigt wurde. Die Bonnetschlaufen wurden durch Gatchen am Fuß des Stammsegels gezogen, nach dem Durchholen umgelegt und durch die nächste durchgezogene Schlaufe gehalten.
So entstand eine Kettenverbindung, deren letzte Schlaufe am Schothorn des Stammsegels festgezurrt wurde. Löste man diese Zurring, lösten sich auch alle Schlaufen, und das Bonnet konnte abgenommen werden.
Für den Modellbau ist es ratsam, diese Schlaufen nicht wie im Original erst am Bonnet anzubringen und dann durchzuziehen, sondern sie, wie die Zeichnung zeigt, zu »nähen«.
Zu beachten ist dabei, daß die Schlaufenkette stets auf der Vorderseite des Segels lag.
Um den Matrosen beim Anschlagen des Bonnets das Auffinden der richtigen Gatchen zu den richtigen Schlaufen zu erleichtern, war es auf Schiffen katholischer Nationen (Spanien, Portugal, Italien, teilweise auch Frankreich) weit verbreitet, den Anfang des »Ave Maria« auf Stammsegelfuß und Bonnetkopf zu schreiben, damit sich die Matrosen an den gleichen Buchstaben oben und unten orientieren konnten.

Reffe

Die Reffe waren kurze Tauenden, die durch das Segel geschoren wurden und vor und hinter dem Segel frei hingen, wobei sie mit zwei Knoten gegen das Durchrutschen gesichert waren. Um ein Durchreißen des Segels zu verhindern, waren an diesen Stellen Verstärkungen, die Reffbänder, auf beiden Seiten des Segels aufgenäht.
Bei Segeln des 13. bis 15. Jahrhunderts saßen die Reffe im unteren Teil des Segels, nach ihrer Wiederentdeckung im 17. Jahrhundert im oberen Teil – sonst waren sie sich gleich. Um 1655 führte man an den Marssegeln eine einfache Reihe von Reffen ein, um 1680 wurden sie doppelt; im 18. und frühen 19. Jahrhundert kamen dann bis zu vier Reihen vor. Als man Mitte des 19. Jahrhunderts die Marssegel in Untermarssegel und Obermarssegel teilte, verblieben die Reffe am Obermarssegel, wurden aber auf eine, höchstens zwei Reihen reduziert.
Eine einfache Reihe von Reffen wurde ab 1680 auch an den Untersegeln verwendet, allerdings war es bis Mitte des 18. Jahrhunderts vielerorts üblich, hier nur Gatchen im Reffband anzubringen und die Reffe erst bei Bedarfsfall einzuziehen. An den Bramsegeln wurden keine Reffe gefahren, allenfalls ein Reffband mit Gatchen.
Reffe führten außerdem alle Gaffelsegel, die Blinde, sehr häufig das Vorstengestagsegel, gelegentlich der Binnenklüver.

278

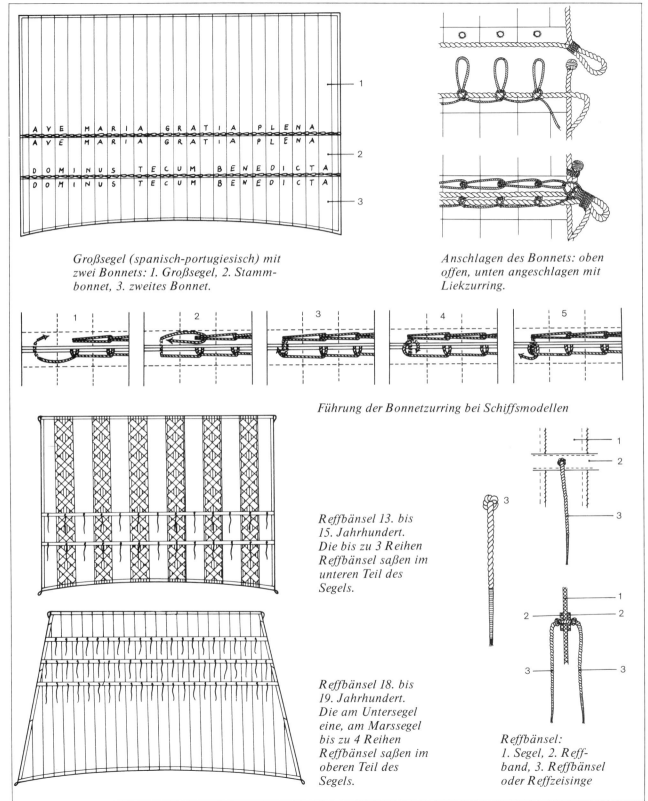

Großsegel (spanisch-portugiesisch) mit zwei Bonnets: 1. Großsegel, 2. Stammbonnet, 3. zweites Bonnet.

Anschlagen des Bonnets: oben offen, unten angeschlagen mit Liekzurring.

Führung der Bonnetzurring bei Schiffsmodellen

Reffbänsel 13. bis 15. Jahrhundert. Die bis zu 3 Reihen Reffbänsel saßen im unteren Teil des Segels.

Reffbänsel 18. bis 19. Jahrhundert. Die am Untersegel eine, am Marssegel bis zu 4 Reihen Reffbänsel saßen im oberen Teil des Segels.

Reffbänsel: 1. Segel, 2. Reffband, 3. Reffbänsel oder Reffzeisinge

Anschlagen

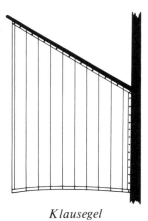

Klausegel

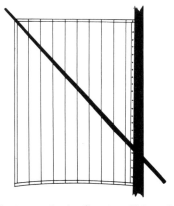

Sprietsegel oder Spreizgaffelsegel

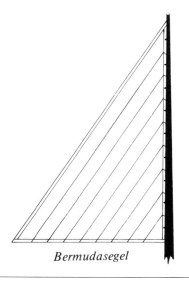

Bermudasegel

Wenn nun die Segel fertig genäht und mit Liektauen eingefaßt sind, werden sie an den Rahen angeschlagen.

Für einen weniger erfahrenen Modellbauer mag dieser frühe Zeitpunkt etwas überraschend kommen, da ja noch nicht einmal die Rahen an den Masten befestigt sind. Wer aber über etwas Praxis im historischen Schiffsmodellbau verfügt, kennt den Grund: das Anschlagen der Segel an die Rahen läßt sich viel leichter bewerkstelligen, wenn man Rah und Segel vor sich auf dem Tisch liegen hat und sie nach Lust und Laune drehen und wenden kann. Muß man dagegen diese Arbeit, behindert durch das zahlreiche Tauwerk des stehenden, möglicherweise sogar schon des laufenden Gutes durchführen, erweist sie sich als recht mühsam. Später montiert man dann die Rahen zusammen mit den Segeln an die Masten, was nicht komplizierter ist, als wenn man die Rahen allein anbringen will.

Auf Modellbauplänen wird das Anschlagen der Segel im allgemeinen entweder überhaupt nicht gezeigt, und wenn, dann meistens mit der falschen Methode.

Auf den Zeichnungen rechts sehen Sie die vier möglichen Methoden: Anschlagen mit laufender Reihleine. Dieses System war im frühen Mittelalter, insbesondere auch im Mittelmeerraum weit verbreitet. Von dort wurde es Ende des 14. Jahrhunderts zunächst für die lateinischen Besansegel übernommen, ebenso wie Ende des 15. Jahrhunderts für die ersten, noch sehr kleinen Topsegel. Große Lateinsegel waren übrigens nie mit einer laufenden Reihleine, sondern immer mit Beschlagzeisingen angeschlagen!

Bis zur Mitte des 16. Jahrhunderts verschwand die laufende Reihleine auf größeren Schiffen vollständig, wird aber bis heute von kleinen Fischereifahrzeugen und Küstenbooten an Gaffel oder Baum verwendet. Anschlagen mit Beschlagzeisingen. Dies war seit der Antike üblich und stets viel weiter verbreitet als die laufende Reihleine.

Das ältere System setzte vor und hinter dem Segel mit einem Knoten an, schlang die hintere Zeising einmal um die Rah und verknotete dann die beiden Enden auf der Rah, etwas vor der Mitte. Diese Methode wurde allgemein bis Anfang des 17. Jahrhunderts verwendet, danach noch teilweise im Mittelmeer, wo sie erst im 19. Jahrhundert verschwand.

In Mittel- und Nordeuropa kam Anfang des 17. Jahrhunderts eine Methode auf, die in mehreren Schlaufen um Rah, Kopfliek und durch die Beschlaggatchen geführt wurde, bevor man die Zeisinge auf der Rah verknotete. Es gab zwei Versionen, eine für die großen Segel der Unter- und Marsrahen, und eine etwas einfachere für die kleinen Segel der Bram- und Royalrahen.

Als man dann in der ersten Hälfte des 19. Jahrhunderts die Jackstage auf den Rahen einführte, wurden die Segel mit Zurrings an den Jackstagen angeschlagen.

Damit sich das Segel nicht nach der Mitte zusammenschieben kann, werden als letztes die Nocklegel mit Zurrings an den Rahnocken befestigt.

Das Segel soll nun straff – ohne scharf gespannt zu sein – an der Rah sitzen, d.h. es darf, läßt man es frei herunterhängen, keine Falten werfen. Macht das Segel Längsfalten, dann sitzt es zu locker, und die Nock-zurrings müssen noch etwas strammer angezogen werden. Wirft das Segel Querfalten, sitzt es zu fest, entsprechend müssen die Nockzurrings ein wenig gelockert werden.

Anschlagen mit laufender Reihleine. Vom Mittelalter bis Anfang 20. Jahrhundert vor allem auf kleineren Schiffen verwendet.

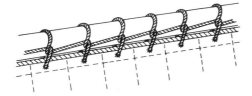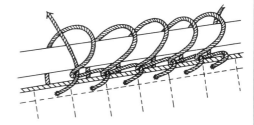

Anschlagen mit Beschlagzeisingen. Von der Antike bis ins 17. Jahrhundert allgemein verwendet.

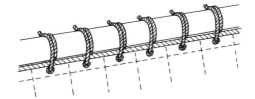

Anschlagen mit Beschlagzeisingen. 17. bis Mitte 19. Jahrhundert. Rechts Methode für große Rahen, rechts außen Methode für kleine Rahen.

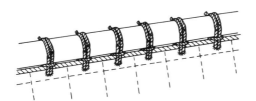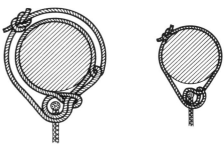

Anschlagen mit Zurrings am Jackstag. Die seit Mitte des 19. Jahrhunderts allgemein übliche Methode.

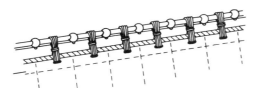

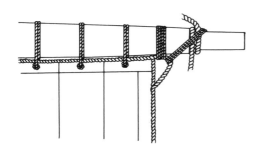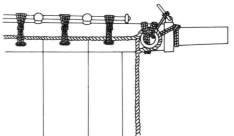

Zurrings an der Rahnock bis Mitte 19. Jahrhundert

Zurrings an der Rahnock nach Mitte 19. Jahrhundert

281

Gaffelsegel

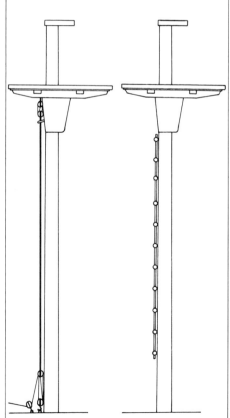

*Gaffeljackstag 19. Jahrhundert:
Links ältere Form mit Tau
rechts neuere Form mit Metallstange*

In der ersten Hälfte des 18. Jahrhunderts wurde das bis dahin am Besanmast gefahrene Lateinsegel durch das Gaffelsegel abgelöst. Ein Jahrhundert später wurde es dann üblich neben dem großen Gaffelsegel am Besanmast auch an Groß- und Fockmast kleinere Gaffelsegel zu fahren. Manche Schiffe, z.B. die Schoner, aber teilweise auch Kutter und Yachten, waren vollständig gaffelgetakelt und führten allenfalls ein Breitfock- oder Toppsegel.

Die Kleider des Gaffelsegels richteten sich – wie bei allen längs zur Schiffsrichtung stehenden Segeln – nach dem Achterliek. Reffe fuhr das Gaffelsegel mindestens eine Reihe, oft jedoch zwei bis drei, gelegentlich sogar vier.

Angeschlagen war das Gaffelsegel an der Gaffel mit Beschlagzeisingen, am Mast dagegen gab es eine ganze Reihe von unterschiedlichen Systemen.

Da diese Möglichkeiten, das Gaffelsegel am Mast anzuschlagen – wieder einmal – in kaum einem Plan angegeben und zudem auch in der Fachliteratur nur schwer auffindbar sind, habe ich sie rechts ziemlich vollständig aufgezeichnet.

Die Methoden 1 bis 5 wurden im 18. Jahrhundert verwendet. Die Klotjes – auch Korallen oder Perlen genannt – sollten das Durchscheuern des Taues am Mast verhindern. Die Methoden 4 und 5 wurden hauptsächlich auf kleineren Schiffen verwendet und kamen, insbesondere in Holland, bis Anfang dieses Jahrhunderts vor.

Um 1800 führte man vielerorts Tauringe ein (6); es dauerte allerdings bis etwa 1820, bis diese die älteren Formen verdrängt hatten.

Um 1820/30 kamen dann Holzringe aus Esche, die etwa $^1/_3$ größer als der Mast waren, in Gebrauch, die man entweder durch Legel (7) führte, oder mit Tauzurrings durch Gatchen im Segel selber (8).

Mitte des 19. Jahrhunderts wurden, wie mehrfach schon erwähnt, die Jackstage auch an Besan oder Kreuzmast eingeführt, die den Schnaumast des 18. Jahrhunderts (einen dünnen Mast, fast eher eine kräftige Holzstange, unmittelbar hinter dem Besanmast) ersetzten. Zunächst verwendete man ein Tau als Jackstag hinter dem Besanmast, später eine Metallstange, an denen das Gaffelsegel entweder mit Metallringen (9) oder mit Zurrings (10) angeschlagen wurde.

Die gezeigten Anschlagmethoden wurden teilweise nur von Kleinfahrzeugen (1, 2, 3, 4, 5, 7, 8) oder am Schnaumast (1, 2, 3, 7, 8) verwendet.

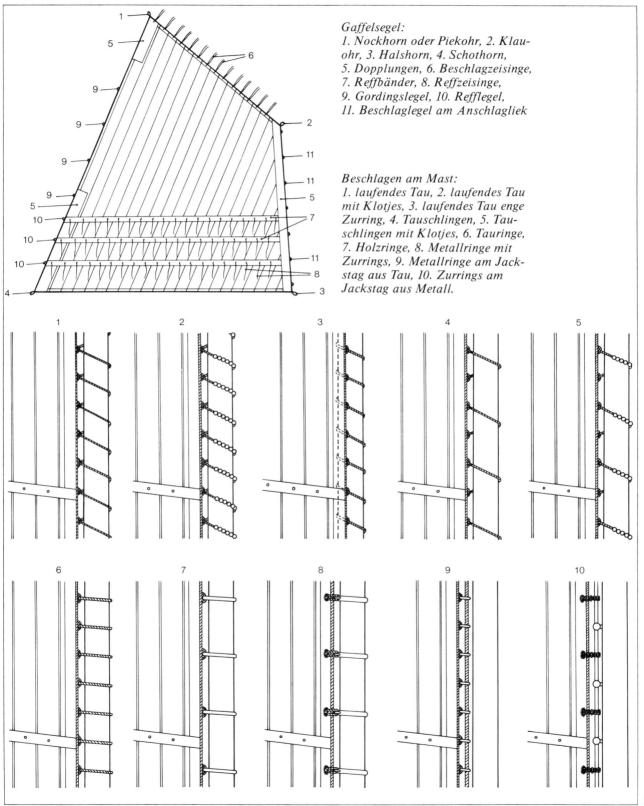

Gaffelsegel:
1. Nockhorn oder Piekohr, 2. Klauohr, 3. Halshorn, 4. Schothorn,
5. Dopplungen, 6. Beschlagzeisinge,
7. Reffbänder, 8. Reffzeisinge,
9. Gordingslegel, 10. Refflegel,
11. Beschlaglegel am Anschlagliek

Beschlagen am Mast:
1. laufendes Tau, 2. laufendes Tau mit Klotjes, 3. laufendes Tau enge Zurring, 4. Tauschlingen, 5. Tauschlingen mit Klotjes, 6. Tauringe, 7. Holzringe, 8. Metallringe mit Zurrings, 9. Metallringe am Jackstag aus Tau, 10. Zurrings am Jackstag aus Metall.

Stagsegel

Stagsegel kannte man bereits seit dem 15. Jahrhundert auf kleinen Schiffen und Booten. Auf großen Schiffen wurden sie allerdings erst um 1660 eingeführt.

Die Stagsegel werden wie alle anderen Segel hergestellt. Reffzeisinge führte häufig das Vorstengestagsegel, gelegentlich auch der Binnenklüver. Eine Besonderheit in der Anordnung der Kleider findet man seit etwa 1830 beim Flieger und manchmal beim Außenklüver, wie auf der Zeichnung zu sehen ist. Dieses Segel muß auch im Modellbau längs der Mittelnaht aus zwei Stücken zusammengesetzt werden.

Angeschlagen wurden die Stagsegel bis etwa 1820 mit einem laufenden Tau oder mit Tauringen, danach verwendete man mit Zurrings am Segel befestigte Metallringe.

Blindesegel

Das Blindesegel weist ebenfalls zwei Besonderheiten auf:
Seit Anfang des 17. Jahrhunderts waren im untersten Teil zwei Löcher außen rechts und links, seit der ersten Hälfte des 18. Jahrhunderts oft zusätzlich ein drittes Loch in der Mitte. Diese Löcher waren ausgenäht oder mit dünnen Liektauen eingefaßt. Sie dienten dazu, wenn das Segel Wasser übernahm – da es ja sehr tief stand, konnte das leicht passieren – dieses möglichst schnell wieder abfließen zu lassen.

Dem selben Zweck dienten auch die kreuzweise angeordneten Reffbänder, die man nach 1680 allgemein an der Blinde vorfindet. Mit ihrer Hilfe konnte das Segel schräg aufgebunden, d.h. an der Leeseite so gekürzt werden, daß es nicht im Wasser schleifte.

Geborgene Segel

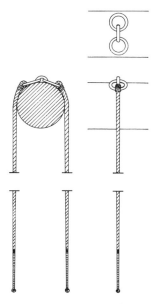

Im 17. (wohl auch im 16.) Jahrhundert wurden im kontinentalen Schiffbau die Rattenschwänze vielfach an Ringen auf der Rah angeschlagen

Will man sein Schiff mit an der Rah geborgenen Segeln zeigen, dann stellt man die Segel ganz genau so her wie beschrieben, nur sollte man dabei folgendes beachten:

Die Appretur muß, wie früher schon gesagt, gründlichst ausgewaschen werden. Die Kleidersäume sollte man nicht legen und nähen (schon gar nicht leimen!) sondern durch zwei Parallelnähte mit der Nähmaschine lediglich andeuten. Das Gleiche gilt für die Dopplungen, Reffbänder und Reffzeisinge kann man weglassen. Das Segel, vor allem auch der Segelfuß, müssen genauso hergestellt werden wie sonst auch, nur ist es zweckmäßig, das Segel in seiner Länge um mindestens ein Drittel zu kürzen. All diese Maßnahmen haben den Sinn, die Stoffmenge etwas zu verringern und möglichst geschmeidig zu machen, damit nicht am Schluß ein dicker, wüster Stoffknäuel auf der Rah hängt – andererseits soll es auch nicht zu wenig Stoff sein, damit das geborgene Segel nicht wie ein dünnes, dürftiges Würstchen aussieht.

Man schlägt das Segel an der Rah an, läßt es aber vorläufig offen hängen – also nicht jetzt schon aufrollen! – und takelt es ganz normal mit Geitauen, Gordings, Schoten usw. Erst wenn das gesamte laufende Gut angebracht ist, darf es aufgerollt werden (s. Kapitel LAUFENDES GUT). Will man die Segel ganz eng an der Rah geborgen zeigen, so kann man unter Umständen auch recht gut zerlegte Tempotaschentücher verwenden – wie man das im einzelnen macht siehe ebenfalls im Kapitel LAUFENDES GUT.

Zum Bergen der Segel dienten auch die sogenannten Rattenschwänze, 6 bis 8 Taue von gut 30 % der Segelhöhe, die in gleichmäßigen Abständen entlang der Rah verteilt waren. Sie wurden grundsätzlich vor (!) dem Segel gefahren. Bis 1850 waren sie mit einer Metallöse an der Rah befestigt und hingen offen herunter. Nach 1850 wurden die Rattenschwänze am Jackstag angeschlagen und zu einem Bündel aufgeschossen.

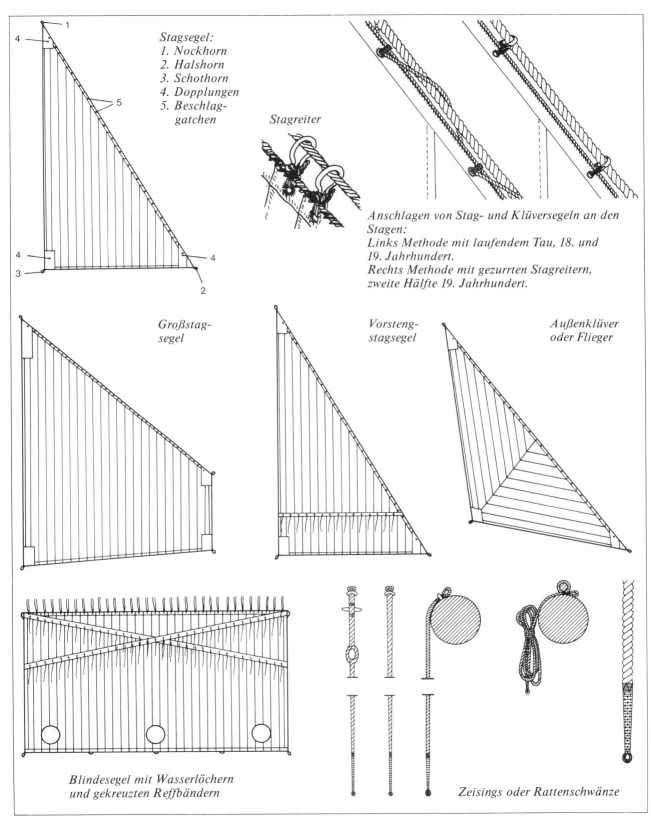

Stagsegel:
1. Nockhorn
2. Halshorn
3. Schothorn
4. Dopplungen
5. Beschlaggatchen

Stagreiter

Anschlagen von Stag- und Klüversegeln an den Stagen:
Links Methode mit laufendem Tau, 18. und 19. Jahrhundert.
Rechts Methode mit gezurrten Stagreitern, zweite Hälfte 19. Jahrhundert.

Großstagsegel

Vorstengstagsegel

Außenklüver oder Flieger

Blindesegel mit Wasserlöchern und gekreuzten Reffbändern

Zeisings oder Rattenschwänze

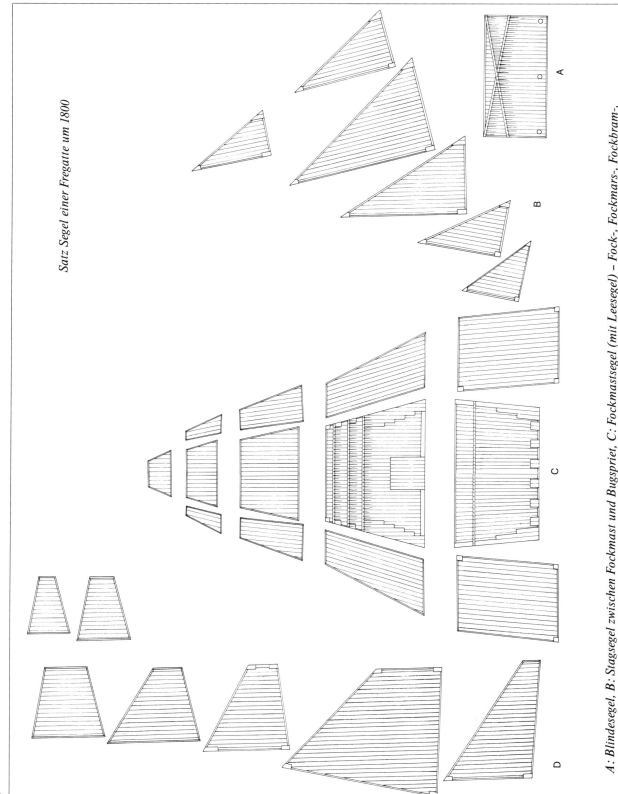

Satz Segel einer Fregatte um 1800

A: Blindesegel, B: Stagsegel zwischen Fockmast und Bugspriet, C: Fockmastsegel (mit Leesegel) – Fock-, Fockmars-, Fockbram-, Fockroyal-, Fockskysegel, D: Stagsegel zwischen Groß- und Fockmast

286

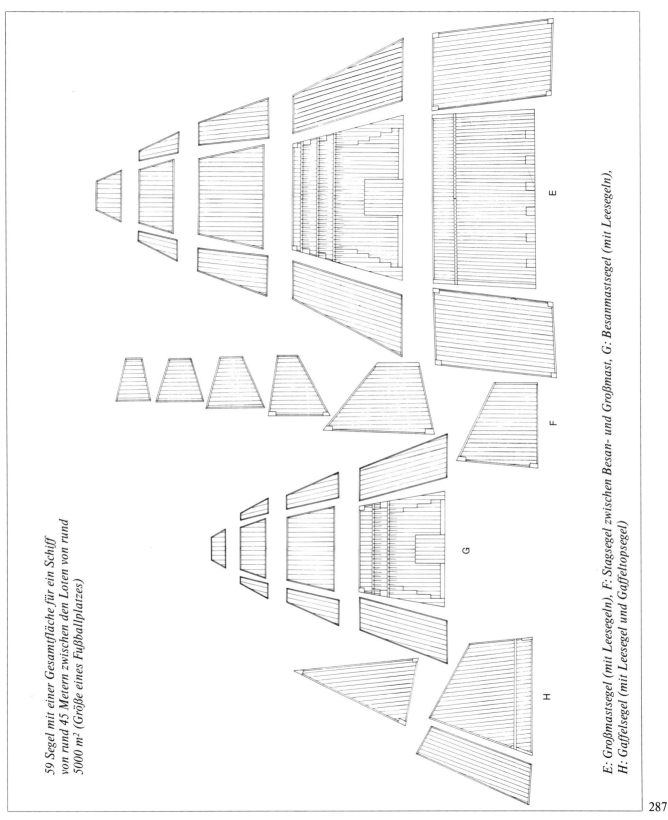

59 Segel mit einer Gesamtfläche für ein Schiff
von rund 45 Metern zwischen den Loten von rund
5000 m² (Größe eines Fußballplatzes)

E: Großmastsegel (mit Leesegeln), F: Stagsegel zwischen Besan- und Großmast, G: Besanmastsegel (mit Leesegeln),
H: Gaffelsegel (mit Leesegel und Gaffeltopsegel)

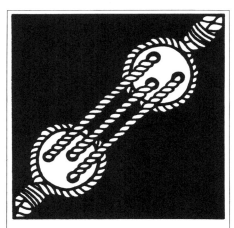

Stehendes Gut

Mit stehendem Gut eines Schiffes werden all jene Taue bezeichnet, die der Abstützung der Masten nach vorne, hinten und den Seiten dienen. Gerade beim stehenden Gut sind durch die Jahrhunderte gewisse Grundströmungen zu beobachten.

Bis zur Mitte des 15. Jahrhunderts war das stehende Gut ziemlich einfach gehalten; man fuhr, was man wirklich benötigte.

In der zweiten Hälfte des 15. und insbesondere im 16. bis Anfang des 17. Jahrhunderts wurde das stehende Gut ungeheuer kompliziert, und dies keineswegs nur aus Notwendigkeit. Die Renaissance war ja nicht nur eine Rückbesinnung auf die Antike, sondern vor allem auch der erste Schritt in ein technisches Zeitalter. Man schwelgte förmlich in neuen technischen Möglichkeiten mit bis zu 16 Wantenpaaren pro Mast, doppelten und dreifachen Hahnepotenzügen an Besan-, Vorstenge- und Backstagen, lateinischen Mars- und Bramsegeln und Besan- und Bonaventuramast, auch wenn man seine Schiffe damit oft wirkungslos übertakelte.

Das 17. Jahrhundert unter Führung Hollands, Englands und Frankreichs räumte mit diesem Wust an Tauwerk auf und reduzierte das stehende Gut wieder auf das tatsächlich notwendige und nützliche.

Im Hinblick auf die ständig wachsenden Masthöhen und Segelflächen vermehrte das 18. Jahrhundert, außer bei den Stagen, die Zahl der Taue zwar nicht, benützte aber zunehmend stärkere Dimensionen für die einzelnen Taue des stehenden Gutes. Im 19. Jahrhundert schließlich mit seinen oft extrem hoch getakelten Schiffen reichten die bis dahin üblichen Hanftaue vielfach nicht mehr aus, so daß man das stehende Gut nun oftmals ganz oder teilweise aus Stahlseilen anfertigte.

Mit dem Takeln des stehenden Gutes beginnt man vom Bug zum Heck, von unten nach oben, bei Wanten und Pardunen stets abwechselnd ein Tau Steuerbord, ein Tau Backbord.

Also: Sprietzurring – Wasserstag – Bugstag – Fockseitentakel – Fockwanten (steuerbord – backbord – steuerbord – backbord – usw.) – Fockstag – Großseitentakel – Großwanten – Großstag – Besanseitentakel – Besanwanten – Besanstag – Vorstengewanten – Vorstengestag – Großstengewanten – usw. usw.

Wie im echten Schiffbau, so ist auch im historischen Schiffsmodellbau das Anbringen des stehenden Gutes eine etwas komplizierte Angelegenheit – nicht so sehr wegen der kniffligen Tauzüge, sondern weil stets eine ganze Reihe von Tauen aufeinander abgestimmt werden müssen.

Das ganze stehende Gut beruht auf dem Prinzip von Zug und Gegenzug, d.h. nicht nur alle Taue müssen straff gespannt sein (also wirklich einen gewissen Zug haben), es müssen auch all jene Taue mit berücksichtigt werden, die einen Zug in der Gegenrichtung ausüben.

Ein Beispiel möge dies erläutern: die Wanten ziehen den Mast nach hinten. Setzt man sie an und spannt sie fest, so bekommt der Mast einen leichten Überhang heckwärts. Versucht man dies nun mit einem entsprechend kräftigen Gegenzug des Stags wieder auszugleichen, so werden unweigerlich die ersten Wantenpaare nur noch locker hängen.

Es ist daher außerordentlich wichtig, daß Sie alle Taljen und Taljereeps des stehenden Gutes erst dann endgültig befestigen und abschneiden, wenn das gesamte stehende Gut angebracht und die Züge nach allen Seiten auf einander abgestimmt und ausgeglichen sind!

Lassen Sie sich mit dieser Arbeit Zeit! Durch falschen oder einseitigen Zug schief stehende oder gar verbogene Masten sehen ebenso scheußlich aus wie schlaff hängende Wanten, Pardunen oder Stage!

Erst dann, wenn das gesamte stehende Gut aufeinander abgestimmt ist, befestigen Sie die Taljen und Taljereeps endgültig, kappen die überschüssigen Enden, bringen Sie die Hahnepoten am Groß- und Fockstag an und weben sie die Wanten aus.

Admiralty Model des englischen Dreideckers HMS St. Michael *von 1669*

Taustärken stehendes Gut

Vorgeschirr	16./17. Jh.	18. Jh.	19. Jh. Hanf	19. Jh. Stahl
Bugspriet				
Sprietzurring	40%	40%		Kette
Wasserstag (einzeln)	80%	80%	80%	Kette
Talje	30%	30%	30%	
Wasserstag (mehrere)		46%	70%	Kette
Talje		20%	30%	
Bugstag	25%	46%	50%	Kette
Talje	10%	20%	25%	
Galionstag	16%			
Talje	8%			
Sprietmast				
Wanten	16%	16%		
Taljereep	8%	8%		
Backstag	20%	20%		
Taljen	10%	10%		
Klüver				
Klüverstampfstag	30%	60%		Kette
Außenklüverstampfstag	20%	55%		Kette
Stampfstockgei	20%	55%	20%	
Klüvergei	15%	53%	20%	
Außenklüvergei	8%	53%	20%	

Die Maße beziehen sich auf das Großstag = 0,166
des **Großmastdurchmessers an Deck.**
Diese Angaben sind Richtgrößen, nationale Varianten sind hier nicht berücksichtigt.

Bei der Verwendung eines Großstags aus Stahltau wird trotzdem den Berechnungen ein Großstag aus *Hanftau* zugrunde gelegt und etwa auf ⅓ der Stärke reduziert.

Fockmast	16./17. Jh.	18. Jh.	19. Jh. Hanf	19. Jh. Stahl
Untermast				
Seitentakel Hanger	40%	58%		
Talje	20%	28%		
Wanten	40%	58%	100%	44%
Taljereep	20%	30%	50%	
Stag	80%	90%	100%	44%
Talje	25%	30%	50%	
Borgstag		60%	80%	35%
Talje		20%	40%	
Marsstenge				
Seitentakel Hanger	20%	30%		
Talje	10%	15%		
Wurst	40%	58%		
Püttingswanten	18%	20%		Stab
Stengewanten	20%	30%	62%	31%
Taljereep	10%	15%	31%	
Pardunen	20%	38%	88%	38%
Talje	10%	20%	44%	
Stengestag	40%	48%	88%	38%
Talje	18%	20%	44%	
Stengeborgstag		37%	62%	31%
Talje		18%	31%	
Bramstenge				
Wurst	20%	30%		
Püttingswanten	15%	15%		Stab
Bramwanten	16%	16%	50%	25%
Taljereep	8%	8%	25%	
Pardunen	16%	21%	66%	33%
Talje	8%	10%	33%	
Bramstag	20%	21%	53%	26%
Royalpardunen	8%	10%	40%	20%
Talje	4%	5%	20%	
Royalstag	10%	12%	34%	17%

Rechenbeispiel: *Ein holländisches Schiff von 1650 und einer Hauptspant-breite von 30 Amsterdamer Fuß (= 8,49 m) hat einen Großmastdurchmesser von 1,85 Amsterdamer Fuß (= 0,53 m) (s. S. 234).*
Das Großstag hat somit einen Durchmesser von 1,85 Amsterdamer Fuß (= 0,53 m) x 0,166 = 0,3 Amsterdamer Fuß (= 8,8 cm).
Die z. B. Marsstengepardunen demnach 25 % des Großstags (100 %) = 0,075 Amsterdamer Fuß (= 2,2 cm).

Großmast	16./17. Jh.	18. Jh.	19. Jh. Hanf	19. Jh. Stahl
Untermast				
Seitentakel Hanger	50%	60%		
Talje	25%	30%		
Wanten	50%	62%	100%	44%
Taljereep	25%	30%	50%	
Stag	100%	100%	100%	44%
Stagkragen	75%	92%		
Talje	30%	30%	50%	
Borgstag		60%	100%	44%
Borgstagkragen		60%		
Talje		23%	50%	
Marsstenge				
Seitentakel Hanger	25%	34%		
Talje	13%	17%		
Wurst	50%	62%		
Püttingswanten	20%	20%		Stab
Stengewanten	25%	33%	62%	31%
Taljereep	13%	17%	31%	
Pardunen	25%	42%	88%	38%
Talje	12%	20%	44%	
Stengestag	50%	51%	88%	38%
Talje	20%	21%	44%	
Stengeborgstag		37%	62%	31%
Talje		18%	31%	
Bramstenge				
Wurst	25%	33%		
Püttingswanten	15%	17%		Stab
Bramwanten	16%	17%	50%	25%
Taljereep	8%	8%	25%	
Pardunen	16%	22%	66%	33%
Talje	8%	10%	25%	
Bramstag	20%	25%	56%	28%
Royalpardunen	8%	10%	40%	16%
Talje	4%	5%	20%	
Royalstag	10%	13%	37%	14%

Besanmast	16./17. Jh.	18. Jh.	19. Jh. Hanf	19. Jh. Stahl
Untermast				
Seitentakel Hanger	25%	40%		
Talje	13%	20%		
Wanten	25%	40%	75%	35%
Taljereep	13%	20%	37%	
Stag	40%	52%	88%	38%
Talje	20%	23%	44%	
Marsstenge				
Seitentakel Hanger		20%		
Talje		10%		
Wurst	25%	40%		
Püttingswanten	15%	17%		Stab
Stengewanten	16%	22%	56%	28%
Taljereep	8%	11%	28%	
Pardunen	16%	30%	56%	28%
Talje	8%	15%	28%	
Stengestag	20%	28%	60%	30%
Talje	10%	14%	30%	
Brampardunen	8%	15%	52%	26%
Talje	4%	7%	26%	
Bramstag	10%	14%	47%	23%

Sonstiges	16./17. Jh.	18. Jh.	19. Jh. Hanf	19. Jh. Stahl
Ladetakel Hanger	58%	58%	60%	
Aufholer	40%	40%	50%	
Takel	20%	20%	25%	
Halsbaumwanten		16%	20%	
Talje		8%	10%	
Auslegergeeren	16%			
Talje	8%			

Sprietzurring

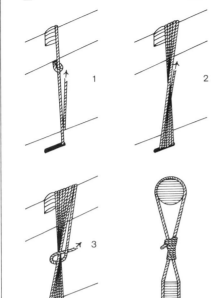

Legen der Sprietzurring

Halsbaum-Backstage

Ausleger-geeren

Bis ins späte 17. Jahrhundert war die Sprietzurring das einzige stehende Gut am Bugspriet, und auf jeden Fall ist sie das erste Tau, das beim Auftakeln angebracht wird.

Kleinere Schiffe führten zumeist nur eine Sprietzurring, größere zwei.

Bis Anfang des 17. Jahrhunderts wurde sie um das noch sehr flache Scheg geführt – bei größeren Schiffen mitunter auch durch eine schwere Klampe auf dem Galionsdeck (s. GALION) – danach durch eine bis zwei Schlitze im Scheg (manchmal auch Schegknie oder Galionslieger), deren Anordnung den Plänen zu entnehmen ist.

Die Sprietzurring wurde mit einer Schlaufe am Bugspriet angesetzt und führte zum Scheg, sodann durch das Scheg, wieder zum Bugspriet und darüber, wieder zum Scheg usw., im Ganzen acht bis elf Mal. Zu beachten ist dabei, daß das Tau in der Mitte stets gekreuzt wurde, also jeder neue Schlag auf dem Bugspriet *vor* (bugwärts) dem vorhergehenden Schlag, beim Schegschlitz *hinter* (heckwärts) dem vorhergehenden Schlag!

Der letzte Schlag wurde über den Bugspriet bis zur Mitte der Zurring geführt und dort mit acht bis zehn Windungen um die Zurring gelegt und *sofort* richtig befestigt.

Das Abrutschen der Sprietzurring am Bugspriet verhinderten drei bis fünf keilförmige Klampen. Sie waren etwas stärker als das Tau und bis zum 18. Jahrhundert ebenso lang wie die Zurring auf dem Bugspriet selbst, im 18. und 19. Jahrhundert etwas kürzer.

Im 19. Jahrhundert (ungefähr ab 1830) wurden für die Sprietzurring oftmals keine Taue mehr verwendet, sondern Ketten. Im späten 19. Jahrhundert verschwand die Sprietzurring weitgehend und auf größeren Schiffen völlig; nur kleinere Fahrzeuge, besonders im Mittelmeer, behielten sie bei.

Steuerbord und Backbord wurde im 17. und 18. Jahrhundert häufig ein Spezialblock, das sogenannte *Tausendbein* angezurrt, durch das ein Teil des laufenden Gutes des Vorgeschirrs geführt wurde; näheres dazu im Kapitel LAUFENDES GUT.

Seit dem 18. Jahrhundert führte man die Fockhalsen nicht mehr durch das Scheg, sondern durch Blöcke an der Nock des Halsbaumes.

Der Halsbaum selbst wurde durch zwei Halsbaumwanten (man kann auch die Bezeichnung Halsbaumbackstage finden) abgestützt und gegen ein Durchbiegen nach oben abgesichert.

Das vordere Want wurde durch ein Loch im Scheg gefahren und Steuerbord und Backbord an den Halsbäumen befestigt. In selteneren Fällen wurde das Want an einem Ringbolzen am Scheg angesetzt.

Das hintere Want wurde mit einem Ringbolzen an der Bordwand des Buges festgemacht.

Die Halsbaumbackstage wurden mit einer Kombination von Blöcken oder Jungfern, seltener mit Dodshoofden steig gesetzt, die Talje am Halsbaumwant angeschlagen.

Wenn, wie häufig vom 15. bis frühen 17. Jahrhundert, der Besan- oder Bonaventurmast so weit achterwärts stand, daß das Achterliek des Besan- oder Bonaventursegels über das Heck des Schiffes hinausragte, mußte sein Schot an einem Ausleger angesetzt werden.

Dieser Ausleger selbst war mit zwei Geeren schräg abwärts nach beiden Seiten abgestützt.

Die Auslegergeeren wurden mit einem gespleißten Auge über die Nock des Auslegers geschoben und dann Steuerbord und Backbord an Ringbolzen befestigt. Spannvorrichtungen mit Blöcken oder Jungfern waren höchst selten.

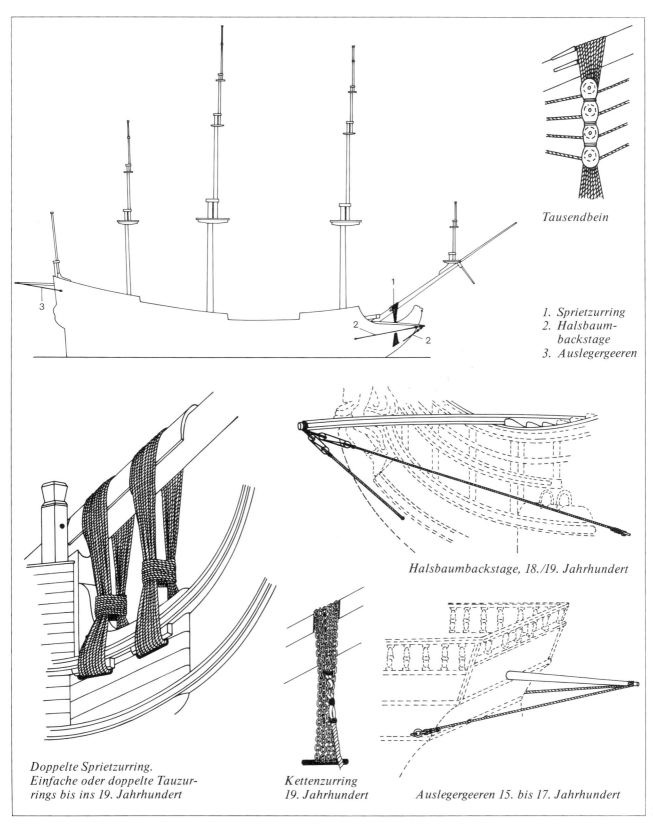

Tausendbein

1. Sprietzurring
2. Halsbaum-
   backstage
3. Auslegergeeren

Halsbaumbackstage, 18./19. Jahrhundert

Doppelte Sprietzurring.
Einfache oder doppelte Tauzurrings bis ins 19. Jahrhundert

Kettenzurring
19. Jahrhundert

Auslegergeeren 15. bis 17. Jahrhundert

Wasserstag

Um 1690 begann man mit der Einführung des Wasserstags, das den Zweck hatte, die Zugkräfte des Fockstags und Vorstengestags aufzunehmen.

Die Erfindung des Wasserstags stammt aus Frankreich. Dort wurde ein Block am Scheg angestroppt, ein zweiter am Bugspriet, der durch einige keilförmige Klampen am Abrutschen gehindert wurde. Die Blöcke wurden mit einem Takel verbunden, das an einer Klampe am Bugspriet, am Vordersteven oder auf der Back belegt wurde.

Bereits um 1695 folgte England dem französischen Beispiel. Hier wurde das Wasserstag in seiner vollen Länge doppelt genommen, an seinem unteren Ende durch das Loch im Scheg geschoren, an seinem oberen Ende zusammengespleißt und eine Jungfer eingebunden, dazwischen mehrfach verzurrt. Mit einer zweiten Jungfer, die am Bugspriet angestroppt war und einem Taljereep wurde das Wasserstag steifgesetzt, genau in der Art, wie sie bei den Wanten näher beschrieben wird.

Diese Form wurde bereits Anfang des 18. Jahrhunderts auch vom französischen und dem übrigen kontinentalen Schiffbau übernommen.

Bis etwa 1850 änderte sich an den Wasserstagen kaum mehr etwas, nur die Anzahl wurde vergrößert: um 1700 auf zwei, um 1740 auf drei, um 1770 wurde das sogenannte Wasserborgstag am Eselshaupt des Bugspriets angesetzt.

Zum Spannen der Wasserstage wurden Jungfern, seit 1750 auch auf dem Kontinent mehr und mehr Dodshoofden verwendet.

Nach 1850 wurden die Wasserstage – jetzt gewöhnlich wieder nur eines – aus Ketten hergestellt und mit Dodshoofden oder Spannschrauben angesetzt (s. auch KLÜVERGESCHIRR).

Bugstag

Ab 1710 begann man den Bugspriet auch seitlich abzustützen, wozu man ein bis zwei Paar Bugstage verwendete.

Die Bugstage waren steuerbord und backbord seitlich an der Bordwand an Augbolzen befestigt und wurden zunächst mit Blöcken, sehr bald aber schon mit Jungfern (kontinental) oder Dodshoofden (englisch und seit etwa 1770 auch kontinental) steif gesetzt.

Wie bei den Wasserstagen wurden etwa ab 1850 Ketten für die Bugstage verwendet, die mit Dodshoofden oder Spannschrauben steifgesetzt wurden.

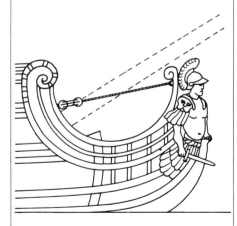

Galionstag. An einem Augbolzen am Galion befestigt und rechts und links seitlich am Backschott mit Jungfern angesetzt. Kam um 1680 auf und verschwand 1720 wieder

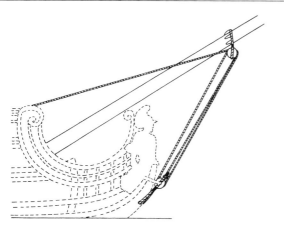

1. Wasserstag französisch 1690

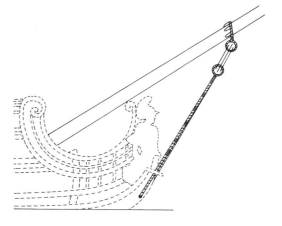

2. Wasserstag englisch 1695

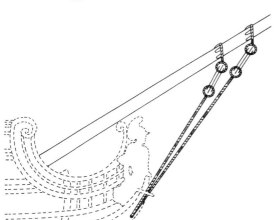

3. Wasserstag 1700

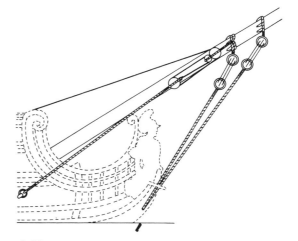

4. Wasserstag und Bugstag 1720

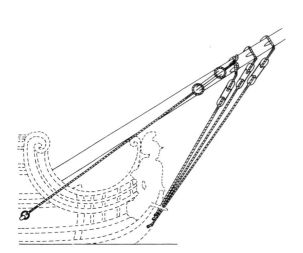

5. Wasserstag und Bugstag 1740

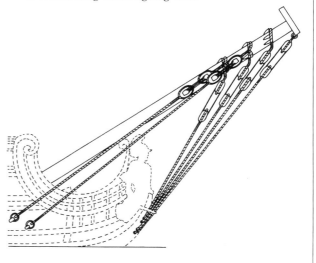

6. Wasserstag und Bugstag 1770

Ladetakel

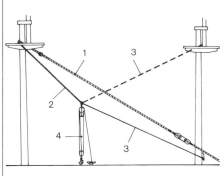

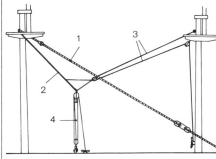

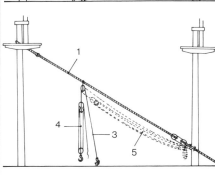

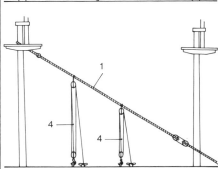

Stagtakel: 1. Großstag,
2. Hanger, 3. Aufholer,
4. Takel, 5. Ruhestellung

Zum Bewegen von Lasten, zum Durchholen der Taljereeps beim Steifsetzen der Wanten, zum Aus- und Einsetzen der Boote wurden verschiedene Ladetakel verwendet.

Seitentakel

Das Seitentakel kam im Lauf des 16. Jahrhunderts zunächst an Groß- und Fockmast auf.

Unter den Wanten wurde mit einem gebundenen Auge erst Steuerbord, dann Backbord ein Spann Taue über den Top der Groß- und Fock-Untermasten geschoben (die exakte Beschreibung hierzu finden Sie im Abschnitt WANTEN), so daß jeweils auf beiden Seiten zwei Tauenden herunter kamen. In halber bis zweidrittel Masthöhe über Deck wurde an diese Taue (Hanger, Schenkel, stehende Part) ein Violin- oder Doppelblock angestroppt, wenn das Seitentakel mit einer Talje gefahren wurde, oder aber ein einfacher Block, wenn das Seitentakel als Takel ausgerüstet war.

Durch diesen Block schor man bei der Form als Takel ein Tau, an dem die Blockkombination des Takels hing, bei der Form mit Talje ein Tau, das durch einen unteren, ebenfalls zweischeibigen Block lief. An den unteren Blöcken waren Haken angestroppt, die bei Nichtbenützung des Seitentakels in Ringe an der Rüste eingehakt wurden. Diese Ringe besaßen sehr häufig ein kleines Püttingseisen. Die laufende Part des Seitentakels wurde binnenbords an einem Nagel belegt.

Spätestens ab 1720 wurde der Hanger des Seitentakels gekleidet, ebenso die Stroppen um Blöcke und Haken.

Außer auf kleinen Schiffen fuhren Groß- und Fockmast stets doppelte Seitentakel. Der Besanmast fuhr gewöhnlich nur ein Seitentakel auf jeder Seite, das mit einem gespleißten Auge um den Masttop gelegt war. Seitentakel – allerdings jeweils nur eines auf jeder Seite und entsprechend schwächer – wurden an Groß- und Fockstenge in England schon seit dem sehr frühen 17. Jahrhundert gefahren, auf dem Kontinent erst ab dem letzten Viertel des 17. Jahrhunderts. Seitentakel an den Besanstengen waren im 17. Jahrhundert noch sehr selten und wurden erst zu Beginn des 18. Jahrhunderts allgemein üblich.

Stagtakel

Ebenfalls im 16. Jahrhundert kam das Stagtakel auf. Es wurde auch noch im 19. Jahrhundert verwendet.

Stagtakel waren üblicherweise doppelt, nur kleinere Schiffe fuhren einfache Stagtakel mit einem gespleißten Auge.

Der Hanger des Stagtakels war auf englischen oder nach englischem Muster getakelten Schiffen mit einem Hufeisenspleiß, Kuttspleiß oder gezurrtem Auge über den Wanten über den Großtop geschoben, bei kontinentalen Schiffen nach Art eines Stages, jedoch ohne Maus, sondern mit einem Augbänsel wie für doppelte Wanten, um den Großtop gelegt (s. auch WANTEN und STAGE).

Achtung Modellbauer! Wenn auch hier schon beschrieben, ist das Stagtakel das letzte Stück des stehenden Gutes, das aufgetakelt wird.

Der Aufholer wurde am Fockmast oder in der Fockmars mit einem gebundenen Augbänsel befestigt.

Zwischen diesen beiden Tauen wurde ein Violinblock aufgehängt und mit einer Talje mit einem unteren Block verbunden, an dem wiederum ein Haken angestroppt war. Die Methode, das Stagtakel direkt am Großstag anzusetzen (Zeichnungen unten links), kam etwa Mitte des 18. Jahrhunderts in Gebrauch, ohne aber die anderen Formen zu verdrängen.

In Ruhestellung wurde der Haken des Stagtakels in einem Ring an Deck festgehakt, gelegentlich wurde er auch am unteren Stagblock oder an der hinteren Backreling eingehängt.

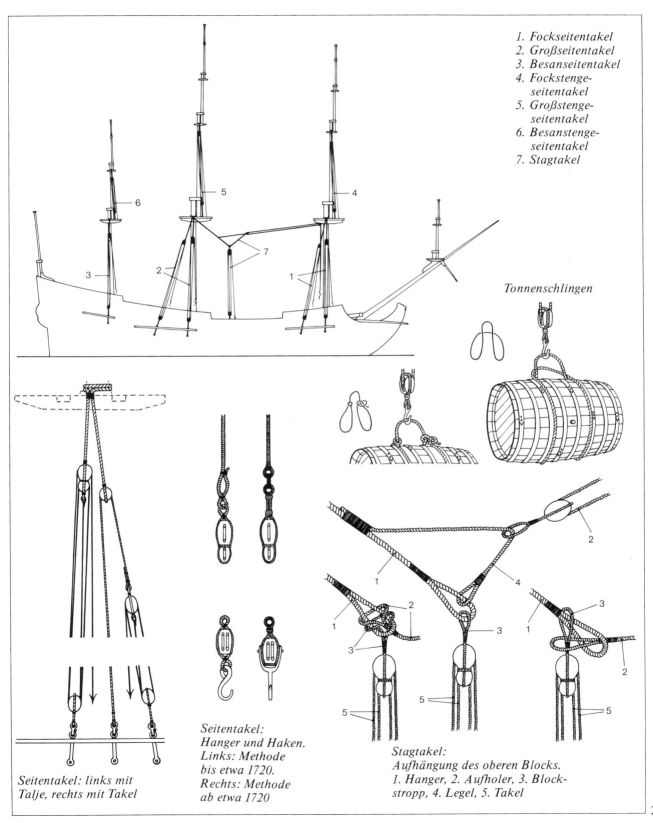

1. Fockseitentakel
2. Großseitentakel
3. Besanseitentakel
4. Fockstenge-
   seitentakel
5. Großstenge-
   seitentakel
6. Besanstenge-
   seitentakel
7. Stagtakel

Tonnenschlingen

Seitentakel: links mit
Talje, rechts mit Takel

Seitentakel:
Hanger und Haken.
Links: Methode
bis etwa 1720.
Rechts: Methode
ab etwa 1720

Stagtakel:
Aufhängung des oberen Blocks.
1. Hanger, 2. Aufholer, 3. Blockstropp, 4. Legel, 5. Takel

297

Wanten

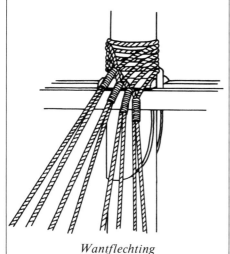

Wantflechting

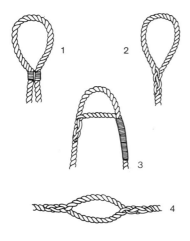

Flechtinglegel für Wanten und Pardunen:
1. Augbänsel für doppelte Wanten und Pardunen, 2. gespleißter Legel für einfache Wanten und Pardunen, 3. Hufeisenspleiß für doppelte Pardunen, 4. Kuttspleiß und 5. gezurrtes Auge für einfache Wanten und Pardunen.

Die Aufgabe der Wanten (auch Hoofdtaue genannt) war es, den Mast nach rückwärts und nach den Seiten zu abzustützen.

Nachdem man bis ins 14. Jahrhundert mit ein bis drei Wantenpaaren im Durchschnitt ausgekommen war, stieg die Zahl der Wantenpaare im 15. und 16. Jahrhundert sprunghaft an. Ein Dutzend Wantenpaare (das Paar immer Steuerbord-Backbord gerechnet) am Großmast war fast die Regel, 16 Paare bildeten keine Ausnahme, und manche Schiffe brachten es auf 18 bis 20 Paare.

Mit Beginn des 17. Jahrhunderts begann man, diesen Wust wieder auf ein vernünftiges Maß zu reduzieren. Bei großen Schiffen pendelte sich die Anzahl der Wantenpaare für den Großmast von 9 bis 11, beim Fockmast bei 8 bis 10, beim Besanmast bei 4 bis 6 ein, bei kleinen Schiffen für den Großmast 6 bis 7, für den Fockmast 5 bis 6, für den Besanmast 2 bis 4 Paare. Diese Zahlen blieben dann bis zum 20. Jahrhundert gültig.

Wantenspann

Jeweils zwei Wanten bildeten einen Spann. Das bedeutet: in der Mitte eines Taues von gut (!) doppelter Länge des Abstandes Rüste – Masttop wurde eine stehende Schlaufe bzw. ein Auge gebunden, das ein klein wenig weiter war als der Umfang des Masttops, über den es dann gestülpt wurde und zwar so, daß die beiden Taue des Spanns jeweils gemeinsam auf der gleichen Seite herunterkamen – abwechselnd Steuerbord und Backbord, wobei man mit dem vordersten (bugwärts) Spann Steuerbord anfing. Bei ungerader Zahl der Wantenpaare wurde das letzte Paar entweder mit einem gespleißten Legel jeweils einzeln angesetzt, oder mit Hufeisenspleiß, Kuttspleiß oder gezurrtem Auge über den Masttop gestülpt, wobei dann das eine Tau Steuerbord, das andere Backbord abwärts fuhr.

Wanttaue

Der genaue Zeitpunkt ist nicht geklärt, doch spätestens seit der zweiten Hälfte des 16. Jahrhunderts setzte sich die Gewohnheit durch, gegenläufig geschlagene Taue für die Steuerbord- und Backbordwanten zu verwenden. Dabei wurde es zur Regel, daß man Backbord rechts geschlagene, Steuerbord links geschlagene Taue für die Wanten verwendete.

Die Taue selbst wurden ebenfalls spätestens ab der zweiten Hälfte des 16. Jahrhunderts mit Würmern versehen.

Das jeweils erste Want bugwärts wurde ab der ersten Hälfte des 16. Jahrhunderts vollständig gekleidet.

Ab Mitte des 16. Jahrhunderts in England und etwa ab 1680 auch auf dem Kontinent, wurde das Auge um den Masttop gekleidet, zunächst bis zur Zurring, bald aber schon herunter bis knapp unter die Wurst.

Bekleidungen am unteren Ende des Wants, wo es die Jungfer oder die Kausch der Spannschraube umfaßte, kamen erst im Laufe des 19. Jahrhunderts auf.

Für den Modellbauer ist es zweckmäßig, die Wanttaue zunächst einmal herzurichten, also zu wurmen, zu kleiden und sie dann sämtlich am Masttop zu befestigen. Die lose herunterkommenden Enden läßt man zunächst frei hängen.

Einbinden der Jungfern

Am unteren Ende der Wanten wurden Jungfern eingebunden, mit denen die Wanten steifgesetzt wurden. Die oberen Jungfern sollen alle in gerader Linie parallel zu den Rüsten verlaufen (!) – das ist leichter gesagt als getan, weshalb zunächst alle Zurrings und Taljereeps nur provisorisch befestigt und Tauenden keinesfalls voreilig abgeschnitten werden sollten. Denken Sie an das, was ich schon am Anfang dieses Kapitels sagte: erst,

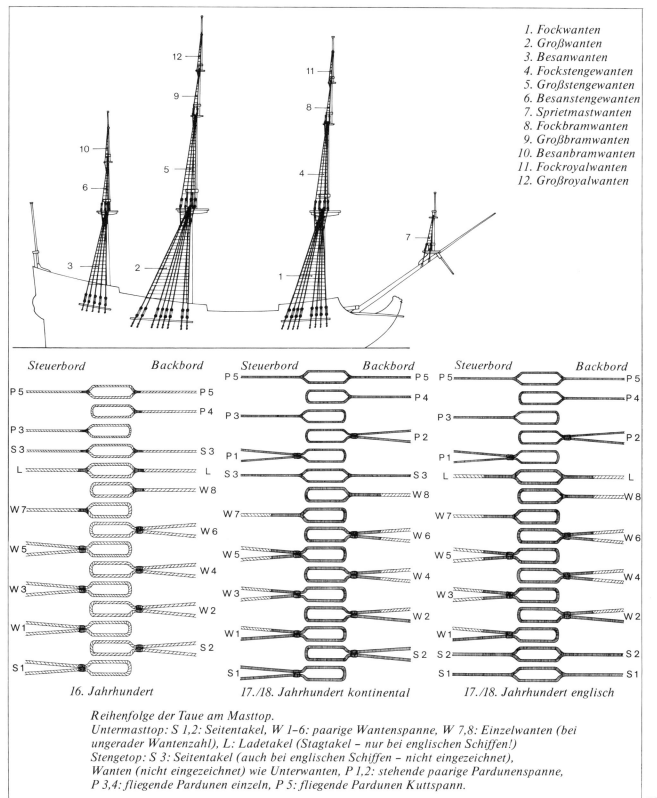

1. Fockwanten
2. Großwanten
3. Besanwanten
4. Fockstengewanten
5. Großstengewanten
6. Besanstengewanten
7. Sprietmastwanten
8. Fockbramwanten
9. Großbramwanten
10. Besanbramwanten
11. Fockroyalwanten
12. Großroyalwanten

Steuerbord — *Backbord*

16. Jahrhundert

Steuerbord — *Backbord*

17./18. Jahrhundert kontinental

Steuerbord — *Backbord*

17./18. Jahrhundert englisch

Reihenfolge der Taue am Masttop.
Untermasttop: S 1,2: Seitentakel, W 1–6: paarige Wantenspanne, W 7,8: Einzelwanten (bei
ungerader Wantenzahl), L: Ladetakel (Stagtakel – nur bei englischen Schiffen!)
Stengetop: S 3: Seitentakel (auch bei englischen Schiffen – nicht eingezeichnet),
Wanten (nicht eingezeichnet) wie Unterwanten, P 1,2: stehende paarige Pardunenspanne,
P 3,4: fliegende Pardunen einzeln, P 5: fliegende Pardunen Kuttspann.

Wanten

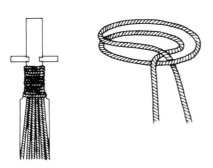

Eine im Mittelmeer sehr beliebte Methode: Die Wantenpaare werden als Mastwürfe ohne Zurring über das Top gelegt

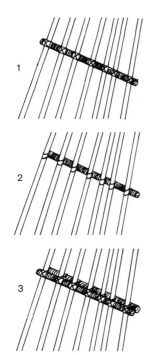

Wurst: meist ein gekleideter Holzstab, im 16. und 17. Jahrhundert manchmal auch ein gekleideter Tampen.
1. einfach vor den Wanten
2. einfach hinter den Wanten
3. doppelt vor und hinter den Wanten

Wenn alle Züge von Wanten, Stagen und Pardunen gegeneinander ausgeglichen sind, dürfen die Taue endgültig befestigt und auf die richtige Länge gekappt werden!

Ein kleiner Trick wird Ihnen diese Arbeit zweifellos erleichtern: setzen Sie zunächst nur das erste und letzte Wantenpaar eines Mastes an, und zwar genau in dem gewünschten parallelen Abstand zu den Rüsten. Nun bringen Sie das Stag an und machen den Zugausgleich – er wird zwar noch nicht endgültig sein, doch dürfte es danach kaum noch nennenswerte Abweichungen geben. Nun binden Sie eine dünne Richtlatte über der ersten und letzten Jungfer an – auf Schiffen nach der Mitte des 19. Jahrhunderts übernimmt diese Aufgabe die Spreizlatte – und können jetzt die weiteren Jungfern nach dieser Latte ohne große Schwierigkeiten einrichten. Das Einbinden der Jungfern selbst geschieht so: man führt das Want um die Jungfer herum, das kurze Ende von außenbord gesehen hinter (!) dem Want durch und wieder nach oben. Auf welcher Seite des Wants das kurze Ende liegen soll, ist etwas umstritten. Vor der Mitte des 16. Jahrhunderts legte man gewöhnlich das kurze Ende nach achtern, so daß es von außenbords gesehen Steuerbord links, Backbord rechts vom Want lag. Für das 17. Jahrhundert galt als Regel, daß das kurze Ende von außenbords gesehen stets links vom Want lag, an Steuerbord also nach achtern, an Backbord nach vorn. Im großen und ganzen behielt man diese Regelung bis ins 19. Jahrhundert bei; auf französischen und anderen kontinentalen Schiffen kann man im 18. und 19. Jahrhundert allerdings gar nicht so selten die Ausnahme finden, daß alle kurzen Wantenden wieder achterwärts lagen.

Das kurze Wantende wurde mit drei Zurrings am Want befestigt: die erste Zurring lag unmittelbar über der Jungfer und stand senkrecht (!) zu dieser, darüber waren zwei weitere waagerechte Zurrings angebracht, das Ende des kurzen Wantstücks war mit einer kleinen Zurring gegen das Aufdrehen des Taues gesichert.

Taljereep

Die Wanten wurden mit Hilfe des durch die Jungfern geschorenen Taljereeps steifgesetzt.

Das Taljereep begann mit einem Stopperknoten, der grundsätzlich am äußeren Loch der oberen Jungfer saß, das dem kurzen Ende des Wants gegenüber lag!

Wichtig! Beim Steifsetzen der Taljereeps niemals erst die eine und dann die andere Seite fertigmachen, sondern immer ein Want nach dem anderen abwechselnd Steuerbord und Backbord! Prüfen Sie sicherheitshalber auch regelmäßig mit einem kleinen Senkblei, ob sich der Mast nicht doch aus der Senkrechten der Mittelebene des Schiffes bewegt hat! Das Taljereep wird, wie die Abbildung zeigt, durch die Jungfern geführt, also bei der oberen Jungfer immer von innen nach außen, bei der unteren Jungfer von außen nach innen. Das Festmachen des Taljereeps geschieht dadurch, daß man es zunächst zwischen oberer Jungfer und Want von innen nach außen zieht und es dann mit mehreren Schlägen um das Want unmittelbar über der Jungfer festlegt, wobei es zweckmäßig ist, das Ende des Taljereeps mit einem Tropfen Klebstoff an seinem Platz zu sichern.

Wurst

Die Wurst ist ein gekleideter Stab oder Tampen, der auf Höhe der Unterkante der Mastbacken oder ein wenig darunter an die Wanten gezurrt wurde. Zu beachten ist hierbei, ob das Schiff freie Wanten fuhr. Im 18. und 19. Jahrhundert war es nämlich oft üblich, das erste Want oder auch den ersten Wantenspann frei zu fahren, sie also nicht mit Wurst und Webeleinen einzubinden. Im allgemeinen wurde die Wurst

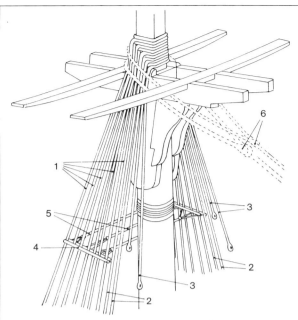

Flechting der Unterwanten am Masttop:
1. Wanten, 2. freie Wanten, 3. Seitentakel-
hanger, 4. Wurst, 5. Verdrillung oder
Schwichting, 6. Stage

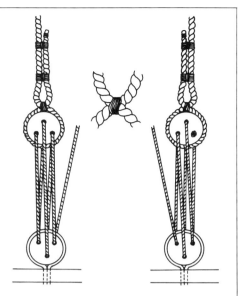

Taljereep: links von außenbords,
rechts von binnenbords gesehen
In der Mitte vergrößert die
Zurring über der oberen Jungfer.
Sie steht senkrecht! Und nicht
wie auf schlechten Plänen und
Modellen zu sehen waagerecht
wie die beiden oberen Zurrings.

Gegenläufig geschlagene
Wanten: 1. rechts geschlagene
Wanten – Backbord, 2. links
geschlagene Wanten – Steuer-
bord.

Wantzurring und
Ansetzen des
Taljereeps

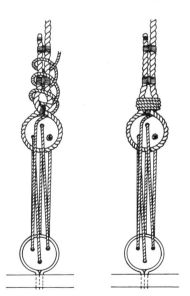

Belegen des Taljereeps von
binnenbords gesehen.
Das Taljereep wird zwischen
Jungfer und Want durch-
gezogen und mit 3 bis 5
Rundschlägen befestigt.

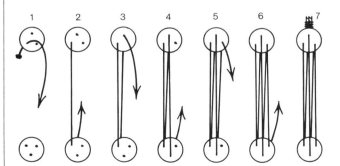

Führung des Taljereeps durch die Jungfern

301

Wanten

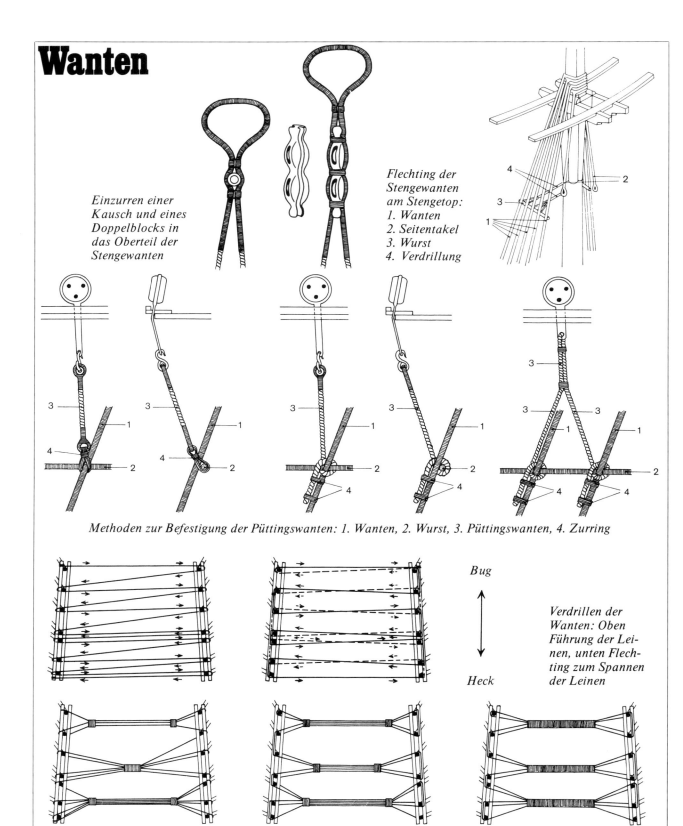

Einzurren einer
Kausch und eines
Doppelblocks in
das Oberteil der
Stengewanten

Flechting der
Stengewanten
am Stengetop:
1. Wanten
2. Seitentakel
3. Wurst
4. Verdrillung

Methoden zur Befestigung der Püttingswanten: 1. Wanten, 2. Wurst, 3. Püttingswanten, 4. Zurring

Bug

Heck

Verdrillen der
Wanten: Oben
Führung der Lei-
nen, unten Flech-
ting zum Spannen
der Leinen

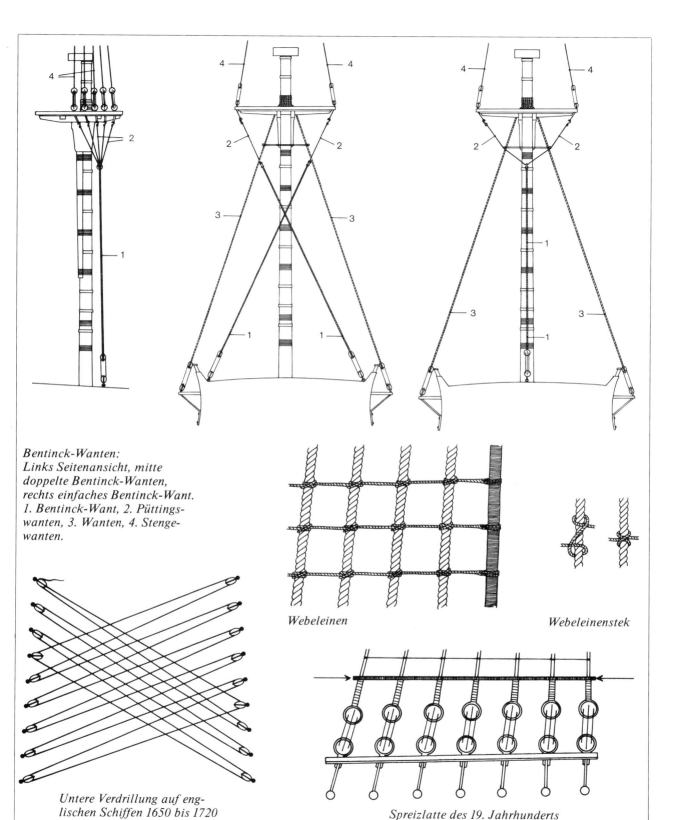

Bentinck-Wanten:
Links Seitenansicht, mitte
doppelte Bentinck-Wanten,
rechts einfaches Bentinck-Want.
1. Bentinck-Want, 2. Püttingswanten, 3. Wanten, 4. Stengewanten.

Webeleinen

Webeleinenstek

Untere Verdrillung auf englischen Schiffen 1650 bis 1720

Spreizlatte des 19. Jahrhunderts

303

Wanten

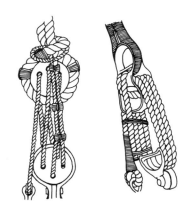

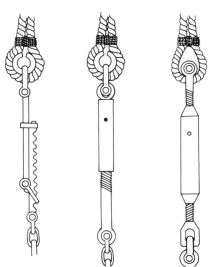

Systeme zum Spannen der Wanten im 19. Jahrhundert: Oben: links Jungfer, rechts eisernes Dodshoofd. Unten: links Zahnstange, mitte Spannschraube mit einfachem Gewinde, rechts Spannschraube mit doppeltem gegenläufigem Gewinde.

von außen an die Wanten gesetzt, es kam aber auch vor, daß sie innen oder doppelt (innen und außen) gefahren wurde.

Püttingswanten

Die Püttingseisen der unteren Marsjungfern wurden mit den Püttingswanten befestigt. Diese wurden mit Haken in die Püttingseisen eingehängt, um die Wurst geschlungen und mit zwei Zurrings am Want angeschlagen. Auf holländischen Schiffen des 17. Jahrhunderts kamen mitunter doppelte Püttingswanten vor.

Ab etwa Mitte des 18. Jahrhunderts wurden die Püttingswanten gelegentlich auch mit einer Zurring an der Wurst befestigt.

Etwa ab 1830 begann man für die Marspüttings Metallstäbe zu verwenden. Sie wurden an einem Eisenring direkt unterhalb der Mastbacken angeschäkelt, gleichzeitig verschwand die Wurst.

Bei großen Schiffen wurden die Brampüttingswanten in gleicher Weise hergestellt, bei kleineren Schiffen bestanden sie aus einem gekleideten Tau, in dessen Enden Kauschen eingebunden waren, durch die der Schäkel fuhr.

Bentinck-Wanten

Ein völlig anderes System, die Püttingswanten zu befestigen, verwendete man nach der Mitte des 18. Jahrhunderts auf amerikanischen und teilweise englischen Kriegsschiffen.

Die Püttingswanten wurden unter der Wurst durchgezogen und an einem Eisenring befestigt. An diesem Ring war ein Tau angespleißt, das Bentinck-Want.

Bei großen Schiffen (Linienschiffen, Fregatten) wurden die Bentinck-Wanten überkreuz zum jeweils gegenüberliegenden Wassergang hinuntergeführt und dort mit Blöcken, Jungfern oder Dodshoofden steifgesetzt, deren unterer an einem Ringbolzen im Wassergang angestroppt war.

Kleinere Schiffe (Korvetten, Briggs etc.) fuhren nur ein Bentinck-Want, das an Deck hinter dem Mastfuß an einem Ringbolzen mit Blöcken, Jungfern oder Dodshoofden befestigt war. Bentinck-Wanten wurden ausschließlich von Kriegsschiffen verwendet, niemals von Kauffahrern.

Verdrillen oder Schwichting der Wanten

Spätestens seit der Mitte des 17. Jahrhunderts war es üblich, die Wanten zu verdrillen. Eine Leine wurde um Wurst und Wanten geschlungen und dann mit Zurrings zusammengedreht – die verschiedenen Methoden sind aus der Zeichnung zu entnehmen. Englische Kriegsschiffe verwendeten gelegentlich etwa ein Drittel der Masthöhe über Deck eine zweite Wantzurring an Groß- und Fockmast, selten auch am Besanmast, die mit Blöcken angesetzt wurde.

Stengewanten

Die Stengewanten wurden ebenso wie die Wanten der Untermasten angesetzt und befestigt. Bis auf die entsprechend kleineren bzw. schwächeren Dimensionen glichen die Stengewanten im Ansetzen am Masttop, die Wanten selbst, Jungfern und Taljereeps vollständig den Unterwanten. Um die Mitte des 19. Jahrhunderts wurde es dann teilweise üblich, vor allem auf kleineren Schiffen die Stengewanten nicht mehr mit Jungfern, sondern mit kleinen Dodshoofden oder Kauschenzügen steif zu setzen.

Bramwanten

Im 16. und 17. Jahrhundert wurden die Bramwanten wie die Stengewanten mit Jungfern angesetzt.

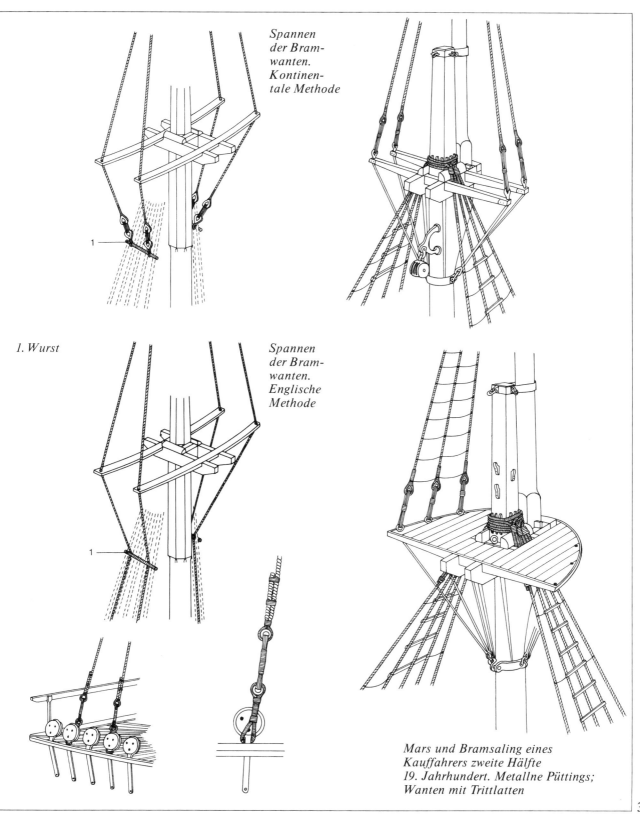

Spannen
der Bram-
wanten.
Kontinen-
tale Methode

1. Wurst

Spannen
der Bram-
wanten.
Englische
Methode

*Mars und Bramsaling eines
Kauffahrers zweite Hälfte
19. Jahrhundert. Metallne Püttings;
Wanten mit Trittlatten*

305

Wanten

Seit dem frühen 18. Jahrhundert schaffte man die Jungfern ab und spannte die Bramwanten über die Enden der Bramsaling und setzte sie au[f] kontinentalen Schiffen an der Wurst unter der Bramsaling mit kleinen Dodshoofden oder Kauschenzügen an, bei kleinen Schiffen zurrte man sie auch einfach wie die Püttingswanten an Wurst und Stengewanten fest. Auf englischen und amerikanischen Schiffen wurden die Bramwanten hinter der Wurst durchgezogen und zur Mars hinuntergefahren, wo sie mit einem Kauschenzug steifgesetzt wurden, wobei die untere Kausch am Püttingseisen der unteren Marsjungfer befestigt war.

Royalwanten

Die Royalwanten wurden wie die Bramwanten gefahren und grundsätzlich an der Wurst der Bramwanten befestigt.

Webeleinen

Das Ausweben der Wanten ist eine etwas mühsame Arbeit, die aber sehr genau ausgeführt werden sollte, wenn das Modell einen guten Eindruck machen soll. Man kann sich diese Arbeit allerdings wesentlich erleichtern, wenn man auf einem Stück Pappe das erste und letzte Want aufzeichnet, dann durch Querstriche die Webeleinen einzeichnet, das Ganze hinter die Wanten klemmt und nach dieser Schablone die Wanten ausbwebt. Die unterste Begrenzung der Webeleinen ist die Reling, die oberste die Wurst; die Webeleinen selbst sollen parallel zur Wasserlinie verlaufen! Ausgewoben wurden die Unterwanten, Püttingswanten und Stengewanten, fast immer die Sprietmastwanten und Besanstengewanten, selten dagegen die Bramwanten und nie die Royalwanten.

Der Abstand der Webeleinen betrug original etwa 38 bis 40 cm, ihre Dicke etwa 12 mm.

Die Webeleinen sollen nicht straffgezogen werden, sondern eine lose Verbindung zwischen den Wanten bilden. Wie man sie ansetzt, zeigt die Zeichnung.

Um die Mitte des 19. Jahrhunderts wurden an Stelle der Webeleinen zwischen den mittleren Wanten gelegentlich kleine Trittlatten eingeführt. Wie man sie anbringt zeigt ebenfalls die Zeichnung. Sie waren original etwa 4 cm hoch und 1,5 cm stark.

Spreizlatte

Um den Wanten untereinander den richtigen Abstand zu geben, wurden Mitte des 19. Jahrhunderts Spreizlatten eingeführt. Das waren dünne, gekleidete Holzlatten oder Metallstäbe, die über den Jungfern bzw. Spannschrauben an den Wanten festgezurrt wurden.

Spannschrauben

Seit dem ersten Drittel des 19. Jahrhunderts wurden an Stelle von Jungfern vielfach Spannschrauben zum Steifsetzen von Wanten, Pardunen und Stagen verwendet.

Spannschrauben selbst herzustellen, ist nicht nur äußerst mühsam, sie aus Metall zu fertigen, ist für den normalen Modellbauer fast unmöglich. Gießt man sie aus Kunststoff, muß man sehr darauf achten, daß sie über die nötige Zug- und Bruchfestigkeit verfügen! Spannschrauben mit gegenläufigem Gewinde kann man selbst kaum herstellen, allerdings führt die Firma aeronaut-Modellbau A. Eggenweiler Spannschrauben dieser Art in sehr guter Qualität.

Spannschrauben waren grundsätzlich schwarz gestrichen.

Sitz der Wantjungfern (oben) zu den Rüstjungfern (unten) und den Rüsten

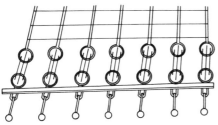

Richtig!
Wantjungfern in einer Linie parallel zu den Rüsten

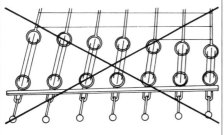

Falsch!
Wantjungfern steigen nach links an

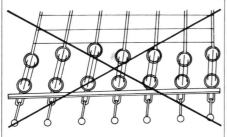

Falsch!
Wantjungfern sitzen in unterschiedlichen Höhen

Flämische Karacke um 1480 nach einem Stich des Meisters W. A.
Auffallend an dem Modell die große Zahl der Wantenpaare: 8 am Fockmast,
18 am Großmast, 6 am Besanmast. Groß- und Fockwanten sind mit den damals
üblichen dreieckigen Jungfern steifgesetzt, die Besanwanten nach mittelmeerischem
Vorbild mit Blöcken. Webeleinen fehlen noch, an ihrer Stelle eine Strickleiter.
Die kleine Dragge am Bugspriet ist kein Anker sondern ein Enterhaken.

Pardunen

Als in der zweiten Hälfte des 17. Jahrhunderts die Stengen immer länger, die Marssegel immer größer wurden, als dann Bramstengen und Bramsegel hinzukamen, reichten Stenge- und Bramwanten als Abstützung nicht mehr aus.

So wurden Anfang 18. Jahrhundert die Pardunen eingeführt, zunächst ein Paar, das von der Bramsaling zur Rüste fuhr und mit einem einfachen Takel angesetzt war.

Die Zahl der Pardunen nahm von da an rasch zu: Im frühen 18. Jahrhundert waren es bereits drei Paare, Mitte des 18. Jahrhunderts 5 Paare, Ende des 18. Jahrhunderts 6 bis 7 Paare und im 19. Jahrhundert erreichte ihre Zahl oft die der Unterwanten des gleichen Mastes.

Die Pardunen wurden genauso wie die Stengewanten über diesen um den Stengetop gelegt, und seit der ersten Hälfte des 18. Jahrhunderts bildete sich die Gewohnheit heraus, manche völlig zu bekleiden.

Pardunen nach 1840 waren wie auch die Wanten und Stage häufig aus Stahlseilen hergestellt und wie alle Stahlseiltaue vollständig gekleidet – der Modellbauer kann also auch für Stahlseile ohne Schwierigkeiten Schnüre verwenden, da der Kern des Taues unter der Bekleidung ja nicht mehr zu sehen ist.

Bei den Pardunen unterscheidet man zwischen fliegenden und stehenden Pardunen.

Fliegende Pardunen wurden mit Blöcken und einem Takel angesetzt, dessen laufende Part binnenbords an einem Nagel oder einer Klampe belegt war.

Stehende Pardunen wurden mit Jungfern (sie hatten die Größe der Jungfern für die Stengewanten), Blöcken (deren laufende Part ebenso wie bei Jungfern über dem oberen Block festgezurrt wurde), Kauschenzügen oder Spannschrauben angesetzt. Die unteren Blöcke fliegender Pardunen waren mit einem Haken ausgerüstet, der in einen Ringbolzen auf der Rüste oder an der Bordwand hinter der Rüste eingehängt wurde. Saß dieser Ringbolzen auf der Rüste, so hatte er zumeist ein kleines Püttingseisen.

Die unteren Jungfern, Blöcke und Kauschen stehender Pardunen wurden mit kleinen Püttingseisen an den Rüsten befestigt – manchmal auch auf kleinen eigenen Pardunenrüsten – oder an Ringbolzen an der Bordwand hinter den Rüsten.

Spannschrauben wurden mit Püttingseisen auf die Rüsten oder an die Bordwand gesetzt.

Schiffe vor der Mitte des 18. Jahrhunderts fuhren grundsätzlich fliegende Pardunen, dann kamen, von England ausgehend, stehende Pardunen dazu. Allerdings war es durchaus üblich, auf ein und demselben Schiff Pardunen mit den verschiedensten Methoden anzusetzen. So fuhr etwa die HMS *Victory,* das Flaggschiff Lord Nelsons, am Fockmast 3 Paar fliegende Pardunen mit Blöcken, 3 Paar stehende Pardunen mit Jungfern und 1 Paar stehende Pardunen mit Kauschen, alle auf der Fockrüste; am Großmast 2 Paar fliegende Pardunen mit Blöcken und 2 Paar stehende Pardunen mit Jungfern auf der Großrüste sowie 1 Paar fliegende Pardunen mit Blöcken, 2 Paar stehende Pardunen mit Jungfern und 1 Paar stehende Pardunen mit Kauschen auf einer Pardunenrüste hinter der Großrüste; am Besanmast 1 Paar fliegende Pardunen mit Blöcken auf der Besanrüste, 2 Paar stehende Pardunen mit Jungfern und 1 Paar stehende Pardunen mit Kauschen auf einer Pardunenrüste hinter der Besanrüste.

Bis etwa zur Mitte des 19. Jahrhunderts wurden die Pardunen vollständig frei gefahren, danach leitete man sie über die Ausleger der Salinge.

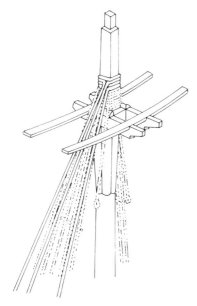

Pardunen am Stengetop

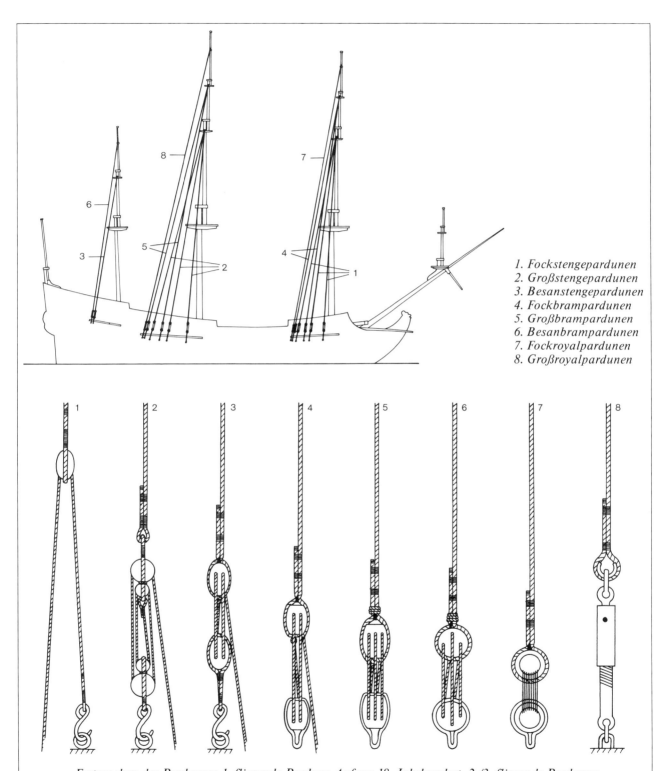

1. Fockstengepardunen
2. Großstengepardunen
3. Besanstengepardunen
4. Fockbrampardunen
5. Großbrampardunen
6. Besanbrampardunen
7. Fockroyalpardunen
8. Großroyalpardunen

Festmachen der Pardunen: 1. fliegende Pardune Anfang 18. Jahrhundert, 2./3. fliegende Pardunen Mitte 18. Jahrhundert, 4. fliegende Pardune 18./19. Jahrhundert, 5./6. stehende Pardunen 18./19. Jahrhundert, 7. stehende Pardune 18./19. Jahrhundert, 8. stehende Pardune 19. Jahrhundert

309

Stage

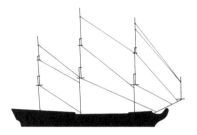

französisches Kriegsschiff 1700

englisches Kriegsschiff 1720

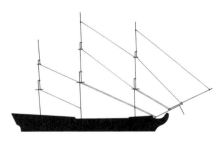

schwedisches Handelsschiff 1760

französisches Kriegsschiff 1770

Neben den Wanten sind die Stage der wichtigste – in der Entwicklungsgeschichte des Schiffbaus auch älteste – Teil des stehenden Gutes.
Sie stützen die Masten nicht nur bugwärts ab, sondern bringen durch ihren Gegenzug auch die Wanten und Pardunen in ihrer Stützfunktion erst voll zur Wirkung.
Das, was ich in diesem Kapitel schon zweimal über den Zugausgleich zwischen Wanten, Stagen und Pardunen sagte, brauche ich hier im einzelnen wohl nicht mehr zu wiederholen ...

Stagauge

Das Stag wurde mit einem Auge über Wanten und Längssaling um den Masttop gelegt.
Bis Anfang des 16. Jahrhunderts wurde dazu ein gezurrtes oder gespleißtes (allerdings weniger haltbares) Auge verwendet, bei doppelten Stagen auch ein Augbänsel wie bei den Wanten. Das Stagauge endete etwa unter der Vorderkante der Längssaling.
In der ersten Hälfte des 16. Jahrhunderts ging man dazu über, die Stage mit einer Maus anzusetzen. Am oberen Ende des Stags spleißte man ein kleines Auge ein, das gerade so groß war, um das Tau selbst durchzuführen und bildete so eine Schlinge. Damit sich diese Auge aber nicht zusammenzog, setzte man eine Verdickung auf das Stag, die Maus.
Die Maus stellt man her, indem man zunächst einen Wollfaden fest um das Tau wickelt und so die Form der Maus herstellt, die im 17. Jahrhundert mehr rundlich, im 18. Jahrhundert eher birnenförmig war. Es ist dabei zweckmäßig, die Wollfäden nicht nur zu wickeln, sondern auch am Stag festzukleben, damit die Maus später nicht verrutschen kann. Sodann legt man an beiden Enden der Maus einen kräftigen Fadenring locker um das Stag. Mit Nadel und Faden verbindet man nun diese beiden Ringe rundum in Längsrichtung und zieht schließlich den Faden quer dazu, wie beim Stopfen, immer abwechselnd über und unter den Fäden rundherum durch. Dabei sollte man darauf achten, daß man bei jeder Runde stets abwechselnd über und unter dem gleichen Faden durchfährt, also z.B. 1. Runde drunter, 2. Runde drüber, 3. Runde drunter, 4. Runde drüber usw. und beim Nachbarfaden genau umgekehrt, so daß ein festes, gleichmäßiges Flechtwerk entsteht.
Es braucht etwas Geduld, eine Maus schön und gleichmäßig zu flechten, aber gerade solche Kleinigkeiten sind es ja, die einem guten Modell den besonderen Wert geben.
Das Stagauge selbst war seit der zweiten Hälfte des 16. Jahrhunderts voll gekleidet, nie allerdings die Maus, damit man das kunstvolle Flechtwerk sehen konnte. Dort, wo das gespleißte Auge des Stagendes an der Maus saß, war das Tau durch eine kurze Ledermanschette gegen Abnutzung gesichert.
Das Stag selbst war, wie die Wanten, mit Würmern versehen, ganz gekleidet wurde es erst ab etwa der Mitte des 19. Jahrhunderts, als man Stahltaue einführte.
Um 1830 begann die Maus zu verschwinden; man teilte das obere Stagende in einen doppelten Hahnepot und setzte es mit einer Flechting, wie die Zeichnung zeigt.
Wenig später ging man dazu über, das Stag wieder mit einem gezurrten oder gespleißten Auge oder bei doppelten Stagen mit einem Augbänsel, wie bei den Wanten, um den Masttop zu legen.

Großstag

Das Großstag war das stärkste Tau des ganzen Schiffes (Ankertaue ausgenommen), seine Blöcke hatten die Länge des Großmastdurchmessers.
Das Großstag wurde bis Mitte des 17. Jahrhunderts mit Blöcken oder

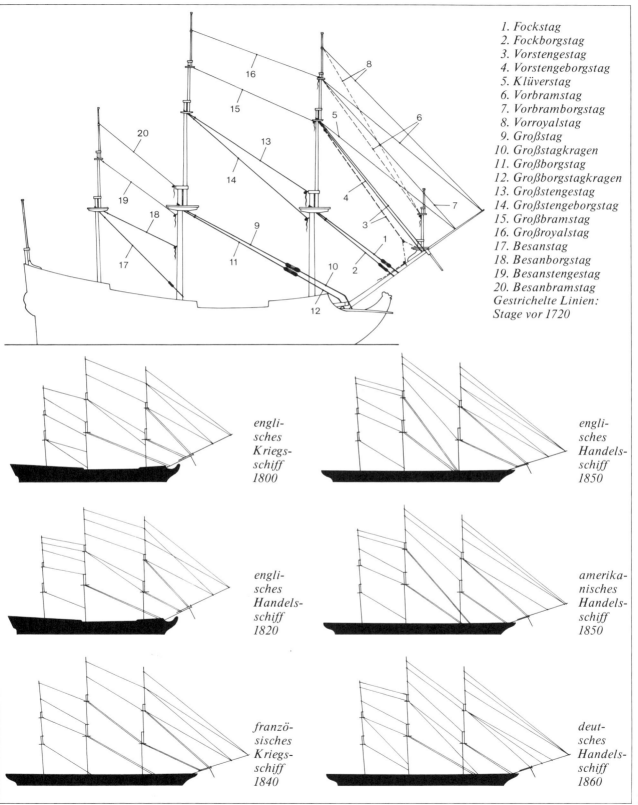

1. Fockstag
2. Fockborgstag
3. Vorstengestag
4. Vorstengeborgstag
5. Klüverstag
6. Vorbramstag
7. Vorbramborgstag
8. Vorroyalstag
9. Großstag
10. Großstagkragen
11. Großborgstag
12. Großborgstagkragen
13. Großstengestag
14. Großstengeborgstag
15. Großbramstag
16. Großroyalstag
17. Besanstag
18. Besanborgstag
19. Besanstengestag
20. Besanbramstag
Gestrichelte Linien:
Stage vor 1720

englisches Kriegsschiff 1800

englisches Handelsschiff 1820

französisches Kriegsschiff 1840

englisches Handelsschiff 1850

amerikanisches Handelsschiff 1850

deutsches Handelsschiff 1860

Stage

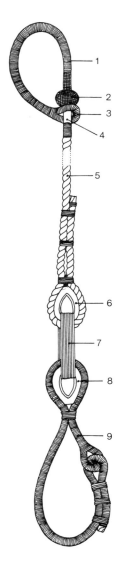

Großstag mit Stagkragen um 1800: 1. Stagauge am Großtop, 2. Maus, 3. gezurrtes Auge, 4. Ledermanschette, 5. Stag, 6. oberes Dodshoofd, 7. Zurring, 8. unteres Dodshoofd, 9. Stagkragen ab 18. Jahrhundert voll gekleidet

Jungfern steifgesetzt. Danach wurden auf dem Kontinent bis in die erste Hälfte des 18. Jahrhunderts ausschließlich Blöcke verwendet. In England dagegen benutzte man bis 1690 nur noch Jungfern und danach Dodshoofden, die auch auf dem Kontinent ab der Mitte des 18. Jahrhunderts mehr und mehr in Gebrauch kamen. Ab 1830 setzte man das Großstag dann mit Spannschrauben oder stehenden Kauschen. Die Stagblöcke waren dreischeibig, manchmal aber auch nur mit bis zu 5 Löchern versehen. Die Jungfern hatten 90 % des Großmastdurchmessers und ebenfalls 5 Löcher, die Dodshoofden waren ebenso groß wie die Jungfern.

Der untere Stagblock, Jungfer oder Dodshoofd war im sogenannten Stagkragen eingebunden, einem Tau, etwas schwächer als das Stag selbst, das durch das Loch im Schegknie geschoren oder am Haken des Schegknies eingehängt war. Die Block-, Jungfern- oder Dodshoofdenkombination zum Steifsetzen des Stags konnte vor oder hinter dem Fockmast liegen. Lag sie hinter dem Fockmast, so griff der Stagkragen um den Fockmast herum (oft war hier am Mast ein Scheuerschutz angebracht), lag sie vor dem Fockmast, so fuhr das Großstag zumeist Steuerbord am Fockmast vorbei.

Das Taljereep der Stagjungfer wurde wie bei den Wanten geschoren und festgemacht. Die Talje bei Stagblöcken war am unteren Block angesetzt, das freie Ende wurde um die Mitte des Taljenzugs mit mehreren Schlägen festgelegt, ähnlich verfuhr man mit der Talje bei Dodshoofden.

Eine Besonderheit ist beim Großstag Dampf-Segel-angetriebener Schiffe des 19. Jahrhunderts zu beobachten. Da zwischen Groß- und Fockmast der Schornstein stand, wurde das Großstag geteilt und Steuerbord und Backbord auf dem Backdeck festgelegt.

Fockstag

Das Fockstag wurde wie das Großstag angesetzt und am Bugspriet festgemacht.

Nachdem man bis in die erste Hälfte des 16. Jahrhunderts verschiedene Blockkombinationen verwendet hatte, ging man danach dazu über, das Fockstag ebenso wie das Großstag steifzusetzen, also mit Blöcken (80 % des Großmastdurchmessers), Jungfern oder Dodshoofden (beide 70 % des Großmastdurchmessers), deren untere am Bugspriet angestroppt waren und durch 1 bis 3 Klampen am Abrutschen gehindert wurden.

Eine besondere untere Dodshoofdenform entwickelte sich nach 1720 in England, als der Klüverbaum eingeführt wurde. Diese Dodshoofden saßen auf dem Bugspriet auf; durch ein Loch in der Mitte ging der Klüverbaum – sie dienten damit gleichzeitig als Abstandhalter zwischen Bugspriet und Klüverbaum – und das obere Loch diente dem Fockstag als unteres Dodshoofd. Eine Zurring hielt das Ganze auf dem Bugspriet fest.

Großborgstag und Fockborgstag

Die Borgstage waren etwas schwächer als die zugehörigen Stage und ihre Blöcke, Jungfern und Dodshoofden entsprechend kleiner; ansonsten aber wurden sie genauso wie die zugehörigen Stage angesetzt. Ab der Mitte des 19. Jahrhunderts, als doppelte Stage mit einem gezurrten Auge angesetzt wurden, bestanden Stag und Borgstag aus dem gleichen Tau.

Besanstag

Das Besanstag wurde so wie Groß- und Fockstag am Masttop befestigt und mit Blöcken, Jungfern oder Dodshoofden am Fuß des Großmasts,

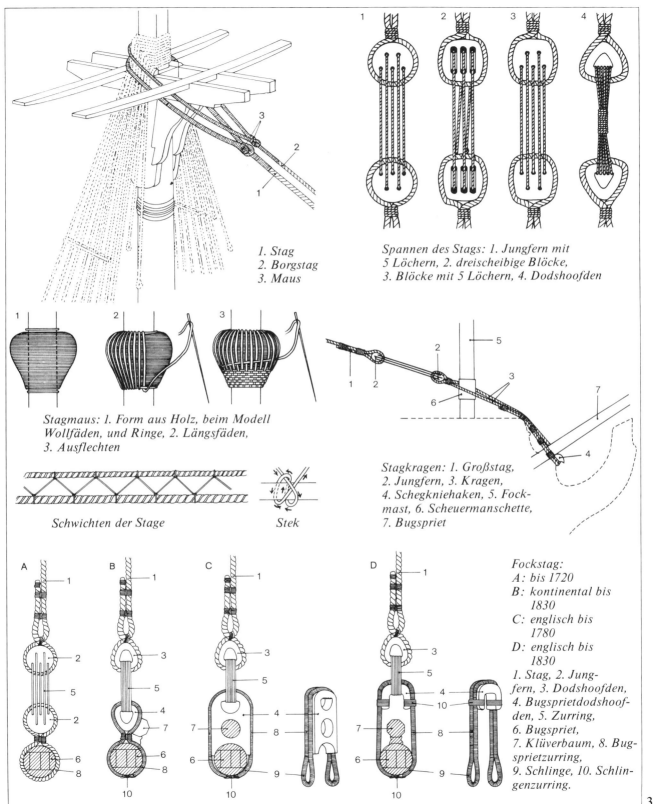

1. Stag
2. Borgstag
3. Maus

Spannen des Stags: 1. Jungfern mit
5 Löchern, 2. dreischeibige Blöcke,
3. Blöcke mit 5 Löchern, 4. Dodshoofden

Stagmaus: 1. Form aus Holz, beim Modell
Wollfäden, und Ringe, 2. Längsfäden,
3. Ausflechten

Schwichten der Stage

Stek

Stagkragen: 1. Großstag,
2. Jungfern, 3. Kragen,
4. Schegkniehaken, 5. Fockmast, 6. Scheuermanschette,
7. Bugspriet

Fockstag:
A: bis 1720
B: kontinental bis
1830
C: englisch bis
1780
D: englisch bis
1830
1. Stag, 2. Jung-
fern, 3. Dodshoofden,
4. Bugsprietdodshoof-
den, 5. Zurring,
6. Bugspriet,
7. Klüverbaum, 8. Bug-
sprietzurring,
9. Schlinge, 10. Schlin-
genzurring.

Stage

*Ansetzen des Vorstengestags
im 16. und 17. Jahrhundert*

*portugiesisch 1490/1510
spanisch 1500/20*

*portugiesisch 1510/20, spa-
nisch 1520/40, holländisch 1600*

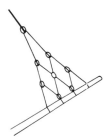

*spanisch 1510/30
englisch 1520/40*

*portugiesisch 1520, englisch
1580, genuesisch 1590/1600*

1,2 bis 1,5 Meter über dem Kampanjedeck bei Mehrdeckern, oder 1,2 bis 1,5 Meter über dem Großdeck bei Eindeckern festgemacht, wobei 1 bis 3 Klampen am Großmast das Hochrutschen verhinderten.

Großstengestag

Wie die Stage der Untermasten wurden die Stengestage mit einer durch eine Maus gesicherten Schlinge oder im 19. Jahrhundert mit einem gezurrten Auge um den Stengetop gelegt.

Das Großstengestag fuhr dann durch einen Leitblock, der am Focktop knapp über der Mars oder am Fockeselshaupt angestroppt war, und hinunter an Deck, wo es in einer Blockkombination, die am Mastfuß in einem Ringbolzen eingehakt war, endete.

In seltenen Fällen (hauptsächlich im 16. Jahrhundert) wurde das Großstengestag mit Jungfern oder Blöcken in der Fockmars befestigt.

Das Großstengeborgstag wurde ebenso geführt wie das Stengestag, seine Blockkombination an Deck hinter dem Fockmast war im allgemeinen Backbord, die des Großstengestags Steuerbord angeordnet.

Vorstengestag

Bis zur Einführung des Klüverbaum, also in der Zeit zwischen 1500 und 1720, wurde das Vorstengestag mit einem mehr oder weniger komplizierten Takel am Bugspriet angesetzt.

Für das Ansetzen des Stengestags gibt es keine Regel, weder zeitlich noch national noch typenmäßig, denn auch auf Schiffen gleicher Größe, gleicher Herkunft und gleichen Baujahrs wurden die verschiedensten Formen verwendet. Die laufende Part des Takels wurde an einer Klampe am Bugspriet, seltener an einem Nagel des vorderen Schanzkleides belegt. Die auf dieser Doppelseite gezeigte Sammlung an Formen, das Vorstengestag anzusetzen, erhebt keinen Anspruch auf Vollständigkeit. Sie soll nur gewisse Tendenzen zeigen und Ihnen die Möglichkeit geben, abzuschätzen, ob das, was Ihr Plan zeigt, stimmen kann oder nicht. Durch die sehr große Vielfalt lassen sich nämlich manche Plan-verfasser dazu verleiten, eben irgendeine Variante zu zeichnen – wenn ich aber z. B. bei einem Schiff von 1630 einen Violinblock am Vorstengestag sehe, so kommen mir berechtigte Zweifel. Violinblöcke sind hier erstmals ab 1660 belegt, man mag sie noch für 1650 akzeptieren, aber tauchen sie auf einem Plan für ein noch älteres Schiff auf, dann kann das einfach nicht stimmen! Sollten Sie Zweifel an der Richtigkeit Ihres Planes in diesem Punkt haben und kann auch kein gutes Museums-modell den gewünschten Aufschluß geben, halten Sie sich lieber an die in diesem Buch gezeigten Formen.

Wesentlich vereinfacht wurde die Führung des Vorstengestags mit der Einführung des Klüverbaums. Nun wurde das Vorstengestag zunächst mit einer einfachen Blockkombination an der Violine des Bugspriets festgemacht. Ab der zweiten Hälfte des 18. Jahrhunderts wurden die beiden Stage – Vorstengestag Steuerbord, Vorstengeborgstag Backbord – durch Löcher in der Violine geschoren und mit einer Blockkombination am Fuß des Bugspriets steifgesetzt, die laufende Part an einer Klampe am Bugspriet belegt.

Mitte des 19. Jahrhunderts dann wurden Vorstenge- und Vorstengeborg-stag steuerbord und backbord neben dem Vordersteven an der Bordwand mit einem Block festgemacht.

Besanstengestag

Das Besanstengestag wurde bis Mitte des 17. Jahrhunderts geteilt und Steuerbord und Backbord mit einer mehr oder weniger komplizierten Anordnung von Tauen und Blöcken an dem letzten Großwantenpaar angesetzt.

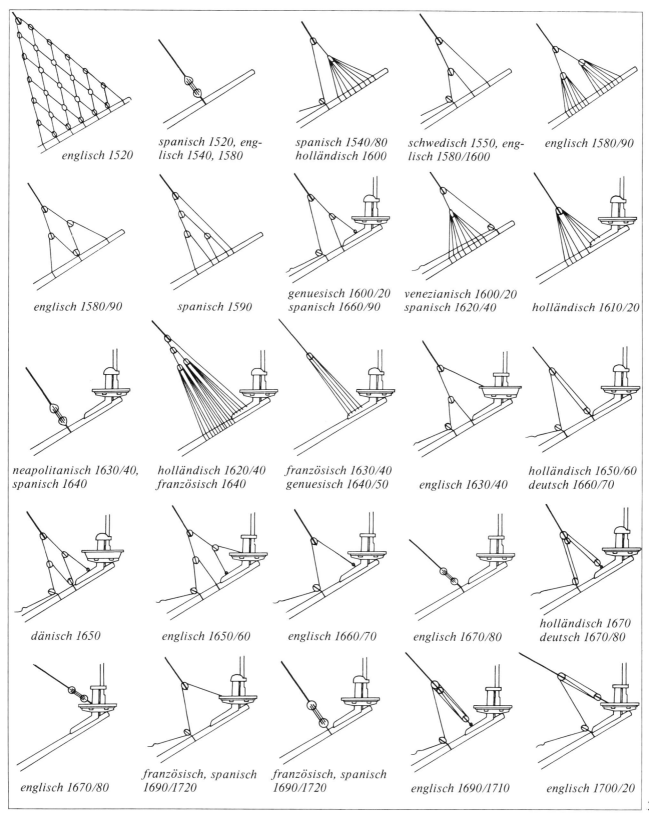

englisch 1520

spanisch 1520, eng-
lisch 1540, 1580

spanisch 1540/80
holländisch 1600

schwedisch 1550, eng-
lisch 1580/1600

englisch 1580/90

englisch 1580/90

spanisch 1590

genuesisch 1600/20
spanisch 1660/90

venezianisch 1600/20
spanisch 1620/40

holländisch 1610/20

neapolitanisch 1630/40,
spanisch 1640

holländisch 1620/40
französisch 1640

französisch 1630/40
genuesisch 1640/50

englisch 1630/40

holländisch 1650/60
deutsch 1660/70

dänisch 1650

englisch 1650/60

englisch 1660/70

englisch 1670/80

holländisch 1670
deutsch 1670/80

englisch 1670/80

französisch, spanisch
1690/1720

französisch, spanisch
1690/1720

englisch 1690/1710

englisch 1700/20

Stage

*Groß- und Fockstag zweite
Hälfte 19. Jahrhundert*

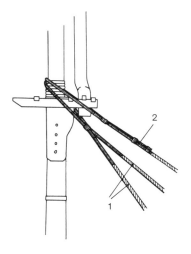

*Masttop: 1. doppeltes Stag,
2. einfaches Stag*

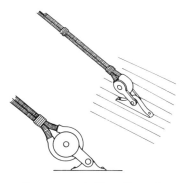

Spannen mit Herz-Kausch

*Spannen mit Zahnstange
spätes 19. Jahrhundert*

Danach wurde es mit Blöcken oder Jungfern in der Großmars steif-
gesetzt oder – zunächst selten, im 18. Jahrhundert häufiger – durch einen
Leitblock geschoren und an Deck hinter dem Großmast ähnlich dem
Großstengestag mit einem Takel steifgesetzt.

Bramstage

Die Bramstage hatten keine Maus, sondern waren mit einem gespleißten
oder gezurrten Auge über den Masttop gelegt. Bis 1720 fuhr das
Vorbramstag durch einen Leitblock in der Sprietmastsaling und endete
mit einer Talje in der Sprietmars. Danach wurde es durch ein Scheibgat
im Klüverbaum geschoren und endete mit einer Strecktalje am
Bugsprieteselshaupt.
Das Großbramstag fuhr durch einen Leitblock an der Vorbramsaling
und wurde in der Fockmars mit Blöcken oder einem Kauschenzug
steifgesetzt.
Das Besanbramstag wurde ebenfalls durch einen Leitblock geschoren
und endete mit einem Kauschenzug in der Großmars.

Royalstage

Für die Royalstage gilt im großen und ganzen das gleiche wie für die
Bramstage. Für die Führung von Vorbram-, Vorbramborg- und Vorroyal-
stage am Klüverbaum und Außenklüverbaum siehe die Zeichnungen
auch im Abschnitt KLÜVERGESCHIRR.

Hahnepoten

Um das Unterschlagen der Marssegel unter die Marsen zu vermeiden,
wurden Hahnepoten zwischen den vorderen Rand der Marsen und dem
Stag gesetzt. Diese bestanden aus einer Anzahl von Tauen, die zwischen
dem durchbrochenen Rand der Mars und dem Spinnkloben gezogen
wurden. Der Spinnkloben wurde mit einer einfachen Talje auf das Stag
gesetzt. Hahnepoten wurden an der Groß- und Fockmars immer, häufig
auch an der Besanmars gefahren. Gegen Ende des 18. Jahrhunderts
verschwanden die Hahnepoten.

Falsche Stage

Als man die Stagsegel um 1660 auf großen Schiffen einzuführen begann,
setzte man sie – mit Ausnahme des Besanstag- und Besanstengestag-
segels – an falsche Stage.
Diese falschen Stage liefen unter dem richtigen Stag und zwar an
Vorstengestag, Großstag und Großstengestag. Das falsche Stag wurde mit
einem gespleißten Auge unterhalb der Maus am Stag festgelascht und
an seinem unteren Ende mit Blöcken oder Jungfern am Großstagkragen,
Vorstengestagstropp oder in der Fockmars festgemacht.
Die falschen Stage müssen nur dann angebracht werden, wenn man
die Stagsegel auch setzen will, denn, wenn die Stagsegel geborgen wurden, schlug man auch die falschen Stage ab. In der ersten Hälfte des
18. Jahrhunderts verschwanden die falschen Stage bzw. sie wurden in
die Borgstage umgewandelt.

Schwichten der Stage

Auf Kriegsschiffen – selten auf Kauffahrern – des 18. und 19. Jahrhunderts wurden Stage und Borgstage oft durch ein schwaches Tau
miteinander verschlungen. Mitunter waren kleine hölzerne Abstandhalter eingebunden, aber auch wenn diese fehlen ist es wichtig, daß
der Abstand von Stag und Borgstag durch die Verschlingung nicht
verändert wird! Zum Anbringen der Verschlingung sind provisorische
Abstandhalter auf jeden Fall anzuraten, die hinterher wieder entfernt
werden.

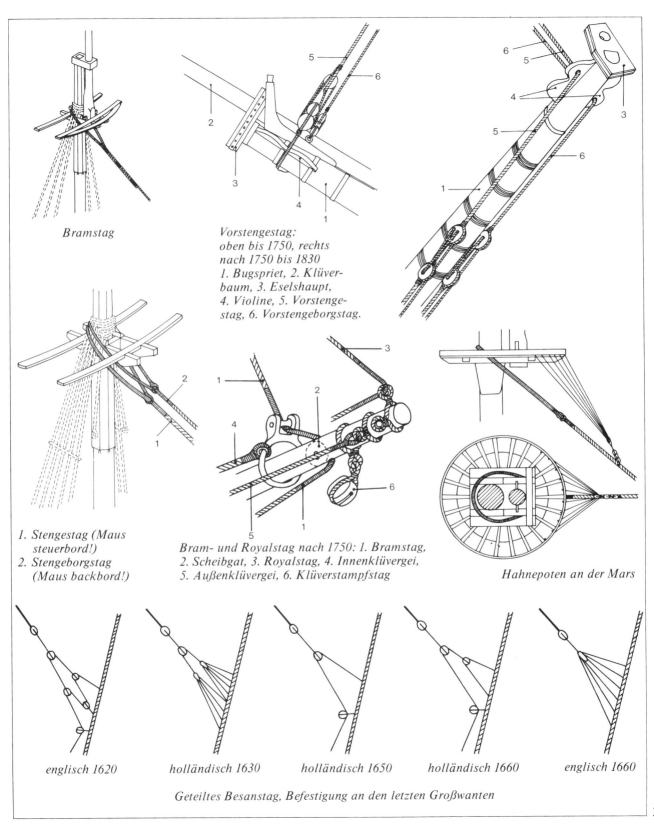

Bramstag

Vorstengestag:
oben bis 1750, rechts
nach 1750 bis 1830
1. Bugspriet, 2. Klüver-
baum, 3. Eselshaupt,
4. Violine, 5. Vorstenge-
stag, 6. Vorstengeborgstag.

1. Stengestag (Maus
*   steuerbord!)*
2. Stengeborgstag
*   (Maus backbord!)*

Bram- und Royalstag nach 1750: 1. Bramstag,
2. Scheibgat, 3. Royalstag, 4. Innenklüvergei,
5. Außenklüvergei, 6. Klüverstampfstag

Hahnepoten an der Mars

englisch 1620   *holländisch 1630*   *holländisch 1650*   *holländisch 1660*   *englisch 1660*

Geteiltes Besanstag, Befestigung an den letzten Großwanten

317

Backstag

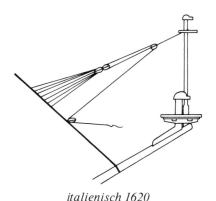

italienisch 1620

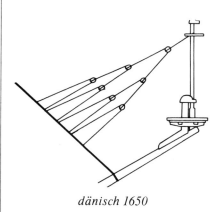

dänisch 1650

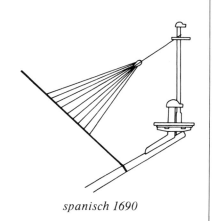

spanisch 1690

Im weiteren Sinne zu den Stagen wurde auch das Backstag gerechnet. Solange ein Sprietmast gefahren wurde war es notwendig, diesen nach achtern abzustützen.

Diesem Zweck diente das Backstag.

Wie auch schon beim Vorstengestag gab es hier äußerst zahlreiche Variationen, die nicht nur zeitlich und von Land zu Land, sondern manchmal sogar von Schiff zu Schiff wechselten.

Das Prinzip beruhte auf einer Kombination von Hahnepoten und Blöcken, die teils stehend, teils laufend – also mit einem Takel ausgerüstet – am Vorstengestag und/oder am Fockstag angesetzt waren.

Das Backstag wurde mit einem kurzen gezurrten oder gespleißten Auge an der Sprietmastsaling angesetzt und fuhr von da zwischen den Längssalingen nach achtern.

Die laufende Part wurde über den letzten Block der Kombination und teilweise über einen Leitblock am Bugspriet im allgemeinen zu einer Klampe in der Sprietmars, manchmal auch zu einer Klampe am Fuß des Bugspriets geführt und dort belegt.

Wie beim Ansetzen des Vorstengestags sollen Ihnen die auf dieser Doppelseite gezeigten Variationen des Backstags die Möglichkeit geben, die Richtigkeit Ihrer Pläne zu überprüfen und gegebenenfalls zu korrigieren, da auch hier etliche Planmacher recht sorglos die erstbeste Form einzeichnen, die sie irgendwo gefunden haben.

Mit dem Verschwinden des Sprietmasts um 1720 verschwand auch das Backstag, seine Funktion wurde – wenn auch in ganz anderer Weise – vom Stampfstock und den Stampfstagen des Bugspriets übernommen.

Für den Modellbauer kann das Backstag zu einigen Schwierigkeiten führen.

Das häufigste Problem besteht darin, daß sich das Stag (Vorstengestag, Fockstag), an dem das Backstag angesetzt ist, bugwärts gezogen wird und sich durchbiegt. Dem kann man zunächst einmal mit einem nochmaligen Nachspannen des Vorstege- bzw. Fockstags begegnen (Achtung, auch den Zugausgleich!) und ein kleinwenig darf es sich auch durchbiegen, etwa 3 %, das wären 3 mm auf je 10 cm der Staglänge. Mehr allerdings nicht!

Schlimm wird es, wenn durch das Spannen des Backstags der Sprietmast nach achtern gebogen wird! Aus diesem Grund habe ich früher bei der Befestigung des Sprietmastes so sehr betont, daß dieser absolut fest sitzen muß. Weicht der Sprietmast nach dem Setzen des Backstags weiter achterwärts als bis zur Senkrechten zurück, gibt es nur ein Mittel: Abmontieren des stehenden Gutes am Sprietmast und diesen nochmals und stabil montieren!

Manche Modellbauer versuchen sich dieser Korrektur damit zu entziehen, daß sie das Backstag entsprechend locker setzen. Nun, so stramm wie Wanten, Pardunen und Stage braucht es auch nicht zu sitzen, aber so gespannt muß es sein, daß es nicht irgendwie schlapp durchhängt!

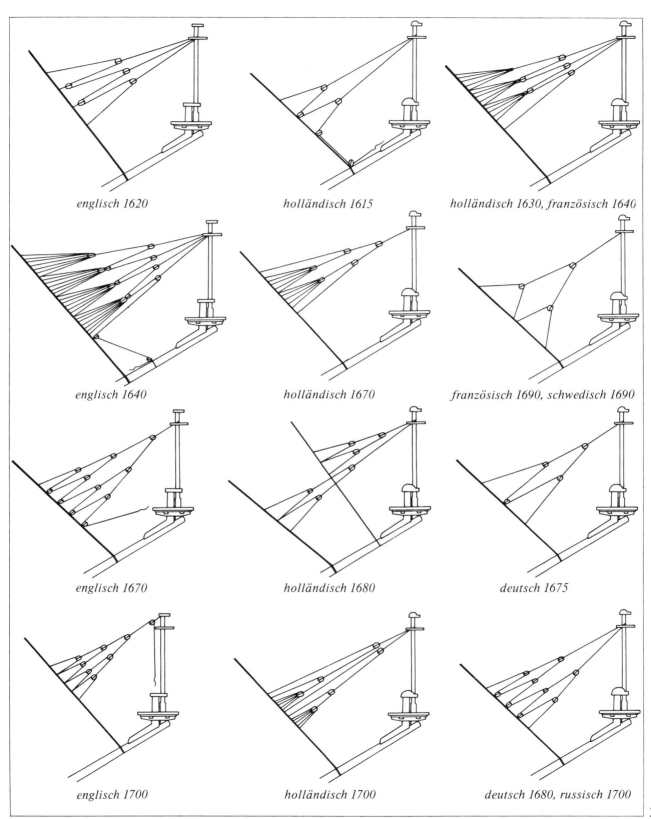

englisch 1620

holländisch 1615

holländisch 1630, französisch 1640

englisch 1640

holländisch 1670

französisch 1690, schwedisch 1690

englisch 1670

holländisch 1680

deutsch 1675

englisch 1700

holländisch 1700

deutsch 1680, russisch 1700

319

Klüvergeschirr

Um 1715 begann man, den Bugspriet unter dem Sprietmast hinaus um den Klüverbaum zu verlängern. Eine kurze Zeit existierten Klüverbaum und Sprietmast zusammen, dann wurde der Sprietmast abgeschafft.

Schwichtungsleine und Schwichtungskette
Bis in die Mitte des 18. Jahrhunderts war die Schwichtungsleine das einzige stehende Gut des Klüverbaums. Es war dies eine Zurring, die Bugspriet und Klüverbaum verband und im Prinzip ebenso gelegt war wie die Sprietzurring, nur entsprechend kürzer natürlich. Um 1830 wurde die Schwichtungsleine vielfach gegen eine Kette ausgewechselt.

Klüverstampfstag
In der zweiten Hälfte des 18. Jahrhunderts wurde der Klüverbaum so lang, daß man dringend einer Abstützung nach unten bedurfte, das Klüverstampfstag. Es wurde an der Spitze des Klüverbaums angesetzt, fuhr durch ein Loch im Stampfstock und wurde am Fuß des Bugspriets zumeist mit Dodshoofden steifgesetzt.

Stampfstockgeien
Diese Methode erkannte man allerdings bald als zu kompliziert und nicht stabil genug. So ging man dazu über, den Stampfstock mit zwei Tauen nach dem Bug abzustützen – den Stampfstockgeien, die dort mit Dodshoofden steifgesetzt wurden – und das Stampfstag, für das nach 1840 auch oft eine Kette verwendet wurde, nur noch bis zum Stampfstock zu führen und dort an einem Eisenring zu befestigen.

Außenklüverstampfstag
Endgültig setzte sich diese Methode durch, als man Ende des 18. Jahrhunderts den Klüverbaum um den Außenklüverbaum verlängerte und dessen Stampfstag in gleicher Form wie das Klüverstampfstag zum Stampfstock führte. Gelegentlich waren auch Klüver- und Außenklüverstampfstag aus einem einzigen Tau, das am Klüberbaumband ansetzte, durch eine Ringöse am Stampfstock geschoren wurde und wieder nach vorn zum Außenklüverband fuhr. Steifgesetzt wurden die Stampfstage durch entsprechendes Spannen der Stampfstockgeie.

Klüvergeie und Außenklüvergeie
Um Klüver- und Außenklüverbaum auch eine seitliche Abstützung zu geben, verwendete man die Klüver- und Außenklüvergeie, die paarweise am Klüverbaumband und Außenklüverbaumband angesetzt waren. Bis etwa 1830 schor man sie zunächst durch Ringösen auf der Blinderah und setzte sie dann mit Dodshoofden an der Bordwand steif. Als man die Blinderah abschaffte, liefen die Geie direkt zur Bordwand, wobei man die Außenklüvergeie, um ihnen eine größere Breite zu geben, gern über Ausleger an den Kranbalken fuhr.

Laufstage
Die zumeist Paarweisen Laufstage erfüllten die gleiche Funktion wie die Perde an den Rahen. Sie waren am Eselshaupt des Bugspriets angesetzt und oft in regelmäßigen Abständen mit Knoten versehen, um den Füßen der Matrosen besseren Halt zu geben. Zur weiteren Sicherung der Mannschaften wurden hier auch oft Netze gespannt.

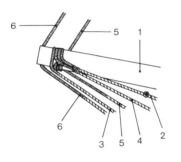

Außenklüver um 1850:
1. Außenklüverbaum, 2. Lauf
stag, 3. Außenklüverstampfstag,
4. Außenklüvergeien, 5. Bram
stag, 6. Royalstag

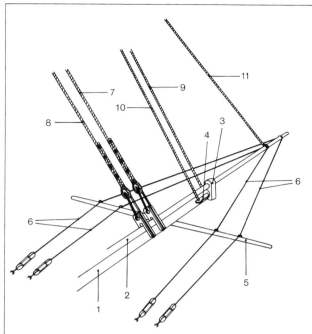

Klüverbaumgeien 18. Jahrhundert:
1. Bugspriet, 2. Klüverbaum, 3. Eselshaupt,
4. Violine, 5. Blinderah, 6. Klüverbaum-
geien, 7. Fockstag, 8. Fockborgstag,
9. Vorstengestag, 10. Vorstengeborgstag,
11. Bramstag.

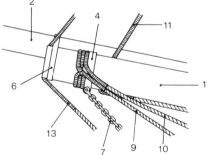

Klüverbaum Vorderteil mit Außenklüver-
baum um 1850

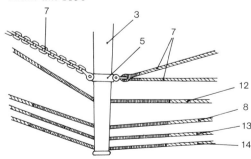

Stampfstock Unterteil um 1850

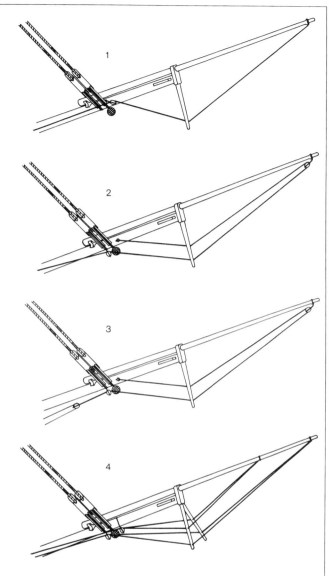

Entwicklung des Klüverstampfstags:
1. einfaches Stampfstag 1750
2. doppeltes Stampfstag 1780
3. doppeltes Stampfstag mit Takel 1790
4. doppelte Stampfstage mit doppeltem
   Stampfstock 18./19. Jahrhundert

Klüverbaum und Stampfstock 19. Jahrhundert:
1. Klüverbaum, 2. Außenklüverbaum, 3. Stampf-
stock, 4. Stampfstagband, 5. Stampfstockband,
6. Außenklüverbrille, 7. Klüverstampfstag,
8. Außenklüverstampfstag, 9. Geien, 10. Lauf-
stag, 11. Vorstengeborgstag, 12. Bramstag,
13. Bramborgstag, 14. Royalstag

Klüvergeschirr

Der englische Opiumklipper Falcon von 1824.
Auffallend der Ausleger. Er sitzt hinter dem Klüverbaum auf (!) dem Bugspriet.
Er konnte kein Segel mehr tragen und diente ausschließlich der Führung der Klüver- und
Außenklüvergeien. Bald darauf verschwand die Blinderah vollständig.

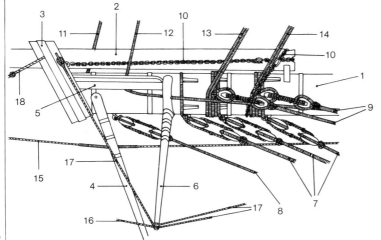

Bugspriet Vorderteil um 1850:
1. Bugspriet, 2. Klüverbaum, 3. Eselshaupt, 4. fester Stampfstock, 5. Violine,
6. Bugsprietgaffel oder Streber,
7. Wasserstage, 8. Wasserborgstag,
9. Bugstage, 10. Schwichtungskette,
11. Vorstengestag, 12. Vorstengeborgstag,
13. Fockstag, 14. Fockborgstag, 15. Bramstag, 16. Klüvergei, 17. Streberbackstag,
18. Laufstag.

322

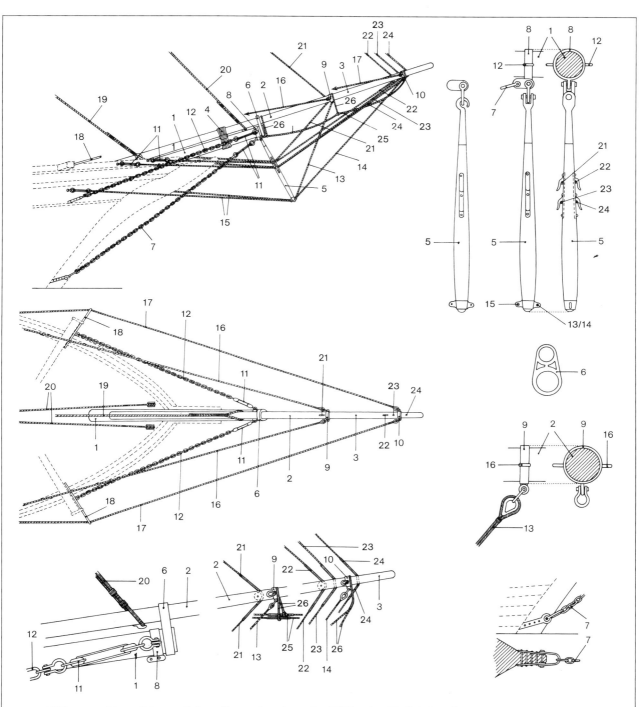

Klüvergeschirr mit beweglichem Stampfstock zweite Hälfte des 19. Jahrhundert:
1. Bugspriet, 2. Klüverbaum, 3. Außenklüverbaum, 4. Schwichtungsleine, 5. Stampfstock (zwei Varianten), 6. eisernes Bugsprieteselshaupt, 7. Wasserstag, 8. Bugsprietband, 9. Klüverbaumband, 10. Außenklüverbaumband, 11. Dodshoofden, 12. Bugstag, 13. Klüverstampfstag, 14. Außenklüverstampfstag, 15. Stampftstockgeien, 16. Klüvergeien, 17. Außenklüvergeien, 18. Kranausleger, 19. Fockstag, 20. Vorstengestag, 21. Vorstengeborgstag, 22. Klüverstag, 23. Vorbramstag, 24. Vorroyalstag, 25. Laufstag, 26. Perde.

Laufendes Gut

Mit dem laufenden Gut eines Schiffes werden all jene Taue bezeichnet, die dem Manövrieren mit Rahen und Segeln dienten:
Fall zum Vorheißen (Aufziehen und Herunterlassen) der Rahen am Mast.
Rack zum Dichtholen oder Loslassen der Rahen am Mast.
Toppnanten zum Horizontalhalten oder Auftoppen (Schrägstellen) der Rah.
Brassen zum seitlichen Drehen der Rah.
Schoten zum Vorschoten (Ausholen) der Schothörner (untere Segelecken).
Halsen zum Vorholen der Schothörner.
Geitaue zum Aufgeien (Aufholen) der Schothörner beim Segelbergen.
Gordings zum Heranholen der Masse des Segeltuchs an die Rah.
Refftaljen zum Aufholen der Reffbänder an die Rah, wenn das Segel gekürzt werden sollte.
Bulins zum Vorholen des Luvlieks bei spitz einfallendem Wind.
Im Gegensatz zum stehenden Gut war das laufende Gut im Wandel der Jahrhunderte keinen allzu großen Veränderungen unterworfen.
Das hatte seinen guten Grund: das stehende Gut wurde im Hafen aufgetakelt, wo man Zeit und Muße hatte, z.B. im 16. Jahrhundert auch komplizierteste Tauzüge anzubringen. Das laufende Gut dagegen mußte auf See und auch noch bei schwerstem Wetter schnell und unkompliziert zu bedienen sein, wenn man nicht die Sicherheit des ganzen Schiffes gefährden wollte. Während man also beim stehenden Gut ästhetischen und technischen Moden nachgeben konnte, war und blieb für das laufende Gut die optimale Funktionsfähigkeit oberstes Gebot.
Das Tauwerk des laufenden Gutes war – außer den Zurrings und den Bekleidungen – nur leicht geteert, also hell ockerfarben. Stahltaue und Ketten kamen erst allmählich nach der Mitte des 19. Jahrhunderts in Gebrauch, wobei zu beachten ist, daß – wie beim stehenden Gut – die Ketten des laufenden Gutes niemals mit Stegen versehen waren.
Achtung Modellbauer! Prüfen Sie ihre Takelpläne, ebenso wie beim stehenden Gut, sehr gründlich auf Taustärken und Blockgrößen durch! Bei vielen Plänen und insbesondere, wenn Sie nach Modellbaukästen arbeiten, besteht die Tendenz, die unteren Rahen zu schwer, die oberen Rahen zu leicht zu takeln.
Ferner müssen Sie sich darüber klar werden, welche Taue steif verholt und welche lose gefahren wurden.
Steifgesetzt werden grundsätzlich Fallen, Racks, Toppnanten und Brassen, ebenso die Schoten der Obersegel.
Bei gesetzten Segeln wird die Luvbulin angeholt und – mit einem gewissen Spiel – auch die Schoten und Halsen.
Geitaue, Gordings und Refftaljen werden bei gesetztem Segel grundsätzlich lose gefahren.
Wird das Segel zur Rah aufgeholt, an der Rah geborgen oder das Modell ohne Segel gezeigt, so müssen auch Geitaue, Gordings und Refftaljen steif verholt werden.
Belegt wird das laufende Gut an den Knechten, Kreuzhölzern, Klampen und Belegnägeln. Bis Anfang des 17. Jahrhunderts wurden einzelne Taue auch einfach um die Reling geschlungen; schwächere Taue der Bram- und Royalsegel wurden manchmal auch in den Marsen belegt.
Achtung! Die Taue des laufenden Gutes dürfen nach dem Belegen nicht kurz abgeschnitten werden! Eine gewisse Menge aufgeschossenes Tau war grundsätzlich neben der Belegstelle untergebracht, bei Belegnägeln über den Nagel gehängt (s. BELEGNÄGEL), bei Klampen neben der Klampe zu einer Rolle aufgeschossen, bei Knechten über den Kopf, bei Kreuzhölzern über eines der Ohren gehängt.

Französische
Korvette
L'Astrolabe
von 1811

Taustärken laufendes Gut

Vorgeschirr	16./17. Jh.	18. Jh.	19. Jh. Hanf	19. Jh. Stahl
Blinde				
Rackschlinge	40%	26%	88%	
Vorholer	18%	20%	24%	
Konterbrassen Schenkel	20%	23%	23%	
Läufer	13%	15%		
Taljereep	10%			
Achterbrassen Schenkel	20%	23%		
Läufer	13%	15%	24%	
Schoten	20%	20%		
Geitaue	13%	13%		
Gordings	13%	13%		
Oberblinde (Sprietmast)				
Fall	25%	25%		
Läufer	13%	13%		
Toppnanten	8%	8%		
Brassen	12%	12%		
Schoten	20%	20%		
Geitaue	10%	10%		
Oberblinde (Klüverbaum)				
Rackschlinge			20%	
Vorholer			15%	
Konterbrassen			11%	
Achterbrassen			11%	
Schoten			20%	
Geitaue			12%	
Gordings			11%	

Die Maße beziehen sich auf das Großstag = 0,166%
des Großmastdurchmessers an Deck = 100%.
Diese Angaben sind Richtgrößen, nationale Varianten sind hier nicht berücksichtigt.

Bei der Verwendung eines Großstags aus Stahltau
wird trotzdem den Berechnungen ein Großstag aus
Hanftau zugrunde gelegt!

Rechenbeispiel s. S. 291.

Fockmast	16./17. Jh.	18. Jh.	19. Jh. Hanf	19. Jh. Stahl
Focksegel				
Fall	50%	32%	50%	entfällt
Kardeel	35%	20%	35%	entfällt
Hanger		51%	60%	Kette
Toppnanten	20%	22%	36%	12%
Brassen Schenkel	35%	32%		
Läufer	25%	23%	28%	
Schoten	37%	34%	45%	
Halsen	50%	30%	36%	
Geitaue	19%	22%	20%	
Gordings	16%	15%	20%	
Bulins	20%	26%	15%	
Vormarssegel				
Windereep	50%	32%	48%	
Fall	50%	32%	48%	Kette
Läufer	25%	20%	30%	
Toppnanten	13%	20%	28%	10%
Brassen Schenkel	20%	31%		
Läufer	13%	20%	24%	
Schoten	36%	46%	50%	Kette
Geitaue	22%	20%	30%	
Gordings	19%	15%	30%	
Bulins	20%	22%	20%	
Refftalje	14%	15%	20%	
Vorbramsegel				
Fall	25%	23%	40%	Kette
Läufer	13%	20%	28%	
Toppnanten	8%	12%	17%	
Brassen Schenkel	19%	19%		
Läufer	12%	12%	24%	
Schoten	20%	20%	24%	Kette
Geitaue	10%	11%	15%	
Bulins	10%	10%	17%	
Vorroyalsegel				
Fall	15%	15%	15%	Kette
Läufer	10%	11%	11%	
Toppnanten	7%	10%	12%	
Brassen	12%	12%	15%	
Schoten	12%	12%	15%	
Geitaue	7%	8%	11%	

Großmast	16./17. Jh.	18. Jh.	19. Jh. Hanf	Stahl
Großsegel				
Fall	50%	33%	50%	entfällt
Kardeel	35%	22%	35%	entfällt
Hanger		56%	60%	Kette
Toppnanten	20%	22%	38%	13%
Brassen Schenkel	35%	32%		
Läufer	25%	23%	30%	
Schoten	37%	40%	45%	
Halsen	50%	32%	40%	
Geitaue	19%	23%	28%	
Gordings	16%	17%	28%	
Bulins	20%	28%	23%	
Großmarssegel				
Windereep	50%	33%	48%	
Fall	50%	33%	48%	Kette
Läufer	25%	22%	30%	
Toppnanten	13%	22%	30%	10%
Brassen Schenkel	20%	34%		
Läufer	13%	22%	26%	
Schoten	44%	50%	53%	Kette
Geitaue	22%	22%	24%	
Gordings	19%	17%	21%	
Bulins	20%	25%	20%	
Refftalje	12%	15%	34%	
Großbramsegel				
Fall	25%	23%	44%	Kette
Läufer	13%	20%	36%	
Toppnanten	8%	12%	20%	
Brassen Schenkel	19%	19%		
Läufer	12%	12%	26%	
Schoten	20%	22%	26%	Kette
Geitaue	10%	12%	14%	
Bulins	10%	10%	15%	
Großroyalsegel				
Fall	18%	20%	17%	Kette
Läufer	12%	14%	14%	
Toppnanten	8%	10%	12%	
Brassen	12%	13%	19%	
Schoten	12%	15%	17%	
Geitaue	8%	10%	12%	

Besanmast	16./17. Jh.	18. Jh.	19. Jh. Hanf	Stahl
Bagienrah				
Rackschlinge	25%	26%	30%	
Toppnanten	10%	15%	38%	13%
Brassen Schenkel	13%	18%		
Läufer	11%	15%	26%	
Kreuzsegel				
Fall	25%	23%	30%	Kette
Läufer	13%	13%	24%	
Toppnanten	8%	13%	26%	10%
Brassen Schenkel	12%	19%		
Läufer	8%	13%	19%	
Schoten	20%	25%	30%	Kette
Geitaue	10%	13%	19%	
Gordings		12%	14%	
Bulins	10%	12%	14%	
Refftalje		10%	15%	
Kreuzbramsegel				
Fall		20%	36%	Kette
Läufer		12%	21%	
Toppnanten		10%	14%	
Brassen		13%	14%	
Schoten		13%	19%	
Geitaue		10%	11%	
Bulins		10%	9%	
Besansegel (lateinisch)				
Fall	40%	30%		
Läufer	20%	15%		
Dirk	20%	20%		
Spruten	8%			
Halstalje	13%	20%		
Schot	25%	18%		
Geitau	15%	13%		
Gordings	15%	12%		
Besansegel (Gaffel)				
Heißfall		30%	30%	
Klaufall		30%	28%	
Dirk		40%	40%	
Baumtalje		28%	28%	
Geeren		19%	19%	
Hals		28%	28%	
Schot		30%	30%	
Geitaue		19%	19%	
Gordings		19%	19%	
Flaggleine		6%	6%	

Fall und Hanger

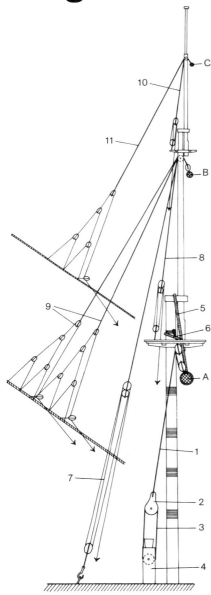

Fall: 1. Unterrahfall, 2. Kardeelblock, 3. Kardeel, 4. Knecht, 5. Hanger englisch, 6. Hanger kontinental, 7. Marsfall bis 1720 englisch, dann allgemein, 8. Marsfall bis 1720 kontinental, 9. Vormarsfall bis 1660, 10. Bramfall, 11. Vorbramfall bis 1660
A Unterrah, B Marsrah, C Bramrah

Unterrahfall:

Die Fallen der Unterrahen (Fockrah, Großrah) wurden im Mittelalter entweder durch Scheibgats am Masttop oder durch Blöcke wie die Marsfallen geschoren. Hinter dem Mast wurden sie mit einer Blockkombination verholt. Mitte des 16. Jahrhunderts faßte man die bis dahin einzeln angesetzten Fallen im Kardeelblock zusammen und verband diesen mit dem Knecht durch das Kardeel.
Gegen Mitte des 16. Jahrhunderts führte man die Fallen durch zwei Scheibgats in den Mastbacken, eine Form, die sich in England bis in die zweite Hälfte des 17. Jahrhunderts erhielt.
Auf dem Kontinent führte man die Fallen seit dem späten 16. Jahrhundert über die runden Eselshäupter (s. ESELSHAUPT), wo sie am vorderen, flachen Teil durch zwei Löcher fuhren, dann in den Keepen (Rinnen) nach hinten geführt wurden und im Kardeelblock endeten. Nach 1650 befestigte man in England zwei zweischeibige Blöcke an der Rah und dreischeibige Blöcke an der Marssaling. Das Fall war an der Rah angeschlagen, führte durch die Blöcke und schließlich zum Deck, wo es an der Mastbeting oder den großen Mastklampen endete. Diese Form der Unterrahfallen wurde Anfang des 18. Jahrhunderts auch auf dem Kontinent übernommen. Nach Einführung der eisernen Racks zweite Hälfte des 19. Jahrhunderts entfielen die Unterrahfallen.

Hanger:

Um die schweren Unterrahen besser zu sichern, wurden seit dem frühen 18. Jahrhundert Hanger verwendet, schwere, gekleidete Tauschlingen, die kontinental über den Wanten um den Masttop, englisch über das Eselshaupt gelegt wurden und durch eine Zurring mit einer zweiten Tauschlinge um die Rah verbunden waren. Nach Mitte des 19. Jahrhunderts wurden als Hanger vielfach Ketten verwendet.

Marsfall:

Die Marsfallen wurden auf kleinen Schiffen mit einer Schlinge (Drehreep) um die Rah, auf großen Schiffen mit einem Block angesetzt. Sie fuhren auf kleineren Schiffen durch ein Scheibgat in der Stenge, auf größeren Schiffen durch einen, auf großen Schiffen durch zwei Blöcke und wurden kontinental im 16./17. Jahrhundert in der Mars mit einer Blockkombination verholt, deren laufende Part zur Beting, bis etwa 1640 auch zu einem eigenen Knecht fuhr. In England führte man das Marsfall grundsätzlich zum Deck und belegte die laufende Part an einem Nagel am Schanzkleid. Diese Form wurde im 18. Jahrhundert auch auf dem Kontinent üblich. Seit dem späten 17. Jahrhundert wurde die stehende Part des Marsfalls mit Hahnepoten am letzten Want angehängt.

Bram- und Royalfall:

Bram- und Royalfall waren stets mit einem Drehreep, manchmal auch mit einem Haken an der Rah befestigt und fuhren durch ein Scheibgat in der Stenge zur Bramsaling, wo sie mit einer Blockkombination verholt wurden, deren laufende Part ebenfalls zum Deck fuhr.

Vorholer:

Statt eines Falls führte die Blinderah einen Vorholer, der an einem Block in der Rahmitte ansetzte, durch einen Doppel- oder Violinblock am Bugspriet geschoren und an einer Klampe am Fuß des Bugspriets belegt wurde.

Bagienrahschlinge:

Die Bagienrah besaß kein Fall, sondern wurde mit einer über die Saling gelegten Schlinge gehalten.

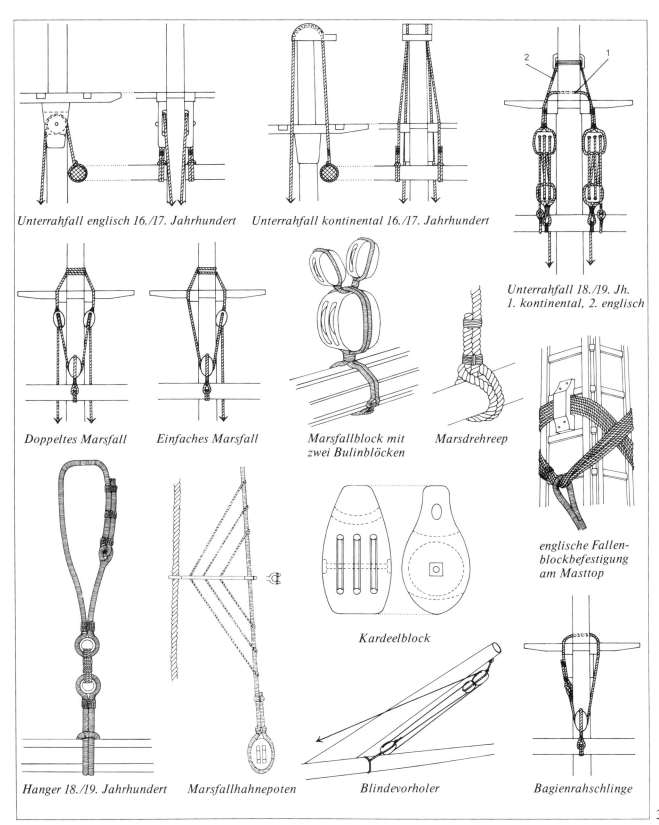

Unterrahfall englisch 16./17. Jahrhundert *Unterrahfall kontinental 16./17. Jahrhundert*

*Unterrahfall 18./19. Jh.
1. kontinental, 2. englisch*

Doppeltes Marsfall *Einfaches Marsfall* *Marsfallblock mit
zwei Bulinblöcken* *Marsdrehreep*

*englische Fallen-
blockbefestigung
am Masttop*

Kardeelblock

Hanger 18./19. Jahrhundert *Marsfallhahnepoten* *Blindevorholer* *Bagienrahschlinge*

Rack

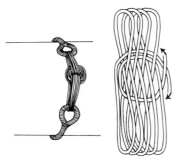

Zurring an der Rah mit »Rose«

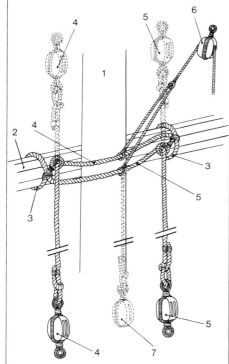

Rack an den Unterrahen 18./19. Jahrhundert: – englisch, -- kontinental. 1. Mast, 2. Rah, 3. Rackschlingen, 4. Rack obere Part, 5. Rack untere Part, 6. Aufholer, 7. Niederholer

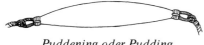

Puddening oder Pudding

In der Antike und im frühen Mittelalter bestand das Rack aus kräftigen Tauschlingen, die die Rah am Mast hielten. Um ein möglichst leichtes Auf- und Abgleiten des Racks zu ermöglichen, wenn die Rah gefiert wurde, fädelte man seit dem 13. Jahrhundert hölzerne Kugeln, die Klotjes oder Korallen, auf die Rackschlinge und versah diese auch bald mit einer Talje, die zum Deck führte, damit man das Rack lockern konnte, wenn die Rah gefiert wurde.

Unterrack:
Vom Anfang des 13. bis zum frühen 18. Jahrhundert wurden an den Unterrahen Racks mit bis zu vier Reihen Klotjes gefahren, die bei zwei- und mehrreihigen Racks durch Schlieten getrennt waren. Die Schlieten dreireihiger Racks waren etwa so lang wie der Rahdurchmesser, eventuell noch etwas länger. Meist Backbord wurde eine Tauzurring um die Rah gelegt.
An dieser Zurring waren die Rackschnüre befestigt, wurden um den Mast herumgeführt und durch einen Block oder eine Leitkausch, die Steuerbord an einer Tauzurring um die Rah befestigt war, geschoren, knapp unter dem Block oder der Kausch zusammengespleißt und zum Deck hinuntergeführt, wo sie in einer Strecktalje endeten.
Im 18. Jahrhundert entfielen Klotjes und Schlieten an den Unterracks. Man verwendete nun einen doppelten Tauzug, der, wie die Zeichnung links zeigt, kontinental zur Mars, englisch zum Deck geführt wurde und mit Blöcken steifgesetzt werden konnte. Da diese Form der Racks am Mast sehr schlecht rutschte, wurde das Taurack kontinental mit einem Niederholer, englisch mit einem Aufholer versehen. Englische Schiffe verwendeten auch gern statt der oberen Part des Racks ein mit Leder bekleidetes Polster, die Puddening oder Pudding. In der zweiten Hälfte des 19. Jahrhunderts kamen fest stehende Eisenracks für die Unterrahen (und Untermarsrahen) in Gebrauch, die ein Herunterfieren der Rahen nicht mehr gestatteten.

Marsrack:
Die Marsrahen führten bis in die erste Hälfte des 19. Jahrhunderts fast immer Racks mit Schlieten und Klotjes, doch konnten diese nicht mit einer Strecktalje gelockert werden, sondern waren beidseitig mit Tauzurrings fest an der Rah angeschlagen.
In der ersten Hälfte des 19. Jahrhunderts wurden teilweise reine Tauracks verwendet, deren Teil um die Stenge mit einer Lederhülle vor Abnützung geschützt war. Danach wurden Obermars- und Bramracks ebenfalls aus Eisen gebaut und an einer Art Rahklampe befestigt, wie die Zeichnung rechts zeigt.

Bram- und Royalrack:
Bram- und Royalracks waren bis Ende des 17. Jahrhunderts teilweise mit Klotjes (doch ohne Schlieten) ausgerüstet, danach verwendete man bis Mitte des 19. Jahrhunderts ausschließlich Tauracks nun auch ohne Klotjes.

Blinde- und Bagienrack:
Bis Anfang des 17. Jahrhunderts kamen an der Blinde verschiedentlich Racks mit zwei Klotjesreihen vor, danach (und sehr oft auch schon davor) wurde die Blinde nur mit einer doppelten Tauschlinge am Bugspriet aufgehängt.
Die gleiche Schlinge verwendete man auch als Rack für die Bagienrah, die ja auch nicht gefiert werden konnte.

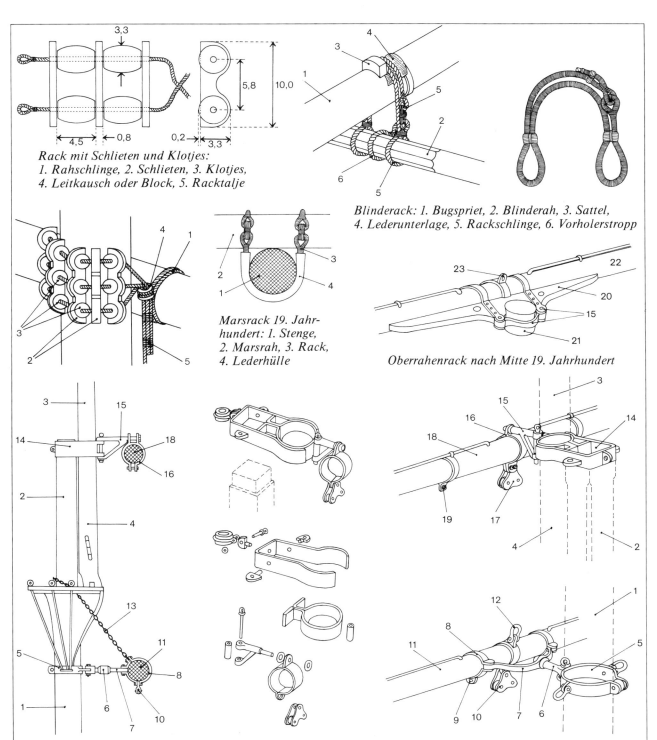

Rack mit Schlieten und Klotjes:
1. Rahschlinge, 2. Schlieten, 3. Klotjes,
4. Leitkausch oder Block, 5. Racktalje

Blinderack: 1. Bugspriet, 2. Blinderah, 3. Sattel,
4. Lederunterlage, 5. Rackschlinge, 6. Vorholerstropp

Marsrack 19. Jahr-
hundert: 1. Stenge,
2. Marsrah, 3. Rack,
4. Lederhülle

Oberrahenrack nach Mitte 19. Jahrhundert

Unterrah- und Untermarsrah nach Mitte 19. Jahrhundert (für den Modellbauer etwas vereinfacht): 1. Mast,
2. Masttop, 3. Marsstenge, 4. Stengefuß, 5. Mastband, 6. Rack, 7. Bügel, 8. Rackbänder, 9. Geitaubolzen,
10. eiserne Schotrollen, 11. Unterrah, 12. Hangerschäkel, 13. Kettenhanger, 14. Eselshaupt, 15. Rack,
16. Rackband, 17. eiserne Schotrollen, 18. Untermarsrah, 19. Geitaubolzen mit Band, 20. Rahklampe,
21. Ledermanschette, 22. Obermarsrah, 23. Fallenbolzen mit Band

Toppnanten

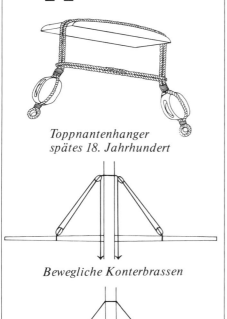

Toppnantenhanger
spätes 18. Jahrhundert

Bewegliche Konterbrassen

Feste Konterbrassen

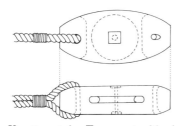

Kontinentaler Toppnantenblock

Höhe der Rahen

Die Toppnanten dienten dazu, die Rahen waagerecht zu halten. Sie bestanden aus einem Taupaar, das von der Rahnock zum Mast und von dort abwärts zum Deck fuhr.

Die Mastblöcke der Toppnanten saßen in der Antike und im frühen Mittelalter am Masttop, bis Anfang des 17. Jahrhunderts an der Saling, im 17. Jahrhundert am Stagauge, seit Ende des 17. Jahrhunderts am Eselshaupt.

Englische Schiffe verwendeten hierfür grundsätzlich runde Blöcke, kontinentale Schiffe im 17. Jahrhundert spezielle längliche Toppnanten-blöcke (s. Zeichnung links), seit dem frühen 18. Jahrhundert für die Toppnanten der Unter-, teilweise auch der Marsrahen, Violinblöcke, für die Oberrahen runde Blöcke.

Die Nockblöcke wurden in England seit der Mitte des 16. Jahrhunderts auf die Schotblöcke gestroppt, kontinental schor man die Toppnanten durch den oberen Teil der besonders geformten Schotblöcke (s. SCHOTEN).

Die Toppnanten der Unterrahen waren fast immer doppelt, manchmal auch dreifach, die der Marsrahen gewöhnlich doppelt, die der Bram- und Royalrahen einfach vorhanden. Auf kleineren englischen Schiffen wurden manchmal die Bramsegelschoten gleichzeitig als Marsrahtopp-nanten verwendet. Belegt wurden die Toppnanten der Unterrahen an Nägeln des Schanzkleids, die Marstoppnanten bis zur ersten Hälfte des 16. Jahrhunderts häufig in der Mars, später ebenfalls an Nägeln des Schanzkleids, die Bramtoppnanten fast grundsätzlich in der Mars.

In der zweiten Hälfte des 19. Jahrhunderts wurden die Toppnanten teil-weise aus Stahlseil hergestellt, auch wurden nun vielfach starre Topp-nanten gefahren, d.h. die Toppnanten wurden ohne Blöcke mit einem Schäkel an der Rahnock befestigt, zu einem Augbolzen am Mast geführt und dort ebenfalls angeschäkelt.

Konterbrassen

Die Blinderah führte keine Toppnanten, sondern Konterbrassen, die allerdings die gleiche Aufgabe erfüllten.

Konterbrassen konnten fest oder beweglich ausgebildet sein. Feste Konterbrassen führten an einem Stropp Jungfern an der Rah und an einem langen Stropp Jungfern am Bugspriet, die wie Wantjungfern mit einem Taljereep verbunden waren. Bewegliche Konterbrassen bestanden aus zwei Blöcken an der Rah und zwei Blöcken am Bugspriet, die mit Taljen verbunden wurden, die man am Fuß des Bugspriets belegte.

Die Blöcke bzw. Jungfern der Konterbrassen an der Rah saßen nicht (!) an den Rahnocken, sondern in der Mitte zwischen Rahnock und Rahmitte.

Achtung Modellbauer!

Einer der häufigsten Fehler, die man bei Schiffsmodellen immer und immer wieder beobachten kann, ist die falsche Stellung der Rahen! Grundsätzlich knapp unter den Mastbacken standen Fock-, Groß-, Besan- und Bagienrah, desgleichen behielten Gaffel, Gaffelbaum, Blinde- und Oberblinderah (nach 1720) ihre Stellung stets bei.

Bei gesetzten Segeln wurden auch Mars-, Bram-, Royal-, Kreuz- und Oberblinderah (vor 1720) knapp unterhalb der Mast- bzw. Stengebacken gefahren.

Zeigt Ihr Schiffsmodell jedoch die Segel an der Rah geborgen, oder ist es überhaupt nicht mit Segeln ausgerüstet, so müssen Mars-, Bram-, Royal-, Kreuz- und Oberblinderah (vor 1720) bis knapp über das nächst tiefere Eselshaupt heruntergefiert werden!

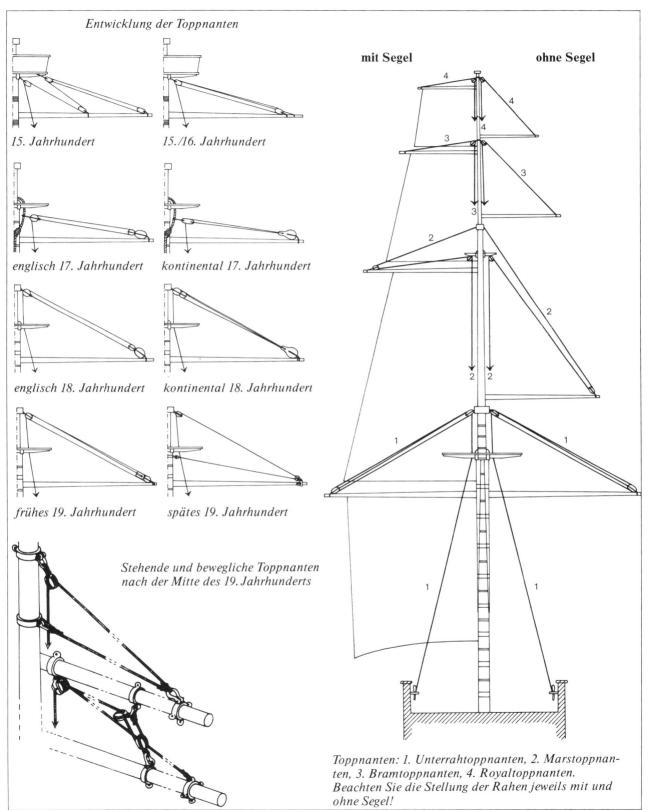

Entwicklung der Toppnanten

15. Jahrhundert

15./16. Jahrhundert

englisch 17. Jahrhundert

kontinental 17. Jahrhundert

englisch 18. Jahrhundert

kontinental 18. Jahrhundert

frühes 19. Jahrhundert

spätes 19. Jahrhundert

Stehende und bewegliche Toppnanten
nach der Mitte des 19. Jahrhunderts

mit Segel

ohne Segel

Toppnanten: 1. Unterrahtoppnanten, 2. Marstoppnanten, 3. Bramtoppnanten, 4. Royaltoppnanten.
Beachten Sie die Stellung der Rahen jeweils mit und ohne Segel!

Brassen

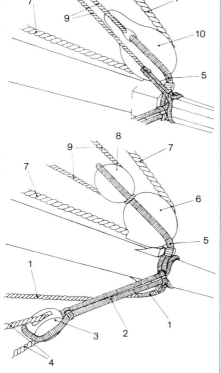

1. Perd, 2. Brassenschenkel,
3. Brassenblock, 4. Brassenläufer, 5. Schotblockstropp,
6. Schotblock englisch, 7. Schot,
8. Toppnantenblock englisch,
9. Toppnanten, 10. Schot-
Toppnantenblock kontinental

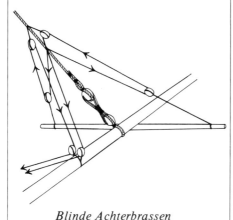

Blinde Achterbrassen

Die Brassen dienen zum seitlichen Drehen der Rahen, und kaum ein Teil der Takelage hat sich im Lauf der Jahrtausende so wenig verändert.
Bei kleineren Rahen griff ein Tau mit einem gezurrten oder gespleißten Auge an der Rahnock an und wurde zumeist achterwärts zum Deck geführt.
Größeren Rahen wurde mit einem Taustropp ein einfacher Block ange-stroppt. Dieser Stropp – der Brassenschenkel – war in der Antike und im frühen Mittelalter noch sehr kurz. Seit dem 13. Jahrhundert verlängerte man den Brassenschenkel mehr und mehr, bis er im 16./17. Jahrhundert eine Länge von etwa 0,40 der Rahlänge erreichte. Im Lauf des 18. Jahrhunderts wurde er wieder kürzer, bis um 1800 der Block unmittel-bar an der Rahnock saß, wo man ihn im 19. Jahrhundert an einem Ringbolzen anschäkelte.
Der Brassenläufer ging für die Unterrahen bis zur ersten Hälfte des 16. Jahrhunderts grundsätzlich, später noch bei der Großrah, von einem Ringbolzen in der Bordwand aus, wurde durch den Brassenblock geschoren und endete vor 1500 zumeist an einer Klampe, nach 1500 fast immer an einem Kreuzholz.
Der Fockbrassenläufer wurde nach 1525 am Großstag angesetzt, fuhr durch den Brassenblock und einen Leitblock am Großstag und wurde häufig an einem kleinen Knecht an der Bordwand belegt.
Die Mars-, Bram- und Royalbrassen wurden ähnlich wie die Unter-brassen geführt, nur daß die Brambrassen häufig, die Royalbrassen fast immer einfach vorhanden waren, wie die Zeichnungen rechts zeigen.
Die Bagienbrassen setzten häufig im letzten Großwantenpaar an. Die Kreuz- und Kreuzbrambrassen wurden entweder zu den Großwanten oder aber zur Nock der Besanrute oder der Gaffel geführt und von dort weiter an Deck.
Die Blindebrassen – Achterbrassen oder Drissen genannt – waren ähnlich wie die Vormarsbrassen geführt. Sie gingen vom Fockstag aus und wurden über Leitblöcke am Fockstag entweder über ein weiteres Leitblockpaar am Bugspriet, oder direkt zu einem Belegnagel an der Bugreling des Backdecks gefahren.

Stellung der Rahen

In einigen Modellbaubüchern wird empfohlen, die Untersegel und die Blinde an der Rah zu beschlagen oder zumindest aufzugeien sowie Stag- und Leesegel ganz wegzulassen, damit man die Deckaufbauten und die Takelage gut genug sehen kann, da sie sonst durch die Segel verdeckt würden. Manche empfehlen aus dem gleichen Grund, gar Schiffsmodelle grundsätzlich ohne Segel zu bauen.
Daran ist zwar manches wahr, andererseits aber nimmt man sich mit teilweise aufgegeiten Segeln viel von der schönen Wirkung eines Schiffes in voller Fahrt.
Nun gibt es einen sehr einfachen und wirkungsvollen Trick, wie man alle Segel – samt Stag- und Leesegeln – setzen kann und immer noch besten Einblick auf Decks und Takelage hat; dieser Trick besteht in der Drehung der Rahen.
Bei einem Modell mit den an der Rah geborgenen Segeln oder ganz ohne Segel stehen die Rahen grundsätzlich (!) parallel zur Hauptspant-ebene bzw. im Winkel von 90° zur Mittschiffsebene.
Hat man aber Segel gesetzt, sieht diese Rahstellung erstens etwas stur und langweilig aus und wirkt zweitens nicht sehr natürlich, weil der Wind fast immer etwas von der Seite kommt; drittens erzielen Sie, wenn Sie die Rahen und damit die Segel um 15 bis maximal 35° aus der Haupt-spantebene drehen, nicht nur optisch eine weit bessere Wirkung, Sie haben auch – zumindest von einer Seite – den vollen und ungehinderten Einblick auf Decks und Takelage.

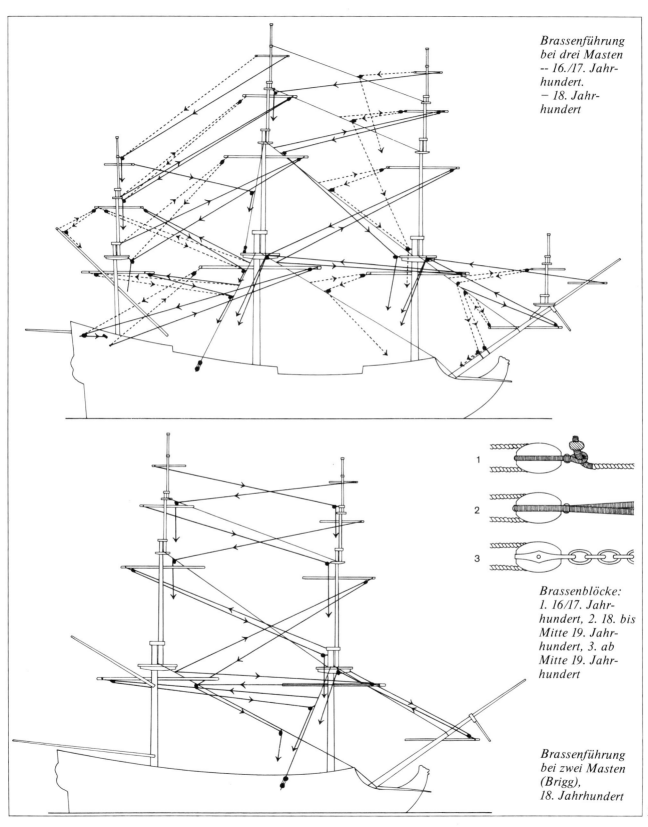

*Brassenführung
bei drei Masten
-- 16./17. Jahr-
hundert.
– 18. Jahr-
hundert*

*Brassenblöcke:
1. 16/17. Jahr-
hundert, 2. 18. bis
Mitte 19. Jahr-
hundert, 3. ab
Mitte 19. Jahr-
hundert*

*Brassenführung
bei zwei Masten
(Brigg),
18. Jahrhundert*

335

Schoten und Halsen

Violinblock: oben englisch, unten kontinental. Schot- und Schuhblöcke waren entsprechend gebaut.

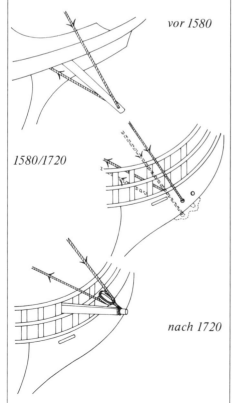

vor 1580

1580/1720

nach 1720

Führung der Fockhalsen

Untersegelschoten:

Die Schoten hatten die Aufgabe, die unteren Ecken des Segels, die Schothörner, gegen den Winddruck zu halten.
Von der Antike bis ins 19. Jahrhundert blieb die Führung der Untersegelschoten gleich. Am Schothorn wurde ein einscheibiger Block angehängt. Das Schot selbst nahm an einem Ringbolzen der Bordwand seinen Anfang, wurde durch den Schotblock geschoren und direkt, oder seit dem 15. Jahrhundert durch ein Scheibgat in der Bordwand, binnenbords geführt und an einer Klampe, seit dem frühen 16. Jahrhundert an einem Kreuzholz, belegt.

Netzschoten:

Bis ins späte 10. Jahrhundert wurden auf Wikingerschiffen als Schoten Netze verwendet, die am Fußliek des Segels eingeflochten waren und von denen 8 bis 12 Tauenden auf das Deck hingen, an denen die Männer angreifen konnten. Ein deutliches Beispiel dieser Netzschoten zeigt der rechts abgebildete Stenkyrka-Bildstein.

Mittelschoten:

Seit Mitte des 14. Jahrhunderts setzte man in der Mitte des Fußlieks ein weiteres Schot an, nach der Mitte des 15. Jahrhunderts deren zwei jeweils am Fußliek des Stammsegels und am Fußliek des untersten Bonnets. Die scharfe, senkrechte Mittelfalte, die auf Abbildungen von Schiffen zwischen Mitte des 14. und Mitte des 16. Jahrhunderts an den Großsegeln und teilweise auch an den Focksegeln zu beobachten ist, war eine Folge dieser Mittelschoten, die Mitte des 16. Jahrhunderts wieder abgeschafft wurden.

Topsegelschoten:

Als in der zweiten Hälfte des 15. und im frühen 16. Jahrhundert die Topsegel noch sehr klein waren, wurden nicht nur die Brassen zur Mars gefahren und dort belegt, sondern auch die Schoten. Kurz nach 1500 führte man die Topsegelschoten über kleine Blöcke an der Unterrahnock und parallel zu den Brassen weiter an Deck. Diese Schotführung wurde bis Anfang des 19. Jahrhunderts für die Oberblindeschoten verwendet.

Obersegelschoten:

Mitte des 16. Jahrhunderts wurden die Marssegelschoten mit einem Stopperknoten am Schothorn befestigt, durch einen Block an der Nock der darunterliegenden Rah geschoren, zu Leitblöcken im inneren Drittel der Rah und schließlich zum Deck hinuntergefahren, wo sie durch die Scheibgats der Betingknechte geschoren und an deren Köpfen belegt wurden. Die Bram- und Royalsegelschoten wurden ebenso wie die Marssegelschoten geführt und an der Beting belegt.

Halsen:

Halsen gab es nur an den Untersegeln. Bis in die erste Hälfte des 18. Jahrhunderts waren es einfache Taue, die mit einem Stopperknoten am Schothorn angesetzt waren. Das Großhals wurde durch das Loch der Halsklampe in die Kuhl geschoren und an einem Kreuzholz belegt. Das Fockhals wurde bis Anfang des 17. Jahrhunderts durch ein Kantholz mit zwei Löchern am Galionsscheg, um 1630 durch eine Brille unter dem Scheg, um 1650 durch zwei Löcher im Scheg, und seit der ersten Hälfte des 18. Jahrhunderts über einen Block an der Nock des Halsbaums gefahren. In der ersten Hälfte des 18. Jahrhunderts wurden auch, zunächst auf dem Kontinent, später auch in England, doppelte Halsen durch einen mit einem Stopperknoten am Schothorn befestigten Block verwendet.

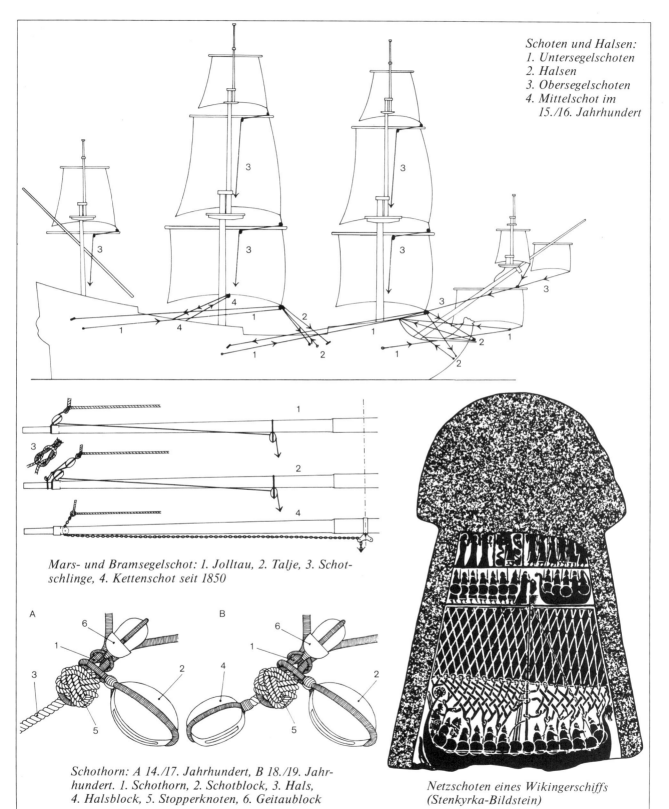

Schoten und Halsen:
1. Untersegelschoten
2. Halsen
3. Obersegelschoten
4. Mittelschot im
   15./16. Jahrhundert

Mars- und Bramsegelschot: 1. Jolltau, 2. Talje, 3. Schot-schlinge, 4. Kettenschot seit 1850

Schothorn: A 14./17. Jahrhundert, B 18./19. Jahr-hundert. 1. Schothorn, 2. Schotblock, 3. Hals,
4. Halsblock, 5. Stopperknoten, 6. Geitaublock

Netzschoten eines Wikingerschiffs
(Stenkyrka-Bildstein)

Geitaue

Geitaue gab es seit dem 14. Jahrhundert.
Das Geitau wurde an der Rah – 2/3 der halben Rahlänge plus 2 Fuß
von der Rahmitte aus – angesetzt, fuhr durch einen Block am Schothorn
(s. SCHOTEN), kehrte zu einem Block an der Rah – 2 Fuß innerhalb des
Ansatzpunktes – zurück, wurde durch einen Leitblock an der Mars und
durch eine Leitkausch an den Wanten in halber Wantenhöhe geschoren
und an einem Nagel belegt. Bramgeitaue – sie waren auf kleineren
Schiffen einfach – wurden manchmal in der Mars belegt. Blindegeitaue
wurden vor 1720 an einer Nagelbank im Galion belegt, später durch das
Tausendbein geschoren und an einem Nagel der Bugreling der Back
belegt. Die Oberblindegeitaue wurden vor 1720 in der Sprietmastmars
belegt, nach 1720 wie die Geitaue der Blinde geführt.
Für die Geitaue wurden nach 1670 fast immer Hutblöcke verwendet.

Gordings

Man unterscheidet Nock- und Buggordings.
Nockgordings gab es seit Mitte des 15. Jahrhunderts. Sie griffen mit
Spruten an den Seitenlieken des Segels an und wurden stets vor und
hinter dem Segel gefahren. Nach 1650 wurden die Nockgordings vereinfacht, die verschiedenen Versionen zeigen die Zeichnungen rechts. Nach
1720 waren einfache Nockgordings englischen Typs allgemein in
Gebrauch.
Buggordings wurden ausschließlich vor dem Segel gefahren und griffen
am Fußliek an. Es gab sie an den Untersegeln seit Mitte des 16., an
Marssegeln seit der ersten Hälfte des 17., an Bramsegeln seit Ende des
17. Jahrhunderts. An den Untersegeln wurde vor 1720 ein Paar, nach
1720 auf großen Schiffen zwei Paar, an Marssegeln ein Paar, an Bramsegeln oft nur eine Nockgording gefahren, die sich im unteren Drittel
teilte und nach beiden Seiten am Fußliek angriff. Die Gordings wurden
über Blöcke unter der Mars oder am Stagkragen geführt, weiter durch
Leitkauschen an den Wanten und an Nägeln belegt. Die Blinde besaß
nur Buggordings, oft in der Art der Bramgordings; die Oberblinde führte
keine Gordings.

Stek am Legel

Refftaljen

Nach Einführung der Reffe an den Marssegeln im 17. Jahrhundert
wurden die Refftaljen notwendig. Sie waren am Seitenliek der Segel
befestigt, führten durch ein Scheibgat in der Rahnock und endeten in
einer Talje, die holländisch am Stengetop – diese Methode wurde nach
1710 allgemein üblich – ansonsten an der Bindung des Racks angestroppt
wurde. Die Refftalje wurde an den Püttingsjungfern der Mars belegt.
Geitaue, Gordings und Refftalje werden bei gesetzten Segeln lose,
d.h. locker hängend gefahren!

Nocktakel

Seit der zweiten Hälfte des 17. Jahrhunderts bis ins frühe 19. Jahrhundert
waren die Unterrahen gelegentlich mit Nocktakel ausgerüstet, die die
gleiche Aufgabe wie Stag- und Seitentakel erfüllen sollten.
Nocktakel bestanden aus einem Hanger, der an der Rahnock befestigt
war und einen Violinblock trug. Die laufende Part trug einen Doppelblock mit Haken. Auf Fahrt wurde das Nocktakel entweder, wie die
Zeichnung rechts zeigt, an der Rah gestaut, oder der Haken wurde in
einem Augbolzen der Rüste eingehakt. Nocktakel wurden hauptsächlich
auf englischen Schiffen – doch keineswegs auf allen – gefahren, auf
kontinentalen Schiffen sieht man sie höchst selten.

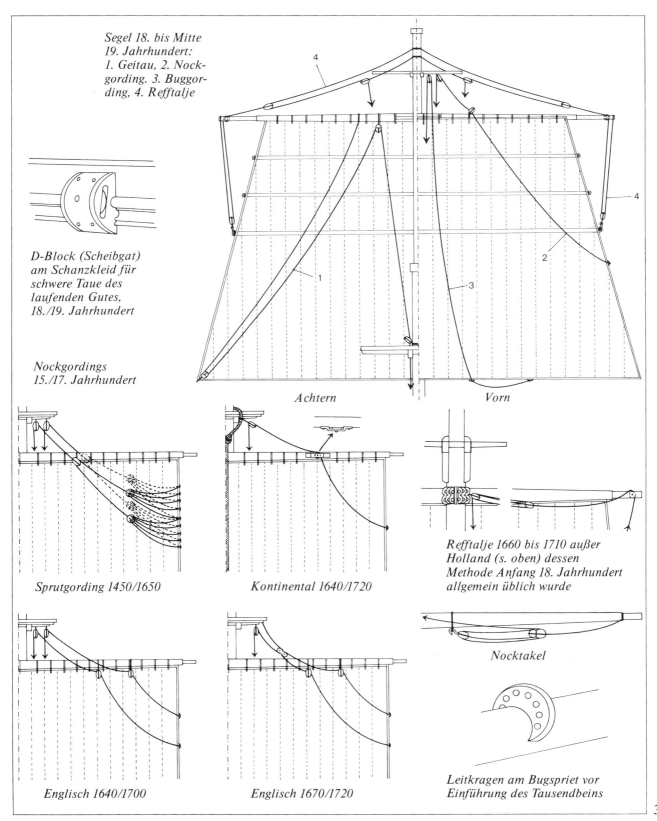

Segel 18. bis Mitte
19. Jahrhundert:
1. Geitau, 2. Nock-
gording. 3. Buggor-
ding, 4. Refftalje

D-Block (Scheibgat)
am Schanzkleid für
schwere Taue des
laufenden Gutes,
18./19. Jahrhundert

Nockgordings
15./17. Jahrhundert

Achtern

Vorn

Sprutgording 1450/1650

Kontinental 1640/1720

Refftalje 1660 bis 1710 außer
Holland (s. oben) dessen
Methode Anfang 18. Jahrhundert
allgemein üblich wurde

Nocktakel

Englisch 1640/1700

Englisch 1670/1720

Leitkragen am Bugspriet vor
Einführung des Tausendbeins

339

Bulins

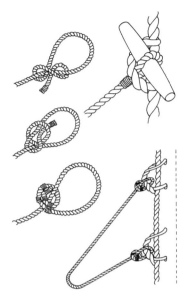

Befestigen der Bulinspruten am Liek mit Knebel oder Tauschlinge

Stenge-windereep

Stengewindereep

Die Aufgabe der Bulins war es, bei spitz einfallendem Wind das Luvliek vorzuholen.

Manche Schiffshistoriker vermuten bereits bei den Schiffen der antiken Griechen und Römer Bulins, beweisen können sie das freilich nicht. Zuverlässig belegt sind Bulins seit dem frühen 13. Jahrhundert.

Beitaß

Bevor man Bulins einführte, behalf man sich auf den Schiffen der Wikinger und des frühen Mittelalters mit dem Beitaß. Dies war eine Holzstange mit abgesetzter Nock, die ins Schothorn oder in eine Schlaufe oder ein Legel des Seitenlieks gesteckt wurde. Auf Deck an der Bordwand in Höhe des Mastes waren zwei Holzklötze mit runden Vertiefungen angebracht. In diese wurde das untere Ende des Beitaß gesteckt und auf diese Weise das Segel vorgespreizt.

Bulins

Die Führung der Bulins ist zumeist mühelos aus den Takelplänen zu entnehmen. Beachten sollte man nur, daß ab 1660 als Fußblock der Großbulin am Fockmastfuß ein Kinnbackenblock verwendet wurde.

Die Spruten der Bulins waren mit gebundenen Augen oder mit Knebeln an den Legeln des Seitenlieks befestigt. Bis ins späte 15. Jahrhundert setzten die Bulins mit zwei, höchstens drei Spruten am Seitenliek des Segels an. Im 16. Jahrhundert stieg die Zahl der Bulinspruten teilweise sprunghaft an und wurde Anfang des 17. Jahrhunderts wieder auf folgende Zahlen reduziert: Untersegel drei Spruten; wenn ein Bonnet angesetzt war vier Spruten, von denen das unterste am Bonnet angriff; Vormarssegel drei oder vier Spruten; Großmarssegel vier Spruten; Kreuzsegel zwei bis drei Spruten; Bramsegel zwei Spruten. Untereinander waren die Spruten mit gespleißten Augen, eingebundenen Kauschen und seltener mit kleinen Blöcken verbunden.

In der zweiten Hälfte des 19. Jahrhunderts wurden die Bulins abgeschafft.

Um die Stengen heißen und fieren zu können, benutzte man das Stengewindereep. Es wurde an der Unterseite des Eselshauptes eingehakt, durch das Scheibgat am Stengefuß geschoren und lief durch einen Block, der ebenfalls am Eselshaupt eingehakt war, zum Deck.

Auf einem Modell wird man das Stengewindereep weglassen, da es auf Schiffen nur in Ausnahmefällen benötigt und dann erst eingeschoren wurde. Zu sehen sind lediglich die zwei oder vier Augbolzen an der Unterseite des Eselshaupts.

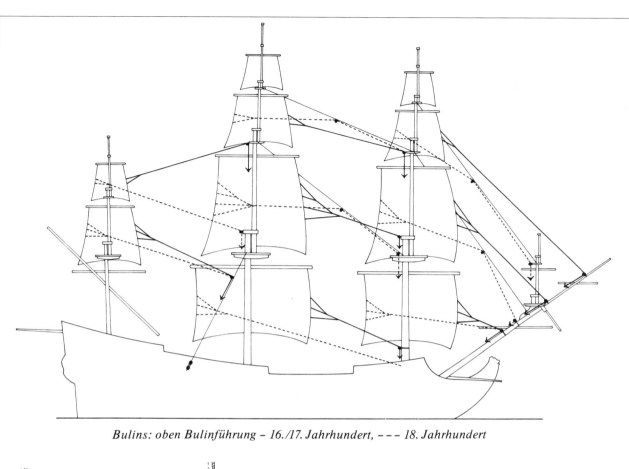

Bulins: oben Bulinführung – 16./17. Jahrhundert, – – – 18. Jahrhundert

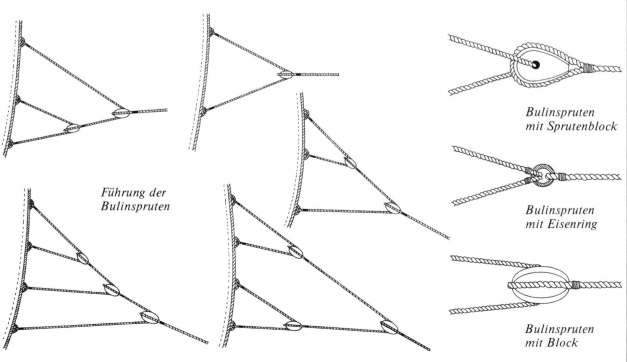

Führung der Bulinspruten

Bulinspruten mit Sprutenblock

Bulinspruten mit Eisenring

Bulinspruten mit Block

341

Gaffelsegel

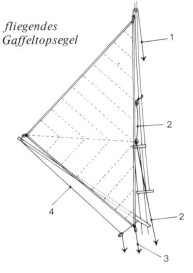

fliegendes Gaffeltopsegel

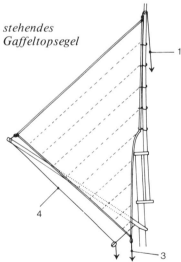

stehendes Gaffeltopsegel

*Gaffeltopsegel: 1. Fall,
2. Leiter, 3. Hals, 4. Schot*

Leuwagen

In der ersten Hälfte des 18. Jahrhunderts kamen Gaffelsegel an Stelle der lateinischen Besansegel in Gebrauch. Zunächst wurden sie noch an lateinischen Ruten gefahren, nach Mitte des 18. Jahrhunderts an der Gaffel mit einem Gaffelbaum (Gaffelsegel) oder ohne Gaffelbaum (Klausegel). Seit dem späten 18. Jahrhundert wurden zusätzlich gern Gaffeltopsegel gefahren.

Rack:
Die Racks für Gaffel und Gaffelbaum waren zunächst mit einer Reihe Klotjes (Korallen) ausgerüstet, nach Mitte des 19. Jahrhunderts verwendete man einen eisernen Schwanenhals (s. GAFFEL und GAFFELBAUM).

Klaufall:
Das Klaufall diente dem Heißen der Gaffel. Ein oberer Block war an der Saling angehängt, ein unterer an einem Ringbolzen der Gaffelklaue. Beide wurden durch das Klaufall verbunden.

Piekfall
Das Piekfall übernahm die Aufgabe der Toppnanten und stellte die richtige Schräge der Gaffel sicher. Es gab die verschiedensten Methoden, das Piekfall anzusetzen, wie die Zeichnungen rechts zeigen.

Geeren:
Die Geeren dienten der Gaffel als Brassen und waren in etwa auch wie diese geführt.

Dirk:
Die Dirk hielt den Gaffelbaum in der Waagerechten. Sie setzte am Eselshaupt an, für ihre Führung gab es auch einige unterschiedliche Methoden.

Baumtalje:
Die Baumtalje diente der seitlichen Bewegung des Gaffelbaums. Ihr oberer Block war häufig durch eine Klampe gegen das Abrutschen gesichert. Der untere Block war häufig an einer Eisenstange, dem Schlitten, eingehakt, bei Klausegeln wurde das Schot an diesem Schlitten eingehängt.

Aufholer:
Über ein Scheibgat an der Gaffelnock lief ein Tau zum Nockhorn oder Piekohr des Segels und zurück zum Mast, mit dem das Segel aufgeholt werden konnte.

Niederholer:
Ebenfalls am Nockhorn saß ein Tau, das zur Klaue und weiter zum Mastfuß fuhr und mit dem das Segel niedergeholt werden konnte, wenn man es bergen wollte.

Schot:
Das Schot lief über einen Block oder ein Scheibgat an der Gaffelbaumnock und wurde auf kleinen Schiffen direkt, auf großen Schiffen mit einem Takel binnenbords geholt und an einer Klampe belegt.

Geitaue:
Die bis zu 5 Geitaue dienten dem Heranholen des Segeltuchs zum Mast, wenn das Segel geborgen werden sollte.

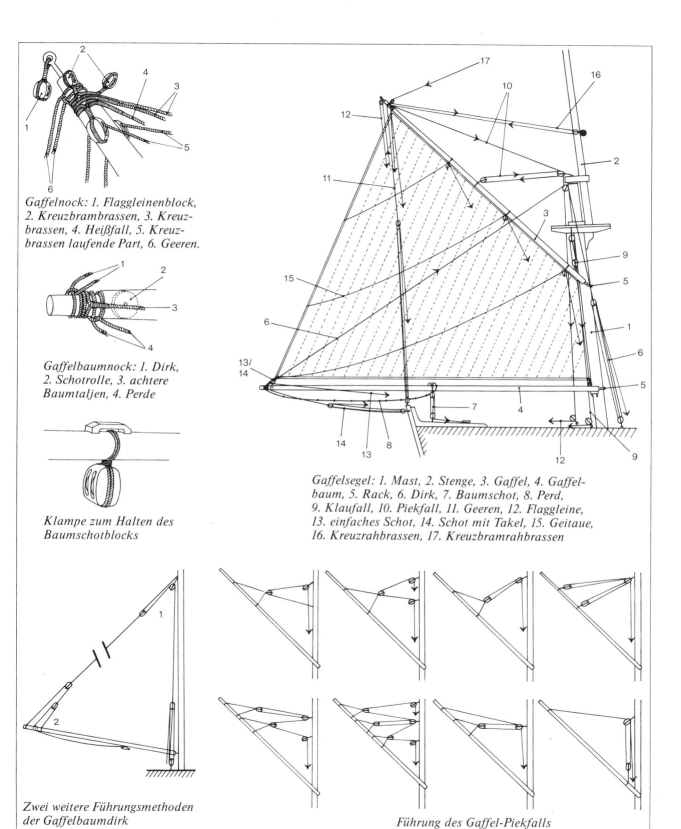

Gaffelnock: 1. Flaggleinenblock,
2. Kreuzbrambrassen, 3. Kreuz-
brassen, 4. Heißfall, 5. Kreuz-
brassen laufende Part, 6. Geeren.

Gaffelbaumnock: 1. Dirk,
2. Schotrolle, 3. achtere
Baumtaljen, 4. Perde

Klampe zum Halten des
Baumschotblocks

Gaffelsegel: 1. Mast, 2. Stenge, 3. Gaffel, 4. Gaffelbaum, 5. Rack, 6. Dirk, 7. Baumschot, 8. Perd,
9. Klaufall, 10. Piekfall, 11. Geeren, 12. Flaggleine,
13. einfaches Schot, 14. Schot mit Takel, 15. Geitaue,
16. Kreuzrahbrassen, 17. Kreuzbramrahbrassen

Zwei weitere Führungsmethoden
der Gaffelbaumdirk

Führung des Gaffel-Piekfalls

343

Stagsegel

Seit ihrer Einführung auf großen Schiffen in der zweiten Hälfte des 17. Jahrhunderts änderte sich an der Takelung der Stagsegel nur wenig. Man unterscheidet zwischen fliegenden Stagsegeln, die frei aufgespannt waren, und festen Stagsegeln, die an einem Stag angeschlagen wurden.

Falsches Stag:
Wie schon unter STAGE beschrieben, wurden die Stagsegel im 17. und frühen 18. Jahrhundert an falschen Stagen angeschlagen, die abgenommen wurden, wenn man die Stagsegel barg.

Fall:
Das Fall wurde durch zwei einfache Blöcke geführt, von denen der obere am Masttop oder der Saling befestigt war, der untere am Fallhorn des Segels angebunden oder eingehakt wurde. Das Fall führte zum Deck und wurde bei großen Stagsegeln mit einer Talje dicht geholt.

Hals:
Das Hals diente der unteren Befestigung des Stagsegels. Es wurde im Prinzip ebenso wie das Fall geführt und war bei Klüver, Außenklüver und Flieger auch oft mit einem Haken in der Halskausch des Klüvers eingehakt.

Schot:
Stagsegel fuhren stets doppelte Schoten mit langem Blockstropp. Das Leeschot wurde steif verholt, das Luvschot hing über dem nächsten Stag und wurde lose gefahren.

Niederholer:
Bei festen Stagsegeln griff der Niederholer am Nockhorn an – bei großen Segeln wurde er manchmal bis zum Schothorn weitergeführt – und diente dem Heran- und Herunterholen des Segels, wenn dieses geborgen wurde. Fliegende Stagsegel hatten keinen Niederholer.

Gording:
Große Stagsegel fuhren vor und hinter dem Segel eine Gording zum Heranholen des Tuches an den Mast beim Segelbergen.

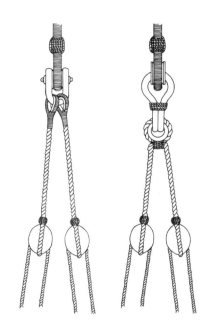

Anhängen der Schoten am Schothorn, zweite Hälfte 19. Jahrhundert mit eisernen Schäkeln

Taustärken Stagsegel:

Segel	falsches Stag	Fall	Hals	Schot	Nieder- holer	Gording
Außenklüver	30%	15%	16%	28%	10%	
Binnenklüver	26%	15%	16%	26%	10%	
Vorstengestagsegel	22%	21%	18%	23%	10%	
Großstagsegel	25%	20%	18%	22%	10%	10%
Großstengestagsegel	25%	20%	18%	20%	10%	10%
Großmittelstagsegel	24%	16%	18%	16%	10%	10%
Großbramstagsegel	20%	12%	16%	12%	10%	10%
Besanstagsegel	25%	15%	18%	15%	10%	10%
Besanstengestagsegel	20%	12%	16%	12%	10%	10%

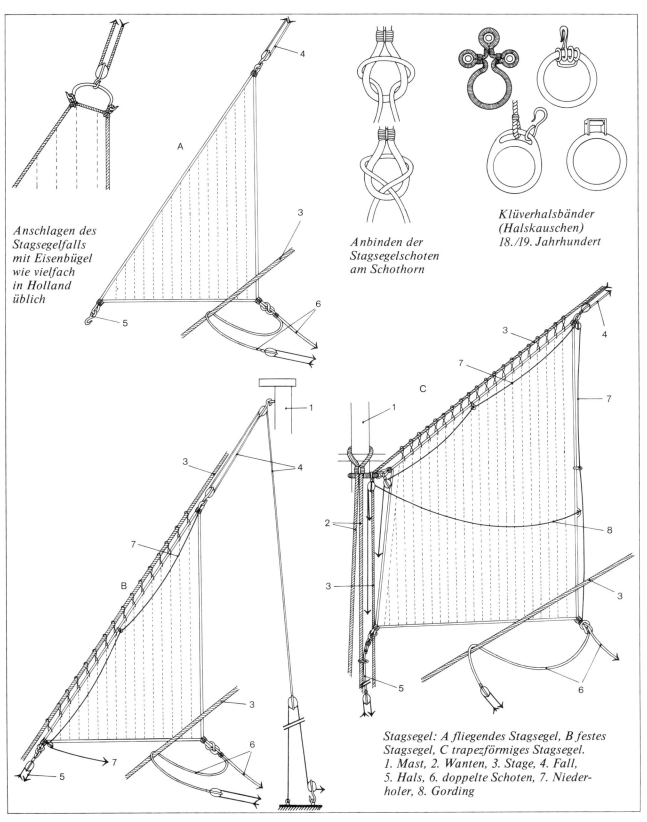

*Anschlagen des
Stagsegelfalls
mit Eisenbügel
wie vielfach
in Holland
üblich*

A

*Anbinden der
Stagsegelschoten
am Schothorn*

*Klüverhalsbänder
(Halskauschen)
18./19. Jahrhundert*

C

B

*Stagsegel: A fliegendes Stagsegel, B festes
Stagsegel, C trapezförmiges Stagsegel.
1. Mast, 2. Wanten, 3. Stage, 4. Fall,
5. Hals, 6. doppelte Schoten, 7. Niederholer, 8. Gording*

Leesegel

Die Leesegel dienten der Vergrößerung der Segelfläche bei raumem Wind oder Backstagbrise.

Mit Ausnahme der Spierenzurring wurde das gesamte Tauwerk der Leesegel nur dann eingeschoren, wenn die Leesegel gesetzt wurden; barg man sie, so wurde das gesamte Tauwerk wieder abgeschlagen.

Spieren- und Baumtakelung:
Die Leesegelspieren waren an ihrem hinteren Ende stets mit einer Brille oder Zurring auf der Rah befestigt.
Die Unterrahspiere war oft mit einer kleinen zusätzlichen Brasse ausgerüstet, und das Marsleesegelschot wurde so angeordnet, daß es gleichzeitig der Unterrahspiere als Toppnant diente.
Der Leesegelbaum wurde nach oben von einem Toppnant gehalten, nach unten mit dem Niederholer, und nach den Seiten mit den Geitauen abgestützt.

Leesegelrahen und Fallen:
Die Leesegel waren stets an eigenen kleinen Rahen angeschlagen. Die Unterleesegel führten bis etwa 1750 Rahen von voller Segelbreite, danach Rahen von halber Segelbreite, und das innere Nocklegel wurde mit einem Innenfall gespannt.
Wenn kein Leesegelbaum (oder Backspiere) gefahren wurde, erhielt das Unterleesegel eine Unterrah von halber Segelbreite und wurde fliegend mit einem Schot, das mit drei Spruten an der Unterrah angriff, gefahren.
Die Fallen der Leesegelrahen waren einfach und fuhren über Blöcke an der Rahnock bzw. der Spiere zu Leitblöcken am Mast und zum Deck.

Halsen:
Am äußeren Ende der Spieren bzw. des Baumes waren Blöcke angestroppt, durch die die Halsen geschoren wurden, die zumeist mit einem einfachen Takel gespannt wurden und deren laufende Part zum Deck führte.

Schoten:
Auf der Mastseite wurden die Leesegel mit einfachen Schoten gespannt, die am Schanzkleid oder der Rah ihren Anfang nahmen, meist ohne Block durch das Schothorn des Segels geschoren wurden und über Leitblöcke ebenfalls zum Deck liefen.

Gaffelleesegel:
In entsprechender Weise wurde das Gaffelleesegel ausgerüstet, das im späten 18. Jahrhundert üblich wurde. Neben Fall, Schot und Hals führte es am Vorderliek eine Bulin.

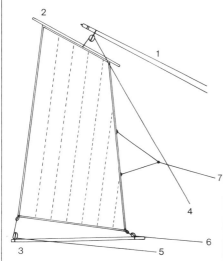

Gaffelleesegel:
1. Gaffel, 2. Gaffelleesegelrah,
3. Gaffelleesegelbaum, 4. Fall,
5. Schot, 6. Hals, 7. Bulin

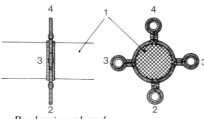

Backspierenband:
1. Leesegelbaum, 2. Niederholerstropp, 3. Geitaustroppen,
4. Toppnantenstropp

Taustärken Leesegel:

Tau	Leesegelbaum	Unterrahspiere	Unterleesegel	Marsleesegel	Bramleesegel
Niederholer	22%				
vorderes Gei	20%				
hinteres Gei	20%				
Toppnant	20%				
Brasse		10%			
Rahfall			20%	18%	12%
Innenfall			18%		
Schot			18%	15%	10%
Hals			18%	15%	10%

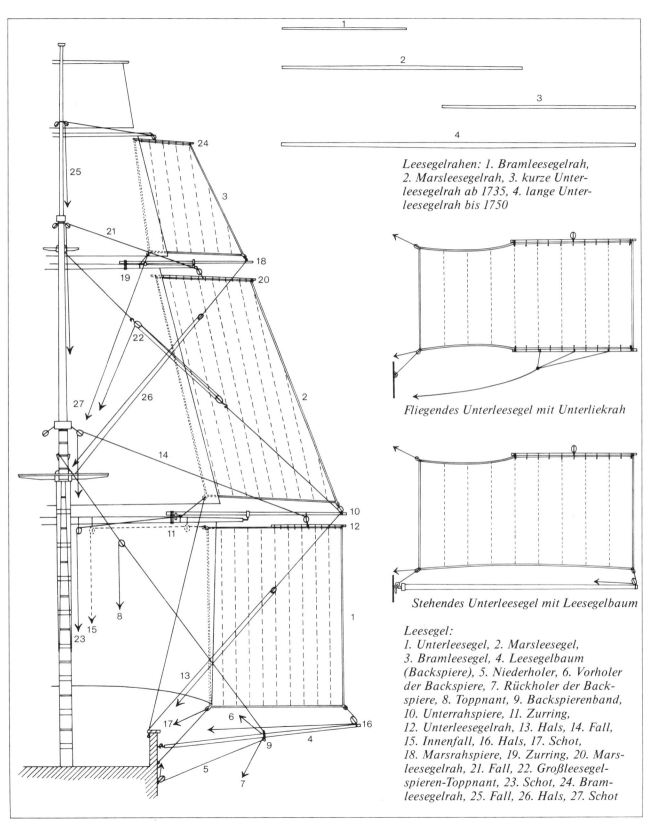

Leesegelrahen: 1. Bramleesegelrah,
2. Marsleesegelrah, 3. kurze Unterleesegelrah ab 1735, 4. lange Unterleesegelrah bis 1750

Fliegendes Unterleesegel mit Unterliekrah

Stehendes Unterleesegel mit Leesegelbaum

Leesegel:
1. Unterleesegel, 2. Marsleesegel,
3. Bramleesegel, 4. Leesegelbaum
(Backspiere), 5. Niederholer, 6. Vorholer
der Backspiere, 7. Rückholer der Backspiere, 8. Toppnant, 9. Backspierenband,
10. Unterrahspiere, 11. Zurring,
12. Unterleesegelrah, 13. Hals, 14. Fall,
15. Innenfall, 16. Hals, 17. Schot,
18. Marsrahspiere, 19. Zurring, 20. Marsleesegelrah, 21. Fall, 22. Großleesegel-
spieren-Toppnant, 23. Schot, 24. Bramleesegelrah, 25. Fall, 26. Hals, 27. Schot

Geborgene Segel

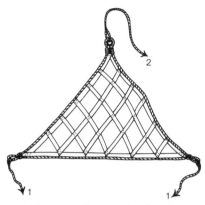

Netz zum Bergen der Segel:
1. Taue seitlich des Rahkör-
pers hinter dem Segel
angeschlagen,
2. Talje durch einen Block an
der Mars oder dem Eselshaupt
geschoren

Rahen ohne Segel

Will man seine Segel locker an der Rah geborgen zeigen, so hat man sie, wie unter GEBORGENE SEGEL im Kapitel SEGEL beschrieben, vorbereitet und unterdessen mit allen entsprechenden Tauen ausgestattet. Während Schoten und Halsen nun locker gelassen werden, zieht man das Segel mit Geitauen, Nock- und Buggordings an die Rah herauf, so daß sie in einem lockeren Bausch unter der Rah hängen. Gute Beispiele für diese Art zeigen die Modelle der englischen Galeone Seite 23 und der französischen Panzerfregatte *La Gloire* Seite 205.

Will man die Segel ganz an der Rah geborgen zeigen, so ist es oft günstig, die Taue (Geitaue, Gordings und Refftaljen) vorn an der Rah zu befestigen und das Segel dann aus zerlegten Tempotaschentüchern oder Japanpapier herzustellen.

Wichtig ist dabei, daß das geborgene Segel nie gleichmäßig entlang der Rah aufgebunden, sondern nach den Nocken zu ziemlich dünn und in der Mitte vor dem Mast bzw. der Stenge zu einem dicken Bausch zusammengefaßt wurde.

Vielfach wurde dabei ein dreieckiges Netz verwendet, das man rechts und links mit zwei Tauen an der Rah anschlug, und dessen Mitteltalje durch einen Block an der Mars oder am Eselshaupt geschoren den Segelbausch in der Mitte zusammenfaßte und festhielt.

Auf der Rah festgehalten werden die geborgenen Segel mit den Rattenschwänzen, die mehrfach um Segel und Rah geschlagen und dann verknotet werden.

Achtung, daß die geborgenen Segel auf der Rah weder zu wulstig und zu dick werden, noch daß sie wie dürftige Würstchen dort hängen.

Die französische Panzerkorvette *La Jeanne d'Arc* zeigt ein besonders schönes und gelungenes Beispiel für die an der Rah geborgenen Segel – so sollten sie aussehen!

Verzichtet man bei seinem Schiffsmodell auf Segel, so wissen manche Modellbauer nicht recht wohin mit den verschiedenen Tauen, die sonst an den Segeln angreifen; man kann da die abenteuerlichsten Lösungen beobachten.

Hier also die allgemein gültigen Regeln:

Durch die Stroppschlinge des sonst am Schothorn der Untersegel befestigten Geitaublocks wird der Stropperknoten der Hals gesteckt und die Stroppschlinge des Schots darüber gestülpt. Die ganze Kombination wird bis zur Rah aufgezogen, wobei unterer und oberer Geitaublock etwa noch eine Blocklänge Zwischenraum haben sollen.

Entsprechend verfährt man mit den Geitauen und Schoten der Mars-, Bram- und Royalsegel.

Die Gordings werden mit Stopperknoten versehen und bis zu ihren Leitblöcken an der Rah aufgezogen, so daß der Stopperknoten stets auf der Außenseite des Blockes sitzt.

Die Bulins werden von der Rahmitte nach außen im gleichen Abstand, wie sie sonst an den Segeln sitzen, an der Rah festgebunden.

Die Takelagen der Stagsegel entfallen.

Achtung Modellbauer! Bei geborgenen Segeln und Rahen ohne Segel standen die Rahen stets rechtwinklig zur Mittschiffsebene bzw. parallel zur Hauptspantebene!

Achtung auf die richtige Stellung der Rahen (s. TOPPNANTEN)!

Französische Dampf-Segel angetriebene Panzerkorvette La Jeanne d'Arc *von 1867.*
Sehr schön zu sehen die an den Rahen geborgenen Segel.

Lateinersegel

Man muß zunächst zwischen den Lateinersegeln des Mittelmeeres, die oft als ausschließliche Takelung gefahren wurden, und den lateinischen Besansegeln ansonsten querrah getakelter Schiffe unterscheiden.

Rack:
Das Rack besaß zwei Reihen Klotjes, auf querrah getakelten Schiffen mit und im Mittelmeer ohne Schlieten. Es griff nicht direkt an der Rah an, sondern umfaßte das Fall. War es über einen Block geschoren, so wurde es mit einer Strecktalje am Mastfuß verholt; lief es durch eine zweiäugige Jungfer, war die Strecktalje vielfach auf dem Wagen der Rute befestigt.

Fall:
Im Mittelmeer wurde das Fall grundsätzlich durch ein Scheibgat am Masttop geschoren. Auf querrah getakelten Schiffen wurde das Fall häufig über Blöcke geführt, die an der Saling befestigt waren. Verholt wurde das Fall mit einem Kardeel, das durch Blöcke oder durch einen Knecht geschoren wurde.

Dirk:
Eine Dirk wurde nur auf querrahgetakelten Schiffen gefahren. Sie griff mit mehr oder minder komplizierten Hahnepoten am obersten Teil der Feder an und wurde zur Besanstenge und/oder zum Großmast gefahren und mit einer Strecktalje an Deck verholt.

Knebel:
Fast alle Taue, auch die Wanten, wurden im Mittelmeer mit Knebeln versehen, die ein leichtes Lösen und Zusammensetzen der Taue ermöglichten.

Halstalje (Pispotten):
Die Halstaljen ersetzten die Brassen. Sie setzten auf querrahgetakelten Schiffen an den letzten Großwanten an, im Mittelmeer an der Bordwand, und wurden durch Blöcke an der Wagennock geschoren und an Belegnägel bzw. Klampen belegt. Im Mittelmeer war oft eine dritte mittlere Halstalje üblich.

Oberbrassen:
Im Mittelmeer wurde im oberen Drittel der Rute ein zweites Paar Brassen gefahren, die ein Durchbiegen der oft sehr langen Ruten nach vorn verhindern sollten, wobei man die Luvbrasse steifsetzte, die Leebrasse lose fuhr.

Schot:
Lateinische Segel besaßen nur ein Schot. Sein unterer Block wurde am Flagstockknie, in einem Ringbolzen an Deck oder an der Auslegernock befestigt, das Schot selbst an einer Klampe belegt.

Gordings:
Es wurden die verschiedensten Gordingsformen gefahren, manchmal auch Geitaue, wie die Zeichnungen rechts zeigen.

Hals:
Wurde ein Bonnet gefahren (nie im Mittelmeer!), dann wurde sein vorderes Ende von einer ähnlich dem Schot ausgebildeten Hals gehalten.

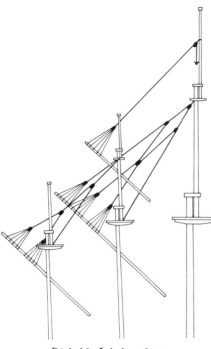

Dirk 16. Jahrhundert

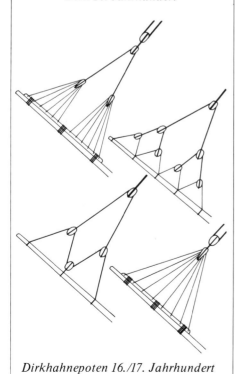

Dirkhahnepoten 16./17. Jahrhundert

350

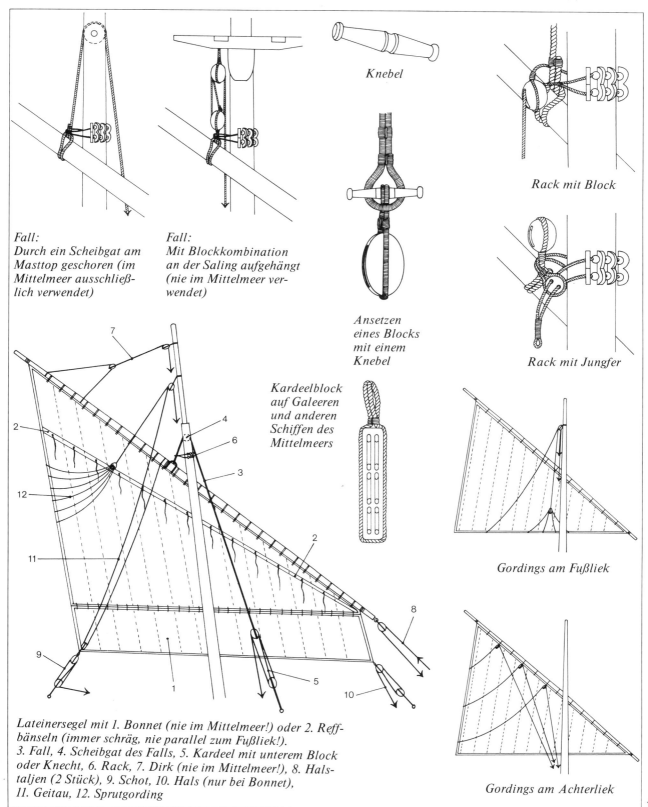

Knebel

Rack mit Block

Rack mit Jungfer

Fall:
Durch ein Scheibgat am Masttop geschoren (im Mittelmeer ausschließlich verwendet)

Fall:
Mit Blockkombination an der Saling aufgehängt (nie im Mittelmeer verwendet)

Ansetzen eines Blocks mit einem Knebel

Kardeelblock auf Galeeren und anderen Schiffen des Mittelmeers

Gordings am Fußliek

Gordings am Achterliek

Lateinersegel mit 1. Bonnet (nie im Mittelmeer!) oder 2. Reffbänseln (immer schräg, nie parallel zum Fußliek!).
3. Fall, 4. Scheibgat des Falls, 5. Kardeel mit unterem Block oder Knecht, 6. Rack, 7. Dirk (nie im Mittelmeer!), 8. Halstaljen (2 Stück), 9. Schot, 10. Hals (nur bei Bonnet), 11. Geitau, 12. Sprutgording

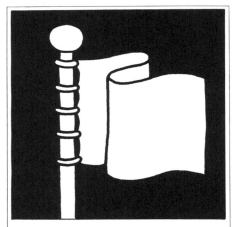

Flaggen

Papst

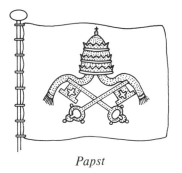

Papst

Flaggen, Fahnen, Wimpel, Standarten, Flammen. Bei allen seefahrenden Nationen wurde mit ihnen ein regelrechter Kult betrieben.

Auch der Modellbauer sollte als Abschluß und belebenden Farbtupfer sein Modell mit den entsprechenden Flaggen und Wimpeln ausrüsten. Man unterscheidet:

Flaggen: sie wurden am Masttop gefahren. Am Großmast zumeist die Staatsflagge, an Spriet-, Fock- und Besanmast Landes-, Geschwader- oder Reedereiflaggen. Angebracht wurden diese Flaggen mit Tau- oder Metallringen, teilweise wurden sie auch angenagelt. Im 17. Jahrhundert kamen eigene Flaggenleinen in Gebrauch, mit denen die Flaggen aufgezogen werden konnten.

Hauptflagge: sie stand grundsätzlich am Heck. Es war die Staats-, Königs- oder Kriegsflagge. Bis Mitte des 18. Jahrhunderts wurde sie an einem eigenen großen Flaggstock am Hackbord gefahren, danach zog man sie mit einer an der Gaffel befestigten Flaggleine auf.

Standarte: war eine Bezeichnung für die Hauptflagge, die bis ins 16. Jahrhundert und später noch auf Galeeren gerne verwendet wurde.

Flammen: waren lange, zumeist geschlitzte Wimpel. Sie waren an einem eigenen kleinen Stock befestigt, der seinerseits mit einem dünnen Tau am Masttop oder an den Rahen angehängt wurde. Flammen waren auf Segelschiffen vom späten 15. bis Anfang des 18. Jahrhunderts äußerst beliebt. Auf Galeeren nahmen die Flammen zum Teil ziemlich große Dimensionen an und wurden oft zusätzlich mit Zierschnüren, die in dicken Quasten endeten, herausgeputzt.

Wimpel: es gab sie in drei Versionen:

1. Kurze, schmale, rechteckige Tuchstreifen. Sie wurden am Besanmast statt einer Flagge gefahren.

2. Lang, schmal und nicht geschlitzt glichen sie sonst den Flammen und waren auch wie diese befestigt (Stander).

3. Lang, schmal und nicht geschlitzt, doch ohne Querholz (Wimpel). Sie waren dann unter einer Flagge am Flaggstock angebracht. Diese Form sieht man sehr oft am Großmast.

Flammen und Wimpel konnten beträchtliche Längen erreichen, mitunter bis zur vollen Masthöhe.

Fahnen: gehören strenggenommen nicht zur Schiffsbeflaggung. Im 16. Jahrhundert, auf Galeeren noch später waren sie allerdings recht beliebt. Sie wurden an eigenen Fahnenschäften angeschlagen und dann mit Tauzurrings als zusätzlicher Schmuck an der Reling befestigt.

Der Modellbauer sollte bei den Flaggen folgendes beachten:

1. Wahl der Flaggen. Diese muß, sowohl was das Aussehen, als auch was Größe und Standort anbelangt, natürlich streng nach dem historischen Vorbild erfolgen! Das ist manchmal nicht so leicht. Das Aussehen der Flaggen, z.B. in Großbritannien, änderte sich oft in kurzer Zeit mehrfach, ein brauchbares Handbuch auf diesem Gebiet fehlt und die Baupläne sind auch nicht immer zuverlässig. Die sicherste Quelle für das Aussehen der Flaggen sind zeitgenössische Gemälde und Stiche.

2. Material und Herstellung. Die Flaggen stellt man am besten wie die Segel aus Baumwollbatist her (auch ganz dünne Seide oder Japanpapier sind möglich). Mit Tempera- oder Aquarellfarben werden die Wappen etc. aufgemalt. Flaggen sollten auch niemals steif gerade stehen, sondern immer ein bißchen natürlich gebogen, geschwungen oder gewellt hängen. Da das Material zu steif ist, um von selbst richtig zu fallen, biegt man die Flaggen vor dem Anbringen entsprechend zurecht. Knicke vermeidet man dadurch, daß man den Stoff über einen Bleistift biegt und rollt.

3. Anordnung. Auf Segelschiffen weisen alle Flaggen nach Lee (also nach der vom Wind abgekehrten Seite), praktisch gesagt in die Richtung, in die sich die Segel blähen. Führt das Modell keine Segel, so werden die Flaggen in der Kiellinie bugwärts ausgerichtet.

Jerusalem

Portugal
Admiralitätsflagge

Portugal
Flamme

Portugal
Staatsflagge

Portugal

Portugal
Flamme

Burgund
Kriegsflagge

Spanien
Königsflagge

Spanien
Königsflagge

Burgund
Handelsflagge

Spanien
Staatsflagge

Spanien
Flamme

353

Flaggen

 weiß   gelb   rot

 blau   grün   schwarz

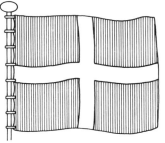

Dänemark
Staatsflagge

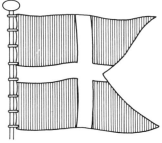

Dänemark
Königsflagge

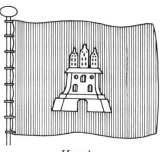

Hamburg

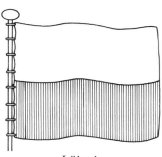

Lübeck

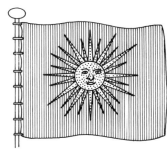

Stralsund

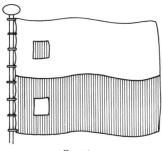

Stettin

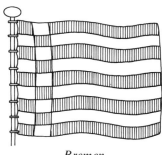

Bremen

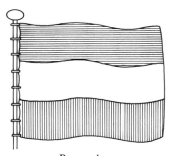

Rostock

Brandenburg
Kurfürstenflagge

Brandenburg

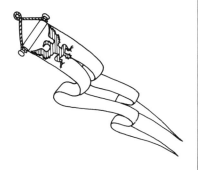

Brandenburg
Flamme

354

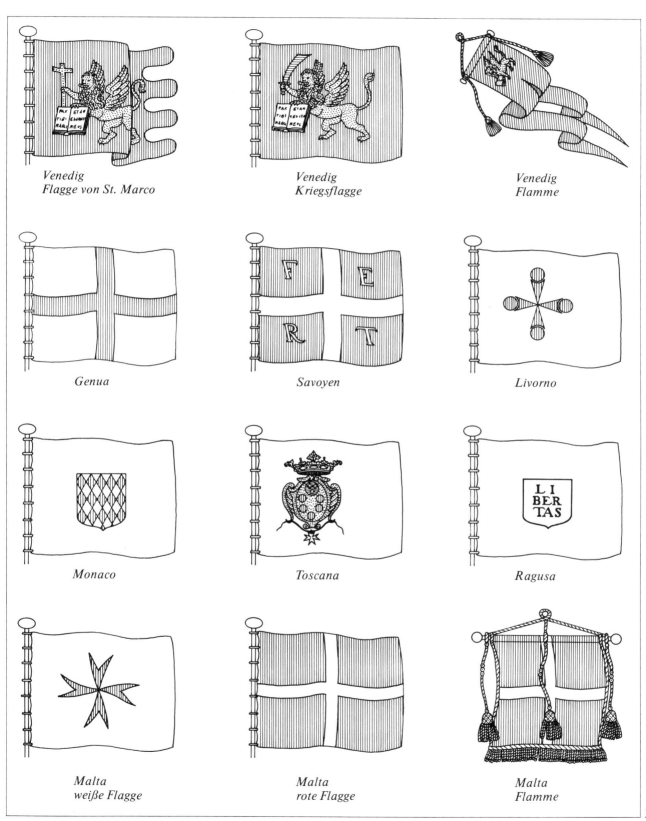

Venedig
Flagge von St. Marco

Venedig
Kriegsflagge

Venedig
Flamme

Genua

Savoyen

Livorno

Monaco

Toscana

Ragusa

Malta
weiße Flagge

Malta
rote Flagge

Malta
Flamme

355

Flaggen

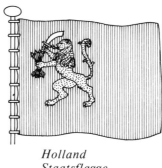

Holland
Staatsflagge

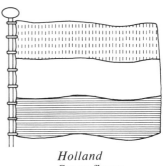

Holland
Staatsflagge

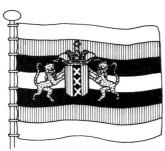

Holland
Staatsflagge

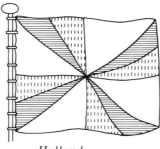

Holland
Prinzenflagge

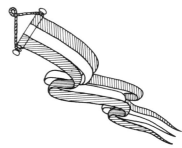

Holland
Flamme

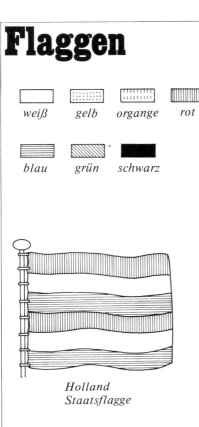

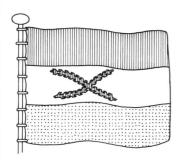

Amsterdam

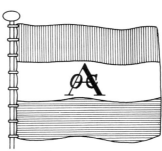

Holland
Ostindienkompanie

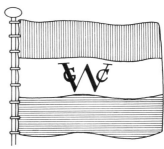

Holland
Westindienkompanie

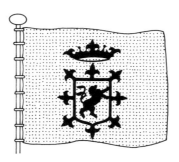

Flandern

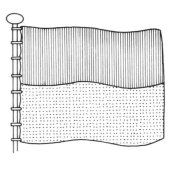

Flandern

Oostende

356

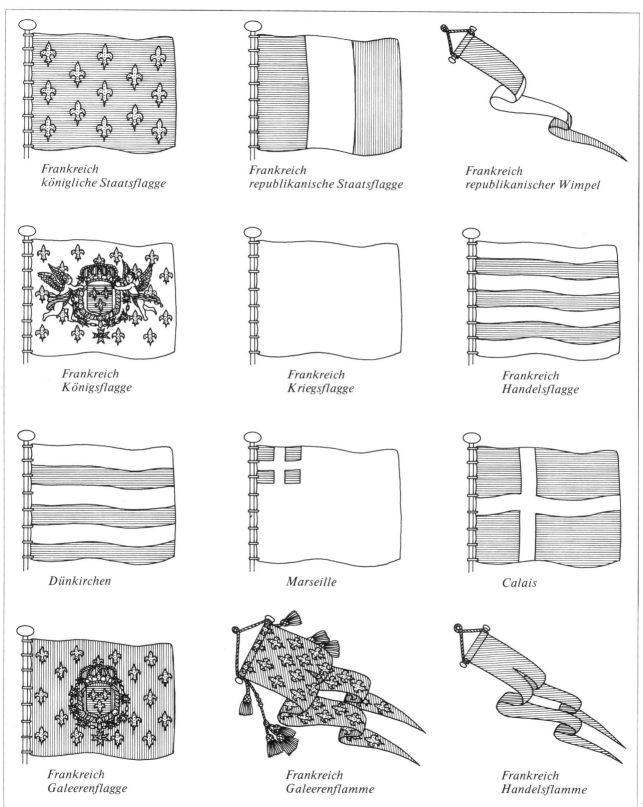

Frankreich
königliche Staatsflagge

Frankreich
republikanische Staatsflagge

Frankreich
republikanischer Wimpel

Frankreich
Königsflagge

Frankreich
Kriegsflagge

Frankreich
Handelsflagge

Dünkirchen

Marseille

Calais

Frankreich
Galeerenflagge

Frankreich
Galeerenflamme

Frankreich
Handelsflamme

357

Flaggen

 weiß

 gelb

 rot

 blau

 grün

 schwarz

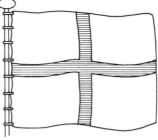

Griechenland
Flagge im Freiheitskampf

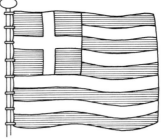

Griechenland
Nationalflagge

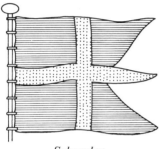

Schweden
Staatsflagge

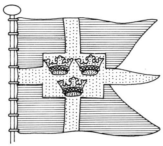

Schweden
Königsflagge

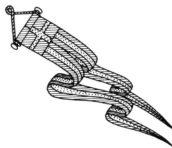

Schweden
Flamme

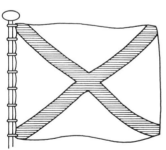

Rußland
Staatsflagge

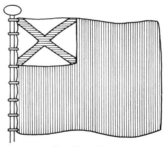

Rußland
Kriegsflagge

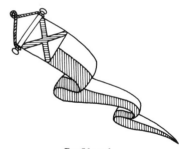

Rußland
Flamme

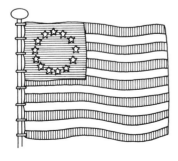

USA
Staatsflagge 1776

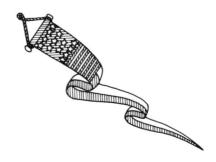

USA
Wimpel 1776

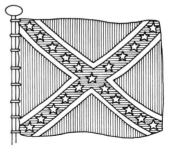

USA
Konföderiertenflagge 1861

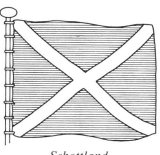

Schottland
Staatsflagge

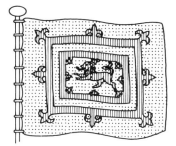

Schottland
Königsflagge

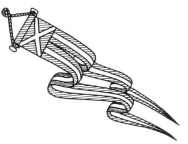

Schottland
Flamme

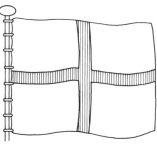

England
Staatsflagge

England
Tudorflagge

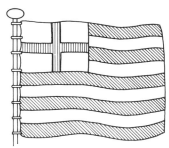

England
Tudorflagge

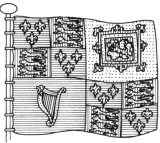

Großbritannien
Staatsflagge

Großbritannien
Königsflagge

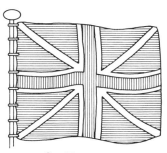

Großbritannien
Unionsflagge

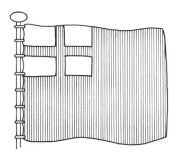

Großbritannien
Kriegsflagge

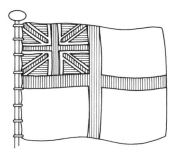

Großbritannien
neuere Kriegsflagge

Großbritannien
Admiralitätsflagge

Signalflaggen

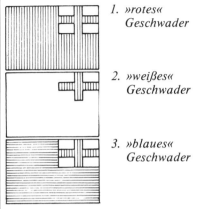

1. »rotes« Geschwader

2. »weißes« Geschwader

3. »blaues« Geschwader

Großbritannien 17. Jahrhundert

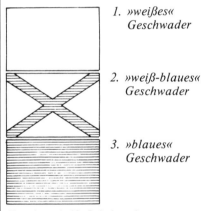

1. »weißes« Geschwader

2. »weiß-blaues« Geschwader

3. »blaues« Geschwader

Frankreich 18. Jahrhundert

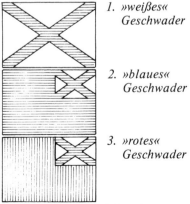

1. »weißes« Geschwader

2. »blaues« Geschwader

3. »rotes« Geschwader

Rußland 18./19. Jahrhundert

Den im Verband fahrenden oder kämpfenden Schiffen Anweisungen/ Befehle zur gemeinsamen Aktion zukommen zu lassen ist uralt.

Geschwaderflaggen

Relativ früh scheint man die taktischen Untereinheiten (Geschwader) einer Flotte mit einheitlichen Emblemen versehen zu haben. In England erscheinen solche »Geschwaderflaggen« bereits in der Armada-Schlacht 1588, und seit Beginn des 17. Jahrhunderts sind sie fester Bestandteil des großbritannischen Flaggensystems. Andere Nationen, insbesondere Frankreich, Spanien und Rußland folgten alsbald dem Beispiel, während sich das System teils mangels der nötigen Anzahl an Schiffen (z. B. Deutschland, USA und Skandinavien), teils grundsätzlich mangelnder Disziplin (der gesamte Mittelmeerraum mit wenigen Ausnahmen) kaum durchsetzte, andererseits jedoch etwa in China (!) geradezu verblüffende Blüten trieb.

Signalflaggen

Noch bis Mitte des 18. Jahrhunderts war das Signalsystem ein oft recht wirres Durcheinander verschiedener Zeichen. Trommelschlag und zwei Hecklichter am Admiralsschiff hieß ›Kapitäne zum Admiralsschiff‹. Oder: zwei Hecklichter und drei Kanonenschüsse bedeutete ›die ganze Flotte geht vor Anker‹. Und ein vorbeifahrendes Schiff wurde mit einer rot-weiß-blauen Signalflagge und einem Kanonenschuß (dem ominösen »Schuß vor den Bug«) aufgefordert ›Flagge zu zeigen‹. Ann-Hilarion de Cotentin, Graf de Tourville, Generalleutnant, Admiral und Marschall von Frankreich, war Ende des 17. Jahrhunderts der Erste, der ein klares System in das Signalwirrwarr zu bringen versuchte und vor allem ein Signalflaggen-System einführte, das – selbstverständlich mit vielfachen Änderungen – in Prinzip heute noch gültig ist. Die frühen Signalflaggen-Codes waren durchweg Nummern-Codes, d. h. neben einigen Spezialflaggen gab es die Nummernflaggen von 1 bis 0, aus denen jede, üblicherweise dreistellige Zahl, zusammengesetzt werden konnte. Der Signaloffizier mußte dann nur noch die Bedeutung der jeweiligen Ziffer im Signalbuch ermitteln. Als Beispiel Lord Horatio Nelson's berühmtes Signal vor der Schlacht von Trafalgar am 21. 10. 1805 im Popham's Telegraph Signal-Code: 253 (*England*) – 269 (*expects*) – 863 (*that*) – 261 (*every*) – 471 (*man*) – 958 (*will*) – 220 (*do*) – 370 (*his*) – 4 (*d*) – 21 (*u*) – 19 (*t*) – 24 (*y*) – da es für *duty* keine Signalnummer gab, mußte das Wort buchstabiert werden. Nebenstehend die drei wichtigsten Codes des 19. Jahrhunderts: Der *Popham's Telegraph Signal*-Code, der zwischen 1803 und 1810 (1817) vor allem auf englischen und mit England verbündeten Schiffen verwendet wurde. Er wurde 1817 gegen den *Maryatt's Signal*-Code ausgetauscht und von der englischen Kriegsmarine bis 1880 verwendet. Diesem Code schlossen sich zahlreiche andere Kriegsmarinen an, wobei selbstverständlich nur die Flaggen, nicht aber die – zumeist strenger Geheimhaltung unterliegenden – Code-Bücher betroffen waren, so daß etwa die Nummer »295« in Großbritannien »Ausschiffung der Marineinfanterie«, in Spanien »Alle Kapitäne zum Admiral«, in Italien »Landurlaub«, in den USA »Fertig zum Auslaufen« und in Frankreich »Frische Austern sind eingetroffen« heißen konnte. Für die zivile Seefahrt wurde 1857 der *Commercial Signal*-Code entwickelt, dem sich in den 80er-Jahren des letzten Jahrhunderts auch die Mehrzahl der Kriegsmarinen anschloß. Er wurde 1901 in den *International*-Code umgewandelt, 1931 geringfügig verändert und überarbeitet, 1934 seerechtlich festgeschrieben und bis heute nicht mehr verändert.

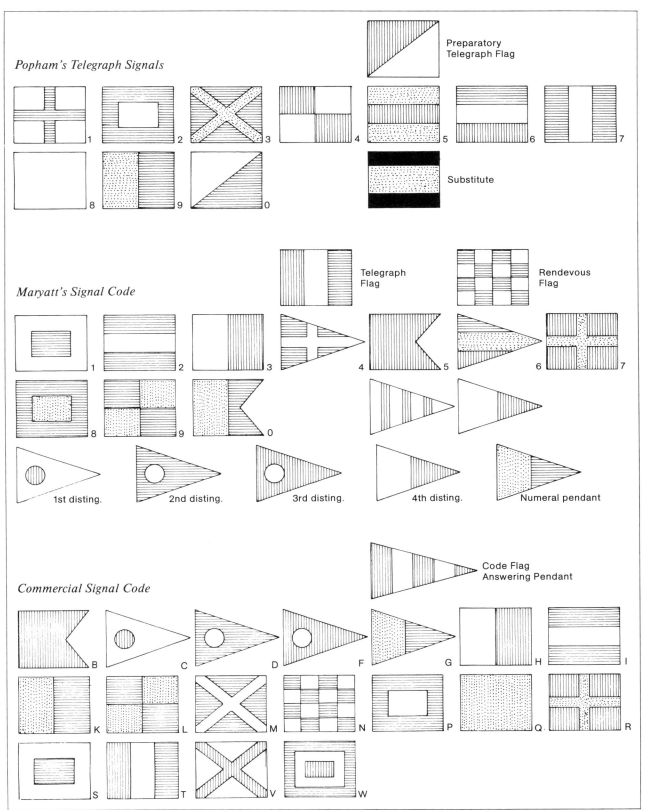

Popham's Telegraph Signals

Preparatory Telegraph Flag

1 2 3 4 5 6 7

8 9 0

Substitute

Maryatt's Signal Code

Telegraph Flag

Rendevous Flag

1 2 3 4 5 6 7

8 9 0

1st disting. 2nd disting. 3rd disting. 4th disting. Numeral pendant

Commercial Signal Code

Code Flag Answering Pendant

B C D F G H I

K L M N P Q R

S T V W

Anhang

Anhang · Museen · Vereine Meisterschaften · Fachwörter- Übersetzungen in deutsch – englisch – französisch – spanisch – italienisch · Pläne Bildernachweis und Dank

Dieses Buch wurde in erster Linie für den Modellbauer geschrieben und seinen Bedürfnissen entsprechend wurde auch dieser Anhang zusammengestellt. Zweck dieses Anhangs ist es, Ihnen zu helfen, nicht Sie zu verwirren, wie dies manche Autoren mit endlosen Literaturverzeichnissen, Dutzenden von Fußnoten und imposant aufgeblähten Registern geradezu meisterhaft verstehen. Ich verzichte darauf, mit solchen Tricks meinen »wissenschaftlichen Ruhm« zu dokumentieren...

Da wäre erst eine Liste der großen Seefahrts- und Marinemuseen. Natürlich ist diese Liste keineswegs vollständig, und viele der kleineren Museen beherbergen nicht minder interessante Schätze, es soll Ihnen hier nur eine erste Übersicht gegeben werden. Diese Museen verfügen alle über gute Bildarchive von denen Sie Fotos beziehen können.

Das nächste ist eine Liste der bekanntesten Planeditionen, die ich im Hinblick auf ihre Qualität kurz kommentiert habe. Diese Kommentare mögen manchmal etwas herb sein, doch fühle ich mich Ihnen und der Wahrheit mehr verpflichtet als den Verkaufsinteressen von Firmen, die schlechte Qualität liefern.

Kurz vorgestellt werden die beiden deutschen Vereine, die sich mit Schiffsmodellbau beschäftigen. Ich selbst mag Vereine eigentlich nicht, aber wenn ich etwas nicht bereue, dann war es mein Beitritt zum *Arbeitskreis historischer Schiffbau e.V.,* denn ich habe kaum ein Treffen dieses Vereins erlebt, von dem ich nicht mit einem neuen Kniff für den Modellbau, einem Hinweis auf ein interessantes Museumsmodell, ein gerade erschienenes Buch usw. heimgegangen wäre.

Wer sich intensiv mit historischem Schiffsmodellbau beschäftigt, möchte eines Tages vielleicht sein Können mit dem anderer Modellbauer vergleichen und messen. Aus diesem Grund werden seit vielen Jahren nationale und internationale Meisterschaften ausgetragen. Wie man daran teilnehmen kann, finden Sie im entsprechenden Abschnitt.

Viele Modellbauer arbeiten ja auch nach Modellbaukästen, und so wurde den wichtigsten Modellbaufirmen Gelegenheit zur Selbstdarstellung gegeben. Auch für den, der nur nach Plan baut, seien diese Seiten empfohlen, denn diese Firmen vertreiben auch Pläne und verfügen über oft große Beschlagteilprogramme – mancher Katalog ist eine wahre Fundgrube.

Da die wenigsten qualitativ hochwertigen Pläne in deutscher Sprache erscheinen, und Ihnen auch ein normales Lexikon nur wenig weiter helfen wird, habe ich Ihnen die wichtigsten und immer wiederkehrenden Fachausdrücke in deutsch, englisch, französisch, spanisch und italienisch zusammengestellt. Natürlich ist diese Zusammenstellung alles andere als vollständig (das große *Nautical Dictionary* umfaßt drei Bände von der Dicke dieses Buches), in der Praxis werden Sie aber feststellen, daß Sie durch dieses kleine Fachwortverzeichnis mit einem Bauplan und auch der eventuellen Baubeschreibung ganz gut klarkommen.

Englische schwere Fregatte Unicorn *(30 Kanonen) von 1666*
(Modell des Verfassers für aeronaut-Modellbau)

Museen

*Galionsfigur der holländischen
Korvette* Held *in 19. Jahrhundert*

Argentinien:	Buenos Aires, Museo Naval de la Nación
Australien:	Victoria, Institut of Applied Sciences
Belgien:	Antwerpen, Nationaal Scheepvaartmuseum
Dänemark:	Helsingör, Handels- og Sofartsmuseet paa Kronborg
	Kopenhagen, Orlogsmuseet
	Roskilde, Vikingeskibshallen
Deutschland (BRD):	Brake, Schiffahrtsmuseum der Oldenburgischen Weserhäfen
	Bremen, Fokke-Museum
	Bremen, Heimatmuseum Vegesack
	Bremen, Übersee-Museum
	Bremerhaven, Deutsches Schiffahrtsmuseum
	Hamburg, Altonaer Museum
	Hamburg, Museum für Hamburgische Geschichte
	Kiel, Kieler Schiffahrtsmuseum
	München, Deutsches Museum
Finnland:	Abo, Swofartsmuseet vid Abo Akademi
	Mariehamn, Alands Swofartsmuseet
Frankreich:	Biarritz, Musée de la Mer
	Bordeaux, Musée de la Marine
	Brest, Musée de la Marine
	Concarneau, Musée de la Peche
	Dünkirchen, Musée fes Beaux Arts
	Granville, Musée de Vieux-Granville
	Honfleur, Musée de Vieux-Honfleur
	La Rochelle, Musée de Faille
	Le Havre, Musée de Le Havre
	Marseille, Musée de Marine et d'Outre-Mer
	Nantes, Musée de Salgorges
	Nizza, Musée Massena
	Paris, Musée de la Marine (Palais de Chaillot)
	Rochefort-sur-Mer, Musée de la Marine
	Saint-Malo, Musée de Chateau
	Saint Martin de Ré, Musée (Ile de Ré)
	Sainte Servan-Tour Solidor, Musée du long cours
	St. Tropez, Musée de la Marine
	Toulon, Musée Naval
Griechenland:	Athen-Piräus. Navel Museum of Greece
Großbritannien:	Buckler's Hard-Beaulieu/Hampshire, New Forest Maritime Museum
	Edinburgh, Royal Scottish Museum
	Glasgow, Art Gallery and Museum
	Hull, Pickering Maritime Museum
	Liverpool, City of Liverpool Museum
	London-Greenwich, National Maritime Museum
	London-South Kensington, Science Museum
	Newcastle-on-Tyne, Museum of Science and Engineering
	Portsmouth, Victory Museum
	Scilly Isles, Valballa Maritime Museum
	Sunderland/Durham, Sunderland Museum
	Whitby, Whitby Museum
Island:	Reykjavik, Nationalmuseum
Israel:	Haifa, Maritime Museum
Italien:	Genua, Museo Civico Navale
	La Spezia, Museo Navale
	Mailand, Museo Nazionale della Scienza e della Tecnica »Leonardo da Vinci«

	Triest, Museo del Mare
	Venedig, Museo Storico Navale
Japan:	Tokio, Transportation Museum (Koksu Hakubutsukan)
Jugoslawien:	Dubrovnik, Marinemuseum der Akademie für Künste und Wissenschaften
Kanada:	Vancouver, The Maritime Museum
	Saint John/New Brunswick, New Brunswick Museum
Libanon:	Beirut, Musée de Beyrouth
Monaco:	Monte Carlo, Musée Oceanographique
Niederlande:	Amsterdam, Nederlandsch Historisch Scheepvaart Museum
	Amsterdam, Rijksmuseum
	Dronten, Zuiderzeemuseum
	Groningen, Noordelijk Scheepvaartmuseum
	Rotterdam, Maritim Museum ›Prins Hendrik‹
Norwegen:	Bergen, Bergens Sjöfartsmuseum
	Bergen, Hanseatische Museum
	Oslo, Norsk Folkemuseum (Vikingskipshuset)
	Oslo, Norsk Sjöfatrsmuseum
	Oslo, Universitetets Oldsaksamling
Portugal:	Lissabon, Museo de Marinha
Schweden:	Göteborg, Sjöfatrsmuseum
	Karlskrona, Marinemuseet och Modellkammaren
	Stockholm, Statens Sjöhistoriska Museum
	Stockholm, Wasa Museum (Wasavarvet)
	Visby, Gotlands Fornsal
Spanien:	Barcelona, Museo Maritimo
	Madrid, Museo Naval
Türkei:	Istanbul/Beşiktaş, Deniz Müzesi Müdürlügü
UdSSR:	Leningrad, Zentrales Marinemuseum
USA:	Annapolis/Maryland, United States Naval Academy Museum
	Boston/Massachusetts, Museum of Science and Museum oft Fine Arts
	Cohasset Village/Massachusetts, Cohasset Maritime Museum
	Cold Spring Harbor, Long Island/New York, The Whaling Museum
	Mystic Seaport/Connecticut, Marine Historical Association
	Nantucket Historical Association
	Navy Point/Maryland, Chesapeake Bay Maritime Museum
	New York/New York, Museum of the City of New York
	New York/New York, South Street Seaport Museum
	Newport News/Virginia, The Mariners Museum
	Philadelphia/Pennsylvania, Maritime Museum
	Portsmouth/Virginia, Portsmouth Navel Shipyard Museum
	Sag Harbor, Long Island/New York, Suffolk Contry Whaling Museum
	Salem/Massachusetts, The Peabody Museum
	San Francisco/California, The Maritime Museum
	San Pedro/California, Cabrillo Beach Marine Museum
	Searsport/Maine, Penobscot Marine Museum
	Washington D.C., Truxtun Decatur Naval Museum, Smithsonian Institution
	Washington D.C., US Navy Memorial Museum

Zwei Köpfe von französischen Galionsfiguren, 19. Jahrhundert

365

Vereine

Der historische Schiffsbau und Schiffsmodellbau ist ein so weites Arbeitsfeld, daß es von einem Einzelnen kaum in seiner Ganzheit zu bewältigen ist. Was liegt also näher, als sich mit Gleichgesinnten zusammenzuschließen und die Erfahrungen untereinander auszutauschen? In Deutschland gibt es zwei Vereine, die sich den Schiffsmodellbau zur Aufgabe gemacht haben. In den Veröffentlichungen, brieflich oder im persönlichen Kontakt, finden Sie hier genau jene Menschen, die man, auch wenn sie meist reine Amateure sind, getrost als »Fachleute« ihres Spezialgebietes ansprechen kann, mit dem sie sich oft schon seit vielen Jahren beschäftigen und die vielleicht genau über jenes winzige Detail Bescheid wissen, nach dem Sie eben so verzweifelt suchen.

nauticus e.V.

Der *nauticus e.V.,* gegründet 1960 mit Sitz in Ulm, ist der Dachverband der Vereine in Deutschland, die sich mit dem Schiffsmodellbau beschäftigen. Er umfaßt heute über 100 Clubs und ist selbst wiederum Mitglied im Weltverband für Schiffsmodellbau und Schiffsmodellsport. Mitglied können keine Einzelpersonen, sondern nur Clubs werden – Anschriften von Clubs in Ihrer Nähe erhalten Sie von der Geschäftsstelle des *nauticus.*

Das besondere Ziel des *nauticus* ist die Förderung und Verbreitung von Schiffsmodellbau und Schiffsmodellsport, wobei allerdings eine gewisse Betonung auf ferngesteuerten Fahrmodellen liegt.

Unter Leitung des *nauticus* werden die nationalen und internationalen Meisterschaften ausgetragen.

Wer mehr über diesen Verein wissen will, der wende sich bitte an die Geschäftsstelle:

Frau Annelise Hoppe, Heinbergweg 10, 5810 Witten a. d. Ruhr.

Arbeitskreis historischer Schiffbau e.V.

Der *Arbeitskreis historischer Schiffbau e.V.,* mit Sitz in Heidesheim, spaltete sich schon 1963 vom *nauticus* ab, um einen eigenen Verein für speziell am historischen Schiffsmodellbau Interessierter zu schaffen, ist aber insgesamt nach wie vor Mitglied im *nauticus* und die Mitglieder des *Arbeitskreises* können auch an allen Veranstaltungen des *nauticus* teilnehmen.

Da sich das Ziel des *Arbeitskreises* nicht ausschließlich auf den Bau von Schiffsmodellen richtet, haben sich im Lauf der Zeit eine ganze Reihe mehr theoretisch Interessierter dazugesellt, was für den Modellbauer ja wiederum nur von Vorteil sein kann.

Außer der jährlichen dreitägigen Arbeitstagung treffen sich auch regelmäßig kleinere Gruppen zwanglos, und jene Treffen sind es auch, von denen ich Eingangs dieses Kapitels schrieb, daß ich eigentlich immer mit irgendwelchen Bereicherungen gehe.

Der *Arbeitskreis* gibt viermal im Jahr eine für die Mitglieder kostenlose, sehr gute Zeitschrift heraus, das LOGBUCH, gefüllt mit den theoretischen und praktischen, meist reich illustrierten und oft mit Plänen versehenen Ergebnissen der Forschungsarbeiten seiner Mitglieder, und hier gibt es kein Thema, vom Einbaum über Hansekoggen, barocke Dreidecker, Teeklipper bis zum praktischen Modellbau, das nicht irgendwann zur Sprache käme.

Wer sich für den historischen Schiffsmodellbau begeistert, dem kann der Beitritt zu diesem Verein nur herzlichst angeraten werden!

Wer mehr über diesen Verein wissen will, der wende sich bitte an die Geschäftsstelle:

Arbeitskreis historischer Schiffbau e.V., Postfach 1126, 6501 Heidesheim.

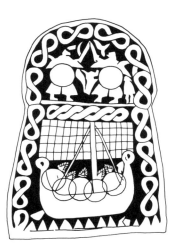

Zwei Bildsteine aus Gotland mit Darstellungen von Wikingerschiffen

Alle Meisterschaften werden in 18 Klassen gestartet, die die Schiffsmodelle in gewisse, vergleichbare Untergruppen aufteilen, z.B. Fahrmodelle mit Funksteuerung, historische Standmodelle usw.

Für den historischen Schiffsmodellbauer wichtig ist die Klasse C, die sich wieder folgendermaßen untergliedert:

C   Standmodelle

C 1 Standmodelle ohne eigenen Antrieb, also alle Schiffe, die mit Segeln oder Riemen, aber ohne Motor bzw. Maschine angetrieben werden oder nur über kleine Hilfsmaschinen verfügen.

C 2 Standmodelle mit eigenem Antrieb, also alle Schiffe, die über Motoren bzw. Maschinen verfügen, wobei auch Schiffe mit gemischtem Antrieb – Dampf-Segel – in diese Klasse gerechnet werden.

C 3 Teilmodelle, also Schnittmodelle oder Modelle von Schiffsteilen.

C 4 Kleinstmodelle im Maßstab 1 : 250 oder kleiner.

Zu den Meisterschaften müssen neben den Modellen selbst auch die Unterlagen, nach denen sie gebaut wurden, eingereicht werden.

Wie auch bei sportlichen Meisterschaften muß sich jeder, der an einer Europa- oder gar Weltmeisterschaft teilnehmen will, langsam hocharbeiten.

Gruppenmeisterschaften:

Die Bundesrepublik Deutschland ist in vier Bezirke aufgeteilt, die alle zwei Jahre ihre Meisterschaften austragen. Zu diesen Gruppenmeisterschaften meldet man sich über seinen Club an und sie sind für jedermann offen. Wer eine Zahl von 170 Pluspunkten erreicht, kann an den Bundesmeisterschaft teilnehmen.

Bundesmeisterschaften:

Ebenfalls alle zwei Jahre werden die Bundesmeisterschaften ausgetragen. Die Meldung erfolgt wiederum über die Clubs und steht jenen offen, die auf einer Gruppenmeisterschaft 170 Punkte erringen konnten. Ausnahme sind die *historischen Schiffsmodelle,* die in der Klasse C starten. Sie brauchen keine Gruppenmeisterschaft mitzumachen, sondern können direkt zur Bundesmeisterschaft angemeldet werden – schaden kann es allerdings nicht, wenn man trotzdem zunächst an einer Gruppenmeisterschaft teilnimmt, weil man hierbei schon ein wenig beurteilen kann, welche Chancen ein Modell haben wird.

Europameisterschaften:

Auch sie werden alle zwei Jahre ausgetragen. Die Meldung erfolgt über die jeweiligen Dachverbände der Teilnehmerländer (in Deutschland also über den *nauticus*), die je 12 historische Modelle als Teilnehmer schicken können.

Weltmeisterschaften:

Erstmals 1979 wird in Stuttgart auch eine Weltmeisterschaft ausgetragen. Häufigkeit, Meldung und Teilnehmerzahl pro Land entspricht den Regelungen der Europameisterschaften.

Meisterschaften

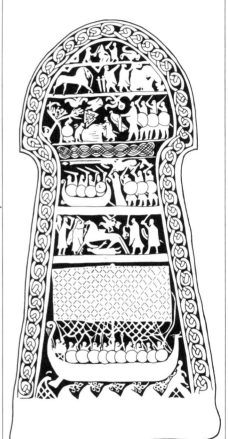

Der Lärbro-Bildstein aus Gotland mit Darstellung eines Wikingerschiffes. Sehr schön zu sehen die Netzschoten

DEUTSCH	englisch	französisch	spanisch	italienisch
Achtersteven	stern	étambot	codaste	dritto di poppa
Anker	anchor	ancre	ancla	ancora
Ankerklüse	hawse	écubier d'ancre	escobén del ancla	cubia d'ancora
Ausleger	outrigger	arc boutant	arbotante	buttafuori di crocetta
Bagienrah	square-sail yard	vergue de fortune	verga de un trinquete volante	peronne per trevo di fortuna
Barkholz	wale	préceinte	cinta	incintone
Belegnagel	belaying pin	cabillot	cabilla	caviglia
Beplankung	planking	bordé	forro de planchas	fasciame di legno
Besan-	mizen-	– d'artimon	– de mesana	– di mezzana
Besanmast	mizen-mast	grand mât arriere	palo de mesana	albero di mezzana
Besansegel	spanker	artimon (grand a.)	vela de mesana	vanda di mezzana
Beting	bitt	bitte	bita	bitta
Blinde-	sprit-	– à livarde	– tarquia	– tarchia
Blinderah	sprit-bumkim	porte lof	servioleta	peronne di bompresso
Blindesegel	sprit sail	tente à livarde	vela tarquia	vela tarchia
Block	block	poulie	motón	bozzolo
Bonaventur-	jigger-	– d'artimon derrière	– de contromesana	– di contromezzana
Bonaventurmast	jigger-mast	mât d'artimon derrière	palo de contromesana	albero di contromezzana
Bonaventursegel	jigger sail	petit artimon	cangreja de popa	vanda di contromezzana
Borstag	preventer stay	faux étai	contraestay	controstaglio
Bram-	topgallant-	– de perroquet	– de juanete	– de velaccio
Bramsegel	topgallant sail	perroquet	juanete	velaccio
Brasse	brace	bras	brazo	braccio
Brooktau	troot brail	étrangloir	candaliza de boca de cangrejo	imbroglio de gola di sotto
Bug	bow	avant	proa	prua
Bugspriet	bowsprit	beaupré	bauprés	bompresso
Bulin	bowline	bouline	bolina	bolina
Davit	davit	bossoir	pescante	gru
Deck	deck	ponte	coverta	ponte
Dirk	lift (topping 1.)	balancine de gui	amantillo	mantiglio
Eselshaupt	cap	chouquet	tamborete	testa di moro
Fall	haleyard	drisse	driza	drizza
Fender	fender	défense	defensa	parabordo
Fingerlinge	rudder pintles	aiguillots	manchos del timón	agugliotti del timone
Finknetz	hammock netting	bastingage	batayola	bastingaggio
Fock-	fore-	– de misaine	– de trinquete	– di trinchetto
Fockmast	foremast	mât de misaine	palo de trinquete	albero di trinchetto
Fockrah	foreyard	vergue de misaine	verga de trinquete	peronne di trinchetto
Focksegel	fore sail	misaine	trinquete	vela di trinchetto
Gaffel-	gaff-	– à corne	– de cangrejo	– picco

Gaffelbaum	gaff sail boom	gui	botavara	boma
Gaffelsegel	gaff sail	voile à corne	vela cangreja	randa
Galion	knee of the head	guibre	beque / tajamar	serpe
Gat	eyelet holes	oillets	ollaos	occhiello
Geere	vang	palan de garde	osta	ostino
Geitau	brail	aurigue	cargadera	imbroglio
Gording				
Gräting	gratings	caillebotis / grillage	enjaretado / rejilla	carabottino / grata
Groß-	main-	grand –	– mayor	– di maestra
Großmast	main mast	grand mât	palo mayor	albero di maestro
Großrah	main yard	grand vergue	verga mayor	peronne di maestra
Großsegel	main sail	grand voile	vela mayor	vela maestra
Hals	tack	amure	amura	amura
Hanger	sling hoop	cercle de suspente	aro de boza de una verga mayor	collare di sospensione
Heck	stern	arrière	popa	poppa
Jackstag	jackstay	filière d'envergure	nervio de envergadura	infertitura
Jungfer	deadeye	cap de mouton	vigota	bigota
Kardeel	strand	toron	cordón	legnuolo
Kausch	thimble	cosse	guardacabo	radancia
Kiel	keel	quille	quilla	chiglia
Klampe	cleat	taquet	cornamusa	galloccia
Klüverbaum	jib boom	bâton de foc	botalón de foque	asta di fiocco
Knecht	servant	valet	escotera	servo
Kranbalken	cat head	bossoir de capon	serviola	gru di capone
Kreuzholz	belaying cleat keven	oreille d'âne	maniqueta	cazzasotte
Kreuzmast	mizen mast	mât d'artimon	palo mesana	albero di mezzana
	jigger			
Kreuzsegel	crossjack	voile barrée	mesana	vela di contromezzana
Ladeluke	hatch	écoutille	escotilla	boccaporto
laufendes Gut	running rigging	manoeuvres courantes	jarcias de labor	manovri correnti
Leesegel	studding sail	bonnette	ala	vela di caccia
Leesegelspiere	studding sail boom	bout-dehors de bonnette	botalón de ala	buffafuori di vela
Legel	cringle	patte	garrucho de cabo	brancarella
Liektau	bolt-rope	ralingue	relinga	gratile
Luggersegel	lug sail	voile à bourcet	vela al tercio	vela al terzo
Mars	top	hune	cofa	coffa
Marssegel	top sail	hunier	gravia	vela di gabbia
Mast	mast	mât	palo	albero
Nagelbank	pin rail	râtelier à cabillots	cabillero	cavigliera
Niedergang	companion hatch	descende	descende	boccaporto
Nock	peak	pic	peñol	varea
Pardune	back stay	galhauban	burda	paterazzo

deutsch	englisch	französisch	spanisch	italienisch
Perde	foot rope	marchepied	marchapié	marciapiede
Pumpe	pump	pompe	bomba	pompa
Pütting	chain plate	cadène	cadena de obenque	landa
		chaîne	cadenote	
Rack	truss	racage	racamiento	trozza
Rah	yard	vergue	verga	peronne
Reff	reef	ris	rizo	terzaruolo
Reling	rail	lisse de pavois	regala	filaretto
Riemen	oar	aviron	remo	remo
Ruder	rudder	gouvernail	timón	timone
Rumpf	hull	coque	casco	scafo
Rüste	channel	porte-hauban	mesa de guarnición	parasartie
Saling	spreader	barre de hune	cruceta	crocetta
Scheibgat	sheavehole	mortaise	cajera	cavatoia
Schot	sheet	écoute	escota	scotta
Schott	bulkhead	cloison	mamparo	paratia
Segel	sail	voile	vela	vela
Sorgleine	rudder pendants	sauvegardes	varones del timón	bracotti del timone
Spannschraube	stretching scew	ridoir à vis	tensor de tornillo	arridatoio a vite
Spant	frame	couple	cuoderna	ordinata
Speigat	scupper	dalot	imbornal	ombriale
Spill	capstan	cabestan	cabrestante	argano
Stag	stay	étai	estay	straglio
Stagsegel	staysail	voile d'étai	vela de estay	vela di straglio
Stampfstock	dolphin boom	arc-boutant de	moco del bauprés	buffafuori di briglia
	dolphin striker	martingale		pennaccino
stehendes Gut	standing rigging	manoeuvres dormantes	jarcias muertas	manovre dormienti
Stenge	topmast	mât de hune	mastelero de gavia	albero di gabbia
		mât de flèche	mastelero de galope	albero di freccia
Stropp	strop	estrope	gaza	stroppo
Talje	tackle	palan	aparejo	palanca
Tau	rope	câble	cabo	cavo
Top	mast head	tête de mât	tope del mastil	testa d'albero
Toppnanten	lift	balancine	amantillo	mantiglio
Vordersteven	stem	étrave	roda	dritto di prua
Vorholer	recuperator	récupérateur	recuperador	ricuperatore
Want	shroud	hauban	obenque	sartia
Wasserlinie	waterline	ligne de flottaison	linea de flotación	linea di galleggiamento
Wasserstag	bobstay	sous-barbe de beaupré	barbiquejo del bauprés	briglia di bompresso
Webeleine	rat-lines	enflechûres	flecharduras	griselle
Wuling	woolding	rousture	reata	trincatura
Zurring	lashing	aiguillette	trinca	rizza

ENGLISCH	deutsch	französisch	spanisch	italienisch
anchor	Anker	ancre	ancla	ancora
back stay	Pardune	galhauban	burda	paterazzo
belaying cleat keven	Kreuzholz	oreille d'âne	manigueta	cazzasotte
belaying pin	Belegnagel	cabillot	cabilla	caviglia
bit	Beting	bitte	bita	bitta
block	Block	poulie	motón	bozzolo
bobstay	Wasserstag	sous-barbe de beaupré	barbiquejo del bauprés	briglia di bompresso
bolt-rope	Liektau	ralingue	relinga	gratile
bow	Bug	avant	proa	prua
bowline	Bulin	bouline	bolina	bolina
bowsprit	Bugspriet	beaupré	bauprés	bompresso
brace	Brasse	bras	brazo	braccio
brail	Geitau	aurigue	cargadera	imbroglio
	Gording			
bulkhead	Schott	cloison	mamparo	paratia
bumkim	Blinderah	porte lof	servioleta	peronne di bombresso
cap	Eselshaupt	chouquet	tamborete	testa de moro
capstan	Spill	cabestan	cabrestante	argano
cat head	Kranbalken	bossoir de capon	serviola	gru di capone
chain plate	Püting	cadène	cadena de obenque	landa
		chaîne	cadenote	
channel	Rüste	porte-hauban	mesa de guarnición	parasartie
cleat	Klampe	taquet	cornamusa	galloccia
companion hatch	Niedergang	descende	descendo	boccaporto
cringle	Legel	patte	garrucho de cabo	brancarella
crossjack	Kreuzsegel	voile barrée	mesana	vela di contromezzana
davit	Davit	bossoir	pescante	gru
deadeye	Jungfer	cap de mouton	vigota	bigota
deck	Deck	ponte	coverta	ponte
dolphin boom	Stampfstock	arc-boutant de	moco del bauprés	buffafuori di briglia
dolphin stricker		martingale		pennaccion
eyelet holes	Gat	oillets	ollaos	occhiello
fender	Fender	défense	defensa	parabordo
foot rope	Perde	marchepied	marchapié	marciapiede
fore –	Fock-	– de misaine	– de trinquete	– di trinchetto
foremast	Fockmast	mât de misaine	palo de trinquete	albero di trinchetto
fore sail	Focksegel	misaine	trinquete	vela di trinchetto
foreyard	Fockrah	vergue de misaine	verga de trinquete	peronne di trinchetto
frame	Spant	couple	cuoderna	ordinata
gaff-	Gaffel-	– à corne	– de cangrejo	– picco
gaff sail	Gaffelsegel	voile à corne	vela cangreja	randa
gaff sail boom	Gaffelbaum	gui	botavara	boma

englisch	deutsch	französisch	spanisch	italienisch
gratings	Gräting	caillebotis	enjaretado	carabottino
		grillage	rejilla	grata
haleyard	Fall	drisse	driza	drizza
hammock netting	Finknetz	bastingage	batayola	bastingaggio
hatch	Ladeluke	écoutille	escotilla	boccaporto
hawse	Ankerklüse	écubier d'ancre	escobén del ancla	cubia d'ancora
hull	Rumpf	coque	casco	scafo
jackstay	Jackstag	filière d'envergure	nervio de envergadura	infertitura
jib boom	Klüverbaum	bâton de foc	botalón de foque	asta di fiocco
jigger	Kreuzsegel	voile barrée	mesana	vela di contromezzana
jigger-	Bonaventur-	– d'artimon derrière	– de contromesana	– di contromezzana
jigger-mast	Bonaventurmast	mât d'artimon derrière	palo de contromesana	albero di contromezzana
jigger sail	Bonaventursegel	petit artimon	cangreja de popa	vanda di contromezzana
keel	Kiel	quille	quilla	chiglia
knee of the head	Galion	guibre	beque	serpe
			tajamar	
lashing	Zurring	aiguillette	trinca	rizza
lift	Toppnanten	balancine	amantillo	mantiglio
lift (topping l.)	Dirk	balancine de gui		
lug sail	Luggersegel	voile à bourcet	vela al tercio	vela al terzo
main-	Groß-	grand –	– mayor	– di maestra
main mast	Großmast	grand mât	palo mayor	albero di maestro
main sail	Großsegel	grand voile	vela mayor	vela maestra
main yard	Großrah	grand vergue	verga mayor	peronne di maestra
mast	Mast	mât	palo	albero
mast head	Top	tête de mât	tope del mastil	testa d'albero
mizen-	Besan-	– d'artimon	– de mesana	– di mezzana
mizen-mast	Besanmast	grand mât arriere	palo de mesana	albero di mezzana
	Kreuzmast			
oar	Riemen	aviron	remo	remo
outrigger	Ausleger	arc boutant	arbotante	buttafuori di crocetta
peak	Nock	pic	peñol	varea
pin rail	Nagelbank	râtelier à cabillots	cabillero	cavigliera
planking	Beplankung	bordé	forro de planchas	fasciame di legno
preventer stay	Borgstag	faux étai	contraestay	controstaglio
pump	Pumpe	pompe	bomba	pompa
rail	Reling	lisse de pavois	regala	filaretto
rat-lines	Webeleine	enflechûres	flechaduras	griselle
recuperator	Vorholer	récupérateur	recuperador	ricuperatore
reef	Reff	ris	rizo	terzaruolo
rope	Tau	câble	cabo	cavo
rudder	Ruder	gouvernail	timón	timone

English	German	French	Spanish	Italian
rudder pendants	Sorgleine	sauvegardes	varones del timón	bracotti del timone
rudder pintles	Fingerlinge	aiguillots	manchos del timón	agugliotti del timone
running rigging	laufendes Gut	manoeuvres courantes	jarcias de labor	manovri correnti
sail	Segel	voile	vela	vela
scupper	Speigat	dalot	imbornal	ombriale
servant	Knecht	valet	escotera	servo
sheavehole	Scheibgat	mortaise	cajera	cavatoia
sheet	Schot	écoute	escota	scotta
shroud	Want	hauban	obenque	sartia
sling hoop	Hanger	cercle de suspente	aro de boza de una verga mayor	collare di sospensione
spanker	Besansegel	artimon (grand a.)	vela de mesana	vanda di mezzana
spreyder	Saling	barre de hune	cruceta	crocetta
sprit-	Blinde-	– à livarde	– tarquia	– tarchia
sprit sail	Blindesegel	tente à livarde	vela tarquia	vela tarchia
square-sail yard	Bagienrah	vergue de fortune	verga de un trinquete volante	peronne per trevo di fortuna
standing rigging	stehendes Gut	manoeuvres dormantes	jarcias muertas	manovre dormienti
stay	Stag	étai	estay	straglio
staysail	Stagsegel	voile d'étai	vela de estay	vela di straglio
stem	Vordersteven	étrave	roda	dritto di prua
stern	Achtersteven	étambot	codaste	dritto di poppa
	Heck	arrière	popa	poppa
strand	Kardeel	toron	cordón	legnuolo
stretching scew	Spannschraube	ridoir à vis	tensor de tornillo	arridatoio a vite
strop	Stropp	estrope	gaza	stroppo
studding sail	Leesegel	bonnette	ala	vela di caccia
studding sail boom	Leesegelspiere	bout – dehors de bonnette	botalón de ala	buffafuori di vela
tack	Hals	amure	amura	amura
tackle	Talje	palan	aparejo	palanca
thimble	Kausch	cosse	guardacabo	radancia
top	Mars	hune	cofa	coffa
top sail	Marssegel	hunier	gravia	vela di gabbia
topgallent-	Bram-	– de perroquet	– de juanete	– de velaccio
topgallant sail	Bramsegel	perroquet	juanete	velaccio
topmast	Stenge	mât de hune	mastelero de gavia	albero di gabbia
		mât de flèche	mastelero de galope	albero di freccia
troot brail	Brooktau	étrangloir	candaliza de boca de cangrejo	imbroglio di gola di sotto
truss	Rack	racage	racamiento	trozza
vang	Geere	palan de garde	osta	ostino
wale	Barkholz	préceinte	cinta	incintone
waterline	Wasserlinie	ligne de flottaison	línea de flotación	linea di galleggiamento
woolding	Wuling	rousture	reata	trincatura
yard	Rah	vergue	verga	peronne

FRANZÖSISCH	deutsch	englisch	spanisch	italienisch
aiguillette	Zurring	lashing	trinca	rizza
aiguillots	Fingerlinge	rudder pintles	manchos del timón	agugliotti del timone
amure	Hals	tack	amura	amura
ancre	Anker	anchor	ancla	ancora
arc boutant	Ausleger	outrigger	arbotante	buttafuori di crocetta
arc-boutant de martingale	Stampfstock	dolphin boom	moco del bauprés	buffafuori di briglia
		dolphin striker		pennaccino
arrière	Heck	stern	popa	poppa
artimon (grand a.)	Besansegel	spanker	vela de mesana	vanda di mezzana
– d'artimon	Besan-	mizen-	– de mesana	– di mezzana
– d'artimon derrière	Bonaventur-	jigger-	– de contromesana	– di contromezzana
aurigue	Geitau	brail	cargadera	imbroglio
	Gording			
avant	Bug	bow	proa	prua
aviron	Riemen	oar	remo	remo
balancine	Toppnanten	lift	amantillo	mantiglio
balancine de gui	Dirk	lift (topping l.)		
barre de hũne	Saling	spreader	cruceta	crocetta
bastingage	Finknetz	hammock netting	batayola	bastingaggio
bâton de foc	Klüverbaum	jib boom	botalón de foque	asta di fiocco
beaupré	Bugspriet	bowsprit	bauprés	bompresso
bitte	Beting	bitt	bita	bitta
bonnette	Leesegel	studding sail	ala	vela di caccia
bordé	Beplankung	planking	forro de planchas	fasciame di legno
bossoir	Davit	davit	oescante	gru
bossoir de capon	Kranbalken	cat head	serviola	gru di capone
bouline	Bulin	bowline	bolina	bolina
bout-dehors de bonnette	Leesegelspiere	Studding sail boom	botalón de ala	buffafuori di vela
bras	Brasse	brace	brazo	braccio
cabestan	Spill	capstan	cabrestante	argano
câble	Tau	rope	cabo	cavo
cabillot	Belegnagel	belaying pin	cabilla	caviglia
cadène	Pütting	chain plate	cadena de obenque	landa
caillebotis	Gräting	gratings	enjaretado	carabottino
cap de mouton	Jungfer	deadeye	vigota	bigota
cercle de suspente	Hanger	sling hoop	aro de boza de una verga mayor	collare di sospensione
chaîne	Pütting	chain plate	cadenote	landa
chouquet	Eselshaupt	cap	tamborete	testa di moro
cloison	Schott	bulkhead	mamparo	paratia
coque	Rumpf	hull	casco	scafo
– à corne	Gaffel-	gaff-	– de cangrejo	– picco

cosse	Kausch	thimble	guardacabo	radancia
couple	Spant	frame	couderna	ordinata
dalot	Speigat	scupper	imbornal	ombriale
défense	Fender	fender	defensa	parabordo
descende	Niedergang	companion hatch	descendo	boccaporto
drisse	Fall	haleyard	driza	drizza
écoute	Schot	sheet	escota	scotta
écoutille	Ladeluke	hatch	escotilla	boccaporto
écubier d'ancre	Ankerklüse	hawse	escobén del ancla	cubia d'ancora
enfelchûres	Webeleine	rat-lines	flechaduras	griselle
estrope	Stropp	strop	gaza	stroppa
étai	Stag	stay	estay	straglio
étambot	Achtersteven	stern	codaste	dritto di poppa
étrangloir	Brooktau	troot brail	candaliza de boca de cangrejo	imbroglio de gola di sotto

Français	Deutsch	English	Español	Italiano
étrave	Vordersteven	stem	roda	dritto di prua
faux étai	Borgstag	preventer stay	contraestay	controstaglio
filière d'envergure	Jackstag	jackstay	nervio de envergadura	infertitura
galhauban	Pardune	back stay	burda	paterazzo
gouvernail	Ruder	rudder	timón	timone
grand –	Groß-	main-	– mayor	– di maestra
grand mât	Großmast	main mast	palo mayor	albero di maestro
grand mât arriere	Besanmast	mizen-mast	palo de mesana	albero di mezzana
grand voile	Großsegel	main sail	vela mayor	vela maestra
grand vergue	Großrah	main yard	verga mayor	peronne di maestra
grillage	Gräting	gratings	rejilla	grata
gui	Gaffelbaum	gaff sail boom	botavara	boma
guibre	Galion	knee of the head	beque	serpe
			tajamar	

Français	Deutsch	English	Español	Italiano
hauban	Want	shroud	obenque	sartia
hune	Mars	top	cofa	coffa
hunier	Marssegel	top sail	gravia	vela di gabbia
ligne de flottaison	Wasserlinie	waterline	línea de flotación	linea di galleggiamento
lisse de pavois	Reling	rail	regala	filaretto
– à livarde	Blinde-	sprit-	– tarquia	– tarchia
manoeuvres courantes	laufendes Gut	running rigging	jarcias de labor	manovri correnti
manoeuvres dormantes	stehendes Gut	standing rigging	jarcias muertas	manovri dormienti
marchepied	Perde	foot rope	marchapié	marciapiede
mât	Mast	mast	palo	albero
mât d'artimon	Kreuzmast	mizen mast	palo mesana	albero di mezzana
mât d'artimon derrière	Bonaventurmast	jigger-mast	palo di contromesana	albero di contromezzana
mât de flèche	Stenge	topmast	mastelero de galope	albero di freccia
mât de hune			mastelero de gavia	albero di gabbia
mât de misaine	Fockmast	foremast	palo de trinquete	albero di trinchetto
misaine	Focksegel	fore sail	trinquete	vela di trinchetto

französisch	deutsch	englisch	spanisch	italienisch
– de misaine	Fock-	fore-	– de trinquete	– di trinchetto
mortaise	Scheibgat	sheavehole	cajera	cavatoia
oillets	Gat	eyelet holes	ollaos	occhiello
oreille d'âne	Kreuzholz	belaying cleat keven	manigueta	cazzasotte
palan	Talje	tackle	aparejo	palanca
palan de garde	Geere	vang	osta	ostino
patte	Legel	cringle	garrucho de cabo	brancarella
perroquet	Bramsegel	topgallant sail	juanete	velaccio
– de perroquet	Bram-	topgallant-	– de juanete	– di velaccio
petit artimon	Bonaventursegel	jigger sail	cangrejo de popa	vanda di contromezzana
pic	Nock	peak	peñol	varea
pompe	Pumpe	pump	bomba	pompa
ponte	Deck	deck	coverta	ponte
porte-hauban	Rüste	channel	mesa de guarnición	parasartie
porte lof	Blinderah	bumkim	servioleta	peronne di bompresso
poulie	Block	block	motón	bozzolo
préceinte	Barkholz	wale	cinta	incintone
quille	Kiel	keel	quilla	chiglia
racage	Rack	truss	racamiento	trozza
ralingue	Liektau	bolt-rope	relinga	gratile
râtelier à cabillots	Nagelbank	pin rail	cabillero	cavigliera
récupérateur	Vorholer	recuperator	recuperador	ricuperatore
ridoir à vis	Spannschraube	stretching scew	tensor de tornillo	arridatoio a vite
ris	Reff	reef	rizo	terzaruolo
rousture	Wuling	woolding	reata	trincatura
sauvegardes	Sorgleine	rudder pendants	varones del timón	bracotti del timone
sous-barbe de beaupré	Wasserstag	bobstay	barbiquejo del bauprés	briglia di bompresso
taquet	Klampe	cleat	cornamusa	galloccia
tente à livarde	Blindesegel	sprit sail	vela tarquia	vela tarchia
tête de mât	Top	mast head	tope del mastil	testa d'albero
toron	Kardeel	strand	cordón	legnuolo
valet	Knecht	servant	escotera	servo
vergue	Rah	yard	verga	peronne
vergue de fortune	Bagienrah	square-sail yard	verga de un trinquete	peronne per trevo di fortuna
			volante	
vergue de misaine	Fockrah	foreyard	verga de trinquete	peronne di trinchetto
voile	Segel	sail	vela	vela
voile barrée	Kreuzsegel	jigger / crossjack	mesana	vela di contromezzana
voile à bourcet	Luggersegel	lug sail	vela al tercio	vela al terzo
voile à corne	Gaffelsegel	gaff sail	vela cangreja	randa
voile d'étai	Stagsegel	staysail	vela de estay	vela di straglio

SPANISCH	deutsch	englisch	französisch	italienisch
ala	Leesegel	studding sail	bonnette	vela di caccia
amantillo	Dirk	lift (toping 1.)	balancine de gui	mantiglio
	Toppnanten	lift	balancine	
amura	Hals	tack	amure	amura
ancla	Anker	anchor	ancre	ancora
aparejo	Talje	tackle	palan	palanca
arbotante	Ausleger	outrigger	arc boutant	buttafuori di crocetta
aro de boza de una verga mayor	Hanger	sling hoop	cercle de suspente	collare di sospensione
barbiquejo del bauprés	Wasserstag	bobstay	sous-barbe de beaupré	briglia di bompresso
batayola	Finknetz	hammock netting	bastingage	bastingaggio
bauprés	Bugspriet	bowsprit	beaupré	bompresso
beque	Galion	knee of the head	guibre	serpe
bita	Beting	bitt	bitte	bitta
bolina	Bulin	bowline	bouline	bolina
bomba	Pumpe	pump	pompe	pompa
botalón de ala	Leesegelspiere	studding sail boom	bout-dehors de bonnette	buttafuori di vela
botalón de foque	Klüverbaum	jib boom	bâton de foc	asta di fiocco
botavara	Gaffelbaum	gaff sail boom	gui	boma
brazo	Brasse	brace	bras	braccio
burda	Pardune	back stay	galhauban	paterazzo
cabilla	Belegnagel	belaying pin	cabillot	caviglia
cabillero	Nagelbank	pin rail	râtelier à cabillots	cavigliera
cabo	Tau	rope	câble	cavo
cabrestante	Spill	capstan	cabestan	argano
cadena de obenque	Pütting	chain plate	cadène	landa
cadenote			chaîne	
cajera	Scheibgat	sheavehole	mortaise	cavatoia
candeliza de boca de cangrejo	Brooktau	troot brail	étrangloir	imbroglio de gola di sotto
cangrejo de popa	Bonaventursegel	jigger sail	petit artimon	vanda di contromezzana
– de cangrejo	Gaffel-	gaff-	– à corne	– picco
cargadera	Geitau	brail	aurigue	imbroglio
	Gording			
casco	Rumpf	hull	coque	scafo
cinta	Barkholz	wale	préceinte	incintone
codaste	Achtersteven	stern	étambot	dritto di poppa
cofa	Mars	top	hune	coffa
contraestay	Borgstag	preventer stay	faux étai	controstaglio
– de contromesana	Bonaventur-	jigger-	– d'artimon derrière	– di contromezzana
cordón	Kardeel	strand	toron	legnuolo
cornamusa	Klampe	cleat	taquet	galloccia

spanisch	deutsch	englisch	französisch	italienisch
coverta	Deck	deck	ponte	ponte
cruceta	Saling	spreader	barre de hune	crocetta
cuoderna	Spant	frame	couple	ordinata
defensa	Fender	fender	défense	parabordo
descendo	Niedergang	companion hatch	descende	boccaporto
driza	Fall	haleyard	drisse	drizza
enjaretado	Gräting	gratings	caillebotis	carabottino
escobén del ancla	Ankerklüse	hawse	écubier d'ancre	cubia d'ancora
escota	Schot	sheet	écoute	scotta
escotera	Knecht	servant	valet	servo
escotilla	Ladeluke	hatch	écoutille	boccaporto
estay	Stag	stay	étai	straglio
flecharduras	Webeleine	rat-lines	enflechûres	griselle
forro de planchas	Beplankung	planking	bordé	fasciame di legno
garrucho de cabo	Legel	cringle	patte	brancarella
gazza	Stropp	strop	estrope	stroppo
gravia	Marssegel	top sail	hunier	vela di gabbia
guardacabo	Kausch	thimble	cosse	radancia
imbornal	Speigat	scupper	dalot	ombriale
jarcias de labor	laufendes Gut	running rigging	manoeuvres courantes	manovri correnti
jarcias muertas	stehendes Gut	standing rigging	manoeuvres dormantes	manovri dormienti
juanete	Bramsegel	topgallant sail	perroquet	velaccio
– de juanete	Bram-	topgallant-	– de perroquet	– de velaccio
linea de flotación	Wasserlinie	waterline	ligne de flottaison	linea di galleggiamento
mamparo	Schott	bulkhead	cloison	paratia
manchos del timón	Fingerlinge	rudder pintles	aiguillots	agugliotti del timone
manigueta	Kreuzholz	belaying cleat keven	oreille d'âne	cazzasotte
marchapié	Perde	foot rope	marchepied	marciapiede
mastelero de galope	Stenge	topmast	mât de flèche	albero di freccia
mastelero de gavia			mât de hune	albero di gabbia
– mayor	Groß-	main-	grand –	– di maestra
mesa de guarmición	Rüste	channel	porte-hauban	parasartie
mesana	Kreuzsegel	jigger	voile barrée	vela di contromezzana
		crossjack		
– de mesana	Besan-	mizen-	– d'artimon	– di mezzana
moco del bauprés	Stampfstock	dolphin boom	arc-boutant de martingale	buffafuori di briglia
		dolphin striker		pennaccino
motón	Block	block	poulie	bozzolo
nervio de envergadura	Jackstag	jackstay	filière d'envergure	infertura
obenque	Want	shroud	hauban	sartia
ollaos	Gat	eyelet holes	oillets	occhiello
osta	Geere	vang	palan de garde	ostino

palo	Mast	mast	mât	albero
palo de contromesana	Bonaventurmast	jigger-mast	mât d'artimon derrière	albero di contromezzana
palo mayor	Großmast	main mast	grand mât	albero di maestro
palo mesana	Kreuzmast	mizen-mast	mât d'artimon	albero di mezzana
	Besanmast		grand mât arrière	
palo de trinquete	Fockmast	foremast	mât de misaine	albero di trinchetto
peñol	Nock	peak	pic	varea
pescante	Davit	davit	bossoir	gru
popa	Heck	stern	arrière	poppa
proa	Bug	bow	avant	prua
quilla	Kiel	keel	quille	chiglia
racamiento	Rack	truss	racage	trozza
reata	Wuling	woolding	rousture	trincatura
recuperador	Vorholer	recuperator	récupérateur	ricuperatore
regala	Reling	rail	lisse de pavois	filaretto
rejilla	Gräting	gratings	grillage	grata
relinga	Liektau	bolt-rope	ralingue	gratile
remo	Riemen	oar	aviron	remo
rizo	Reff	reef	ris	terzaruolo
roda	Vordersteven	stem	étrave	dritto di prua
serviola	Kranbalken	cat head	bossoir de capon	gru di capone
servioleta	Blinderah	bumkim	porte lof	peronne di bompresso
tajamar	Galion	knee of the head	guibre	serpe
tamborete	Eselshaupt	cap	chouquet	testa di moro
-tarquia	Blinde-	sprit-	– à livarde	– tarchia
tensor de tornillo	Spannschraube	stretching scew	ridoir à vis	arridatoio a vite
timón	Ruder	rudder	gouvernail	timone
tope del mastil	Top	mast head	tête de mât	testa d'albero
trinca	Zurring	lashing	aiguillette	rizza
trinquete	Focksegel	fore sail	misaine	vela di trinchetto
– de trinquete	Fock-	fore-	– de misaine	– di trinchetto
varones del timón	Sorgleine	rudder pendants	sauvegardes	bracotti del timone
vela	Segel	sail	voile	vela
vela cangreja	Gaffelsegel	gaff sail	voile à corne	randa
vela de estay	Stagsegel	staysail	voile d'étai	vela di straglio
vela mayor	Großsegel	main sail	grand voile	vela maestra
vela de mesana	Besansegel	spanker	artimon (grand a.)	vanda di mezzana
vela tarquia	Blindesegel	sprit sail	tente à livarde	vela tarchia
vela al tercio	Luggersegel	lug sail	voile à bourcet	vela al terzo
verga	Rah	yard	vergue	peronne
verga mayor	Großrah	main yard	grand vergue	peronne di maestra
verga de trinquete	Fockrah	foreyard	vergue de misaine	peronne di trinchetto
verga de un trinquete	Bagienrah	square-sail yard	vergue de fortune	peronne per trevo di fortuna
volante				
vigota	Jungfer	deadeye	cap de mouton	bigota

ITALIENISCH	deutsch	englisch	französisch	spanisch
agugliotti del timone	Fingerlinge	rudder pintles	aiguillots	manchos del timón
albero	Mast	mast	mât	palo
albero di contromezzana	Bonaventurmast	jigger-mast	mât d'artimon derrière	palo de contromesana
albero di freccia	Stenge	topmast	mât de flèche	mastelero de galope
albero di gabbia			mât de hune	mastelero de gavia
albero di maestro	Großmast	main mast	grand mât	palo mayor
albero di mezzana	Besanmast	mizen mast	grand mât arriere	palo de mesana
	Kreuzmast		mât d'àrtimon	
albero di trinchetto	Fockmast	foremast	mât de misaine	palo de trinquete
amura	Hals	tack	amure	amura
ancora	Anker	anchor	ancre	ancla
argano	Spill	capstan	cabestan	cabrestante
arridatoio a vite	Spannschraube	stretching scew	ridoir à vis	tensor de tornillo
asta di fiocco	Klüverbaum	jib boom	bâton de foc	botalón de foque
bastingaggio	Finknetz	hammock netting	bastingage	batayola
bigota	Jungfer	deadeye	cap de mouton	vigota
bitta	Beting	bitt	bitte	bita
boccaporto	Ladeluke	hatch	écoutille	escotilla
	Niedergang	companion hatch	descende	descendo
bolina	Bulin	bowline	bouline	bolina
boma	Gaffelbaum	gaff sail boom	gui	botavara
bompresso	Bugspriet	bowsprit	beaupré	bauprés
bozzolo	Block	block	poulie	motón
braccio	Brasse	brace	bras	brazo
bracotti del timone	Sorgleine	rudder pendants	sauvegardes	varones del timón
brancarella	Legel	cringle	patte	garrucho de cabo
briglia di bompresso	Wasserstag	bobstay	sous-barbe de beaupré	barbiquejo del bauprés
buffafuori di briglia	Stampfstock	dolphin boom	arc-boutant de martingale	moco del bauprés
		dophin striker		
buffafuori di crocetta	Ausleger	outrigger	arc boutant	arbotante
buffafuori di vela	Leesegelspiere	studding sail boom	bout-dehors de bonnette	botalón de ala
carabottino	Gräting	gratings	caillebotis	enjaretado
cavatoia	Scheibgat	sheavehole	mortaise	cajera
caviglia	Belegnagel	belaying pin	cabillot	cabilla
cavigliera	Nagelbank	pin rail	râtelier à cabillots	cabillero
cavo	Tau	rope	câble	cabo
cazzasotte	Kreuzholz	belaying cleat keven	oreille d'âne	manigueta
chiglia	Kiel	keel	quille	quilla
coffa	Mars	top	hune	cofa
collare di sospensione	Hanger	sling hoop	cercle de suspente	aro de boza de una verga mayor
– di contromezzana	Bonaventur-	jigger-	– d'artimon derrière	– de contromesana

controstaglio	Borgstag	preventer stay	faux étai	contraestay
corcetta	Saling	spreader	barre de hune	cruceta
cubia d'ancora	Ankerklüse	hawse	écubier d'ancre	escobén del ancla
dritto di poppa	Achtersteven	stern	étambot	codaste
dritto di prua	Vordersteven	stem	étrave	roda
drizza	Fall	haleyard	drisse	drizza
fasciame di legno	Beplankung	planking	bordé	forro de planchas
filaretto	Reling	rail	lisse de pavois	regala
galloccia	Klampe	cleat	taquet	cornamusa
grata	Gräting	gratings	grillage	rejilla
gratile	Liektau	bolt-rope	ralingue	relinga
griselle	Webeleine	rat-lines	enflechûres	flecharduras
gru	Davit	davit	bossoir	pescante
gru di capone	Kranbalken	cat head	bossoir de capon	serviola
imbroglio	Geitau	brail	aurigue	cargedera
	Gording			
imbroglio de gola di sotto	Brooktau	troot brail	étrangloir	candaliza de boca de cangrejo
incintone	Barkholz	wale	préceinte	cinta
infertitura	Jackstag	jackstay	filière d'envergure	nervio de envergadura
landa	Pütting	chain plate	cadène	cadena de obenque
			chaîne	cadenote
legnuolo	Kardeel	strand	toron	cordón
linea di galleggiamento	Wasserlinie	waterline	ligne de flottaison	linea de flotación
– di maestra	Groß-	main –	grand –	– mayor
manovri correnti	laufendes Gut	running rigging	manoeuvres courantes	jarcias de labor
manovri dormienti	stehendes Gut	standing rigging	manoeuvres dormantes	jarcias muertas
mantiglio	Dirk	lift (topping l.)	balancine de gui	amantillo
	Toppnanten	lift	balancine	
marciapiede	Perde	foot rope	marchepied	marchapié
– di mezzana	Besan-	mizen-	– d'artimon	– de mesana
occhiello	Gat	eyelet holes	oillets	ollaos
ombriale	Speigat	scupper	dalot	imbornal
ordinata	Spant	frame	couple	cuoderna
ostino	Geere	vang	palan de garde	osta
palanca	Talje	tackle	palan	aparejo
parabordo	Fender	fender	défense	defensa
parasartie	Rüste	channel	porte-hauban	mesa de guarnición
paratia	Schott	bulkhead	cloison	mamparo
paterazzo	Pardune	back stay	galhauban	burda
peronne	Rah	yard	vergue	verga
peronne di bompresso	Blinderah	bumkim	porte lof	servioleta
peronne di maestra	Großrah	main yard	grand vergue	verga mayor
peronne per treve di fortuna	Bagienrah	square-sail yard	vergue de fortune	verga de un trinquete
				volante

italienisch	deutsch	englisch	französisch	spanisch
peronne di trinchetto	Fockrah	foreyard	vergue de misaine	verga de trinquete
pompa	Pumpe	pump	pompe	bomba
– picco	Gaffel-	gaff-	– à corne	– de cangrejo
ponte	Deck	deck	ponte	coverta
poppa	Heck	stern	arrière	popa
prua	Bug	bow	avant	proa
radancia	Kausch	thimble	cosse	guardacabo
randa	Gaffelsegel	gaff sail	voile à corne	vela cangreja
remo	Riemen	oar	aviron	remo
ricuperatore	Vorholer	recuperator	récupérateur	recuperador
rizza	Zurring	lashing	aiguillette	trinca
sartia	Want	shroud	hauban	obenque
scafo	Rumpf	hull	coque	casco
scotta	Schot	sheet	écoute	escota
serpe	Galion	knee of the head	guibre	beque tajamar
servo	Knecht	servant	valet	escotera
straglio	Stag	stay	étai	estay
stroppo	Stropp	strop	estrope	gaza
– tarchia	Blinde-	sprit-	– à livarde	– tarquia
terzaruolo	Reff	reef	ris	rizo
testa d'albero	Top	mast head	tête de mât	tope del mastil
testa di moro	Eselshaupt	cap	chouquet	tamborete
timone	Ruder	rudder	gouvernail	timón
trincatura	Wuling	woolding	rousture	reata
– di trinchetto	Fock-	fore-	– de misaine	– de trinquete
trozza	Rack	truss	racage	racamiento
vanda di contromezzana	Bonaventursegel	jigger sail	petit artimon	cangreja de popa
vanda di mezzana	Besansegel	spanker	artimon (grand a.)	vela de mesana
varea	Nock	peak	pic	peñol
vela	Segel	sail	voile	vela
vela di caccia	Leesegel	studding sail	bonnette	ala
vela di contromezzana	Kreuzsegel	jigger	voile barrée	mesana
		crossjack		
vela di gabbia	Marssegel	top sail	hunier	gravia
vela maestra	Großsegel	main sail	grand voile	vela mayor
vela di straglio	Stagsegel	staysail	voile d'étai	vela de estay
vela tarchia	Blindesegel	sprit sail	tente à livarde	vela tarquia
vela al terzo	Luggersegel	lug sail	voile à bourcet	vela al tercio
vela di trinchetto	Focksegel	fore sail	misaine	trinquete
velaccio	Bramsegel	topgallant sail	perroquet	juanete
– de velaccio	Bram-	topgallant –	– de perroquet	– de juanete

Wie früher schon gesagt, haben gute Pläne Seltenheitswert.

Ich habe im folgenden eine Liste der bekanntesten Planeditionen zusammengestellt und kurz nach folgenden Gesichtspunkten beurteilt: Wie sind sie gezeichnet? Wie ist es um ihre historische Zuverlässigkeit bestellt?

aeronaut-Modellbau A. Eggenweiler, Reutlingen.
Gut und im Detail sehr gründlich gezeichnet. Historisch zuverlässig, sollten aber im Detail gründlich überarbeitet und ergänzt werden. Für Modellbauer aller Stufen geeignet.

Aeropiccolo und Edizioni Amati, Turin.
Historisch unzuverlässig und auch durch Überarbeitung nicht zu retten. Unbrauchbar!

Association des Amis des Musée de la Marine, Paris.
Sehr gut gezeichnet, durch den großen Detailreichtum auf engem Raum manchmal etwas unübersichtlich. Historisch zuverlässig. Für Anfänger ungeeignet, für Fortgeschrittene und Könner ideal!

William A. Baker, Hingham/Massachusetts.
Sehr sauber und übersichtlich gezeichnet. Historisch zuverlässig und sehr gut im Detail. Für Fortgeschrittene und Könner.

Billing boats, Lunderskov.
Schlampig gezeichnet. Historisch einigermaßen brauchbar, doch nicht exakt im Detail. Für Modellbauer mit starken Einschränkungen geeignet.

Fredrik Henrik af Chapman, Architectura Navalis Mercatoria.
Spitzenpläne! Sehr gut gezeichnet. Historisch absolut zuverlässig (Originalpläne!). Es werden allerdings nur die Rümpfe gezeigt, Ausrüstung und Takelage müssen selbständig ergänzt werden, daher nur für Fortgeschrittene und Könner geeignet.

Collection Archéologie Navale Français, Jean Boudriot, Paris.
Spitzenpläne!! Brillant in der historischen Information, brillant gezeichnet. Neben der ›Constructio Navalis‹ des Koehler-Verlages das Beste – besser geht es kaum!! Thema: Französische Schiffe.

Constructio Navalis, Koehler Verlags GmbH, Herford, Herausgeber Wolfram zu Mondfeld.
Spitzenpläne!! Deutsche Schiffe bzw. Schiffe, die mit Deutschen bzw. Deutschland zusammenhängen. Qualitativ – historisch wie zeichnerisch – das absolut beste und brillanteste, was derzeit auf dem internationalen Markt geboten wird!!

Modellbaureihe, Verlag Delius, Klasing & Co., Bielefeld.
Sehr sauber und übersichtlich gezeichnet. Historisch im allgemeinen zuverlässig. Für Modellbauer aller Stufen geeignet.

Dr. Franco Gay, Rom.
Sauber und übersichtlich gezeichnet. Historisch bedingt zuverlässig, gut im Detail. Für Modellbauer aller Stufen geeignet.

Johannes Graupner, Kirchheim-Teck.
Sehr sauber und übersichtlich gezeichnet. Historisch unterschiedlich zuverlässig, müssen in Detail und Takelage gründlichst überarbeitet werden. Für Anfänger geeignet.

Vincenzo Lusci, Florenz.
Im allgemeinen sauber und auch im Detail gründlich gezeichnet. Historisch sehr unterschiedlich in der Qualität, teils akzeptabel, teils miserabel und mit groben Fehlern behaftet. Mit erheblichen (!) Einschränkungen empfohlen.

Vice-Amiral E. Pâris, Souvenirs de Marine, Paris.
Spitzenpläne! Sehr gut gezeichnet. Historisch absolut zuverlässig. Da sie gewisse technische und historische Kenntnisse voraussetzen, eher für Fortgeschrittene und Könner empfohlen.

Harold A. Underhill, Glasgow.
Sehr sauber und übersichtlich gezeichnet. Historisch zuverlässig.

Zwei Köpfe von französischen Galionsfiguren, 19. Jahrhundert